董氏国际海洋可持续发展研究中心报告精选

护海实策

（第二辑）

主编　赵进平

副主编　王汉林　庄光超　丁黎黎

中国海洋大学出版社

· 青岛 ·

董氏国际海洋可持续发展研究中心
The Tung International Research Center for Sustainable Ocean Development

第十三届全国政协副主席董建华先生心系国家海洋强国建设和人类海洋可持续发展,在董建华先生的鼎力支持下,香港董氏慈善基金会资助中国海洋大学成立董氏国际海洋可持续发展研究中心(以下简称董氏中心)。2021 年 3 月 22 日,中国海洋大学和香港董氏慈善基金会举行线上捐赠签约仪式。董建华先生在致辞中表示,海洋保护对中国乃至世界的发展举足轻重,希望董氏中心能够建设好、发展好,为世界做出应有的贡献。

中国海洋大学全力支持董氏中心的建设发展,并以此为关键载体,聚焦人类面临的海洋可持续发展中的社会问题,通过开展国际合作和多学科交叉融合发展,研究提出保护和科学合理利用海洋的对策,服务海洋强国建设,打造具有重要国际影响力的研究机构和高端智库,彰显中国在全球海洋领域的责任担当,为国家富强和人类可持续发展贡献力量。

董氏中心将自身的使命定位为对策研究,为海洋可持续发展提供有重要应用价值的对策。董氏中心的科研成果将以研究报告的形式刊发在《护海实策》系列书籍上,报告选题将涵盖海洋生态、科技、经济、教育、文化、法律等与海洋可持续发展密切相关的多个领域。董氏中心致力于将《护海实策》打造成海洋可持续发展领域的精品平台,为国家解决海洋可持续发展相关的重大社会问题建言献策,推动社会各界共同关心海洋、认识海洋、经略海洋,实现人类与海洋的和谐共生。

总序言
PREFACE

　　海洋是生命的摇篮、人类的生存空间、资源的宝库,也是经济的命脉。在人类社会发展进程中,海洋承受着巨大的压力。目前,海洋环境恶化、生态系统退化、渔业资源枯竭、低氧区增大、海平面上升、海洋酸化等问题日渐严重。认识海洋,开发海洋,保护海洋,实现海洋的可持续发展,已成为事关人类福祉的大事。

　　海洋可持续发展存在的问题涉及范围广、涵盖领域多。有些问题早已存在但却长期找不到解决方案;有些问题"牵一发而动全身",短期内难以解决;还有一些是随着社会进步而出现的新问题。相对而言,发现这些问题并不难,难在提出解决这些问题切实可行的对策。

　　习近平总书记于2022年1月指出战略和策略辩证统一、紧密联系的问题,正确的战略需要正确的策略来落实。而这里,就是要通过深入研究,提出解决问题的具体策略,也就是实用对策。我们的体会是,提出解决问题的对策并不是一件简单的事情,既要从国家战略高度看待社会问题,又要符合相关领域的实际需要。海洋可持续发展存在的问题涉及社会结构、管理体制、运行机制等方面,很多是系统性的问题。对策的提出涉及大量的社会问题,例如,社会体制和管理机制的缺欠,与现有政策法规冲突,不同社会圈层关注点的差异，来自既得利益方的阻力，对民生的消极影响，短期利益和长期利益的关系，等等。对策是否科学、合理、对症，要由社会各界来评判，需要让决策部门和业内人士普遍认同，达成广泛的社会共识，形成"上下同欲"的格局。解决可持续发展问题的过程是社会变革与进步的伟大实践，需要在科学、技术、管理、经济、社会各个层面上努力才能奏效，需要唤起科学家、技术专家、管理专家、政府领导、用户、企业等各方面的关注。

真正优化的对策才能推动社会的进步。对策研究对研究者提出了更高的要求，既要高屋建瓴，看到社会问题的本质，又要脚踏实地，了解社会基层的实情。对策研究需要社会科学、自然科学、管理层的智慧和基层的经验高度融合。对策研究通常跨越多个社会圈层，要求研究人员突破自身的术业专攻，广泛了解社会链条的各个环节，成为名副其实的专家，才能提出符合实际的"实策"。

在香港董氏慈善基金会的资助下，中国海洋大学牵头成立了董氏中心，其定位是：支持社会各界研究力量，面向国内外海洋可持续发展领域的社会难点问题，依托自然科学和社会科学领域的研究成果，提出解决切实可行的具体对策，实现社会问题、科学依据、应对策略的有机统一。董氏中心将努力做到慎重选题、精密部署、深入研究、渐次推进。董氏中心将邀请相关领域的学者和管理专家参与此类研究，为实现海洋可持续发展、助推海洋命运共同体建设做出应有的贡献（参见"董氏中心项目和研究报告征集要点"）。

董氏中心将以系列研究报告的形式不定期出版《护海实策》，面向全社会公开发行，并由衷地希望《护海实策》能够汲取涉海各领域人才的真知灼见，成为国家智库、社科团队、科技团队之间的交流载体，促进各级政府、高等院校、科研院所、企事业单位以及社会各界达成共识，满足海洋可持续发展事业的需要。

董氏国际海洋可持续发展研究中心

2022 年 3 月 10 日

目录
CONTENTS

栏目1:深度研究

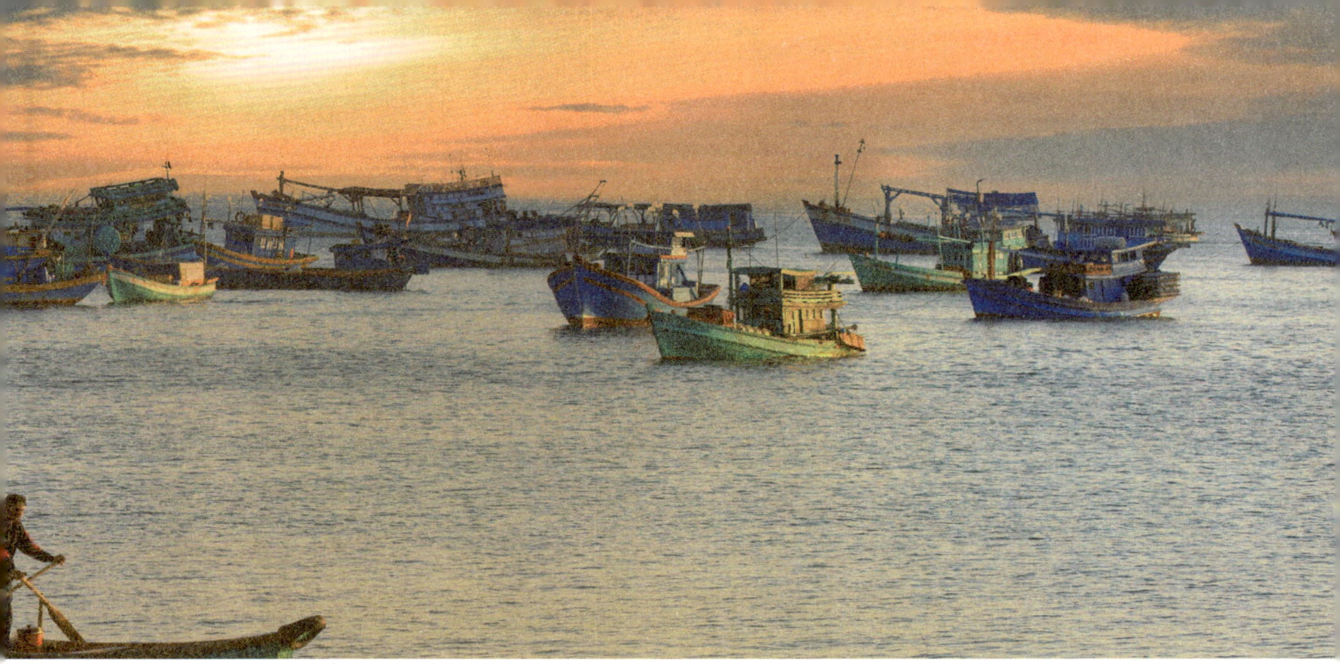

栏目 2：冷静思考

1 海水养殖区微塑料污染与治理对策

赵建　王昊　中国海洋大学环境科学与工程学院

编者按

塑料污染是全球重大环境问题,对海洋生态环境乃至人体健康产生不可忽视的负面影响。微塑料已经在世界各大海域的多种贝类样品中检出,严重影响了海水养殖产业的可持续发展。我国是世界水产养殖第一大国,承载了世界约60%的水产养殖总量。在海洋渔业养殖过程中,大量使用的塑料渔具在海水中长期释放微塑料,导致近海养殖区成为微塑料污染的重灾区。该报告就微塑料污染对海水养殖的危害和风险进行了客观评估,针对塑料渔具在我国海水养殖的使用、管理与微塑料污染的防治等问题,提出了合理的治理对策,从而改善我国近海环境并保障海产品安全,助力我国海洋渔业高质量发展。

第一作者简介

赵建,中国海洋大学环境科学专业博士,美国马萨诸塞大学博士后,中国海洋大学环境科学与工程学院教授、博士生导师,国家优秀青年基金、山东省杰出青年科学基金获得者,"泰山学者"青年专家。致力于新污染物的环境地球化学研究,重点关注微塑料、工程纳米颗粒等新污染物的海洋环境过程与生态效应,研究成果获教育部自然科学奖一等奖和山东省青年科技奖。目前担任海洋环境与生态教育部重点实验室副主任。

随着塑料制品的大量生产和广泛应用，全球塑料产量持续增加，由1950年的150万吨激增至2021年的3.9亿吨，且以每年4%的速度持续增长[1]。我国是最大的塑料生产国和消费国，2020年我国塑料制品产量超过1.2亿吨，占全球总量的30%[1]。塑料的大量生产和使用已导致数量庞大（900万吨/年～1 400万吨/年）的塑料垃圾进入海洋[2]。如果不对塑料的使用及其废弃物的排放加以限制，预计到2040年，流入海洋的塑料垃圾数量将增加近两倍[3]。因此，海洋塑料污染已成为与全球气候变化、臭氧耗竭、海洋酸化并列的全球重大环境问题。当前，塑料污染问题多次成为国际峰会的主题，也是国际履约谈判的主要议题之一。海洋环境中的塑料垃圾在机械磨损、光降解和微生物降解等物理、化学和生物作用下破碎并形成微塑料甚至纳米塑料。塑料碎片依据其尺寸大小分为塑料碎片（>5 mm）、微塑料（1 μm～5 mm）和纳米塑料（1～1 000 nm）（图1）[4]。已有研究表明，微塑料在海洋环境中的浓度最高可达102 000个/立方米，并随着粒径的减小呈指数增加[5]。近年，科学家们已经在马里亚纳海沟底层海水中发现了微塑料，甚至在南极和北极也检出微塑料[6,7]，这表明，微塑料污染已经遍布海洋。最新研究表明，科学家首次在人类胎盘和母乳中发现了微塑料颗粒的存在[8]，其对婴儿的潜在健康影响目前仍未可知。此外，人体的血液、粪便中也检出了微塑料[9-11]。微塑料在海产品中被频繁检出，对海产品的质量和安全产生威胁，成为人体内微塑料的重要来源之一。

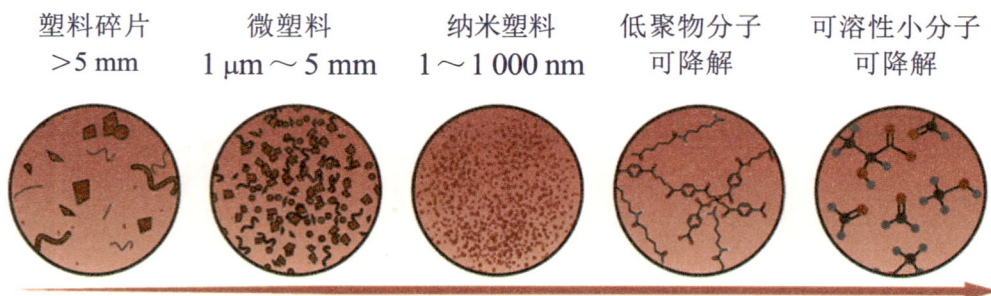

塑料碎片 >5 mm　　微塑料 1 μm～5 mm　　纳米塑料 1～1 000 nm　　低聚物分子 可降解　　可溶性小分子 可降解

图1　环境中塑料的破碎和微塑料的产生过程①

---

① 图1由参考文献[4]翻译并改进。

　　海产品是人类获取优质蛋白的重要来源。预计至 2050 年，海产品年产量将增加 2 100 万吨～4 400 万吨，比当前产量增加 36%～74%，这将满足 2050 年全球 98 亿人口全部肉食需求的 12%～25%[12]。然而，微塑料已在全球范围内的鱼类、贝类、虾类和蟹类等重要海产品中广泛检出[13,14]（图 2），表明海洋水产品受到了微塑料的污染。除此之外，联合国环境规划署（UNEP）指出，海洋塑料污染给旅游业、渔业和水产养殖业造成的经济损失高达 60 亿～190 亿美元[1]。2022 年 5 月国务院办公厅印发的《新污染物治理行动方案》中，明确将微塑料列为重点新污染物，并强调加强其生态环

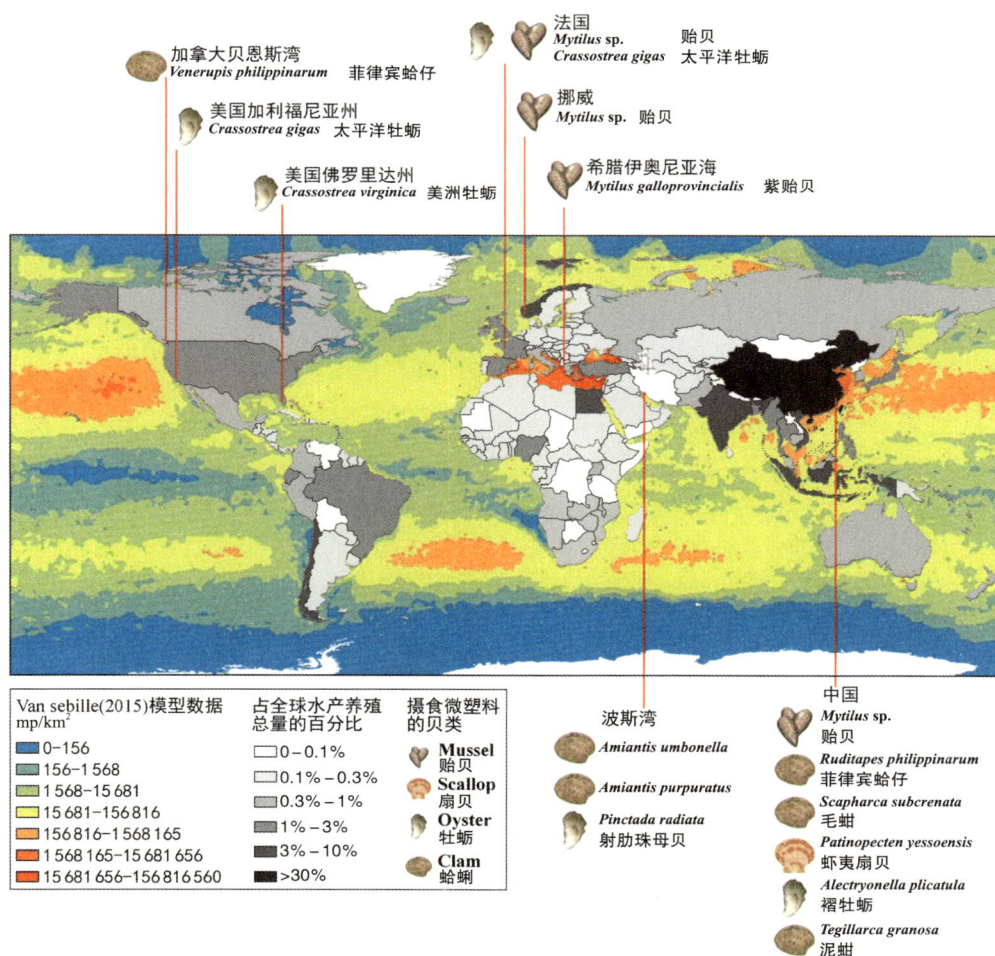

图 2　海水养殖贝类体内微塑料的全球分布①

---

①　图 2 由参考文献 [15] 翻译并改进。

境危害机理研究。显然,微塑料在近海渔业养殖区域的污染带来了严重的产业和社会问题。鉴于此,本报告在分析我国近海微塑料分布特征的基础上,针对微塑料污染对海水养殖的潜在风险问题进行客观评价,并明确了塑料养殖器具在我国海水养殖中的使用和管理方法,提出了微塑料污染防治的实施方案及治理对策,以期保障我国海洋渔业绿色高质量发展。

一 我国海水养殖区微塑料污染现状

1. 我国海水养殖区微塑料的分布特征

我国拥有 1.8 万多千米的海岸线和 470 多万平方千米的海域[16]。作为较早认识到海洋塑料垃圾及微塑料的污染危害并积极引导全球治理的国家之一,我国已经组建科学研究团队,对海洋塑料污染进行监测与防治。2007 年,我国启动了海洋垃圾污染监测和评估工作,并于 2016 年将海洋微塑料纳入监测范围,监测点和监测范围也逐年增加[17]。"十四五"期间,生态环境部优化完善海洋垃圾和海洋微塑料监测点位。例如,2021 年组织开展了全国 51 个区域的海洋垃圾监测,在近海 6 个代表性断面进行了海洋微塑料监测。据《2021 年中国海洋生态环境状况公报》的监测结果显示,塑料垃圾是我国海洋垃圾的主要成分,分别占海面漂浮垃圾、海滩垃圾、海底垃圾的 92.9%、75.9% 和 83.3%（图 3）[17]。在渤海、黄海、东海和南海北部海域开展的海面漂浮微塑料监测结果表明,所有监测断面海面漂浮微塑料平均浓度为 0.44 个/立方米,渤海、黄海、东海和南海北部海面微塑料平均浓度分别为 0.74 个/立方米、0.54 个/立方米、0.22 个/立方米、0.29 个/立方米,靠近海岸及渔业活动频繁的海域（渤海海域、山东近海）微塑料浓度明显高于其他海域（图 3）。漂浮微塑料以纤维、泡沫、颗粒和碎片为主,成分主要为聚对苯二甲酸乙二醇酯、聚丙烯、聚苯乙烯和聚乙烯[18]。2021 年,海南省生态环境监测中心首次在南渡江、昌化江、万泉河入海口开展 3 个断面的海洋漂浮微塑料监测。微塑料形态均以纤维、碎片、颗粒、泡沫和薄膜为主。南渡江入海口表层海水中微塑料平均浓度为 0.42 个 / 立方米,主要成分为聚乙烯、聚丙烯和聚苯乙烯;昌化江入海口表层海水中微塑料平均浓度为 0.47 个 / 立方米,主要成分为聚丙烯、聚乙烯、聚酯和聚苯乙烯;万泉河入海口表层海水中微塑料平均浓度为 0.42 个 / 立方米,主要成分为聚丙烯、聚乙烯和聚酯[19]。

与国际其他海域相比,我国近岸自然海域海洋垃圾和近海微塑料的平均浓度处于中低水平[18]。但是,我国海水养殖区微塑料的浓度远远高于我国其他近海海域。传统的观点认为,海洋微塑料的主要来源为陆源输入,然而越来越多的数据表明,海水养殖活动对海洋微塑料浓度的贡献被严重低估,海水养殖在部分海域及沉积物中微塑料的贡献甚至超过陆源输入[20,21]。近期报道指出,我国山东省桑沟湾和广西壮族自治区茅尾海养殖区海水中微塑料的平均浓度分别达到 20 060 个 / 立方米和 10 100 个 / 立方米[22,23],远高于非海水养殖区域;广东省珠江河口海水养殖池水中微塑料的平均浓

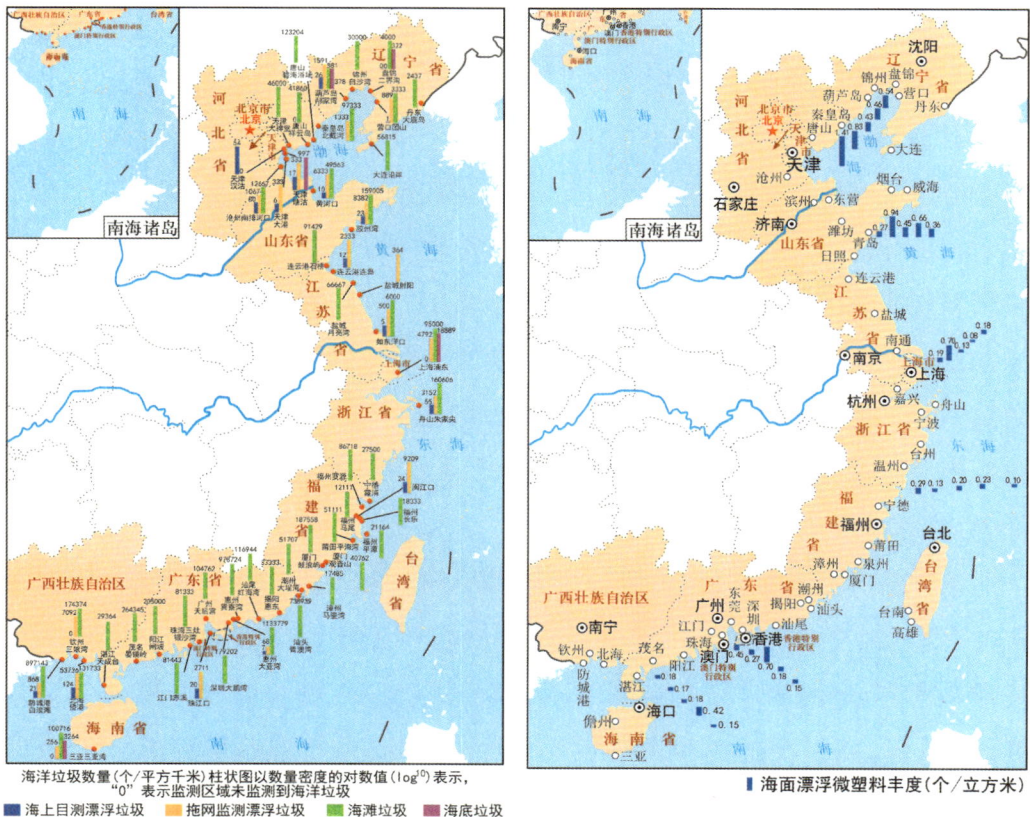

图 3　2021 年我国海洋垃圾(左)和微塑料(右)的分布图[18]

度达 42 100 个 / 立方米,远高于非养殖池塘[24]。沉积物中微塑料的分布也显著受养殖活动的影响,在我国北部湾、连云港海州湾和山东桑沟湾等地区沉积物中微塑料的含量远远高于其他海域,最高达到了 1 674 个 / 千克,且有大量的微塑料来源于水产养殖活动[25,26]。此外,在海州湾养殖区采集的野生鱼类中微塑料浓度为 22.21 个 / 条,显著高于其他非养殖海域(如南海海域鱼类微塑料浓度仅为 2 个 / 条)[27,28]。这是因为海水养殖区多分布于封闭、半封闭的海域,海水流通、扩散和交换频率较低。长期高强度的海水养殖活动会导致养殖产生的微塑料在水体、沉积物中蓄积,并大量被海洋生物摄食。因此,海水养殖区微塑料污染的防治形势仍然十分严峻,对我国海洋环境治理体系和水产养殖产业发展提出较高挑战。同时,海水养殖区域在作为微塑料的"汇"的同时,也是其他低污染海域微塑料的"源"。随着海水交换,海水养殖区域的微塑料(包括渔具磨损释放的微塑料),必将扩散至其他海域,并造成潜在生态风险。

2. 我国海水养殖区微塑料的来源

目前,我国海水养殖总面积约为 20 255 平方千米[29],其中,近岸海水养殖总面积约为 11 732 平方千米[30],主要分布在沿海地区的福建、山东、辽宁、江苏等省份。针对这些海域的微塑料浓度调查已经陆续开展,但是微塑料溯源工作较为迟滞。近期研究表明,在山东省黄海海域桑沟湾养殖区,63%的微塑料来源于海水养殖活动[22]。广西壮族自治区茅尾海养殖区海水中,检出了渔业中常用的聚苯乙烯泡沫塑料[23]。虽然尚未见其他海域微塑料溯源的数据,可以推测,海水养殖活动是除陆源输入和大气沉降外,海水养殖区微塑料的重要来源。

海水养殖器具的破损造成微塑料的释放。我国沿海省份的海水养殖方式各有特点,筏式养殖主要集中在辽宁、山东和江苏海域;而网箱养殖则主要集中在福建、广西和广东海域[29,31](图4)。近十年,随着海水养殖的快速发展,大面积、高密度的海水养殖活动必然会导致大量的海水养殖器具被使用。目前,海水养殖器具绝大多数为塑料制品,包括绳索、网、网箱、鱼饵、浮球、浮板等。这些塑料制品的使用给水产养殖业带来极大的便利,但塑料渔具在海水养殖过程中经光照、波浪和生物作用而逐渐破损,最终导致微塑料大量释放并进入水体和沉积物中。

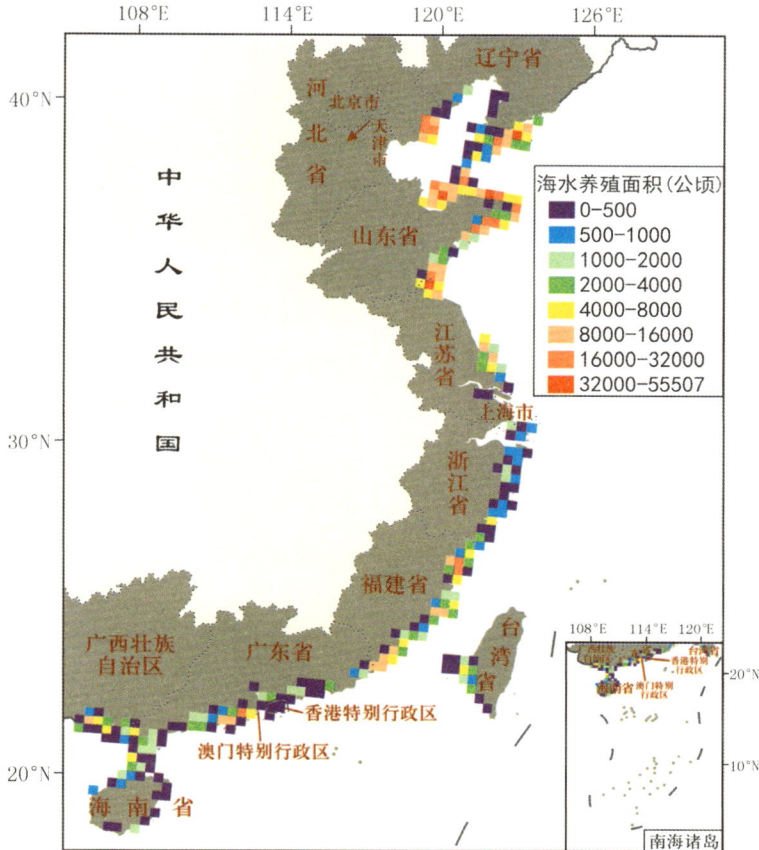

图 4　中国典型海水养殖地区分布图[①]

　　海水养殖器具的任意丢弃也是微塑料重要来源。塑料渔具在使用过程中被有意或者无意丢弃,长期存在于海洋环境中,成为海洋垃圾,对海洋生物造成严重威胁,因此也被称为"幽灵渔具"。据统计,每年在养殖区使用的渔具中,有 2% 被丢弃、遗失,包括渔网 7.8 万平方米,绳索 1 631 万千米,鱼钩 139.9 亿个和地笼 2 538.3 万个,其排放入海量约占全球范围内海洋垃圾排放入海总量的 10%(图 5)[32]。这些"幽灵渔具"也会裂解形成微塑料,对海洋生态及渔业带来了不可忽视的影响[33]。

　　海水养殖活动中的施药、喂食等过程也会人为导致微塑料直接进入养

---

① 图 4 由参考文献[30, 31]翻译并改进。

殖海域。例如，人工合成饲料的成分极为复杂，而微塑料很容易在其制作、加工、生产、运输、存储等环节进入其中。据报道，饲料中的微塑料浓度可达124个/千克[34]，成为进入海水养殖区并被养殖生物摄食的重要途径之一。

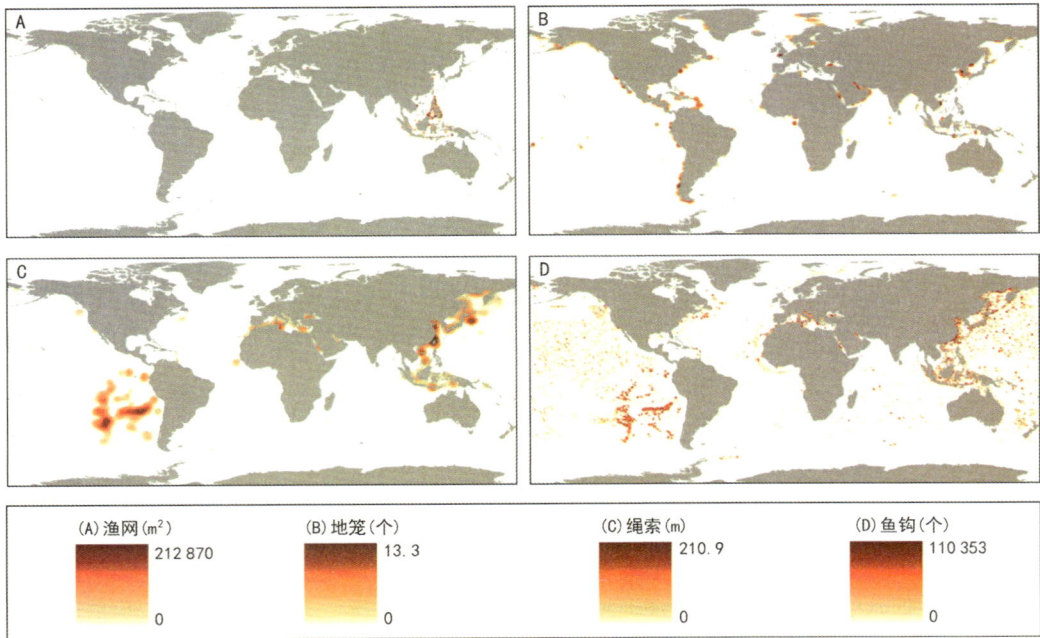

图5   2019年丢失渔具的全球分布图[①]

综上，水产养殖活动产生的微塑料对海水养殖环境构成了威胁，已成为保障海产品质量和安全必须面对的重要问题。如前所述，海南省于2021年首次在南渡江、昌化江、万泉河入海口3个断面开展了海洋微塑料监测，并将监测结果发布于《2021年海南省生态环境状况公报》[19]；同年浙江省在杭州湾、象山港、三门湾和乐清湾等四大海湾共布设50个站位，开展水体、沉积物和生物体中的微塑料监测，将其作为海洋生态灾害预警监测的一项主要工作并纳入常态化运行，有力支撑了近海养殖区域微塑料污染的认知和管控[35]。但是，其他省份还未有针对近海水产养殖区开展专项微塑料的调查监测工作。此外，海洋微塑料作为海洋新污染物，缺乏统一的监测、分析和评估标准，导致当前的监测调查结果无法直接进行比

---

① 图5由参考文献[32]翻译并改进。

较;同时,受检测方法的限制,对于粒径更小、赋存水平更高的纳米塑料无法做到精确检测,更无法获得其浓度、分布特征和潜在环境风险。

3. 养殖区塑料渔具的使用现状

我国近海水产养殖主要分为网箱养殖、池塘养殖、筏式养殖、吊笼养殖和底播养殖等,其中,网箱养殖、筏式养殖、吊笼养殖方式占了总养殖方式的 54%[29],在养殖过程中会使用大量塑料渔具。一般来说,浮筒、渔网、浮板主要应用于网箱养殖,绳索、浮球主要应用于筏式养殖,而绳索、网笼、浮球主要应用于吊笼养殖(图6)。在水产养殖中最常使用的塑料包括聚酯类、聚乙烯、聚丙烯、聚氯乙烯、发泡聚苯乙烯等。

图6 中国常见海水养殖方式及塑料渔具

2019 年之前,我国海水养殖所用的浮漂多为传统的黑色浮球和白色泡沫浮筒(图7)。黑色浮球是一种混杂了各种再生材料的养殖浮球,价格比较便宜,但质量差、耐腐蚀程度差,破碎后的浮球在海洋中难以降解,易产生微塑料,造成海水污染甚至破坏海洋环境。而传统白色泡沫浮筒使用成本低、浮力大,深受渔民的欢迎,但泡沫浮筒常被小蟹和海螺作为寄居地,浮筒固体结构遭到破坏,经过风吹浪打容易形成碎片飘浮于海面,不易降解且不易回收,造成沿海岸线的大范围白色污染(图7)。

2019 年之后,部分养殖区对养殖器具进行了升级改造,积极淘汰黑色再生料浮球和白色泡沫浮筒,将筏式养殖黑色再生料浮球升级为环保、耐用的生态环保浮球,将传统养殖渔排升级为塑胶养殖渔排或深水抗风浪网箱(图8)。然而,由于各地政策差异、养殖户认知不足和更换成本高等问题,目前我国近海养殖区的养殖器具仍然以传统的黑色浮球和白色泡沫浮筒为主。

图7　海水养殖区典型的黑色再生料浮球(上)、传统白色
泡沫浮筒及废弃物(下)

图8　海水养殖过程中使用的传统塑料渔具与新型环保塑料渔具
(图片来源:左一图①;左二图②;右一图③;右二图④)

---

① 作者拍摄

② http://chuanbo.51sole.com/b2c/b2cdetails_8760457.html

③ https://b2b.baidu.com/land?id=3886d2aa80d616179f14395f7d69925110

④ http://www.zk71.com/rongqi888/product/135461634.html

二 海水养殖区微塑料释放规律及生命周期

1. 塑料渔具的微塑料释放规律

当前研究已经证实,海水养殖渔具是养殖区微塑料的重要来源,但是目前塑料制品仍然是海水养殖最经济、最有效的养殖器具,并且短期内不可替代。那么,厘清塑料渔具的微塑料释放规律对于制定科学、合理的更换策略尤为重要。目前,关于塑料渔具在海水养殖过程中的微塑料释放规律缺乏研究数据的支撑。已有报道指出,塑料在海洋环境中的破碎主要分为生物破碎和非生物破碎。其中,生物破碎主要发生在海洋生物对塑料的附着和摄食过程中。例如,微生物能够定殖于塑料渔具表面,通过生物降解导致微塑料产生并释放至海洋环境中;海龟和南极磷虾能够通过咀嚼直接将塑料破碎成更小粒径的微塑料。非生物破碎是指塑料在非生物因素(如日光照射、海水腐蚀、海浪冲击等)作用下发生物理或化学性质变化,进而破碎产生微塑料。因此,养殖区域的塑料渔具在上述多重因素影响下,逐渐脆化和破裂(图9),最终导致微塑料的大量释放。

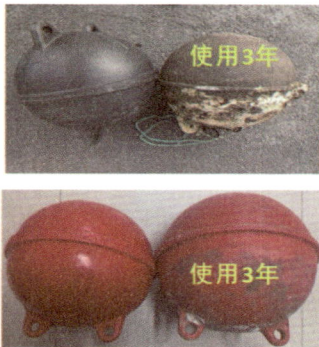

聚乙烯扇贝笼　　聚乙烯浮球　　聚丙烯牡蛎绳　　聚苯乙烯泡沫浮筒

图 9　养殖渔具在使用过程中的老化和损耗

然而,受微塑料的收集和检测技术所限,关于真实养殖环境中塑料降解导致微塑料释放的规律性研究还十分匮乏。模拟海滩环境研究显示,相较于聚丙烯和聚乙烯塑料,聚苯乙烯泡沫塑料更易受机械磨损的影响,

2个月内释放微塑料高达 9.6×10^{9} 个／千克，在6个月紫外线照射和2个月的机械磨损的共同作用下，产生的微塑料高达 2.8×10^{10} 个／千克[36]。仅有的两篇关于渔具的研究分别模拟了渔网和绳索在渔业活动中微塑料的释放情况：聚酰胺渔网在承受拉伸应力后可以释放微塑料，由于渔具结构差异，其释放量也不同，最高可达750个／克；产生微塑料的形状也多为不规则的纤维碎片。机械拖动绳索也可以产生大量的微塑料[37]；聚丙烯渔绳释放微塑料的数量随着使用年限的延长而增加，10年后可达767个／米。此外，绳索磨损产生的微塑料在形状上是不规则的，而不同于以往报道的纤维状[38]。这表明塑料的结构、类型和使用年限均为影响微塑料释放的重要因素。我国海岸线绵长，海水养殖区遍布整个海岸线并具有不同的环境条件（如光照、水动力、微生物群落组成）和海水养殖物种；不同近海养殖区的塑料渔具类型各不相同。因此，研究微塑料释放规律亟需充分考虑上述客观条件的影响。

2. 塑料渔具的生命周期

目前，我国海水养殖器具没有统一的更换周期和更换标准，多数渔具直到破损或丢失后才会更换。其中，最典型的就是养殖浮球，以黑色再生料浮球和白色泡沫浮筒为主（图7）。传统白色泡沫浮筒抗风浪性能差，寄生于泡沫浮筒上的螃蟹、海螺等生物会破坏其固体结构（图7），因此白色泡沫浮筒每3年就要更换一次。而黑色再生料浮球由低端化工原料和废旧塑料制成，耐用性差，使用3年后会陆续出现破损的情况，使用最高年限约为5年。随着黑色再生料浮球和白色泡沫浮筒的逐步淘汰，生态环保养殖浮球开始大量使用（图10），新型浮球具有传统浮球所不具备的环保性、耐用性、轻便性以及高浮力，使用寿命预期可达15年。尽管这些新型塑料渔具具有更好的制作工艺及更长的预计使用年限，但是面对实际海洋环境的老化和海水冲击，它们能否达到预计使用年限尚未可知。此外，上述预计使用年限仅是对材料的抗冲击、耐压以及抗老化性能进行评估的结果，尚未考虑到渔具使用过程中微塑料的释放。因此，需要进一步明确塑料渔具的实际老化和磨损过程中微塑料的释放情况，规定更加科学的塑料养殖渔具维护、更换、回收的标准及最高使用年限,以更好地控制微塑料的释放。

图 10　海水养殖区域(桑沟湾海域,2022 年)新启用的生态环保浮球

三　微塑料的海洋生态风险和食品安全

1. 微塑料的海洋生态风险评价

　　目前,微塑料在海洋环境、海洋生物以及海鲜产品样品中被频繁检出,一些研究工作对海洋环境中的微塑料颗粒进行了风险评估。但是由于微塑料种类繁多以及评估方法的多样性,微塑料的风险评估仍存在较多不确定性。环境风险评估主要是依据对暴露浓度和阈值效应浓度的比较,但是由于使用的分析方法不同,这些暴露数据往往难以直接对比,结果的可靠性也十分有限。物种敏感性分布(SSD)是较为经典的评估微塑料生态风险的方法,该评估方法重点描述生态系统中不同生物对致毒物敏感性的

差异,已被广泛应用于种群或群落尺度上的生态风险评估。Everaert 等[39]通过 SSD 分析了 8 门 32 种海洋生物的微塑料毒性效应数据,计算风险商(RQ),RQ 值越高,说明潜在风险越大。数据表明,2010 年我国黄海海域 RQ 就已达到 5.4(RQ＞1,表示高度风险),表明我国黄海部分海域的生物早已处于危险之中。

值得注意的是,上述风险评估研究也有一定的局限性,可能导致对某一海域的风险评估结果失准。例如,评价特定海域(如山东近海养殖区域)的生态风险,应选用该海域的本地物种进行毒理学研究才能获取准确的 RQ 值。此外,微塑料尺寸、材质及添加剂的释放均显著影响其对海洋生物的毒性,而目前实验室测试的毒性数据并未全面考虑这些因素可能带来的影响[40];与此同时,不同海域的微塑料浓度差异较大,导致部分海域(如渔业养殖区)的海洋生态风险可能被低估。因此,需要进一步改进微塑料海洋生态风险评估的方式方法:① 建立统一的毒性实验标准以提高模拟的准确性;② 确定微塑料毒性的主要影响机制,调整、量化相关暴露和影响指标(如粒径、材质、添加剂)来进一步明确微塑料的物理效应和化学效应;③ 选择与海洋渔业养殖区养殖生物相同或相近的生物毒性数据,在渔业养殖区的微塑料浓度水平下开展渔业养殖区的专项海洋生态风险评价,从而更准确地评估微塑料在渔业养殖区的海洋生态风险。

2. 微塑料对水产养殖业和人体健康的潜在威胁

由于水产养殖业的快速发展以及塑料养殖器具的大量使用,海水养殖很容易受到微塑料的影响。如前所述,养殖塑料制品、捕捞塑料制品、工厂化养殖设施和设备、天然和合成饲料、鱼药和水产食品添加剂等的使用已成为海水养殖微塑料的重要来源,这些微塑料进入养殖系统中,会对海水养殖业带来不利的影响。首先,微塑料由于其自身浓度较小,容易在海面或者中层漂浮运动,从而对太阳光有遮挡与反射作用,阻碍养殖海域浮游生物对光的利用,严重时会影响浮游植物的光合作用能力,进而破坏养殖海域生态系统的稳定性[41]。其次,添加剂(如邻苯二甲酸酯、双酚 A 等)本身含有微塑料,不可避免地大量释放到海洋环境中,并且微塑料可以吸附养殖水中残留的抗生素及其他有机污染物。一旦这些微塑料被养殖生物所摄食,势必会对养殖生物产生潜在毒性,并且有可能影响海鲜产品的食品安全从而对人体健康产生潜在危害。

渔业和水产养殖业在世界食品供应中占有重要比例,为超过45亿人提供了至少15％的人均动物蛋白摄入量,因此海产品安全问题显得尤为重要[42]。目前,微塑料已经在海洋生物(双壳贝类、甲壳类和鱼类等)甚至经过加工后的海产品中被广泛检出。由于微塑料不易被降解,其会随着食物链由低营养级向高营养级传递,最终出现在人体内,对人类的健康带来危害。第一,微塑料可能导致海产品营养成分发生改变。据报道,微塑料暴露后,许氏平鲉体内的粗蛋白质和脂质显著减少,营养成分和价值降低[43]。这主要是由于海洋生物摄食微塑料后生长速度较低,生殖功能和能量代谢也受到阻碍,鱼类需要通过减少生长和增加代谢来抵抗恶劣的环境,以维持正常的生理功能。生长速率和营养品质下降最终可能导致鱼类生物量和产量下降,这将对海水养殖的可持续发展和相应的经济效益产生巨大影响。第二,微塑料被摄食后可能会发生添加剂的释放并进入生物体内,塑料制造中使用的多种化学产品对动物和人类均具有很高的毒性(如致癌、内分泌干扰、神经毒性等)。邻苯二甲酸酯、双酚A、苯并芘、壬基酚和溴化阻燃剂等常见的塑料添加剂均已在海洋生物体内发现,其会影响生物体的内分泌系统从而对生物体产生毒害作用,并且经食物链传递后可以间接进入人体[44]。这些添加剂一旦进入人体,会对身体健康产生不利影响。例如,邻苯二甲酸酯塑料作为渔具中常见的增塑剂,会干扰人体内分泌系统,扰乱女性的雌激素代谢,并且会降低男性雄性激素水平,危害男性的生殖能力。第三,微塑料易成为海水中有毒化学物质的载体,由于其较大的比表面积及疏水性,更易吸附水体污染物,如微塑料可以吸附重金属类物质、有机污染物等,形成复合污染物。如果这些微塑料复合污染物通过摄食海鲜等方式进入人体,会大量聚集在内脏、血液循环系统,对人体健康造成严重威胁。

据报道,人类每年从海产品消费中摄入的微塑料达5.5万个／人,其中通过贝类摄入占68％[14]。这些摄入的微塑料(特别是小粒径微塑料)可能随小肠吸收而进入血液循环,最终分布于各个脏器,甚至进入胎盘和乳汁而传递至下一代。本课题组通过构建人体体外消化系统,研究了经口摄入的微塑料对营养吸收的影响,发现微塑料能够显著抑制胃肠系统的脂质消化,对人体消化健康产生威胁[45]。但是微塑料对人体健康的具体威胁尚不可知,亟需进一步研究。值得一提的是,虽然经食用海产品而摄入的微塑料在人体中的比重不高[46],但是随着人类对海鲜产品需求的持续增加,水产养殖及渔业捕捞的持续发展,必然会造成在养殖及捕捞过程中海水养殖器具(如网箱、拖网等)的大量使用,进而导致养殖区更高的微塑料污染,最终提高人类通过消费养殖海产品对微塑料的摄入量,增加微塑料对人体健康风险的潜在威胁。

四　海水养殖区微塑料污染治理的现行措施

目前,微塑料污染引起社会各界的广泛关注,成为全球性课题。但是,针对微塑料海洋污染的"重灾区"——海水养殖区的关注明显缺乏。目前,近海渔业养殖区微塑料污染的防范措施已经初步开展,但仍存在众多亟需解决的难题。

1. 海洋微塑料源头控制的难点

加强微塑料的源头控制是减少海洋微塑料污染最直接、最有效的方式,即从根本上杜绝微塑料进入海洋环境。海水养殖区微塑料的来源主要包括陆源输入、大气沉降和塑料渔具的直接释放。

（1）陆源输入微塑料

陆源输入是海水养殖区域微塑料的重要来源。陆源输入的微塑料主要来源于人类在生产和生活中丢弃的塑料废弃物、被暴风雨冲刷到海洋的陆地上的塑料垃圾、常用的洗涤剂以及工业原料等。人类常用的洗涤剂及工业原料等含有大量塑料微球,这些初级微塑料随污水排出,通过河流输运进入海洋。目前,微塑料的去除技术并不成熟,仍处于实验室研究阶段,部分技术可应用于污水处理厂中,包括物理方式(多孔材料吸附、膜过滤等）、物理化学方式（高级氧化、絮凝沉降、光降解等）、生物方式（生物降解等）等方法。其中，絮凝沉降法、过滤法和协同去除法对水体微塑料的去除效率较高。然而，由于海洋面积大、微塑料在海洋中分布广等特点，导致海洋微塑料的原位去除成本高、效果差。因此，现存行之有效的方案仍然是限制塑料垃圾和制品向海洋排放以及加强陆源污水处理厂的微塑料去除，从而限制和减少海洋微塑料的形成与释放。

（2）大气输入微塑料

与海洋及陆地微塑料相比，大气中微塑料的输运最初并没有受到重视，但是随着对微塑料污染的深入探究，已有充分证据表明微塑料能够参与大气循环。一方面，大气中的微塑料有89%来源于陆源输入，如垃圾焚烧、农业地膜、道路扬尘、农业土壤等；另一方面，有11%来源于海洋输入，如海浪导致的微塑料从海面向大气的扩散[47]。微塑料进入大气后可通过风力等作用进行远距离传输，并能以降水、沉降等方式进入陆地或者海洋环境中。目前对于大气输入的微塑料尚未有可行的控制策略。

（3）塑料渔具的更换与环保渔具的推广

塑料渔具是渔业生产上的重要生产资料。据预测，2023年中国渔具市场的消费量将达到926.87千吨[48]。如前所述，塑料渔具使用过程中的损耗是海水养殖区域微塑料的重要来源，甚至是一些海域（如桑沟湾）的主要来源（占63%）[22]。当前，使用年限较久的渔具的更换和耐磨（包括耐破碎、耐腐蚀）环保塑料渔具的推广是解决我国近海渔业养殖区渔业活动输入微塑料的重要举措。2019年1月，根据国家农业农村部等十部委联文印发《关于加快推进水产养殖业绿色发展的若干意见》，要求全面淘汰黑色再生料浮球和养殖用泡沫浮筒，推广耐磨环保渔具。目前，一些养殖海域已经根据要求进行更换。但是，大多数海水养殖区仍然以传统塑料渔具为主，新型耐磨环保渔具的认可和推广存在诸多问题，仍然任重而道远。

2. 政府部门的法规与政策

微塑料污染的预防和管控已经成为社会和决策部门的共识。对于微塑料污染防控，法律法规层面的约束和相关政策标准的出台十分重要。

（1）出台法规与政策

自 2016 年以来，我国出台了一系列海洋微塑料相关的政策。例如，在国家层面上，2020 年 6 月，生态环境部发布的《生态环境监测规划纲要（2020～2035）》将海洋微塑料检测列入专项检测中；2021 年 9 月，国家发展改革委、生态环境部印发《"十四五"塑料污染治理行动方案》；次年，国家发展改革委、生态环境部联合发布《塑料污染治理 2022 年工作要点》，提出了塑料污染治理 8 大主要任务。在地方层面上，2018 年我国 11 个沿海省份编制实施省级近岸海域污染防治方案，强化入河、入海排污口监管，推进海洋垃圾（微塑料）污染防治和专项监测。总体来看，我国海洋微塑料管理政策的种类和数量不断丰富，这也反映出我国对海洋微塑料污染的重视。然而，由于目前仍缺乏统一的监测、检测方法，已有的海洋微塑料监测调查结果无法直接进行比较。当前我国与微塑料相关的法律法规及政策标准仍不完善，而针对海水养殖区的相关法规和政策更是缺乏。

（2）资助科研项目

早在 2013 年，我国科研人员就启动了海洋微塑料研究。2016 年，科技部启动了国家重点研发计划"海洋微塑料监测和生态环境效应评估技术研究"项目，编制了《海洋微塑料监测技术规程（试行）》应用于监测业务体系。自 2017 年以来，国家基金委资助了 40 余项微塑料的研究项目，相关研究工作已从我国河口、近海等管辖海域拓展到大洋、极地及深渊等国际海域。2022 年，为贯彻落实党中央、国务院关于积极应对塑料污染的重要战略部署，进一步强化基础研究，促进提升污染防治的科学性和精准性，国家自然科学基金委员会基础科学板块现启动"微塑料的环境化学行为与效应"专项项目，引领微塑料领域基础科学前沿研究，为保障生态环境和人体健康提供科学依据及理论基础。与此同时，需要指出的是，海水养殖区微塑料污染存在一系列基础性科学问题和认知空白，亟待科学攻关。因此，开展专项研究，加强检测和监测，了解微塑料在养殖区的现状极为重要。此外，海水养殖区微塑料污染对人类的食品安全、人体健康等方面的潜在风险缺乏了解,成为渔业可持续发展的一大难题。

五　我国近海渔业养殖区微塑料污染的治理对策

如前所述,微塑料主要包括陆源输入、大气沉降输入和渔业养殖等。微塑料的陆源输入主要通过地表径流和地下径流的方式进入海洋环境中,迫在眉睫的应对措施包括加快建设和完善适合我国国情的垃圾分类收集处理办法及配套制度、加强工业制造过程中微塑料排放的监管、完善污水处理厂出水水质监测。在此基础上,加强河口微塑料监测和塑料垃圾拦截、清运处理业务体系十分必要,相关对策建议参见《护海实策(第一辑)》[49]。由大气沉降进入海洋的微塑料也是源于陆地,且来源复杂。大气中的微塑料可以看作气溶胶和粉尘的组成成分之一,难以单独消除。结合"蓝天保卫战"等国家重大战略和举措,有望对大气来源微塑料进行有效控制。

本报告在现行防治与管理措施的基础上,主要针对养殖渔具释放提出具体的微塑料防治与管理对策(图11)。

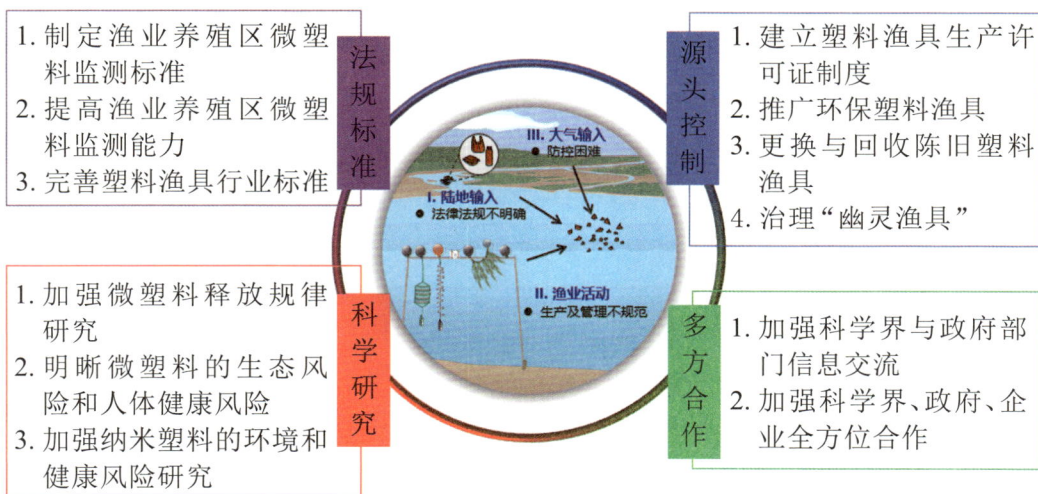

图 11　我国近海渔业养殖区微塑料污染的治理对策

1. 制定微塑料防治的法规与标准规范

对于微塑料污染防控,法律法规层面的约束以及相关政策标准的出台十分重要。相关政策标准可以鼓励和引导企业创新升级，引领行业绿色发展。当前，微塑料尚未进入我国环境法律体系的规制范畴，现行法律框架对微塑料污染的规制力不足并存在法律适用矛盾。因此，完善立法是加强塑料污染控制的重要基础。基于此，我们提出：在现有法律法规的基础上，建议明确微塑料这一新污染物在水产养殖、工业生产、污水处理、固体废弃物回收处理、传统农业等不同领域的法律框架中的"应防治"地位。此外，治理我国近海渔业养殖区微塑料污染，必须有相应政策保障以及综合协调机制配合，才能最终实现海洋渔业绿色可持续发展。

（1）渔业养殖区微塑料环境标准和监测标准的制定

当前，海水养殖区微塑料的监测没有纳入我国海洋环境监测体系，同时，海洋微塑料样品富集、保存、处理、测定的方法参差不齐，导致近海渔业养殖区微塑料的防治与管理缺乏统一的标准规范。因此，我们提出：国家应根据各地实际养殖情况，建立国家渔业养殖区微塑料监测标准。建立统一的海水、沉积物及生物样品的国家标准检测方法和评估标准，以避免因样品收集、保存、测定方法的不同而导致微塑料赋存水平的差异。对监测区的布点，应充分考虑入海河流的径流量，同时考虑养殖布局及养殖方式。例如，针对养殖区入海口，增加在河流丰水期的监测布点。

（2）渔业养殖区微塑料监测能力的提升

国家统筹考虑，与地方一道，在水产养殖区、渔业捕捞区等与食品安全息息相关的区域设立重点检测区，扩大监测范围，提高监测频率，确保对微塑料及其变化情况有长期了解，满足养殖区微塑料治理的需要。同时，形成在渔业养殖区开展微塑料环境影响评价的能力，对拟进行的渔业养殖活动可能造成的微塑料污染进行分析论证，杜绝不符合规划的养殖活动。

（3）塑料渔具行业标准的完善

如前所述，塑料渔具的制造、生产和使用年限标准缺失，导致市面上渔具的质量参差不齐，三无产品比比皆是。因此我们提出：国家有关部门应积极联合相关科研院所及企业，推进塑料渔具行业标准的制定，规范渔具生产,避免劣质渔具进入市场。行业标准中应规定各种塑料渔具的使用年限,要求生产厂家在产品上标注失效期,有利于使用中的管理。

2. 加强近海养殖区渔业活动输入微塑料的源头控制

塑料渔具是海水养殖区微塑料的主要来源。因此,海水养殖过程中塑料渔具的管理和控制是削减微塑料释放、减轻微塑料污染的重要应对方案,具体对策包括以下方面。

(1) 按照行业标准建立塑料渔具生产许可证制度

政府市场监督管理部门应提高渔具生产及加工企业的准入门槛,建立渔具生产许可证制度,杜绝"三无"产品,从源头上避免劣质渔具进入市场。取缔生产劣质渔具的"小作坊",截断劣质渔具的销售渠道,严防劣质渔具进入养殖区。

(2) 环保塑料渔具的推广

随着塑料渔具使用年限的增加,或多或少都会因磨损而产生微塑料,对海水养殖及海洋生态环境产生潜在威胁。市场上塑料渔具的质量参差不齐,耐磨度差别较大。耐磨度高的塑料渔具更难以破碎,微塑料的释放量更少。相较于传统渔具,新型环保渔具抗老化年限可达 10 年以上,具有耐磨度高、微塑料释放少、添加剂释放少且毒性低等特点;同时,新型生态环保渔具(如浮球)价格仅为同规格传统渔具的 1.5 倍左右,且使用周期是传统渔具的 3～5 倍,综合性价比更高。因此我们建议:加强耐磨度高的环保塑料渔具的推广,加强政策解读和宣传引导,各地依据实际情况,实施生态环保渔具更换补贴制度,降低企业及渔民更替渔具的成本,以加速环保生态渔具更替进程,力争 5 年内让传统的劣质渔具彻底退出水产养殖产业。

(3) 陈旧塑料渔具的更换与回收

如前所述,当前我国海水养殖区并没有针对渔具的更换策略,多数渔具直到破损或者丢失后才会更换,导致大量废弃的塑料渔具被丢弃在岸边甚至直接被丢弃到海洋中,给渔业养殖及渔业养殖区的生态环境带来不利影响。基于此,我们提出:第一,建立渔具使用期限制度,禁止继续使用已到达期限的塑料渔具。在渔具上标明作废年限，提醒渔民更换。在购买时登记渔民联系信息，到期前提醒渔民更换；第二，实施渔具以旧换新政策，渔具到期前以旧换新可享受政府补贴，鼓励渔民更换渔具，大幅度减少微塑料污染；第三，建立废弃渔具回收机制，在沿海地区设立废弃塑料渔具回收站；第四，做好沿岸废旧养殖渔具处置，通过引进回收企业，将废弃渔具进行前端回收和高值化处理，以更好地推动塑料渔具回收再生价值链产业化。

（4）"幽灵渔具"的清理

海上废弃渔具的打捞具有特殊的困难。在网箱养殖活动中，受风浪影响，网衣容易破裂，网衣的寿命普遍在 2～3 年。由于没有激励政策，渔民缺乏回收网衣的动力，被丢弃的渔具形成"幽灵渔具"沉入海底。其他类型渔具也存在类似的问题。因此，我们提出：第一，在渔具出厂或售出时给渔具进行标记（如物理标签、化学标识、彩色编码、射频识别、无线电信标以及卫星浮标等），从源头上防止和减少"幽灵渔具"的产生；第二，要求渔民回收废弃渔具，对回收工作给予奖励；第三，鼓励渔民打捞海上和海底的"幽灵渔具"，建立打捞补偿制度，对打捞者的船时和工时消耗给予补偿。鼓励养殖企业与渔民利用养殖淡季参与海洋垃圾及海洋"幽灵渔具"清理和调查活动。

3. 加强渔业养殖区微塑料污染的基础和应用科学研究

如前所述，微塑料是一类典型新污染物，在渔业养殖区微塑料的防治与管理仍然存在大量的知识空白。受限于目前关于微塑料污染检测与预防的认知，建议针对海水养殖区域和养殖渔具微塑料释放开展以下基础和应用研究。

（1）加强塑料渔具使用过程中微塑料释放规律的研究

当前，针对微塑料释放的研究集中于实验室光老化实验，而在真实海洋环境中，由于日光照射、海水腐蚀、海浪冲击及使用磨损等多种因素的共同影响，塑料渔具所释放的微塑料无法得到准确预测。因此，未来应针对养殖区所使用的不同类型渔具进行室外中宇宙实验(即自然真实条件下的模拟实验),充分考虑南北方气候差异,揭示真实海洋环境塑料渔具微塑料的释放情况,更加准确地评估微塑料的释放周期,在此基础上,确定"塑料渔具建议更换期"。

(2)明晰渔业养殖区塑料渔具释放微塑料的生态风险及人体健康风险

迄今,已有大量关于微塑料的毒性研究相关成果,对于理解微塑料的生物毒性效应具有重要意义。但是,这些研究多数集中在淡水环境和典型生物,对于海洋生物特别是海水养殖关键物种的研究较少。另外,海水养殖区的微塑料主要来源于渔具的破损,其形状、材质和添加剂均不同于其他来源的微塑料,它们的毒性效应可能与已报道的毒理学结果存在差异。同时,由于毒性评价的标准不同,导致毒理学评价的结果差异较大,不利于进行准确的生态风险评估。因此,需要针对海水养殖区域内的关键养殖物种,使用该区域的典型微塑料进行统一、系统的毒理学和生态风险评价,以得到更可靠的环境和健康阈值,为微塑料的管控提供基础性数据。此外,应进一步对海水养殖区域典型微塑料在养殖物种中的蓄积和迁移规律及其对人体消化系统、血液循环系统和关键脏器的潜在威胁进行深入研究,以客观评价微塑料的人体健康风险。

(3)加强渔业养殖区纳米塑料的环境和健康风险研究

纳米塑料是一类更小的微塑料。当微塑料暴露在海洋环境中时,其更易分解为纳米塑料,而纳米塑料在海洋环境中可能具有更高的赋存水平、迁移能力和毒性,但是受检测方法所限,没有标准的分析方法和工具能够对其进行准确定性和定量检测,难以评价其生态风险。因此,需要加强纳米塑料检测技术的研发;在提高检测方法精确度的同时,需要继续加强陆地及海洋环境中纳米塑料污染的调查、监测和预防等方向的研究;相较于微塑料,纳米塑料可能具有更高的毒性效应,因此需要加强纳米塑料的毒理学研究及其在海水养殖区域的生态风险评估和潜在人体健康风险研究。

4. 加强科学界、政府和企业的紧密合作

针对海水养殖区微塑料污染,科学界、政府和企业可以从以下方面紧

密合作，以削减微塑料污染，保障海水养殖业的可持续发展。

（1）科学界与政府部门应加强信息交流

针对海水养殖区微塑料污染，科学界应以开发微塑料（特别是小粒径微塑料和纳米塑料）的快速、精准检测技术，准确评估微塑料对养殖区关键经济物种的毒性效应、对生态系统和人体健康的潜在风险，客观、及时地将微塑料污染程度和风险等级反馈至政府决策部门，保证信息对称；政府可以发挥经费支持、项目支持等科研指挥棒的作用，支持科学界加快微塑料检测技术行业标准、环保渔具行业标准的建立，推进适用于海水养殖区的微塑料输入和污染相关法律法规的推行与执行。

（2）科学界、政府、企业应全方位加强合作

科学界需要通过科普宣传、学术报告等形式介绍微塑料污染防治对于海产品品质的保障、渔业可持续发展的重要性，提高企业的积极性；科学界可以联合企业，寻求相关部门资助（如重点研究计划等）开发环保、耐磨、经济的塑料渔具；企业可以将塑料渔具使用周期短、易破碎等问题反馈给科学界，协助科学界凝练科学问题、厘清技术瓶颈；此外，政府应通过政策引导，有效地向企业推广传统渔具的更换政策、环保塑料渔具的替代政策、"幽灵渔具"的打捞补偿等；企业将海水养殖和塑料渔具更换的相关难题反馈政府，寻求政策支持。期待科学界与企业在政府的引导下通过信息、知识技术、人才、资本等进行合作交流，以更加科学、完整、系统地解决海水养殖区微塑料污染。

让人民群众吃上绿色、安全、放心的海产品，保护海洋环境，保持生态健康，是国家海洋环境保护的目标，也是海洋渔业绿色可持续发展的目标。微塑料作为一种新污染物，目前对于其认知、监测和管控仍有很多空白。基于避免走传统污染物"先污染，后治理"老路的考虑，本报告针对海水养殖区微塑料污染提出了上述建议和对策，以期未雨绸缪，提前对塑料渔具进行管理，达到治理微塑料污染的目的。本报告的最终目标是将渔业养殖区域微塑料风险控制在安全范围内，保障海水养殖绿色、高质量和可持续发展。

引文索引

［1］Plastic Europe. Plastics－the Facts 2022. An Analysis of European Plastics Production，Demand，Conversion and End-of-life Management［R］. 2021.

［2］Stokstad，E. United Nations to Tackle Global Plastics Pollution［N］. Science，2022，375（6583）：801-802.

［3］UNEP. From Pollution to Solution：A Global Assessment of Marine Litter and Plastic Pollution［R］. Nairobi：UNEP，2021.

［4］Macleod M，Arp H P H，Tekman M B，et al. The Global Threat From Plastic Pollution［J］. Science，2021，373（6550）：61-65.

［5］NOR N F. Small Plastic Particles in Coastal Swedish Waters［M］. KIMO Sweden，2007.

［6］Peng X，Chen M，Chen S，et al. Microplastics Contaminate the Deepest Part of the World's Ocean［J］. Geochemical Perspectives Letters，2018，9（1）：1-5.

［7］Aves A R，Revell L E，Gaw S，et al. First Evidence of Microplastics in Antarctic Snow［J］. The Cryosphere，2022，16（6）：2127-2145.

［8］Ragusa A，Notarstefano V，Svelato A，et al. Raman Microspectroscopy Detection and Characterisation of Microplastics in Human Breastmilk［J］. Polymers，2022，14（13）：2700.

［9］Ragusa A，Svelato A，Santacroce C，et al. Plasticenta：First Evidence of Microplastics in Human Placenta［J］. Environment International，2021，146：106274.

［10］Leslie H A，Van Velzen M J，Brandsma S H，et al. Discovery and Quantification of Plastic Particle Pollution in Human Blood［J］. Environment International，2022，163：199.

［11］Yan Z，Liu Y，Zhang T，et al. Analysis of Microplastics in Human Feces Reveals a Correlation Between Fecal Microplastics and Inflammatory Bowel Disease Status［J］. Environmental Science & Technology，2021，56（1）：414-421.

［12］Costello C，Cao L，Gelcich S，et al. The Future of Food From the Sea［J］. Nature，2020，588（7836）：95-100.

［13］夏斌，杜雨珊，赵信国，等. 微塑料在海洋渔业水域中的污染现状及其生物效应研究进展［J］. 渔业科学进展，2019，40（3）：178-190.

[14] Danopoulos E，Jenner L C，Twiddy M，et al. Microplastic Contamination of Seafood Intended for Human Consumption：a Systematic Review and Meta-analysis[J]. Environmental Health Perspectives，2020，128（12）：12-60.

[15] Bowley J，Baker-Austin C，Porter A，et al. Oceanic hitchhikers-assessing pathogen risks from marine microplastic[J]. Trends in microbiology，2021，29（2）：107-116.

[16] 中华人民共和国年鉴社. 中华人民共和国年鉴（2021）[M/OL]. 北京：新华出版社，2022.

[17] 王菊英，林新珍. 应对塑料及微塑料污染的海洋治理体系浅析[J]. 太平洋学报，2018，26（4）：79-87.

[18] 中华人民共和国生态环境部. 2021年中国海洋生态环境状况公报[R]. 2022.

[19] 海南省生态环境厅. 2021海南省生态环境状况公报[R]. 2022.

[20] 赵新月，熊宽旭，周倩，等. 黄海桑沟湾潮滩塑料垃圾与微塑料组成和来源研究[J]. 海洋环境科学，2020，39（4）：529-536.

[21] 林琳，钟仕花，陈纯，等. 近海海域养殖源微塑料的环境赋存丰度、生物积累与生态风险[J]. 科学通报，2022，67（23）：2762-2781.

[22] Xia B，Sui Q，Sun X，et al. Microplastic Pollution in Surface Seawater of Sanggou Bay，China：Occurrence，Source and Inventory[J]. Marine Pollution Bulletin，2021，162：111899.

[23] Zhu J，Zhang Q，Li Y，et al. Microplastic Pollution in the Maowei Sea，a Typical Mariculture Bay of China[J]. Science of the Total Environment，2019，658：62-68.

[24] Ma J，Niu X，Zhang D，et al. High Levels of Microplastic Pollution in Aquaculture Water of Fish Ponds in the Pearl River Estuary of Guangzhou，China[J]. Science of the total environment，2020，744：140679.

[25] Xue B，Zhang L，Li R，et al. Underestimated Microplastic Pollution Derived from Fishery Activities and "Hidden" in Deep Sediment[J]. Environmental Science & Technology，2020，54（4）：2210-2217.

[26] 李征，高春梅，杨金龙，等. 连云港海州湾海域表层水体和沉积物中微塑料的分布特征[J]. 环境科学. 2020，41（7）：3212-3221.

[27] Feng Z, Zhang T, Li Y, et al. The Accumulation of Microplastics in Fish from an Important Fish Farm and Mariculture Area, Haizhou Bay, China[J]. Science of the Total Environment, 2019, 696: 133948.

[28] Zhu L, Wang H, Chen B, et al. Microplastic Ingestion in Deep-sea Fish from the South China Sea[J]. Science of the Total Environment, 2019, 677: 493-501.

[29] 农业农村部渔业渔政管理局, 全国水产技术推广总站, 中国水产学会. 2022 中国渔业统计年鉴 [M]. 北京: 中国农业出版社, 2022.

[30] Liu X, Wang Z, Yang X, et al. Mapping China's Offshore Mariculture Based on Dense Time-series Optical and Radar Data[J]. International Journal of Digital Earth, 2022, 15(1): 1326-1349.

[31] Fu Y, Deng J, Wang H, et al. A New Satellite-derived Dataset for Marine Aquaculture Areas in China's Coastal Region[J]. Earth System Science Data, 2021, 13(5): 1829-1842.

[32] Richardson K, Hardesty B D, Vince J, et al. Global Estimates of Fishing Gear Lost to the Ocean Each Year[J]. Science Advances, 2022, 8(41): eabq0135.

[33] Macfadyen G, Huntington T, Cappell R. Abandoned, Lost or Otherwise Discarded Fishing Gear[M]. Rome: 2009.

[34] Thiele C J, Hudson M D, Russell A E, et al. Microplastics in Fish and Fishmeal: an Emerging Environmental Challenge?[J]. Scientific reports, 2021, 11(1): 1-12.

[35] 郭媛媛, 张佳楠. 提升生态功能 积蓄蓝色能量——浙江海洋生态系统保护与修复工作纪实 [N/OL]. 中国自然资源报, 2022-07-18.

[36] Song Y K, Hong S H, Jang M, et al. Combined Effects of UV Exposure Duration and Mechanical Abrasion on Microplastic Fragmentation by Polymer Type[J]. Environmental Science & Technology, 2017, 51(8): 4368-4376.

[37] Montarsolo A, Mossotti R, Patrucco A, et al. Study on the Microplastics Release from Fishing Nets[J]. The European Physical Journal Plus, 2018, 133(11): 494.

[38] Napper I E, Wright L S, Barrett A C, et al. Potential Microplastic Release from the Maritime Industry: Abrasion of Rope[J]. Science of

the Total Environment，2022，804：150155.

[39] Everaert G，De Rijcke M，Lonneville B，et al. Risks of Floating Microplastic in the Global Ocean[J]. Environmental Pollution，2020，267：115499.

[40] Koelmans A A，Redondo-Hasselerharm P E，Nor N H M，et al. Risk Assessment of Microplastic Particles[J]. Nature Reviews Materials，2022，7（2）：138-152.

[41] Zhang C，Chen X，Wang J，et al. Toxic Effects of Microplastic on Marine Microalgae *Skeletonema costatum*：Interactions between Microplastic and Algae[J]. Environmental pollution，2017，220：1282-1288.

[42] Walkinshaw C，Lindeque P K，Thompson R，et al. Microplastics and Seafood：Lower Trophic Organisms at Highest Risk of Contamination[J]. Ecotoxicology and Environmental Safety，2020，190：110066.

[43] Yin L，Chen B，Xia B，et al. Polystyrene Microplastics Alter the Behavior，Energy Reserve and Nutritional Composition of Marine Jacopever（*Sebastes schlegelii*）[J]. Journal of Hazardous Materials，2018，360：97-105.

[44] 王超，张德钧，黄慧，等. 海洋生物中微塑料的检测与危害研究进展[J]. 食品安全质量检测学报，2018，9（11）：6.

[45] Tan H，Yue T，Xu Y，et al. Microplastics Reduce Lipid Digestion in Simulated Human Gastrointestinal System[J]. Environmental Science & Technology，2020，54（19）：12285-12294.

[46] Willer D F，Nicholls R J，Aldridge D C. Opportunities and Challenges for Upscaled Global Bivalve Seafood Production[J]. Nature Food，2021，2（12）：935-943.

[47] Brahney J，Mahowald N，Prank M，et al. Constraining the Atmospheric Limb of the Plastic Cycle[J]. Proceedings of the National Academy of Sciences，2021，118（16）：e2020719118.

[48] QYResearch. Fishing Nets and Aquaculture Cages Sales Market Report 2018[R/OL]. 2018.

[49] 李京梅. 海洋保护的关键举措：建设国家海洋垃圾清运系统[M]. 护海实策（第一辑），赵进平主编. 青岛：中国海洋大学出版社，2022.

2

实施海滩质量分级认证，提升我国海滩管理水平

王永红　中国海洋大学海洋地球科学学院

编者按

海滩是历经千万年形成的宝贵自然资源，衔接着陆地与大海。海滩也是宝贵的旅游资源，人们在海滩上欣赏大海，沐浴海浪，享受美丽的大自然。然而，由于自然因素和人类活动增强，我国的海滩出现严重的环境问题，自然侵蚀、无序挖沙、随意建堤、非法占用、环境污染现象比比皆是，很多海滩成为黑沙滩、硬沙滩、脏沙滩、小沙滩，甚至完全退化成裸露的礁石。海滩的退化是不可逆转的，如果不及时保护或修复，我国海滩还会进一步退化，保护海滩成为当务之急。该报告梳理了海滩的问题，提出了基于海滩问题的质量分级因子以及通过海滩质量认证的方式提升我国海滩管理水平的建议，供海滩管理部门参考。

作者简介

王永红，华东师范大学自然地理学专业博士，中国海洋大学海洋地球科学学院教授、博士生导师，澳大利亚詹姆士库克大学、日本东京大学、英国邓迪大学访问学者。主要从事海洋沉积环境和沉积动力地貌学的理论和应用研究。主持并完成国家自然科学基金、国家重点研发计划项目子课题、山东省自然科学重点基金以及地矿水文部门的研究项目。作为骨干成员参与了多个我国海滩相关的重点研究项目，长期进行海滩监测。出版专著《海岸动力地貌学》，*Marine Geosciences* 等，国内外发表论文近 100 篇。目前担任国家自然科学基金等项目同行评审 / 鉴定专家。

海滩是海岸带的重要组成部分，一般指由激浪和激浪流形成的松散沉积物堆积体[1]，是由砂或砾石所覆盖的海滨，不包括淤泥质海岸。本报告中的海滩专指滨海沙滩，包括干滩和潮间带。海滩沉积物可以来自沿岸岩石被侵蚀的产物、内陆架向岸搬运的沉积物、海洋生物碎屑颗粒堆积的松散物质，或者来自海洋动力作用下沿岸重新分配的河流输运的物质。海滩的形成经过漫长的地质历史时期，因此，海滩是自然赋予的宝贵财富，和石油、天然气一样，对于人类来说，它们是一种有限且不可再生的资源。

海滩作为砂质海岸的主体地貌单元，具有防灾减灾、生态服务、旅游休闲和经济发展等重要功能。海滩是抵御沿海风暴和洪水的第一道防线，也是海边生物的栖息地；海滩更是海岸带城市中重要的旅游资源，不仅吸引众多游客到沿海地区观光、度假和进行海滨体育活动，还通过增加房地产价值、创造销售与收入、增加就业机会以及增加地方税收来为经济发展做出贡献[2]。例如，从2012年到2018年，厦门海滩旅游总收入从97亿元增长到252亿元，稳步增长近2.6倍；海滩旅游增加值从38亿元增加到100亿元，GDP占比从1.35%增加到2.11%，这表明海滩对厦门经济的贡献不断增加[3]。

2005～2019年里，中国沿海旅游业迅速发展，2019年沿海旅游业产值是14年前的近10倍，滨海旅游业的生产总值为18 086亿元，占主要海洋产业生产总值的约50%[4]。滨海旅游已成为海洋经济的主导产业之一，而我国大陆海岸线约1.8万千米，其中砂质岸线约5 000千米，占大陆岸线的约1/3。海滩作为滨海旅游的主要目的地，发挥着至关重要的名片作用（图1）。

海滩环境也是生态脆弱区域。在自然因素和人类活动的影响下，我国一半以上的海滩遭受侵蚀，一些海滩被随意侵占，海滩安全事故频发，海滩环境发生各种污染，在目前粗放式开发和管理情况下，这些问题无法得到很好的解决，使得海滩环境无法满足人们对高质量旅游环境的需求。另外，虽然我国的海滩生态修复已经取得了一定的成效，但如果缺乏有效的管理体系，海滩很难长期维持其修复成果。在国际著名旅游网站 Big 7 Travel

图1　随着人口增长和社会经济发展，人们对
海滩有更多的需求，也给海滩更多的压力

评选的 2022 年世界 50 个最具吸引力的海滩，以及被联合国教科文组织认定的海滩生态标签——蓝旗海滩认证名单中，我国海滩无一上榜。因此，在我国致力于海洋生态文明建设和全面高质量发展的时代，以及积极参与全球海洋生态环境治理的背景下，如何构建基于我国海滩现状且适合我国国情的海滩管理模式，提升我国海滩管理水平，并快速融入与国际接轨的海滩认证框架中，是体现我国海洋生态文明建设水平与成就、加强我国海洋生态保护和海洋资源可持续利用的重要课题。

一　我国海滩存在的问题

1. 我国海滩质量问题

（1）侵蚀

随着当前气候变暖引发的海平面上升和不合理的海岸工程等人类活动的影响，全世界范围内的海岸带都面临着侵蚀破坏，砂质海滩的侵蚀尤为严重，全球范围内约有 24% 的海滩存在不同程度的侵蚀[5]。我国约有 50% 的砂质海岸受到侵蚀，河北、山东、福建、广东、广西和海南砂质岸线的侵蚀比例高达 57%～70%[6-7]。但与自然因素相比，有时人类活动会对海滩侵蚀产生更大的影响。通过对福建海滩近 40 年的平均蚀退速率研究发现，海滩最大蚀退速度为每年 4～5 m，人为影响对海滩侵蚀的加剧作用约占 70%，大幅超过了海平面上升为主的自然因素影响[8]。这些人为影响包括河流上游建坝，随意挖沙等。例如，河北省滦河由于上游建坝，2012～2014 年年平均输沙量仅为 1990～1999 年的 1.55%，导致河口外的打网岗岛海滩在 2012～2014 年下蚀速率大于 10～15 cm/a[9]。威海地区海滩被挖沙后年均侵蚀 1.5 m，损失面积达 $2×10^5$ m²[10]。

（2）污染

海滩污染会对动植物和在海滩上的人员造成危害，破坏生态平衡；其次，海滩污染会影响海滩的美观程度，降低海滩的游览价值；再有，海滩污染会严重影响沙的纯净度以及沙色。海滩如果长期受到污染则需要进行海滩修复，并且海滩修复的难度会随污染加重而增加。海滩上的污染物主要有以下几种（图 2）。

1）海滩垃圾

海滩垃圾包括塑料、木材、衣服、橡胶、玻璃和金属等。随着人类对海洋沿岸的开发、利用程度不断深化，海滩垃圾数量呈迅速增加态势。例如，意大利沿海海滩垃圾密度中值高达 477 件/100 米[11]。海滩垃圾危及海洋生物群等，降低环境质量而影响旅游、渔业和航海。政府为减少这些海滩垃圾的负面影响付出了高昂的代价。在比利时、荷兰和英国，每年用于减少沿海海滩垃圾的费用为 1 000 万～2 000 万欧元[12]。2011 年 7 月韩国一段时间的强降雨增加了海滩垃圾堆积，导致旅游业收入减少 63%，损失 3 300 万美元[13]。为了减少海滩垃圾，美国等已经启动了许多海滩清洁和监测计划，但我国对海滩垃圾数量的关注较少[14]。

2）微塑料污染

海滩因旅游区、居民区或海水动力作用，往往积累了大量的塑料垃圾。我国从渤海沿岸地区沙滩，到南海沿岸地区海滩的微塑料含量为 114～6 870 件/千克[15]。印度、荷兰、土耳其等国的海滩微塑料含量在 76～1 154 件/千克[16-17]。与河口和大陆架等沉积环境相比，有些海滩微塑料的污染程度更为严重,如中国北部湾和南海沿岸地区的海滩沉积物中微塑料密度是中国长江口的近 57 倍[18],是东海南部大陆架的近 50 倍[19]。海洋环境中的微塑料通过多种途径进入海洋生物体内,会对海洋生物、生态环境和人体健康造成巨大威胁。

3)重金属污染

重金属具有毒性和累积效应,但不可生物降解,对环境造成了严重的破坏。特别是在沿海地区,它在生物中的累积和持久性对生态系统和人类健康构成潜在风险。对比湖泊、河口和陆架沉积环境,有些海滩重金属的污染程度更高。如与北黄海陆架表层沉积物的重金属浓度相比,青岛第三海水浴场海滩沉积物的铬最大值为北黄海的近 5 倍,镍为 6 倍,锌为 3 倍[20-21]。而孟买海滩的重金属铬、镍、铅、钴、镉等均严重超标[22]。因此,虽然海滩为粗颗粒沉积物,但在强烈的人类活动作用下,其重金属的污染水平也可以达到很高的程度,容易对海滩动植物和游客等带来危害,降低海滩的旅游价值。

4)油脂污染

很多海滩的沙子中存在油脂,这些油脂有的是海上溢油漂到海滩所产生,还有的是沙滩烧烤、餐饮等废油倾倒所致。由于海滩油脂中可挥发成分已经挥发,剩余的油脂非常黏稠,黏附在动物和人的身上难以清洗。沙中的油脂很难清理,因而会长期存在,成为很多沙滩环境的痼疾。

(3)绿潮

绿潮通常是指由于大型绿藻的过度增殖和生长、聚集而形成的一种生态灾害(图 2)。浒苔可以快速吸收营养物质和快速繁殖,形成大量浒苔堆积覆盖在海滩[23],直接影响游客观感及各项水上娱乐活动的体验效果,影响游客的停留时间及旅游消费行为,因此,浒苔爆发对海滩生态和旅游业的发展造成巨大的影响。根据计算,2016 年因为浒苔灾害,青岛滨海旅游价值损失为 12 亿~21 亿元,占 2016 年青岛市旅游总收入的 0.8%~1.5%[24]。

图 2　我国海滩环境存在的各种问题

2. 我国海滩管理问题

海滩资源管理是指在政府主导作用下，社会组织和社会公众共同参与，运用行政、经济、法律等手段，合理管理和安排海滩资源的开发利用，协调各部门利益，实现海滩资源持续稳定发展。近年来，我国滨海旅游业发展迅猛，国家和各级地方政府或相关部门分别制定了一系列的标准、规范以及管理办法来加强对海滩的开发利用、保护和管理；国家生态环境部也会定期发布一些主要海水浴场的水质监测结果；近期生态环境部印发的《美丽海湾建设基本要求》中对于海水浴场和滨海旅游度假区的环境状况也提出了建设标准和要求。因此，我国海滩管理工作正逐渐得到重视，也取得了较大的成果。但在海滩保护、政策制定、开发利用、日常管理和公众互动等方面仍然存在较多实质性的问题，严重影响我国海滩资源的保护和可持续利用。

（1）忽视海滩资源属性，随意侵占海滩资源，海滩无法得到保护

我国《宪法》第九条明确规定：滩涂等自然资源属于国家所有，禁止任何组织或者个人用任何手段侵占或破坏自然资源。香港特别行政区一直认为海滩是公共资源，属于所有市民，应由政府统一开发、保护和管理。香港海滩以环境优美、配套设施齐全、安全卫生，以及免费向市民开放而闻名，吸引众多游客前往。海南省 2022 年制定的《海南经济特区海岸带保护与开发管理规定》中，要求任何单位和个人不得非法圈占海滩，不得非法限制他人正常通行。

海滩资源属性有明确的法律规定，如果忽视这一属性，海滩无法得到保护。如深圳"山海湾俱乐部"拥有 3 栋别墅和百间客房，把距离俱乐部 50 m 外的海滩圈起来用于私人使用，外人无法随便进入。三亚市大东海有些宾馆、酒店、度假村甚至直接建在海滩上，将公共海滩资源变相占为己有，阻碍了社会公众自由进入海滩。有些乡村海滩挖沙行为无人管理，有些把养殖池建在海滩上。这些行为造成海滩的严重侵蚀和海滩资源逐渐丧失，严重侵害公众利益。

（2）海滩资源管理政策不完善，制定的标准采用率低

海滩相关政策是保护海滩最重要的基础条件。海滩管理政策的缺失，影响海滩的保护和可持续发展。由于旅游海滩（特别是海水浴场）受到较多的关注，因此出台的海滩管理办法基本和海水浴场相关。例如，大连市、秦皇岛市、青岛市、三亚市、珠海市、威海市、舟山市等地区出台了《海水浴场管理办法》《沙滩管理服务规范》和《沙滩游乐安全管理规范》等，但是并没有从海滩资源的角度对海滩功能进行区分考虑。只有少部分地区，如深圳市、北海市、阳江市海陵区和平潭综合实验区等地区出台了《沙滩资源保护管理办法》，阳江市海陵区把海滩分为海水浴场、旅游度假海滩和农渔业区海滩，注意到了不同海滩的保护和利用问题。

另外，我国目前已经颁布了一些相关的国家标准，如《滨海景区海滩管理要求（GB/T 35556—2017）》和《海水浴场服务规范（GB/T 34420—2017）》等。除此之外，还有一些行业标准，如《海滩质量评价与分级（HY/T 254—2018）》和各级地方标准，但大多数标准没有得到实际采用，无法实际指导海滩管理和海滩资源的保护与可持续利用。

（3）不合理开发利用海滩资源，海滩养护投入力度不够

不合理开发利用海滩资源主要是指在海滩开发建设和经营利用等方面的问题。目前对海滩的保护开发和利用缺乏顶层设计，没有明确海滩的功能，各地往往将海滩当成一般性滨海土地资源使用，无视海滩资源的脆弱性、活动性和陆海连通的特殊性。如果不明确海滩是以旅游开发为主，还是以保护为主，就会使得有些海滩开发程度不够，而有些海滩则过度开发。

如位于福建平潭北部的长江澳海滩，距县城约 19 千米，目前尚未开通公交线路，交通不便，仅能通过乘坐摩的、出租车或自驾出行等方式到达。同时，由于没有成熟的旅游海滩的配套设施，导致游客在该地旅游具有安全隐患。因此，该地可以根据需要开发旅游产品[25]。

而另一些海滩则被过度开发，如烟台市区的第一海水浴场和威海市海岸海水浴场等存在夏季海滩人员爆满的现象。海滩旅游资源的过度开发导致海水浴场水质下降，氨、氮和含硝酸盐量超出国家海水浴场水质标准[26]。

有些海滩遭受侵蚀需要进行维护。国家实施了一系列海滩养护工程，但海滩养护的投入力度还远远不够。中国的海滩养护工程主要依靠政府，养护的投资每年约在 157 万美元/千米，与美国约 238 万美元/千米的投入相比还有不小差距[27]。目前，我国在海滩养护评估标准、工程质量、寿命预测等方面的工作才刚刚开始，海滩养护管理机制有待进一步完善[28]。

（4）海滩管理部门分工不明确，影响海滩的日常管理

虽然各地的管理办法等都规定了海滩／海水浴场的主管部门为当地市（县／区）政府或城乡建设行政主管部门，但海滩管理涉及部门众多，各部门职能分工不明确，缺乏协调统一的多部门联动机制。例如，在对兴城市沿海滩涂职能管理的一项调查中发现，兴城市民并不了解职能管理的相关组成部门以及部门的人员配置等。这也从侧面反映了当地政府的职能管理的力度不够，管理部门的人员配置不清晰等问题[29]；《北海市沿海沙滩保护条例》中将海滩管理的主体概括为市（县）人民政府，没有对其下辖各部门进行具体明确的分工；在《阳江市海陵区沙滩保护管理办法》中，海洋与渔业部门几乎需要承担所有海滩保护的责任，而其他部门如综合行政执法部门、司法部门承担责任较少。

（5）海滩资源保护意识薄弱，缺乏多方参与的服务平台

中国海滩保护起步较晚，人们对海滩的保护意识薄弱，没能体现海滩的实际价值。第一，从管理部门看，由于有些地方政府对海滩的重视不够，海滩开发利用和城市规划脱节；同时海滩管理涉及部门较多，容易产生执行力不足的问题。第二，从公众方面看，无法获得海滩的各种信息以及质量情况，也无法积极参与海滩的保护和管理，削弱了海滩在滨海旅游城市的名片及吸引力作用。第三，缺乏科学家的参与，无法准确监测了解海滩的基本性质和变化特征，评估海滩生态、经济和社会的资源价值，提出海滩的变化趋势和合理开发利用以及管理的模式。第四，缺乏与国际先进的海滩综合管理模式接轨。目前，我国只有海滩质量标准，而没有自己的或者与国际接轨的海滩质量认证体系，使得国际游客没有渠道了解我国海滩的各种信息以及质量情况，因此我国也无法通过海滩旅游在国际上体现我国海洋生态文明的建设成就。

二　国外海滩的管理经验

1. 海滩管理历程

20 世纪 70 年代之前，世界各国对于海滩管理缺乏重视，与海滩管理有关的实践往往局限于海滩养护和防治海滩侵蚀。1972 年，美国率先通过《海岸带管理法案（Coastal Zone Management Act）》，全球关于海岸带保护的重视程度明显增加。在海岸带管理中将海滩纳入海岸带的范畴。1985 年，法国为进一步提升海滩管理水平，引入"蓝旗"这一海滩质量评价标准，为后续海滩管理提供分级的参考依据。1992 年 6 月，联合国环境与发展大会在《21 世纪行动议程》中提出世界各国应进行海岸带综合管理［Intergrated Coastal Zone Mangement（ICZM）］，对海滩管理方面提出的多主体共同参与的工作思路，迄今为止都在对全世界的海滩管理起着指导作用。2009 年 Williams and Micallef 总结前人的海滩管理模型和实践经验，撰写的《海滩管理》一书的出版[30]，提出了海滩管理的基本原理和综合体系的构成。

2. 海滩管理的理论和目标

海滩管理的基本原理就是不仅要将海滩作为供人类使用的娱乐资源加以改善，还要将海滩作为一种自然资源加以保护。在此框架下不断多方位提升政府的管理能力，使海滩可以长效可持续发展。因此，海滩管理需要遵循科学有效的海滩管理理论，采取综合的方法来管理海滩，尽可能考虑到影响海滩系统的所有因素，保障海滩的可持续利用。

在海岸带综合管理目标下，海滩的管理所要达到的目标包括以下几个方面。① 保护海滩，减轻侵蚀。特别要减少不合理的人类活动，或采取适当的养护工程等，增强海滩抵御气候变化的能力，促进可持续发展。② 海滩生态系统保护。海滩生态系统具有独特性，是海岸带生态多样性的重要一环。③ 促进拥有海滩城市的经济发展。海滩是滨海旅游城市的最重要的名片，给滨海城市带来了游客和旅游收入，并带动土地利用价值的提升。

④ 提升政府管理能力。海滩管理需要制定法律／体制框架。在进行决策时，要提高对海滩脆弱性和风险的认识，建立以科学技术为支撑的知识库，与民众共享。

3. 国外海滩认证和存在的问题

海滩认证成为一种常见的海滩管理方法，主要是为了尽量减少消极的社会和环境影响，并确立高水平、高质量的环境绩效和问责制。国际上的海滩认证大多开始于 20 世纪 80～90 年代，使用的海滩认证计划很多，但尚未形成通用的认证标准。

（1）欧洲海滩蓝旗认证（The Blue Flag Campaign）

目前全球最广为人知的海滩认证是欧洲海滩蓝旗认证（以下简称蓝旗认证）。通过蓝旗认证的海滩常被旅游者认定是适合旅游的海滩，由欧洲环境教育基金会（FEE：Foundation of Environmental Education in Europe）组织认证。蓝旗认证于 1985 年作为试点项目开始，1987 年在欧洲正式启动。2001 年，蓝旗项目首次从欧洲扩展到南非。截至 2021 年，已有 50 个国家的 5 000 多个海滩获得蓝旗认证（图 3）。由于只有管理海滩的市政当局才可以为当地海滩申请蓝旗认证，使得海滩环境与市政领导的责任联系起来，蓝旗认证也成为促进海滩保护、可持续利用以及提高管理水平的重要方式。蓝旗认证依据 26 项具体标准，包括环境教育／信息、水质、环境管理、安全和服务 4 个方面。

（2）优秀海滩认证（The Good Beach Guide）

优秀海滩认证由英国海洋保护学会（Marine Conservation Society）提出。1998 年，英国及其海峡群岛（the UK and Channel Islands）有 109 个海滩通过优秀海滩认证。这个认证帮助人们找到英国的优质海滩。该认证体系的主要评价标准是水质，其他评价标准包括浴场安全、垃圾管理和清洁、基础设施、海滨活动、停车场、公共交通、旅游信息等。

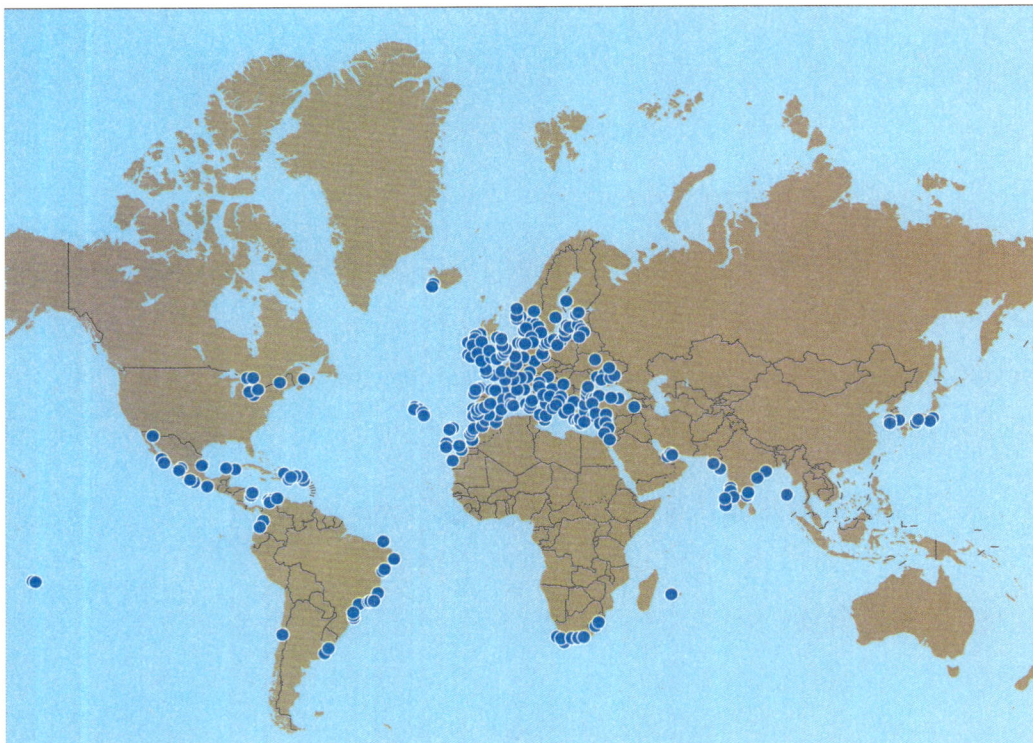

图 3　截至 2021 年已有 50 个国家的 5 000 多个海滩获得蓝旗认证

http://www.blueflag.org/

（3）英国海滨认证（Seaside Award）

1992 年，英国海岸整洁组织 TBG（Tidy Britain Group）提出英国海滨认证。TBG 是一个独立但部分由政府资助的组织。该标准将海滩分为度假海滩和乡村海滩，从水质、海滩状况、安全、管理、清洁、宣传教育 6 个方面进行评估，分别对两种海滩提出了 29 项和 13 项评价标准。主要的区别是，度假海滩必须提供厕所、咖啡馆等设施；一般乡村海滩的设施相对较少，通常比度假海滩更偏远，没有成熟的管理和开发。乡村海滩类别的列入使得许多不符合蓝旗认证的欠发达海滩有资格获得这一认证。

（4）澳大利亚休闲水域风险管理认证（Guidelines for Managing Risks in Recreational Waters）

澳大利亚休闲水域风险管理认证由澳大利亚的新南威尔士政府的规

划与环境部门组织认证。根据当地 214 个海滩的水质和污染物指标对海滩进行分级认证，分为很好、好、一般以及差 4 个等级，并通过州政府规划与环境部门网站，每年展示海滩的等级及变化。另外，政府也在网站上发布海滩的年度报告，对海滩进行宣传和质量分析。

（5）美国蓝波海滩认证（The Blue Wave Campaign）

美国蓝波海滩认证是由美国清洁海滩理事会提出的，是美国第一个海滩环境认证。清洁海滩理事会是 1998 年为保护美国的海滩而设置的非营利性机构，由代表学术、环境保护、商业、政府和健康的成员组成。经政府委员会和旅游发展委员会批准，美国蓝波海滩认证提出用于认证的 7 个标准，包括水质、海滩和潮间带情况、危害、服务、栖息地保护、公共信息和教育、侵蚀管理。旅游海滩和乡村海滩在以上 7 个方面中分别设置 33 项和27 项评价标准。

（6）英国海岸观察认证（British Coastwatch）

英国海岸观察认证由诺维奇联合商业公司赞助，是欧洲海岸观察组织的一部分。除了对整个海岸进行评估，还专门设计了海滩认证体系。每类因子都以 1～5 的等级进行评分，对美国的 650 个海滩、英国的 182 个海滩和土耳其的 28 个海滩进行评价。认证结果公布在 National Coastwatch 网站中，游客在地图中点击想要了解的海滩，即可获得该海滩的质量、状况、评级等。

综合以上几个国外的海滩认证实例，我们发现国外海滩的认证已有近40 年的历史，游客也已经习惯使用不同的海滩认证指导自己的旅游选择，管理部门也在认证的指导下弥补管理的缺失和不足。不过这些认证标准也存在问题，如蓝旗认证主要聚焦于针对游客体验的社会标准，其中心主旨是增强人们在海滩游玩的体验，而对海滩地貌特征、沉积物质量等关注较少。此外，蓝旗认证只针对旅游海滩，乡村海滩无法使用。有些海滩的认证指标过于单一，如澳大利亚休闲水域风险管理认证的指标只包括水质和污染物。因此，无法完全按照国外的认证指标来设立我国的海滩质量认证的指标。我们还需要考虑我国目前的海滩状况和存在的问题,建立适合我国的海滩分级认证标准。

4. 我国海滩管理和蓝旗海滩管理的差异与接轨

目前蓝旗认证海滩主要分布在欧洲、美洲和澳大利亚等地,亚洲只有印度、日本和韩国的几处海滩获得蓝旗认证。前人使用国内的海滩质量评价标准,评定山东日照万平口海滩属于中等级别海滩[31]。将万平口海滩的各种指标对照蓝旗认证标准,发现在蓝旗的 34 个强制标准中,万平口海滩基本满足占比 15%,部分满足 59%,不满足标准占 26%[32]。可见万平口海滩对标蓝旗认证尚存在很大的差距。

另外,在使用蓝旗认证对山东 8 个 4A 级旅游度假区的滨海海滩进行评估时,发现山东地区海滩建设有很多不足[33]。各地海滩普遍存在的问题包括海滩水质很多没有达标,缺乏对海滩管理和海滩保护的宣传,发布的环境信息内容缺少规范性,服务安全设施数量不能满足游客需求等。因此,针对以上问题,如果我国有意愿接轨国际,首先需要在明确我国海滩认证与蓝旗认证的目标一致的前提下,针对蓝旗的强制标准进行相关建设。总之,需要我们在大力全面提高目前海滩管理整体水平的基础上,有针对性地选择部分有条件的旅游海滩,经过几年的建设,接轨蓝旗认证标准。

三 我国海滩质量分级认证的必要性

1. 建立海滩质量分级认证的必要性

质量认证是指依据产品标准和相应技术要求,经认证机构确认并通过颁发认证证书和认证标志来证明某一产品符合相应标准和相应技术要求的活动。认证在促进国家经济建设和社会发展、构建和谐社会等方面发挥着越来越重要的作用,已经成为政府提高管理水平、企业提高服务水平的重要手段。可以从以下几方面建立海滩的质量分级认证。

（1）提升海滩环境保护意识，保护国家宝贵的自然资源

由于对海滩的不可再生性和其生态、社会和经济价值的认识不足，目前我国对海滩的重视远远不足以体现海滩的真正价值。进行海滩质量分级认证过程中会自发地宣传海滩认证体系，全国范围内的游客可以查询海滩质量认证结果，从而让全社会充分认识到海滩是国家宝贵的自然资源，并深刻理解海滩保护的意义，提高全民保护海洋生态环境的意识。

（2）提升全国海滩的整体价值

目前我国仍处于粗放式海滩开发和管理阶段，有些该保护的海滩被随意破坏，有些该开发的海滩仍停留在初级的观光阶段。建立海滩质量分级认证，使得海滩的保护和开发融入国家的发展体系，提升海滩的整体价值。

（3）提高海滩管理水平，充分合理利用资源

由于海滩质量分级认证需要满足相关的标准，可以促进政府进行全面的海滩质量管理，更加合理地分配海滩资源；同时，也促进各管理部门之间的信息交流、提高透明度和效率、明确各自职责发挥的重要作用，及时解决在认证过程中发现的海滩质量问题。这样可以加强政府对海滩质量进行有效的管理，促进海滩质量水平的不断提高。

（4）提供海滩信息，提高海滩质量信誉和在国内国际的地位

由于已取得质量认证的海滩可以获得更高的质量信誉，具备更强的吸引国内外游客的效应，因此，海滩经营者也可以把认证标准作为运营海滩的参考与度量标准。游客在选择海滩时通过大量、可靠的海滩信息，选择其满意的认证海滩。这样海滩对国内以及国外游客的吸引力就更强，也可以提高当地经济效益。

2. 海滩质量分级认证是实现海滩高水平治理的必由之路

（1）帮助提高全民对海滩社会属性的认知，培养全民海洋意识

海滩的社会属性是人与海滩环境的关系，海滩资源的人文背景、基础设施、服务保障等都是海滩的社会属性。党的十八大报告提出了建设海洋

强国战略，首先必须加强海洋教育和海洋问题研究，强化全民的海洋观念和海洋权益意识，为国家战略安全发展奠定思想基础。海滩质量分级认证的建立倡导人们重视海滩、保护海滩、与海滩和谐发展，从而提高管理者和民众对海滩的认知，并通过海滩更加了解海洋，加强大众的海洋意识。

（2）辅助政府建立及实行有关海滩管理的社会职能

社会职能指国家、政府对政治、经济、文化等领域之外的其他社会事务的管理职能，生态和环境保护就是其中一项重要的社会职能。建立海滩分级认证体系可以明确海滩环境存在的问题，并提供解决问题的方法和海滩保护思路。同时，海滩分级认证体系可以帮助政府建立有关海滩的政策法规等，促进海滩管理体系的合理化，进一步完善有关海滩管理的社会职能。

（3）以评促管，实现海滩认证体系与社会管理体系的对接

将海滩质量认证评估工作与社会海滩管理体系的建设目标一并考虑，带动海滩环境管理的规范化、制度化、科学化、信息化建设，提高管理队伍的整体素质和管理水平，保障工作优质、高效运行。同时，海滩质量分级认证评估工作可以更新海滩保护和建设的思想与观念，提高对海滩的认知，维护海滩的自然发展规律，并全面加快海滩资源的利用和保护进展，使海滩达到高水平治理。

3. 建立海滩质量分级认证的可行性

从国家需求来看，通过海滩质量分级认证，促进海滩资源的保护和可持续利用，符合国家目前高质量发展和可持续发展的需要。气候变化和城市化带来的人口压力造成海滩生态环境破坏，海滩吸引力减弱，亟需有效的海滩质量认证督促管理者保护生态环境，提高海滩吸引力、环境质量和资源利用价值。我国在海滩质量认证方面还没有开始，因此需要一套切实可行的海滩分级体系来提供管理依据，填补国内空白，实现海滩高水平治理。

从技术上看，目前已有的海滩管理的相关国家标准、行业标准以及各地出台关于海滩管理的条例或政策，为建立海滩质量认证体系提供了重要

的技术基础和支撑。

从管理上看,国外已有的海滩认证体系和发展历程以及我国旅游景区质量等级管理认证体系、旅游饭店星级认证体系和管理模式的成熟,对建立海滩质量认证体系具有良好的借鉴意义。

四 实施海滩质量分级认证的对策

1. 构建海滩质量分级认证体系

(1)海滩分类

目前我国旅游海滩的开发尚处于初级阶段,许多优良的海滩处于未开发状态,并且有些偏远的海滩需要保护[34]。因此,要首先确定海滩的功能定位,对于不同功能的海滩选取不同的认证指标或评分方法。建议按照海滩功能分为三大类:旅游海滩、乡村海滩和管控海滩。

旅游海滩位于城市地区或其周围,毗邻主要城市建筑、码头或渔港。这些海滩配备了旅游设施,在旅游旺季通常有大量游客,交通繁忙,配备有厕所和一定规模的停车场[35]。

乡村海滩通常位于野外自然环境或乡村环境中,通常是未被利用或轻度开发的,自然特征超过人为元素,缺乏海滩旅游设施,没有专用道路和专用停车场。乡村海滩游客不多,但也会有人来此享受风景[35]。

管控海滩是指因生态保护、交通可达性不足以及国防、军事需要,或核电、油气等重大危险设施安全管控需要,实施有条件管控,不对外提供公共服务的海滩[36]。虽然管控海滩不对外开放,但从海滩保护的角度看,仍需对海滩进行评价认证。

由于海滩发育情况不同,每个海滩的长度、干滩宽度、潮间带的宽度和坡度、主要沉积物组成、动力条件等差异较大,这些自然条件的差异构成了海滩质量的组成部分。海滩认证的主要目标是以评促管,自然条件的差异并不会通过加强管理而改变,因此,海滩自然条件不宜作为评估指标。但是,将自然条件差异很大的海滩按照同样的标准评估会缺乏可比性,为此,在上述三大类海滩的基础上还要依据自然条件分两个或多个小类,将自然条件相近的海滩分类认证。例如,可以按照海滩沉积物、海滩的长度、宽度等海滩自然属性,将海滩分为"一类旅游海滩""二类乡村海滩"等。这样的分类体现调动各类海滩参加认证的积极性,以更好地提升海滩管理水平。具体的分类标准可以在实施时进行深入论证确定。

（2）海滩认证的主管部门和实施部门

不同的国家和地区的海滩质量认证主管和实施部门各有不同。有些由政府负责组织认证,如澳大利亚的新南威尔士州政府的规划与环境部门主管当地海滩认证,组织建立海滩观察组织（Beachwatch）,并通过州政府规划与环境部门网站来展示海滩的等级及变化。有些则是由政府批准的第三方的非营利机构独立评估。例如,经美国政府委员会和旅游发展委员会批准,成立了第三方非营利机构——清洁海滩理事会负责组织相关的海滩认证工作。在蓝旗认证中,政府并不介入,而是由多个组织团体构成的国际评审团制定统一标准和评审细则,授权每个国家评审团对当地海滩进行质量检测,最后由欧洲环境教育基金会（FEE）颁发认证结果。

根据我国的国情,建议我国海滩质量认证由自然资源部或生态环境部作为海滩认证的主管部门,负责海滩认证的行政管理、评估标准的制定和认证结果的发布。主管部门可以自行组织认证委员会,也可以授权第三方评定机构负责组织实施全国海滩质量认证的等级评定工作。

（3）以海滩问题为导向选择认证指标

国内外对海滩的认证指标没有统一的标准,基本是根据国情和评估目标来制定。因此,对海滩的评价标准可以参考已有的国家、行业和地方标准,针对我国海滩存在的问题,提出以问题为导向的评价指标,达到以评促管,促进海滩质量的改善,避免海滩环境的恶化,减缓海滩退化的目标。这也是我们提出的认证体系的特色。

进行海滩质量分级认证不宜采用过于复杂的因子和方法,而需要抓住主要的定量和定性信息，针对海滩问题设计认证指标。为此，我们提出了两类认证指标：环境认证指标（表1）和旅游认证指标（表2）。乡村海滩和管制海滩只评价环境认证指标，而旅游海滩需要同时评价以上两类认证指标。其中，海滩的环境指标反映海滩的保护状况，旅游指标反映海滩的开发程度和服务水平。表中最后一列是权重因子。权重的确立，一般有层次分析法、模糊法、模糊层次分析法和专家评价法[37]，本报告权重设立综合采用层次分析法和专家评价法，对能够在较大程度上改善海滩质量和能够解决目前海滩严重问题的因子给予较高权重，总体划分为Ⅰ、Ⅱ、Ⅲ三个等级，权重等级可在日后对海滩质量认证的动态管理中进行调整。

1）环境认证指标

环境认证指标是最基础的海滩评估指标，主要考虑尽量减少人类活动带来的海滩环境恶化，解决海滩的质量和管理问题，相应地分为海滩质量指标和海滩管理指标。将水质、污水排放、海水漂浮物、海滩废弃物、绿／赤潮周期因子列入近岸水体质量指标部分，可以快速评判海滩污染的基本状况。在我国，非法使用海滩是造成海滩退化的主要因素。在表1中，将各类非法占用海滩、毁坏海滩的活动作为海滩管理指标，促进地方政府取缔非法占用海滩的活动，实现保护海滩的目标。环境管理指标还包括政策与规划制定、巡察制度的实施、治安状况、政府投入、信息公示等，用以评价地方政府在海滩管理方面的力度。

2）旅游认证指标

旅游认证主要涉及两种认证指标：一种是旅游基础设施，涉及交通可达性、海滩入口、停车场、公共娱乐设施、旅店条件、休闲设施、休息设施、游客密度等因子；另一种是旅游服务保障因子，涉及对游客的服务能力。这些因子促进管理者深度思考如何合理控制旅游季节海滩旅游人数，配置旅游海滩基础设施，使海滩资源得到合理利用。

表 1 海滩环境认证指标

类型		序号	环境评价因子		权重
海滩质量	海滩环境	1	海滩垃圾	海滩生活垃圾，工农业、建筑垃圾，渔业废弃物等分布情况	II
		2	微塑料	海滩沉积物微塑料浓度、污染风险及分布状况	II
		3	重金属	海滩沉积物重金属浓度、污染风险及分布状况	II
		4	油脂	动植物油，海上溢油等	II
	水体环境	5	水质	海域水质情况包括：理化指标（溶解氧、pH、化学需氧量等）、金属指标（锑、砷、铍等）、有机指标（半挥发性有机物、多氯联苯、苯系物等），可以参考相关国家规范	I
		6	健康风险	大肠杆菌、肠球菌等	III
		7	污水排放	海滩排水管和开放性排水口的数量	II
		8	海水漂浮物	近岸水体漂浮物类型及其发生条件和频率等	III
		9	赤潮	海滩相邻 20 km 范围内海域赤潮灾害的发生频率	II
	生态环境	10	内滨有害植物	海洋植物情况，包括海藻、海草等	III
		11	内滨有害动物	海洋大型动物活动情况，包括鲨鱼、水母等	II
		12	近岸人工养殖	近岸人工养殖面积占 3 m 水深范围内海域面积的百分比	II
		13	生物源废弃物	后滨生物源废弃物的分布情况	II
海滩管理	海滩占用	14	非法占用海滩	海滩是否有未经政府允许违建、私自圈地侵占、物资堆栈、填海等情况	I
		15	沙滩上的永久性建筑	海滩未经政府规划占用沙滩的永久性建筑数量及面积	I
		16	沙滩上的养殖池	海滩上人工养殖面积占整个海滩面积的百分比	II
		17	海滩挖沙	海滩是否有未经政府允许的挖沙行为	II
		18	海滩上的不合理工程	海滩是否有未经政府允许的海岸工程，如丁坝修建等	III
		19	海滩上的废弃物	海滩废弃船只数量、占用海滩面积及其他废弃物堆积情况	III

续表

类型	序号	环境评价因子		权重
海滩日常管理	20	海滩信息公告	是否有明显的海滩信息公告，说明海滩所有权及范围等	I
	21	安全警示公告	关于有些游客安全的公告，包括海浪，潮汐，裂流等	III
	22	政策与规划	所在区域是否有制定的海滩资源管理政策和文件以及合理的管理体制	I
	23	海滩监察	是否有专门海滩监管人员，定期巡视海滩状况，及时制止非法取砂行为等	II
	24	周边社会治安	周边治安情况，是否有治安巡查	III
	25	污染处理机制	是否有面对海滩突发污染的对应机制，对未授权的污染活动及时制止	II
	26	政府投入	政府对海滩保护投入力度及投入方式	II
	27	海滩责任人与联系方式	海滩是否有专属责任人并提供联系方式	III
	28	卫生维护人员	海滩内是否有充足的卫生保洁人员	II
	29	垃圾桶或垃圾站	数量和分布是否合理达标	II

（4）海滩质量分级认证的体系构建

海滩质量认证工作主要是利用上述指标，对海滩的质量给出评分，并进行评级。对能够提高海滩质量，完善海滩建设的正向指标因子，其因子完善程度越大得分越高；而对于阻碍海滩建设，影响海滩整体质量的负向指标因子，其因子指标越大得分越低，由此来促进对海滩的管理。对所有因子按百分制进行评分，再乘以各自权重，最终总得分为

$$评价得分 = \frac{\sum（因子得分 \times 权重）}{\sum（因子最高分 \times 权重）} \times 100$$

对于旅游海滩，环境指标和旅游指标分别计分，用于评价分类评估情况；然后二者平均后再次计分，用以体现整体评估结果。

表2 海滩旅游认证指标

类型	序号		旅游评价因子	权重
旅游基础设施	1	旅游信息展示牌	标示是否完善，按 GB/T 10001.1 与 GB/T 10001.2 的规定	Ⅲ
	2	生态环境保护宣传	景区内是否有当地海滩生态环境的宣传	Ⅲ
	3	交通可达性	游客到达目标海滩的出行方式和便利程度	Ⅱ
	4	海滩入口	入口类型和数量	Ⅲ
	5	停车场	相邻陆域配套的停车场情况	Ⅲ
	6	卫生间和淋浴室	卫生间和淋浴室配备情况	Ⅲ
	7	垃圾箱和回收站	数量和分布是否合理达标	Ⅲ
	8	急救站和急救设施	是否配套专门的瞭望塔、急救站和相应的急救设施	Ⅲ
	9	公共报警系统	是否有公共语音播放、警报提醒等公共警示设备	Ⅲ
	10	防鲨网	是否具备防鲨网	Ⅲ
	11	公共娱乐设施	是否完善，是否与环境协调	Ⅲ
	12	休闲、休息设施	景区内休闲、休息设施使用性质以及是否完备	Ⅲ
旅游服务保障	13	附近旅店条件	所在区域（县级）酒店、旅馆等住宿条件	Ⅲ
	14	附近餐饮条件	所在区域（县级）的饮食条件	Ⅲ
	15	旅游政策与规划	所在区域是否有制定合理的旅游海滩管理政策及文件	Ⅰ
	16	旅游环境监察	是否有专门的海滩监管人员，定期巡视海滩状况，监管旅游海滩因游客众多而发生的事故	Ⅱ
	17	急救人员服务	景区内是否有专业救生员及相应服务	Ⅲ
	18	旅游咨询处	海滩是否配备旅游咨询设施及人员	Ⅲ
	19	旅游污染处理机制	是否有面对突发污染的应对机制	Ⅱ

国外海滩质量大多分为四级。这里提出的海滩质量标准体系也分为A～D四级，分别代表优、良、中、差。我们建议按照得分划分等级（表3）。这里给出的初步的评分和评价指标，可在未来评估实践中针对我国的海滩特点和问题，根据社会的发展和海滩管理水平的提高而调整，达到更好地

进行海滩保护和管理的目标。

表 3　两类海滩得分及分级

指标	旅游海滩			乡村海滩和管制海滩
	环境指标	旅游指标	总评价	环境指标
A	90～100	71～100	＞85	90～100
B	70～89	50～70	70～85	70～89
C	50～69	21～50	51～69	50～69
D	0～49	0～20	＜50	0～49

2. 建立海滩认证程序

（1）前期准备

认证机构与地方政府联合确定当地所有海滩的位置和编号，合理确定海滩的界限和范围，为当地所有海滩进行分类，即确定属于旅游海滩、乡村海滩或管控海滩。分类结果可以随着社会的发展而动态更新。

（2）认证的申请与受理

认证工作由地方政府提出申请，由认证机构受理。地方政府没有申请评估的海滩暂定为"待评估海滩"。在各级政府的支持下，主管部门可以要求所有海滩在 5 年内全部参与认证。

（3）认证工作的实施

认证机构组织专家进行现场考察和测定，按照认证标准逐项计分，认证机构根据专家的意见得出评估结果。评估结果报主管部门确认后，由认证机构独立公开发布。初期实施认证可以先行试点，逐步推广。通过认证的海滩每 3 年进行重新认定。由认证机构与地方政府共同确定认定时间，重新实施上述认定程序。

（4）海滩质量认证动态管理

海滩容易受到自然和人类活动的影响，其整体状况变化较快。因此，对海滩质量的认证要进行时间动态和指标动态管理。对于时间动态管理，可采用抽查的方式进行，抽查对象可以是随机抽取，也可以根据民众举报确定。由认证机构不定期组织专家前往认证过的海滩进行复查和评估，将复查结果通报给地方管理部门并在网上公布。对于达不到认定标准的海滩给予警告，督促加以整改。指标动态管理是指认证指标的选择也可以随着时间的推移和海滩质量与管理问题的变化而调整。

3. 建立基于质量分级认证的海滩综合管理模式

海滩认证的目的是以评促管，海滩的管理还要依靠地方政府实施。如果将海滩资源作为管理的目标，则需要考虑针对不同功能制定海滩的管理目标和模式。建议海滩在分级认证的基础上，施行以下认证和管理的统一模式。

（1）根据海滩分类确定发展目标和管理目标

在对海滩进行分类的基础上确定发展目标和管理目标。发展目标涉及当地社会发展的长远目标和对海滩的需求，要对海滩的功能进行合理的规划。管理目标则以海滩分类为基础，旅游海滩以可持续的开发利用为主，同时注重生态环境的保护；乡村海滩则要以资源保护为主，同时也可以加大海滩的开发利用程度。

（2）基于认证指标确定海滩需要解决的问题

地方政府可以对照海滩认证标准，查找问题和不足，并将解决问题的方案纳入政府管理计划。对海滩进行质量认证也会发现存在的质量问题。

（3）制订海滩管理计划

在明确不同海滩的管理目标和存在的问题的基础上，在自然资源部或者生态环境部的主管下，地方有明确的管理监督单位，分别制订相应的管理计划。以海滩认证的方法促进管理，带动海滩管理的规范化、制度化、科学化、信息化建设，提高管理队伍整体素质和管理水平，保障海滩管理工作优质、高效进行。

（4）海滩认证结果是含有海滩旅游景区评定的基础

有些旅游景区中含有海滩，因此建议未来在带有海滩的旅游景区认证过程中，对于景区内海滩的评定可参考海滩认证结果，从而使得海滩认证和旅游景区的评定结果相统一。

4. 创建海滩认证社会服务平台

海滩质量认证的目的是增强民众对国家资源和海洋环境的保护意识，提高海滩的整体质量和价值，从而既保护了海滩，也让民众享受了高质量海滩环境。因此，提升民众对海滩管理的参与度，需要有一个供多方参与沟通的平台，我们将其称为"海滩认证社会服务平台"，简称平台。海滩认证社会服务平台包括一个国家平台和与之衔接的若干个地方平台。

（1）国家平台的结构及其功能

国家平台是全国性平台，由政府相关部门或海滩认证主管部门（自然资源部或生态环境部）维护，可以发布海滩认证的结果和变化情况，展示全国各省的海滩认证结果，使得海滩的管理信息透明化。民众可以从国家平台获得各地海滩质量和旅游适宜度的信息，选择自己喜欢的海滩出行。

（2）地方平台的结构及其功能

地方平台由地方政府维护。除了发布当地各个海滩的认证结果外，由于地方平台更加亲民，可以发布地方海滩的各种信息，如开放时间、游客守则、施工信息、管控信息、票务信息等，还可以展示政府为海滩治理做出的努力，体现政府的管理能力和管理水平。地方平台也可以发布关于海滩保护、海洋环境保护的知识，提高民众的海洋意识。同时也可以听取民众的意见反馈，提升管理水平。地方平台可以邀请科学家展示关于海滩的科学知识和研究成果，邀请专家为海滩相关问题提供咨询，为服务企业提供宣传和政策服务，为居民个人提供发表意见的条件，建立多方交流机制，从而更好地保护海滩，提升海洋意识。

引文索引

[1] GB/T 18190—2017,海洋学术语海洋地质学[S].北京:中国标准出版社,2017.

[2] Stronge W B, Schultz R R. The economic benefits of a major urban beach: A case study of Broward County, Florida[C]//California and the World Ocean'97: Ocean Resources: An Agenda for the Future. ASCE, 1998: 219-232.

[3] Yang W, Cai F, Liu J, Zhu J, Qi H S, Liu Z H. Beach economy of a coastal tourist city in China: A case study of Xiamen[J]. Ocean & Coastal Management, 2021, 211: 105798.

[4] 中华人民共和国自然资源部. 2019 中国海洋经济统计公报[R]. 2019.

[5] Luijendijk A, Hagenaars G, Ranasinghe R, Baart F, Donchyts G, Aarninkhof S. The state of the world's beaches[J]. Scientific reports, 2018, 8(1): 1-11.

[6] 蔡锋,苏贤泽,刘建辉,李兵,雷刚. 全球气候变化背景下我国海岸侵蚀问题及防范对策[J]. 自然科学进展,2008,10:1093-1103.

[7] 包春霞,文世勇,徐丽芬,吴彤,赵冬至,黄凤荣,许学工. 基于海平面上升的辽东湾绥中海岸侵蚀危险度评估[J]. 灾害学,2015,30(1): 205-210.

[8] 夏东兴,王文海,武桂秋,崔金瑞,李福林. 中国海岸侵蚀述要[J]. 地理学报,1993,5: 468-476.

[9] 程林,王伟伟,付元宾,袁蕾,康婧,姜呈浩. 不同类型海岛的海滩稳定性分析——以大连长兴岛和唐山打网岗岛为例[J]. 海洋科学进展,2015,33(3): 313-323.

[10] 高峰. 基于游客感知视角的海滩质量评价——以北海银滩为例[J]. 无锡商业职业技术学院学报,2019,19(3): 38-45.

[11] Tomaso F, Barbara A, Thomais V. Composition and abundance of macrolitter along the Italian coastline: The first baseline assessment within the european Marine Strategy Framework Directive[J]. Environmental Pollution, 2021, 268: 115886.

[12] Mouat J, Lozano R L, Bateson H. Economic impacts of marine litter[R]. Lerwick, UK: Kommunenes Internasjonale

Miljøorganisasjon（KIMO），2010.

[13] Jang Y C，Hong S，Lee J，Lee M J，Shim W J. Estimation of lost tourism revenue in Geoje Island from the 2011 marine debris pollution event in South Korea[J]. Marine pollution bulletin，2014，81（1）：49-54.

[14] Zhao S，Zhu L，Li D. Characterization of small plastic debris on tourism beaches around the South China Sea[J]. Regional Studies in Marine Science，2015，1：55-62.

[15] 姚蕊，刘花台，李永玉，刘潇雅，吴李波，王新红. 厦门湾沙滩沉积物微塑料污染特征[J]. 环境科学，2022，43（11）：4931-4938.

[16] Sathish N，Jeyasanta K I，Patterson J. Abundance，characteristics and surface degradation features of microplastics in beach sediments of five coastal areas in Tamil Nadu，India[J]. Marine Pollution Bulletin，2019，124：112-118.

[17] Yabanlı M，Yozukmaz A，Şener İ，Ölmez Ö T. Microplastic pollution at the intersection of the Aegean and Mediterranean Seas：A study of the Datça Peninsula（Turkey）[J]. Marine Pollution Bulletin，2019，145：47-55.

[18] Peng G Y，Zhu B S，Yang D Q，Su L，Shi H H，Li D J. Microplastics in sediments of the Changjiang Estuary，China[J]. Environmental Pollution，2017，225：283-290.

[19] Li Z Z，Liu Y D，Zhang D H，Feng L J，He X L，Duan X Y，Li X G，Xie H X. Distribution and environmental risk assessment of microplastics in continental shelf sediments in the southern East China Sea：A high-spatial-resolution survey[J]. Marine Pollution Bulletin，2022，177：113548.

[20] Liang W Q，Wang Y H，Huang Q H. Heavy metal contamination in beach sediments as a result of sewage outlet and waste residue dumping in Qingdao，China[J]. Marine Pollution Bulletin，2022，183：114024.

[21] Huang P，Li T，Li A，Yu X K，Hu，N J. Distribution，enrichment and sources of heavy metals in surface sediments of the North Yellow Sea[J]. Continental Shelf Research，2014，73：1-13.

[22] Pellinen V，Cherkashina T，Gustaytis M. Assessment of metal pollution and subsequent ecological risk in the coastal zone of the Olkhon Island，Lake Baikal，Russia[J]. Science of The Total Environment，2021，786：147441.

[23] 孙瑜，陈瑜. 浒苔绿潮成黄海海域常规化生态灾害[N]. 科技日报，2021-07-08（003）. DOI：10.28502/n.cnki.nkjrb.2021.003666.

[24] 刘佳，张洪香，张俊飞，李莹莹. 浒苔绿潮灾害对青岛滨海旅游业影响研究[J]. 海洋湖沼通报，2017，03：130-136.

[25] 陈淳，刘建辉，于帆. 平潭海滩资源保护与管理对策浅析[J]. 海洋湖沼通报，2016，6：125-132.

[26] 张振克. 胶东半岛海滩旅游资源可持续开发利用的探讨[J]. 海洋科学，2000，11：21-23+12.

[27] 庄振业，曹立华，李兵，高伟. 我国海滩养护现状[J]. 海洋地质与第四纪地质，2011，3：133-139

[28] 戚洪帅，刘根，蔡锋，朱君，刘建辉，雷刚，何岩雨，郑吉祥，曹惠美. 海滩修复养护技术发展趋势与前景[J]. 应用海洋学学报，2021，40（1）：111-125.

[29] 王国超. 兴城市沿海滩涂管理问题研究[D]. 沈阳师范大学，2020：36-37.

[30] Micallef A，Williams A. Beach management：Principles and practice[M]. Routledge，2009：16-17.

[31] 王永红，孙静，褚智慧. 海滩质量评价体系建立和应用——以山东半岛南部海滩为例[J]. 海洋通报，2017，36（3）：260-267.

[32] 马琛，余静，胡超，孟帅，宋雨薇. 日照万平口沙滩质量评价及"蓝旗沙滩"建设建议[J]. 海洋开发与管理，2021，38（9）：88-94.

[33] 李亨健，李广雪，丁咚，杨继超，马妍妍，王楠. 山东半岛重要旅游滨海沙滩的质量评估[J]. 旅游纵览（下半月），2016，2：177-180+184.

[34] 于帆，蔡锋，李文君，阿东. 建立我国海滩质量标准分级体系的探讨[J]. 自然资源学报，2011，26（4）：541-551.

[35] Vaz B，Williams A T，Silva C P，Phillips M. The importance of user's

perception for beach management[J]. Journal of Coastal Research，2009：1164-1168.

[36] 深圳政府在线. 深圳市规划和自然资源局关于印发《深圳市沙滩资源保护管理办法》的通知[EB/OL].［2022-01-17］. http://www. sz. gov. cn/zfgb/2022/gb1226/content/post_9528016. html

[37] 郭金玉,张忠彬,孙庆云. 层次分析法的研究与应用[J]. 中国安全科学学报,2008,5：148-153.

3 实施远洋渔获物电子身份制度，实现从捕捞到餐桌的全流程管理

刘阳　中国海洋大学水产学院

编者按

远洋水产品蛋白质含量高，肉质鲜美，没有污染，受到很多人的喜爱。随着远洋渔业的快速发展，越来越多的远洋水产品进入人们的餐桌。远洋渔业存在两个重要的问题，第一是食品安全问题，涉及水产品是否来源纯正、是否掺假，是否非正常解冻，是否新鲜，在运输和贮存过程是否会污染等。第二是防止过度捕捞问题，涉及远洋渔业的可持续性。解决这两个问题都有相当的难度。本报告提出实施远洋渔获物电子身份制度，实现从捕捞到餐桌的全程管理，有望同时解决上述两个问题。

作者简介

刘阳，北海道大学农学博士，中国海洋大学水产学院教授，博士生导师，闽江学者讲座教授，赴远洋与极地科考多次。主要从事渔业遥感和 GIS 技术在海洋资源与环境、水产养殖区划管理、渔业资源利用与开发等方面的交叉研究。目前，担任中国海洋大学水产学院院长助理，海州湾渔业生态系统教育部野外科学观测研究站副站长，深远海与极地渔业研究中心副主任，第十一届中国水产学会渔业资源与环境分会委员，科技部国家重点研发计划专家库成员。近 5 年主持国家重点研发计划"蓝色粮仓科技创新"课题、国家自然科学基金面上项目、山东省重点研发计划、中国博士后等项目。曾荣获中国第 36 次南极科学考察优秀队员等荣誉。社会兼职担任青岛市十四届市政协信息员以及新侨创新创业青岛联盟理事。

我国作为负责任的大国，在大力发展远洋渔业产业的同时，高度重视海洋环境保护和海洋渔业资源的可持续利用，为实现联合国海洋可持续发展目标，在履行国际海洋渔业资源养护和管理义务方面做出了突出贡献。2022年3月28日，我国农业农村部办公厅印发关于远洋渔业"监管提升年"行动方案的通知中提出[1]，支持中国远洋渔业协会研究开展公海渔船渔获物可追溯试点，为全面建立远洋自捕水产品可追溯制度创造条件。

远洋渔获物作为一种需要经过长时间、多产业链环节的商品，存在信息不对称、易发生安全和欺诈隐患等问题[2]。有学者采用DNA条形码技术对深圳零售渠道的水产品进行种类鉴别，通过与其产品标签的配料表比对之后发现，作为高档远洋鱼种的金枪鱼存在较为突出的替换问题[3]。国内的消费者在没有专业技术辅助下很难辨别远洋渔获物的种类、品质和新鲜程度。因此，开展远洋渔获物可溯源管理在一定程度上能够防止未知来源的渔获物进入合法认证的供应链，进而保障国内远洋海产品市场的安全健康发展。目前，远洋海产品溯源供应链各个环节较为分散，流入市场的远洋海产品质量安全难以得到保障，需要建立更高效的综合溯源体系和方案，完善远洋渔获物从捕捞到餐桌全流程溯源信息的管理。

2019年新冠肺炎疫情的全球爆发，对全球远洋海产品进出口产生很大影响[4-5]。目前，海鲜消费者和进口国在确保海产品安全供应方面变得更加严格。为此，开展远洋渔获物溯源监管措施是保障远洋海产品进出口安全供应的有效应对措施。同时，开展远洋渔获物实施全流程溯源管理不仅可以满足安全保障的法律要求，而且还可以带来增值效益，提高消费者的信心、安全感和购买力[6]。此外，具有可追溯性是允许产品进入市场的基本条件，可以保障远洋海产品安全，提高供应链透明度。

因此，为了确保我国远洋捕捞行业和远洋海产品市场的绿色健康发展，严厉打击非法的、不报告的和不受管制的IUU（Illegal, Unreported, Unregulated）捕捞活动（以下简称非管制捕捞活动），需及时建立有效的远洋渔获物可溯源监管体系，实现远洋渔获物溯源的全产业链发展，为远洋海产品从捕捞到餐桌的安全保障提供科学技术支撑。本报告提出新的远洋渔获物电子身份证制度，将电子身份证应用于远洋渔获物溯源管理方面，结合物联网技术和区块链技术，实现现场捕捞数据获取、渔业资源总量控制和管理以及远洋海产品全产业链溯源监管的三大目标，助推远洋渔获物质量安全保障，促进远洋渔业的高质量发展，履行国际义务，使我国远洋渔获物溯源管理实现与国际溯源流程接轨，提升我国远洋渔业的国际竞争力，确保远洋渔业资源的科学养护和可持续利用。

一 远洋渔获物溯源管理的现状

1. 国内远洋渔获物溯源管理的实践

远洋渔业是国家战略性产业，对丰富国内外优质水产品供应、保障粮食安全、促进多双边渔业合作等具有重要意义。我国远洋渔业于 1985 年起步，经过 30 多年的发展，作业海域覆盖大西洋、太平洋、印度洋、南大洋及 33 个国家（或地区）的专属经济区，开始从远洋渔业大国逐步向远洋渔业强国迈进[7]。然而与发达国家相比，我国远洋渔业技术、市场发展水平和经营管理水平等方面均存在较大差距。根据 2021 年全国渔业经济统计公报发布[8]，2016 年我国远洋渔业捕捞产量约 198.75 万吨，到 2021 年增长至 224.65 万吨。从远洋渔业产量占水产品总量比重来看，从 2016 年到 2021 年我国远洋渔业产量占水产品总量比重从 3.12％增长至 3.36％。随着人民生活水平日益提高，消费者更青睐远洋海产品，我国远洋渔业蓬勃发展，不仅对丰富国内优质蛋白输入，稳定水产品价格等做出贡献，也为减轻我国近海捕捞强度，可持续利用海洋渔业资源起到积极作用。但随之而来的是，人们对远洋海产品的食品安全和保障也愈发关注，很多部门也先后开展了渔获物溯源的试点工作。

2018 年，农业农村部批复浙江省台州市开展渔船综合管理改革，研究开展上岸渔获物溯源试点工作，通过微信公众号和 APP 上报上岸渔获物，以二维码的方式实现对渔获物溯源[9]。由于拖网、围网的捕获方式面临渔获数量多、种类复杂等问题，导致溯源管理效率较低；并且张贴二维码的溯源方式在渔港码头较为潮湿的环境中易发生脱落，溯源信息易缺失，只能做到渔获物的批量粗放溯源，并且溯源仅局限在渔港层面，后续进入市场的溯源管理环节缺失，难以实现消费者对渔获物信息的有效溯源。

2021 年 12 月，福建厦门高崎渔港开展上岸渔获溯源管理试点[10]，按照渔获种类在渔盘张贴射频识别（Radio Frequency Identification，RFID）标签，对上岸渔获数量统计后录入系统；上岸管理人员通过便携终端对 RFID 标签识别后快速统计上岸渔获的种类和数量，检查通过后批准渔获物流入市场。高崎渔港可溯源系统在简化上岸渔获物统计检查工作方面获得了一定成效，但是针对消费者的溯源上下游信息关联问题仍然亟待解决。2022 年 9 月，海南省临高县农业农村委开发的"临高县渔港进出港报备信息平台"微信小程序面向渔民开展试运行[11]，系统主要以渔船申报进出港为主，配备渔获物溯源相关功能，要求渔民对渔获信息、买家信息进行自主上报。

2022年11月，宁波率先开展"数字化鱼箱"试点，尝试从近海捕捞渔获物的源头品控开始，打通销售、运输的各个环节，完善捕捞渔获物的产销溯源体系。为了有效应对全球新冠疫情，加强疫情防控对策，浙江省采用区块链技术搭建了进口冷链溯源平台[12]，对冷链进口远洋海产品赋码，消费者可以通过扫描外包装上的"冷链食物溯源码"获取产品信息，市场监管人员通过后台掌握冷链食品的动态流向，实现对进口远洋海产品的可追溯管理。

以上我国开展的渔获物溯源试点工作显示，渔获物溯源主要围绕养殖渔业或近海捕捞渔业开展。利用RFID射频识别标签、二维码或依靠渔民自主上报实现上岸渔获物数量、种类的统计数据溯源。针对近海捕捞渔业的溯源工作局限于渔港和渔政管理层面，缺少第一手捕捞溯源信息，也没有对渔获物去向的追踪。难以实现从捕捞到餐桌全流程的溯源管理，消费者对远洋海产品溯源的真实反馈意见相对空缺。近海渔获物溯源种类复杂而且全产业链溯源技术相对单一，还没有对高经济价值的远洋鱼种开展溯源试点工作。

目前，我国远洋渔获物数据主要通过远洋渔船提供的渔捞日志获取。《远洋渔业管理规定》明确规定我国远洋渔船需要向指定的机构或渔业组织提交渔捞日志[13]，并接受渔业行政主管部门的监督检查。但是无论是传统的纸质远洋渔捞日志，还是电子化捕捞日志，都存在受人为主观因素影响的问题，数据的真实性和准确性难以保证，不利于实时掌握远洋渔业资源的真实捕捞情况，流入市场的远洋渔获物难以源头溯源，容易引发远洋渔获物的质量安全问题。

2. 国外渔获物溯源管理

欧洲议会和欧盟理事会第 1379/2013 号条例：渔业和水产养殖产品市场的共同组织，明确规定零售海产品必须附有环保可溯源标签或标识[14]，需要提供渔获物的最低限度信息包括商品名和学名、鱼种来源方式（捕捞或养殖）、捕捞区域或原产国、渔具、是否解冻过（肉眼可辨别的可不提供）及最佳食用日期信息。欧盟渔获物溯源工作开始于港口上岸，通过批次编号或生成溯源条形码对整个供应链中的渔获物进行追溯，并要求具备电子（或纸质）渔捞日志作为数据支持；进口到欧盟的渔获物在接受渔船船旗国的验证后提供符合规定的渔获证书。欧盟委员会卫生和食品安全总局（Directorate General for Health and Food Safety）为提升全民溯源意识、辅助官方文件管理，面向全社会开发名为"TRACE"的食品安全溯源网站（https://food.ec.europa.eu/animals/traces_en）。欧洲实施严格的海产品溯源规定，迫使周边国家为了合法进入欧盟市场而贯彻落实渔获溯源工作。

为了遵守欧盟的溯源规定，葡萄牙通过对上岸渔获物进行直接拍卖的方式简化渔获物供应链环节，上岸渔获物在经过拍卖后直接运送给买家，并附带渔船名称、批次编号、数量、种名、产品尺寸、新鲜度级别、捕捞区域及捕捞日期的运输文件或拍卖购买证明的标签，从而对上岸渔获物直接溯源[15]。罗马尼亚为了使本国海产品成功打入欧洲市场，Nicolae 等人研究提出构建罗马尼亚渔业供应链综合可追溯系统，旨在在国家层面对水产品安全和质量进行全面、持续的监测[16]。丹麦已经针对国内市场鲜鱼供应链开发了较为完善的可溯源系统[17]，借助互联网技术和二维码实现从渔民到零售商溯源数据的传输。瑞典则采用更为先进的电子产品代码信息服务（Electronic Product Code Information Service，EPCIS）标准和 RFID 射频识别技术对国内新鲜鳕鱼进行信息追溯[18]，并且在供应链中设置渔获信息扫描、上岸登录、加工、运输、批发商和零售等环节，并上报给政府。冰岛通过张贴身份标识对鳕鱼进行溯源[19]，上岸前的溯源信息通过捕捞日志获取，形成溯源编号置入渔盘中，上岸后则根据渔盘中的溯源编号形成溯源标签伴随渔获物流入加工厂或拍卖市场。在销售过程中，同一批次的渔获物将会获得包含全部溯源信息的身份证。

日本早在 2003 年就提出了采用二维码和互联网技术开展渔获物溯源工作[20]，设置专属识别码用于产品防伪，通过应用于比目鱼养殖业，验证了溯源效果。美国也在 2002 年立法，提出了对海产品溯源的要求[21]，用于保障远洋海产品的质量安全和合法来源。

印度尼西亚作为主要的金枪鱼出口国之一，供应链网络较为复杂。为了改变原有纸质材料溯源方式的局限性，2017 年 Kresna 等人研究开发了基于互联网技术（IT）的金枪鱼溯源系统[22]。针对金枪鱼易腐食品的特性，要求供应链的处理、制造、包装和运输各环节都要进行温度控制，保障金枪鱼的质量安全，并且采用全球定位系统（Global Positioning System，GPS）、闭路电视（Closed Circuit Television）和射频识别 RFID 技术相结合，对上游金枪鱼溯源数据进行有效监控，该系统还允许供应链中的参与者对金枪鱼

进行微生物分析与监测并生成报告，针对食品安全质量问题建立了较为完整的金枪鱼可溯源管理系统（图1）。同时，世界自然基金会（Word Wildlife Fund，WWF）尝试将 RFID 等技术与区块链结合，面向完整的海产品供应链开展溯源工作[23]。区块链作为一种分布式数据库，使用密码学方法将数据相关联产生数据块，每一个数据块中包含了一次网络交易的信息，用于验证其信息的有效性（防伪）和生成下一个区块。通过应用区块链技术，能够有效提高金枪鱼的可溯源性和供应链的透明度。

综上，欧盟以及其他很多国家都出台了相关的政策法规对本国的海产品提出溯源要求，但国际上并没有统一渔获物溯源信息的具体标准。由于远洋渔获物溯源环节的复杂性，各国开展海产品溯源采用的技术方法和流程也截然不同，总体还存在以下问题。

各国内部的制度和组织差异较大，如何制定标准统一的共同渔业政策成为世界各国政府面临的首要问题。另外，不同国家针对溯源的要求也存在差异，没有规范要求各个溯源环节的标准化和数据交换具体格式。国外针对捕捞海产品的溯源工作大多限于港口监测，没有落实后续市场环节和

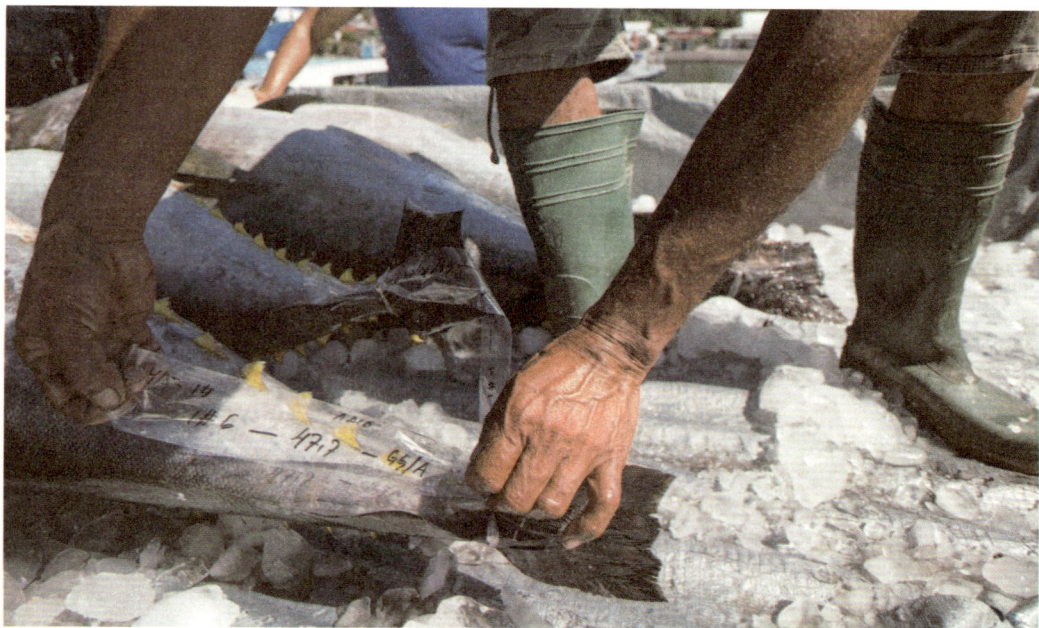

图1　印度尼西亚的工作人员给金枪鱼贴上身份标签
https://chinadialogueocean.net/zh/6/90693/

消费者的溯源需求，采取的溯源技术手段单一，虽然对捕捞的渔获物提出溯源要求，但是第一手捕捞渔获信息难以得到认证和追溯，难以做到真正意义上从捕捞到餐桌全流程的溯源。目前，仍存在以下问题。缺乏使用资源节约型电子标签和回收体系，大多数国家使用一次性电子标签，捕捞海产品的溯源成本居高不下，影响海产品溯源技术的应用与推广；一些地区虽然构建了溯源系统的试点系统，但是缺乏国家政策的支持和现场生产数据的支撑，溯源效果难以得到进一步证实；缺乏进出口渔获物溯源环节的构建，局限于单一养殖或捕捞鱼种，普适性和推广性较差。

二 我国开展远洋渔获物溯源的社会需求

1. 我国远洋渔获物溯源问题分析

（1）远洋渔业各环节产业链之间缺乏有效衔接

远洋渔业的高质量发展，需要生产、加工、运输、销售等核心业务相互衔接、多元并进的全产业链发展模式，远洋渔获物溯源体系的建立高度依赖于一条健全高效的全产业链。而目前国内远洋海产品溯源局限在捕捞环节，远洋海产品生产和代理经销的参与者繁多迥异，溯源系统难以整合统一。以金枪鱼为例，捕捞企业无法有效地与加工企业衔接，加工企业又与销售企业分开，导致金枪鱼供应链中产生过多的中间商和代理部门，市场流通和保障远洋海产品质量安全的溯源链也复杂多样，溯源责任主体难以明确，存在非法捕捞渔获物流入市场的隐患[24]。

（2）远洋渔获物溯源设备技术落后

国内从事远洋渔业起步较晚，自主研发的技术、设备、自动化等方面与国际水平均有差距。近几年随着国家加大投入，远洋渔业快速发展，已逐渐缩小与发达国家的距离。2022年，国内首艘超低温冷藏运输加工船"海洋之星"从青岛启航，打造集金枪鱼冷藏运输加工、仓储物流和国际贸易于一体的超低温冷链产业链试点。作为高经济价值的远洋鱼种——蓝鳍金枪鱼，其体型较大，需要在 −60 ℃ 的冷藏仓内进行冷冻处理。如果实际冷冻舱温度达不到设定的温度，则会影响蓝鳍金枪鱼的新鲜度和适销性。与条形码标签相比，目前在国外广泛使用的 RFID 标签具有非接触式自动识别功能，在渔获物溯源和冷链物流中起到积极作用。因此，研发耐低温、防水、低成本和集成温度传感器的电子标签是远洋渔获物溯源管理重要的技术保障。

另外，远洋渔获物供应链溯源技术的局限性限制了远洋渔获物各产业链之间的有效链接。由于远洋供应链环节众多，包括捕捞企业、加工厂商、生产商、认证机构、运输商、物流仓储企业、代理经销商、零售商、行政管理部门和消费者等。构建传统的面向整个远洋海产品全供应链的中心化数据库溯源系统难度较大，并且远洋渔船通信成本较高，影响数据管理效率。区块链技术的提出和发展，为远洋渔获物溯源管理提供了去中心化、不可篡改、透明化等技术路线。因此，亟需研发基于区块链的全新供应链溯源技术，这会对远洋渔获物的安全运输和溯源管理产生革新性的影响。

（3）我国远洋渔获物溯源市场有待开拓

远洋海产品能够提供优质蛋白，受到的污染少，在很多国家受到欢迎，有庞大的消费市场。虽然我国的远洋海产品消费市场在逐年扩大，但是市场规模仍然保持在较低的水平。我国的远洋捕捞和销售企业往往将海外作为主要目标市场。从中国和日本金枪鱼贸易量来看，中国的金枪鱼进口贸易量不足出口量的七分之一，而日本的进口量则高于出口量五倍以上。从中日对比来看，中国的出口量高于日本进口量两倍以上（图2），由此可以看出，我国金枪鱼市场发展潜力巨大。国内远洋渔获物市场黯淡，一方面是由于民众饮食习惯差异，对远洋海产品的接受程度较低；另一方面是由于国内消费者对食品安全的顾虑，导致远洋海产品仅进入了日本料理店和高级餐厅等高端市场，而难以走进普通大众的餐桌。对于后者，提供可溯源和可信赖的远洋水产品是开发国内市场的重要保障环节。

单位：万吨

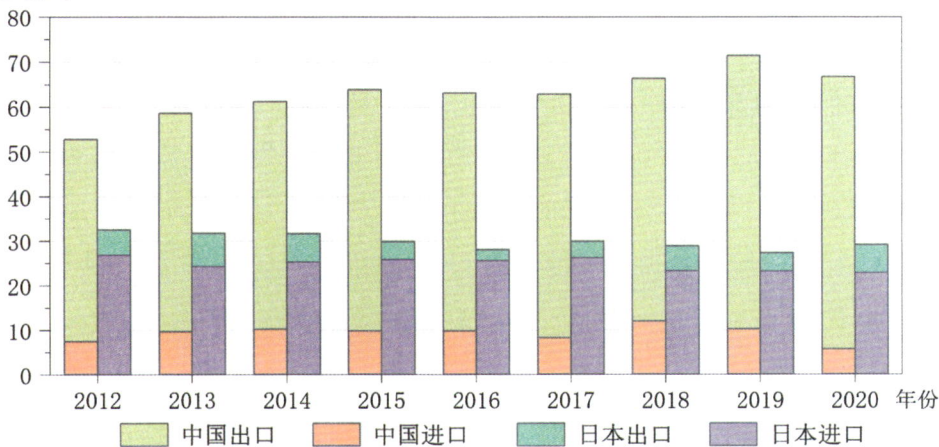

图 2　2012 ～ 2020 年中国、日本金枪鱼进出口贸易量对比

（4）我国远洋渔业国际地位有待提升

随着《联合国海洋法公约》生效，各国对公海资源的争夺愈发激烈，区域渔业管理组织作为全球公海渔业资源养护与管理的主体，实施对各国捕捞配额的分配与监管，这也加大了公海远洋渔业捕捞的竞争压力[25]。中国的远洋捕捞起步较晚，每年获得的分洋区、分品种的捕捞配额很少，如中国大陆金枪鱼的捕捞量仍然小于中国台湾和韩国，导致我国远洋海产品出口遇到贸易壁垒[26-27]。同时，某些国家对中国远洋渔业捕捞行业存在恶意抹黑现象，影响中国远洋海产品在国际水产品市场中的地位。因此，我国急需构建严格透明的可溯源管理体系，加强国际渔业资源养护合作以提高远洋渔获物配额，积极参与国际和区域渔业组织管理事务，提出国际渔业治理中国方案，通过履行对远洋渔获物溯源义务，树立负责任的大国形象。

2. 开展远洋渔获物可溯源管理的迫切需求

从国家层面来看，结合电子身份和区块链技术开展统一标准的远洋渔获物溯源管理有利于获取准确的远渔业资源捕捞数据，实时掌握国家远洋渔业发展动态和趋势，为大众提供完整、透明的远洋渔获物供应链，有效提高国家远洋渔业发展的安全性和公信力。

对于行政管理部门而言,利用电子身份开展渔获物溯源管理能有效提高行政监管效率;区块链技术能够为开展渔获物和远洋海产品的检验工作提供技术支持,保障进出口远洋海产品的食品安全问题。

对于企业而言,基于电子身份证和区块链技术开展远洋渔获物溯源管理,能快速获取整条供应链的产品溯源信息,将远洋海产品的加工、代理、销售环节通过物流信息有效衔接,提升企业对远洋渔获物的管理效率,使得各企业间的合作更加密切,保障远洋渔获物溯源各环节信息的真实性和安全性。

对于消费者而言,通过扫描二维码能够轻松阅读远洋海产品从捕捞到餐桌的完整溯源信息及质量检测报告,保障了远洋海产品溯源信息的真实性,提高大众对远洋海产品的信任度和安全感。

3. 促进我国远洋海产品与国际接轨

开展基于电子身份的远洋渔获物溯源管理,是开拓我国远洋渔获物和远洋海产品国内市场的有效措施。通过对进口海产品设置远洋渔获物电子标签,明确产品的合法来源和安全供应,使进口远洋海产品更好地适应

国内的消费市场,满足人们对进口远洋海产品质量安全的需求。

同时,加强与区域渔业管理组织开展国际合作,融合国际溯源方法与技术,促进远洋海产品的外向型经济发展,实现国际间远洋渔获物信息的溯源。积极履行国际海洋渔业资源养护与管理义务,为我国远洋渔获物在全世界范围内的流通保驾护航,确保远洋海产品流通过程的安全性、合法性和可追溯性;发展可持续利用型远洋渔业,推动我国远洋渔业实现快速和高质量的发展。

三 远洋渔获物溯源管理体系设计与实施

我国农业农村部关于促进"十四五"远洋渔业高质量发展的意见中提出[28],巩固提升金枪鱼、鱿鱼、中上层鱼类、极地渔业为主的大洋性渔业,强调构建远洋渔业全产业链发展新格局。同时,随着食品供应全球化的日益增加对全球水产品市场的影响,许多国家运用网络信息技术开发在线系统来追踪和评估供应链系统中的食品安全问题[29],这也加快推动了我国构建远洋渔获物绿色溯源体系的步伐。

1. 开展远洋渔获物溯源的认识基础与技术支持

（1）远洋渔获物溯源的认识基础

远洋渔获物溯源的理念是维护远洋渔业和市场的可持续发展,满足人类的现实利益与长远利益。以往的渔获物溯源的重点是在渔政管理层面,对渔业配额和渔获量进行精确管理,满足国际条约和国际组织的要求。

本报告认为,市场是远洋渔业的根基,应该从市场的角度看待渔获物溯源问题。从市场的角度看,海上捕捞到市场消费是产品供应链,如何保证产品供应链的清晰、可信、安全是产品供应链的核心,是市场开拓的必要基础。从经济的角度看,海上捕捞到市场消费构成了一个完整的产业链条,涉及捕捞业、加工业、运输业、餐饮业等,还带动相关的技术支撑、产品开发、信息传输等领域的发展,带动大量劳动力的就业。从国家安全的角度看，海上捕捞到市场消费涉及国家的渔业发展战略、市场管控、食品安全等方面。建立国家远洋水产品的溯源体系需要同时满足国家安全、渔政监管、市场供应和产业发展各个环节的需要。只考虑单一环节构建的溯源体系无法满足国家发展的长远需要。

我们认为，远洋渔获物溯源首先是一个管理体系，其次是一个技术体系。管理体系需要完整考虑各个环节的管理需要，为市场的运行和产业的发展提供全面的保障。在管理体系中，需要考虑方便捕捞信息采集、渔政监管、海关监管、检疫检验、加工环节和运输环节产品质量保障和传递、市场监管、餐饮企业的溯源和消费者查验，需要满足国家对食品安全的要求，需要有效阻断各种非法行为进入供应链。在充分考虑市场需求和国家管理的基础上，建立一个全面的管理体系是远洋渔获物溯源的重要前提。

这里有一个微小的差别。如果从渔政监管的角度看，溯源的是"渔获物"，而从市场的角度看，溯源的是"水产品"。在本报告中，没有刻意体现这种差别，但仍希望读者注意到这种差别。

（2）应用区块链技术构建远洋渔获物溯源体系

过去没有高水平的网络技术，渔获物也是可以溯源的，但要依靠各个环节的诚信和信息的可靠传递，难以避免虚假信息的流行。消费者主要依托品牌产品内部监管的可信度而不是依托溯源进行消费。而本报告提出的是基于区块链技术的远洋渔获物溯源体系，与传统的溯源体系有质的区别。

区块链是一种将信息采集与管理融合的技术。区块链技术可以在局部形成相对独立的数据获取和管理区块；在整体上，各个区块组成相互衔接的链条式系统；在区块链的各个环节之间由保密技术支撑形成安全的、不可篡改的信息传递；信息的更改需要全链条的认可。[40]

我国的远洋渔获物溯源系统需要依托区块链技术构建，授权的企业才能进行溯源信息操作，生产、交易和运输信息被完整地记录于区块链中，并进行验证，有效保障溯源流程和信息的完整性，并防止电子身份的盗用或溯源数据的篡改[41]，形成让消费者信任的信息体系。

（3）可循环远洋渔获物电子身份标签

现有用于远洋渔获物溯源的电子身份证类型包括条形码、二维码、IC卡和无线射频 RFID 技术[30]。其中，RFID 技术又称无线射频识别（图 3），其载体可以是一种无电源的电子储存模块。当模块接收到读卡器发出的射频信号，依靠感应电流获得能量，发送出存储在模块中的信息，进入区块链的信息库。RFID 标签的存储容量可以高达几 Mb，并且无须与读卡器进行物理接触或视觉定位，读写反应迅速且完全自动化，具有耐低温、支持远距离多项目读取的特点[31]。集成温度、湿度传感器和化学传感器的 RFID 电子标签能对远洋海产品溯源过程温度、pH 的变化和产生的气体进行监测[32]。目前，我国已经在果蔬产品、肉类产品、养殖水产品溯源应用方面使用 RFID 技术并展现出了显著优势[33]。随着计算机视觉和人工智能的发展，电子监控系统展现出强大的监管和识别采集数据能力，使其在远洋金枪鱼延绳钓渔业中被广泛运用[34]。有研究学者估计，美国高达 20%～32% 的进口捕捞海产品被判定为非管制渔获物，不透明的供应链是引发非管制渔获物流入合法市场的重要原因[35]。

我国可以将 RFID 技术用于远洋渔获物供应链的溯源。为了保障远洋渔获物捕捞和冷链运输环节的溯源完整性，针对不同的鱼种和储存环境，开发不同类型的 RFID 电子身份标签。采用 RFID 技术需要开发适用于远洋渔业信息采集的电子模块。首先，要开发植入式电子模块，解决电子模块小型化、柱形化和防脱落问题，研制专用的植入和取出设备，方便各环节使用。同时，要研制船用水产品传送、自动称重、无线录入设备，输入各种时间、位置、形态等信息。要开发与区块链连接的无接触读取与数据传输设备，用于监管和下游商户需要。此后，要开发在水产品分解后的信息传递技术，便于消费者通过移动客户端直接获取远洋海产品溯源信息。

通过研发专用电子身份装置，降低成本，另外建议在加工处理模块增设电子身份证回收环节，能够实现对溯源电子身份证格式化后的循环利用，有效降低远洋海产品溯源成本。

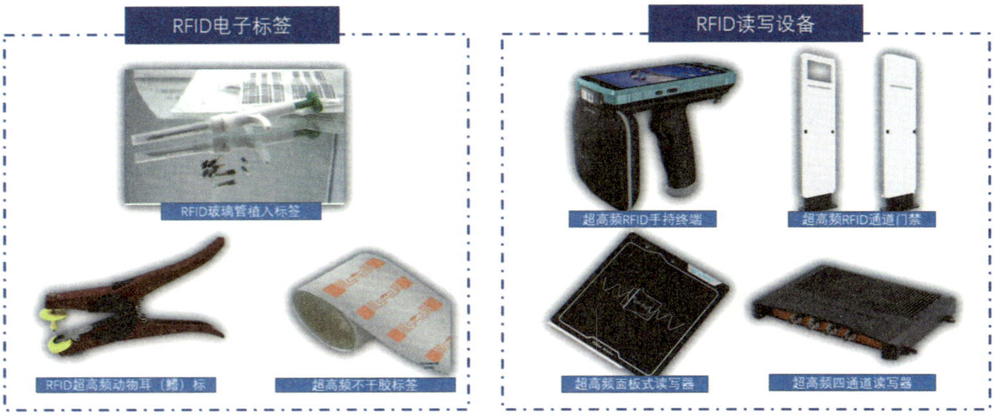

图 3　现有的 RFID 射频识别技术设备

基于以上理论和技术基础，通过 RFID 射频识别技术对溯源标签进行高效读写，辅以电子监控技术记录远洋渔获的捕捞、生物学数据和转运过程，提高海关总署行政管理人员对上岸渔获物的核验效率，实现上岸渔港与代理经销商、终端市场的精准对接；借助物联网平台和区块链技术构建专属远洋渔获物的溯源系统，将溯源流程和转运信息在溯源管理平台上展示，使消费者可以通过移动终端对具有高经济价值的远洋海产品进行信息回溯，准确获取渔获物捕捞、生产、流通的全流程质量安全信息。

2. 远洋渔获物溯源管理体系构建

结合我国远洋渔业产业需求，可采用电子标签技术，将区块链技术融入远洋渔获物溯源全产业链，强调完善远洋渔获物溯源管理的源头信息上传、行政溯源监管、市场溯源查询三大功能，从渔获捕捞、转载信息、港口监管、加工处理、代理经销、冷链物流、市场销售七个产业链板块，构建高质量远洋渔获物溯源管理体系（图 4）。

（1）渔获捕捞模块

远洋渔获物的溯源工作要从捕捞作业开始，根据捕捞上船的渔获物的类型选择注射或鳍标 RFID 电子标签，将渔获物放置在电子身份读写工作台，对渔获物的生物学信息、捕捞海域、捕捞时间、捕捞方式、溯源编号等溯源信息写入 RFID 电子身份标签后上传至远洋渔获物溯源区块链网络中，生成创世区块。

结合配套船载电子监控系统,获取真实的渔船捕捞状态,确保远洋渔获物的合法有效性。通过读写工作台和重量传感器等设备对渔获物的电子身份数量实现准确的自动化统计和读取,加快实施渔获物可溯源管理系统与电子捕捞日志的有效结合,获得真实准确的远洋捕捞产量统计数据。实施远洋渔获物可溯源电子化管理,应将远洋渔获物电子身份授权责任落实到每艘远洋捕捞渔船上,避免远洋渔获数据失真甚至产生"数字游戏"。

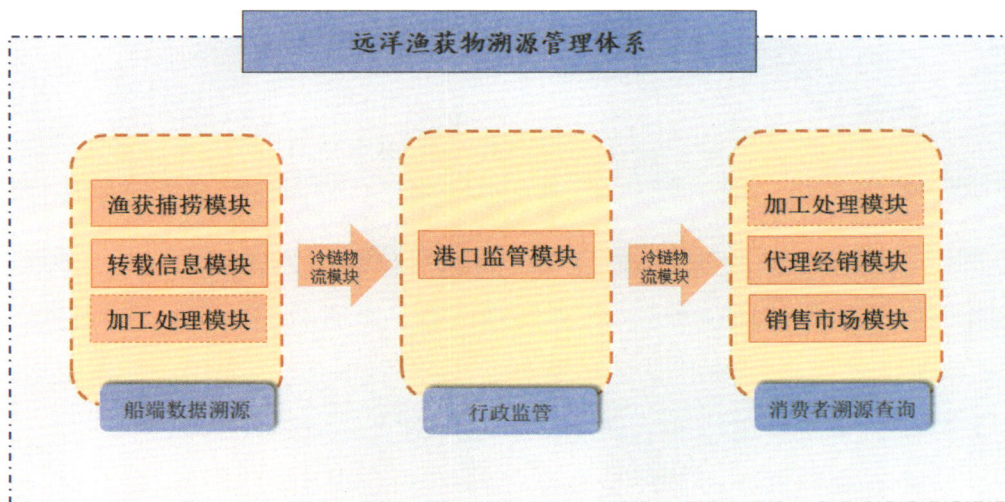

图 4　远洋渔获物溯源管理功能布局

（2）转载信息模块

远洋捕捞渔船将渔获物装载或出售给转载船并补给物资,转载船对捕捞渔获进行转运能够降低渔船运营成本,提高燃料使用效率[42]。各区域渔业管理组织对于海上转载的规定日趋严格,但还是经常出现非管制渔获物通过海上转载环节流入消费市场的现象[35]。因此,需要在合法转载船上配备渔获物电子身份溯源读写器,读取海上交易或转载船只的渔获电子身份信息,核查渔获捕捞信息的同时也需要在电子身份内写入真实的交易或转载信息,包括转载船只信息、交易转载时间、转载数量、是否解冻等信息,通过渔获电子身份实现远洋渔获物产品在捕捞、流通转载溯源信息的追溯。包括远洋渔获证书、渔船登记和执照信息在内的溯源记录，必须得到相关行政机构的确认和核实，核实渔业产品是否为来源于合法船只的渔获，并保证在供应链的各个环节与渔获物电子身份直接挂钩，有利于后续相关监察人员核查工作和远洋海产品追溯问责的展开。

重点强调船载电子监控设备在远洋转运船只中的应用，保障公海转运活动的合法合规性。船载电子监控数据作为捕捞和转运溯源环节的有效补充，应完整记录海上转载的全过程，提高远洋渔获物运载的安全性和透明度，杜绝非法转运远洋渔获物流入溯源供应链。

（3）港口监管模块

2020 年，经国务院批准发布的《农业部关于进一步加强国内渔船管控实施海洋渔业资源总量管理的通知》[43]进一步要求加快实施渔获物定点上岸，强化捕捞产出管理，推动渔业高质量发展。同时，我国批准了 66 座渔港作为第一批国家级海洋捕捞渔获物定点上岸渔港，为保障远洋渔获物溯源工作的实施奠定了基础。

港口监管模块是远洋渔获物溯源管理体系中承上启下的关键环节，作为陆海溯源分界，将溯源过程划分为溯源上游（渔获捕捞模块、转载信息模块）和溯源下游（加工处理模块、代理经销模块、冷链物流模块、市场销售模块）。上岸港口的行政监管人员通过便携移动终端扫描上岸远洋渔获电子身份证，查询渔获物上报的捕捞和转载等溯源信息，核验上岸渔获物数量种类和渔船证件的合法合规性；将记录在区块链中的渔业资源捕捞数据（和转载数据）与上岸核查监察的数据进行对比，经海关总署行政管理人员对上岸渔获物的来源和电子身份合法性进行核查后授权通过港口监管环节上报上岸港口、渔获上岸时间、是否解冻等港口监管溯源信息。

为了确保远洋海产品质量检测符合标准，需要对远洋海产品进行微生物和寄生虫的检验检疫，并在区块链网络中录入检验人员姓名、检验日期、检验结果、检验渔获信息等检疫信息以及渔获物质检获得对应的品质等级，并将质检等级上传至区块链网络中。符合检疫标准的远洋海产品在确认溯源流程完整无误后，为同时具有渔获信息和港口监管溯源信息的远洋渔获物颁发市场准入许可。

海关总署及行政监管人员也需要在溯源系统中上报溯源信息不完整的远洋渔获物，对没有按照溯源规范执行的渔获物或远洋海产品进行电子身份补录、登记或处罚，解决不明身份的渔获物流向销售市场的问题。继续推进实施远洋渔获物定点上岸制度，提升监管力度。

将港口监管环节作为进口海产品的溯源起点，并根据进口远洋海产品的种类赋予不同类型的电子身份标签，海关总署等行政管理人员扫描并上传进口远洋渔获物电子身份信息，包括进口国家、进口时间、运输方式、进口厂商、检疫信息等，确保能与后续加工处理、代理经销和冷链物流环节组成完整的进口远洋渔获物溯源信息。

（4）加工处理模块

随着我国渔业工程船的高质量发展，集冷藏、运输、加工于"一船"的"海洋之星"超低温冷藏运输加工船可提供 $-55\,^{\circ}\mathrm{C}$ 以下的货舱温度，有效运用于金枪鱼等高端远洋渔获的冷藏运输和海上加工，为解决远洋渔获回运加工问题，基于渔业工船的加工环节能够与渔获捕捞模块和转载信息模块共同实现源头信息上传功能。

传统的回运加工远洋渔获物经过上岸电子身份核验后,则通过冷链运输至加工厂或代理经销厂商,对远洋渔获物电子身份进行二次核验,确保其来源的合法性。如果不符合远洋海产品安全规定,可以查询电子身份上的溯源信息进行权利问责并采取适当措施(比如召回产品)。

进入加工厂后,通过扫描渔获物电子身份,核实溯源信息和渔获种类。并将加工处理环节的远洋海产品溯源上游信息与产品入库信息、消杀信息、加工过程、冷冻包装日期、产品保质期等数据上传至区块链网络中。为了让消费者通过移动端获取到远洋海产品的上游溯源数据,我们提出渔获物经过加工处理后使用二维码作为溯源电子标签替代 RFID 标签,衔接后续远洋海产品的溯源流程,直至进入消费市场。处理再包装后的远洋海产品张贴可溯源二维码,其中含有加工处理、产品属性以及渔获捕捞和监管溯源等信息。唯一的二维码将链接到特定(批次)的渔获物及其原始电子标签相关的区块链信息,有效防止非法渔获通过加工处理环节流入合法供应链,同时避免溯源信息的造假和盗用。

(5)冷链物流模块

作为远洋海产品供应链中的重要组成部分,冷链运输贯穿完整的溯源环节,过多的解冻次数会对渔获物的品质产生影响。捕捞企业通过冷链物流将上岸渔获物运输到原料鱼代理公司或加工厂;经过加工处理后的远洋海产品,再次通过冷链物流进入代理经销商或进入市场。

冷链物流环节将原料鱼的出库信息、产品溯源上游信息与冷链物流信息(司机信息、车辆信息、运输时间、运输温度)相互关联,并在到达目的地后与目的地信息共同上传至远洋渔获物溯源区块链网络中。运输中应保证对冷链物流仓温度全过程监控,防止发生因冷链物流环节保存不当造成的远洋海产品质量安全问题。

(6)代理经销模块

作为远洋海产品的流入消费市场的质量安全防线,远洋渔获物在国内的销售链包括以下多种形式。① 代理商收购远洋捕捞的原料渔获,并出售给加工厂形成远洋海产品,然后将成品销售给其他代理企业或流入终端市场。② 加工厂收购远洋捕捞的原料渔获物,加工处理后对远洋海产品直接销售。③ 捕捞企业委托渔获加工厂处理加工,远洋海产品由捕捞企业出售给代理经销商和消费终端市场。代理经销商授权获得专属溯源账号和密码,用于登录远洋渔获物溯源平台,扫描电子身份标识完成进出库信息、代理企业信息和渔获物到达时间、是否解冻等信息的记录与上传,并通过远洋渔获物源管理系统核查产品加工渠道和溯源上游信息。

代理经销模块与国际市场接轨,开展溯源渔获物和远洋海产品的出口贸易。电子身份证记录渔获物的源头信息和国内流通过程,加强与区域渔业管理组织开展国际合作,将国内远洋渔获物接轨国际,满足出口国家对我国远洋海产品合法性的溯源要求,构建满足出口需要的远洋渔获物全流程溯源管理体系。

（7）市场销售模块

高经济价值的远洋渔获物销售终端包括大型商超、品牌代理零售企业、高级酒店和日本料理店等[44]。销售企业扫描产品电子身份标识在区块链网络中上传接收信息和产品上架信息;售卖远洋渔获物的料理店和消费者可以通过扫描包装二维码获取远洋海产品的完整溯源信息。区块链技术通过电子身份证实现了远洋渔获物产品捕捞生产、加工和市场流通信息的全公开、可溯源、防篡改,为消费者跨机构查询溯源信息提供便利,有效对供应链进行监督管理,杜绝违法行为,保障远洋渔业海产品市场的安全健康发展。

销售人员须主动向消费者出示或核验电子身份记录的远洋渔获物溯源信息,消费者及时对没有按要求使用电子身份的企业或来路不明、溯源信息缺失的远洋海产品向有关部门反映,拒绝购买来源不明的远洋海产品,从消费者层面保障远洋海产品市场安全健康发展(图5)。

图 5　远洋渔获物电子身份溯源管理流程图

四　开展远洋渔获物溯源管理的对策

1. 推行远洋水产品全程溯源的管理体系

（1）国家做好顶层设计、合理制定规范标准

由农业农村部渔业渔政局制定开展远洋渔获物全产业链溯源的制度和标准。根据目前国内渔获物溯源需求开展远洋渔获物溯源工作，加快推进渔获物定点上岸制度。明确开展渔获物溯源管理体系的目标，选择高经济价值远洋鱼种作为开展远洋渔获物溯源试点的目标鱼种（金枪鱼），创建渔获捕捞、转载信息、港口监管、加工处理、代理经销、冷链物流、市场销售的全程产业链溯源管理系统。

（2）行政部门落实监督与管理

各省市的海洋发展局将初始化的电子身份标签授权下发给合法合规的远洋捕捞企业或渔船，配备获得认证的读写装置，确保设备正常运转。培训捕捞企业人员熟悉掌握录入电子身份信息的具体操作流程，保障溯源源头信息的准确无误。配备船载电子监控作为渔获捕捞和转运信息模块的有效监管手段,检验船载电子监控和电子标签在溯源试点中的效果。

海关总署行政管理部门提高远洋渔获物和进口海产品的监管效率,通过溯源系统核查上岸渔获物电子身份信息及溯源上游信息的完整性、真实性和合法性,坚决遏制非管制捕捞,杜绝电子身份盗用行为。质检部门参照国家标准,对加工处理环节不同种类的远洋海产品进行质量检测,保障远洋渔获物和远洋海产品的产品质量安全,对不符合标准的产品及时上报并进行信息回溯和追责,杜绝问题产品流入市场。

（3）企业与消费者联盟构建多元化产业新模式

地方企业联盟主动敦促捕捞渔船记录并上传真实的渔获数据,对所有渔获注射(或张贴)溯源标签,保障捕捞渔获物的"标签率"。渔获物加工厂加强产品进出厂管理,监督溯源流程和溯源上游信息,上报不符合要求的远洋海产品,避免非法渔获物通过加工处理环节流入合法供应链。各企业间既相互监督又要加强合作,明确各环节职责,协调建立国内市场销售联络机制,确保溯源查询的信息化和自动化(图6)。

通过多种形式激励消费者参与远洋渔获物溯源的监督工作。奖励向行政管理部门反馈溯源问题,举报不符合溯源规范的商家。消费者扫描二维码查询远洋海产

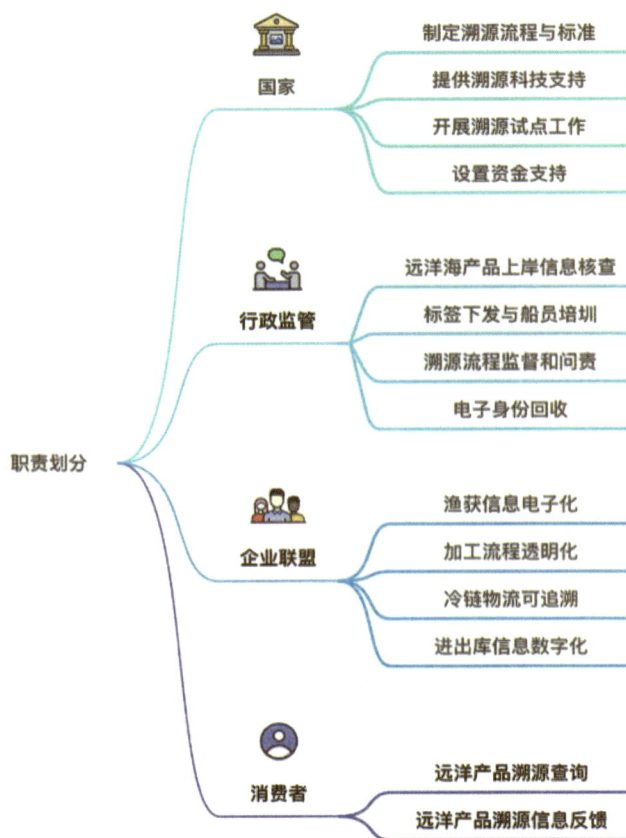

图6　远洋渔获物溯源管理各部门职责划分

国家
- 制定溯源流程与标准
- 提供溯源科技支持
- 开展溯源试点工作
- 设置资金支持

行政监管
- 远洋海产品上岸信息核查
- 标签下发与船员培训
- 溯源流程监督和问责
- 电子身份回收

职责划分

企业联盟
- 渔获信息电子化
- 加工流程透明化
- 冷链物流可追溯
- 进出库信息数字化

消费者
- 远洋产品溯源查询
- 远洋产品溯源信息反馈

品溯源信息,用户查询信息也将上传至远洋渔获物溯源管理系统,便于行政管理人员的监督核查渔获流向,实现从捕捞到餐桌全流程的远洋渔获物溯源管理。

2. 开发可靠的专用溯源设备

国家主导研发适用于我国远洋渔获物溯源管理的专用溯源设备,其中包括适用于渔获物溯源的 RFID 芯片及其自动称重、质量评估和信息录入的计量盘,便携式超高频 RFID 读写器,以及建设统一规范的溯源管理信息服务系统。

为了保障源头信息上传功能的准确性,根据不同的远洋鱼种,研发适应远洋捕捞环境的耐低温高频 RFID 标签,结合重量传感器,准确获取源头渔获物的数量和生物学信息,做到源头信息的自动化上传。

开发专用的便携式超高频读写器,行政管理人员通过便携式读写器扫描获取渔获物的源头身份信息,提高核验渔获物的效率,从港口监管环节杜绝非法渔获流入市场。同时在加工处理环节尽可能保留溯源电子身份标签,有效地控制溯源成本,将电子标签收集至行政管理部门统一初始化后,下发给合法授权的远洋捕捞企业或渔船,实现远洋渔获物电子身份的可循环利用。RFID 电子标签经过加工处理时,分解的渔获物的溯源信息将转录到专用防伪的拼图式二维码,既降低了溯源的成本,还方便消费者获取便捷的溯源信息。

在拓展普及方面,通过大众媒体调动消费者对远洋海产品溯源核查的积极性,提供专项资金支持积极开展新技术转型的远洋企业,推进船载电子监控技术、物联网技术、区块链技术与渔获物电子身份证制度的结合应用,为获取准确的远洋渔获物源头信息提供科学技术支撑。

3. 为与国际市场接轨留有必要的条件和接口

我国水产品溯源虽然可以自成体系,但要涉及水产品的进口或出口,就要与国际市场接轨。正如报告的第一节所指出的,国际上并没有统一渔获物溯源信息的具体标准,各海产品溯源采用的技术方法和流程也完全不同。国际社会正在为协调国际溯源问题而努力。我国设计的系统应具有前瞻性，保留与国际市场接轨必要的条件和接口，以免出现未来系统大规模调整造成的问题。

我国应积极与其他国家和国际渔业组织沟通，协调和解决面临的共同问题。制定标准化共同渔业管理制度，创造公平环境，加快推进与国外企业的交流合作，面向全产业链构建溯源系统和通用的电子溯源标签，将进口远洋海产品信息准确对接港口监管模块，实现对进口远洋渔获物同步监管。合作研发符合国内大众口味的远洋海产品，推广高质量远洋海产品，形成品牌效益，捕捉市场动向，抓住市场机遇，积极开拓远洋海产品的国内销售途径和平台。加强国际间溯源信息与数据的交换，保障进出口远洋渔获物信息的关联性，共同构建国际化溯源新形态。及时收集大众对远洋海产品的意见反馈，市场调查群众购买可溯源远洋海产品的意向，同步开展溯源管理提升中国远洋渔业品牌效应，推进追溯流程与国际接轨，加快中国远洋渔获物的国际流通。

综上，为了积极响应国际资源养护型渔业发展战略，我国亟需开展远洋渔获物全程绿色溯源管理对策，实现远洋渔业资源的可持续利用，保障远洋海产品从捕捞到餐桌全流程的食品质量安全溯源，助力"十四五"远洋渔业高质量发展。

引文索引

［1］农业农村部. 远洋渔业"监管提升年"行动方案［J］. 中国水产，2022（5）：18-20.

［2］Fox M，Mitchell M，Dean M，et al. The seafood supply chain from a fraudulent perspective［J］. Food Security，2018，10（4）：939-963.

［3］朱崧琪，史亚千，阮周曦，等. 市场零售水产品（鱼类）真实属性情况分析与监管建议［J］. 中国食品卫生杂志，2022：1-10.

［4］Zhang Y，Tang Y，Zhang Y，et al. Impacts of the COVID-19 pandemic on fish trade and the coping strategies：An initial assessment from China's perspective［J］. Marine Policy，2021，133：104748.

［5］Lorena R，Karina Y，Ekaterina P，et al. Impacts of COVID-19 on the Chilean salmon：A first approach to the effects of the pandemic in the industry［J］. Marine Policy，2022，144：105-185.

［6］Rodriguez-Salvador B，Dopico D C. Understanding the value of traceability of fishery products from a consumer perspective［J］. Food Control，2020，112：107142.

［7］陈新军. 我国远洋渔业高质量发展的思考［J］. 上海海洋大学学报，2022，31（3）：605-611.

［8］农业农村部渔业渔政管理局. 2021年全国渔业经济统计公报［EB/OL］.（2022-07-21）［2022-10-25］. http://www.yyj.moa.gov.cn/gzdt/202207/t20220721_6405222.htm.

［9］卢昌彩. 我国渔获物可追溯绿色标签管理实践与探索［J］. 决策咨询，2019（3）：48-50+58.

［10］福建日报. 厦门将上线上岸渔获可追溯管理系统［EB/OL］.（2021-12-39）［2022-10-25］. https://baijiahao.baidu.com/s?id=1720528833941724349&wfr=spider&for=pc.

[11] 海南日报. 临高渔民进出港可在微信上申报审批[EB/OL].（2022-09-14）[2022-10-25]. http://www. hinews. cn/news/system/2022/09/14/032833866. shtml.

[12] 中新纬经. 浙江试水进口水产品全链路溯源,蚂蚁区块链提供技术支持[EB/OL].（2020-06-24）[2022-10-25]. https://www. jwview. com/jingwei/html/06-24/328997. shtml.

[13] 本刊讯.《远洋渔业管理规定》修订版公布[J]. 中国水产,2020（3）:16.

[14] Paolacci S, Mendes R, Klapper R, et al. Labels on seafood products in different European countries and their compliance to EU legislation[J]. Marine Policy, 2021, 134: 104810.

[15] Mendes R, Silva H. Control of seafood labelling in Portugal[J]. Relatório Científico e Técnico do IPMA, 2015, 4: 1-17.

[16] Nicolae C G, Neculita M, Cristea D S. Trends in the development of traceability systems for fish products[J]. Calitatea, 2014, 15（143）: 95.

[17] Frederiksen M, Osterberg C, Silberg S, et al. Info-Fisk. Development and validation of an internet based traceability system in a Danish domestic fresh fish chain[J]. Journal of Aquatic Food Product Technology, 2002, 11（2）: 13-34.

[18] Ringsberg H A, Mirzabeiki V. Effects on logistic operations from RFID-and EPCIS-enabled traceability[J]. British Food Journal, 2014.

[19] Galvão J A, Margeirsson S, Garate C, et al. Traceability system in cod fishing[J]. Food control, 2010, 21（10）: 1360-1366.

[20] Seino K, Kuwabara S, Mikami S, et al. Development of the traceability system which secures the safety of fishery products using the QR code and a digital signature[C]. Oceans' 04 MTS/IEEE Techno-Ocean'04（IEEE Cat. No. 04CH37600）, 2004: 476-481.

[21] Thompson M, Sylvia G, Morrissey M T. Seafood traceability in

the United States：Current trends, system design, and potential applications[J]. Comprehensive reviews in food science and food safety,2005,4（1）:1-7.

[22] Kresna B A, Seminar K B, Marimin M. Developing a traceability system for tuna supply chains[J]. International Journal of Supply Chain Management,2017,6（3）:52-62.

[23] Cook B, Zealand W. Blockchain: Transforming the seafood supply chain[J]. World Wide Fund for Nature,2018.

[24] Visser C, Hanich Q A. How blockchain is strengthening tuna traceability to combat illegal fishing[J],2018.

[25] Shen G, Heino M. An overview of marine fisheries management in China[J]. Marine Policy,2014,44: 265-272.

[26] 吕若曦,徐璞. 中国出口日本金枪鱼的国际竞争力分析[J]. 中国渔业经济,2019,37（3）:79-88.

[27] 沈宇. 金枪鱼产品贸易中壁垒问题及其对策研究[D]. 上海海洋大学,2015.

[28] 本刊讯.《关于促进"十四五"远洋渔业高质量发展的意见》印发[J]. 中国水产,2022（3）:25-28.

[29] Heyder M, Theuvsen L, Hollmann-Hespos T. Investments in tracking and tracing systems in the food industry：A PLS analysis[J]. Food Policy,2012,37（1）:102-113.

[30] Zheng M, Zhang S, Zhang Y, et al. Construct food safety traceability system for people's health under the internet of things and big data[J]. IEEE Access,2021,9: 70571-70583.

[31] Rahman L F, Alam L, Marufuzzaman M, et al. Traceability of sustainability and safety in fishery supply chain management systems using radio frequency identification technology[J]. Foods,2021,10（10）:2265.

[32] Bhadra S, Thomson D J, Bridges G E. Monitoring acidic and basic volatile concentration using a pH-electrode based wireless passive

sensor[J]. Sensors and Actuators B：Chemical，2015，209：803-810.

[33] 侯春生，夏宁. RFID 技术在中国农产品质量安全溯源体系中的应用研究[J]. 中国农学通报，2010，26（3）：296-298.

[34] Lewis S G，Boyle M. The expanding role of traceability in seafood：tools and key initiatives[J]. Journal of Food Science，2017，82（S1）：A13-A21.

[35] Pramod G，Nakamura K，Pitcher T J，et al. Estimates of illegal and unreported fish in seafood imports to the USA[J]. Marine Policy，2014，48：102-113.

[36] 李泉林，郭龙岩. 综述 RFID 技术及其应用领域[J]. 中国电子商情（RFID 技术与应用），2006（1）：51-62.

[37] Van Helmond A T，Mortensen L O，Plet-Hansen K S，et al. Electronic monitoring in fisheries：lessons from global experiences and future opportunities[J]. Fish and Fisheries，2020，21（1）：162-189.

[38] Banks W C. Cyber espionage and electronic surveillance：Beyond the media coverage[J]. Emory LJ，2016，66：513.

[39] Mangi S C，Dolder P J，Catchpole T L，et al. Approaches to fully documented fisheries：practical issues and stakeholder perceptions[J]. Fish and Fisheries，2015，16（3）：426-452.

[40] Swan M. Blockchain：Blueprint for a new economy[M]. " O'Reilly Media, Inc. "，2015.

[41] Lin Q，Wang H，Pei X，et al. Food safety traceability system based on blockchain and EPCIS[J]. IEEE access，2019，7：20698-20707.

[42] Suuronen P，Chopin F，Glass C，et al. Low impact and fuel efficient fishing—Looking beyond the horizon[J]. Fisheries research，2012，119：135-146.

[43] 农业农村部渔业渔政管理局. 农业部关于进一步加强国内渔船管控实施海洋渔业资源总量管理的通知[EB/OL].（2017-01-23）[2022-10-25]. http://www. yyj. moa. gov. cn/bjwj/201904/t20190419_6197426. htm.

[44] Bjorndal T, Child A, Lem A. Value chain dynamics and the small-scale sector: policy recommendations for small-scale fisheries and aquaculture trade[J]. FAO Fisheries and Aquaculture Technical Paper, 2014(581): I.

4 恢复"公斤"和"公里"的使用势在必行

赵进平　梁书尘　中国海洋大学董氏国际海洋可持续发展研究中心

编者按

度量衡一般是指长度、质量和容积的统一规定。近代史上不论谁主政,都会积极推动统一度量衡的工作,盖因其意义重大。在目前的社会发展中,度量衡的重要作用有三:一是国家统一管理的需要,二是经济贸易往来与交流的需要,三是科技发展的需要。在我国,大众熟悉的"公里"和"公斤"在新闻出版领域不允许使用,而用"千米"和"千克"替代,造成了一系列问题,海洋领域也是受到问题影响的主要领域之一。该报告对其进行了详细的研究,指出了其中存在的问题,搞清了问题的来龙去脉及其症结所在,提出了解决问题的对策。

第一作者简介

赵进平,男,理学博士,中国海洋大学教授,博士生导师,国家百千万人才计划一二层次人选。现任中国海洋大学董氏国际海洋可持续发展研究中心主任,曾任国际北极海洋科学理事会副主席,国际海洋物理联合会中国委员会主席,国家 863 计划海洋监测技术主题专家组组长,国家 973 计划项目首席科学家。为我国最主要的北极科学家之一,参加了 16 次北极考察,对北极的重大科学问题有全面的了解,在国际极地科学界有良好的声望。其研究工作得到了国家科技部重大基础研究项目、国家基金委重点项目、国家 863 计划重点项目等的支持。

　　自秦始皇统一六国后，直至清朝末期，在漫长的历史年代中，我国的度量衡发生了很多次变革，但一直使用"丈""斤""斗""亩"等计量单位，现称其为旧制。清末鸦片战争打破了我国的闭关锁国状态，与各国列强通商，也将各国的度量衡制度带入我国。当时各国的计量单位五花八门，为了满足通商需要，清政府曾试图统一度量衡，但却未得其果。直到中华民国成立后，公制度量衡首次引入我国，至今已满百年。1960年开始推行的国际单位制是经过科学设计的计量制度，不仅可以满足日常度量衡的需要，而且统一了自然科学中各种复杂的单位，相当于在全世界统一度量衡，是一个伟大的进步，极大地方便了国际间贸易、交流和科学研究的需要。

　　百年来，经过政府推动和教育推广，历经几代人的努力，人们已经普遍接受了公制，旧制单位几乎淡出了人们的视野。我国现行的度量衡制度与国际单位制完全接轨，在社会发展中发挥了重要的作用。

　　我国推行国际公制至今，度量单位的英文表达一直没有改变，但是在中文表达上却发生过跌宕的变化。这些变化存在个别名称不科学、推广不到位、使用惯性难以改变等问题，影响了国际单位制的使用。这些问题在我国现行度量实践中长期存在，其严重性不可低估。其中最为突出的是，按照现行规定，长度的单位要用"千米"，质量的单位要用"千克"，人们熟悉的"公里"和"公斤"已经不能在图书、期刊等出版物上使用。当遇到"千"计数的时候，就会发生"千"字的重叠使用，如五千千克，三千千米等。这种表达与人们熟知的、习惯的表达方式有很大的不同，造成了理解上的困难和使用上的混乱。

　　海洋是计量单位制度的重要应用领域，涉及海洋监测、海洋测绘、海洋遥感、海洋技术等众多领域。计量制度不仅关系到海洋领域的可持续发展，而且几乎涉及社会的所有领域，其问题引发广泛的关注。我们详细探究了事情的前因后果，分析了问题的根本所在，并提出了解决问题的对策。

　　在本报告中，有些重要的引用文献难以查找，为方便读者查阅，将其放在附件中。由于附件篇幅很大，无法附在报告之后，读者可以登录董氏中心网站查阅（http://tircsod.ouc.edu.cn）。

一　不使用"公里"和"公斤"带来的问题

　　在计量系统中，人们面对的是数与量的问题，二者连在一起使用。数是没有单位的，而量是有单位的。如"500公里"，"500"是数，"公里"是量的单位。我国历史上数的名称为个、十、百、千，逢万进位，即万、亿、兆、京、垓、秭、穰、沟、涧、正、载、极，万以上的每个单位之间相差一万倍。而量的名称与计量的内容有关，是度量衡的核心内容，主要包含长度（其单位有里、尺、寸等）、质量（其单位有斤、两、毫等）和容积（其单位有石、斗、升等）。在中国几千年的传统中，数与量的名称从来不重合，从而保证了数与量的协调，避免了认识上的混乱。国外的情况与我国类似，数的名称与量的名称从不重复（详见后面的介绍）。我国度量衡变革以来，主要改变了量的名称。由于以前一直使用"公里"和"公斤"，数与量的名称也不重合，新的度量衡制度推进顺利。

　　但是，当使用"千米"和"千克"等单位时，数的名称和量的名称发生重复，经常会遇到几百千克，几千千米这样的问题。有人曾经列举了很多这样的例子,如将光速表达为每秒 30 万千米;太阳到地球的距离为 15 000 万千米;我国高速公路里程为 8.5 万千米;飞机时速为 2 千千米等,造成理解困难,要费时费力去想,一不留神就出错。类似的例子不胜枚举。

千字头的单位造成了计数与单位在文字上的重叠,两个表达数的词连在一起,其意义含混不清。例如,"三百公斤"的含义唯一,非常明确,而"三百千克",意义可以是三百个"千克",也可以是"三百千"个"克",人们在理解时要先做出判断。这种表达不仅影响了人对量与单位的响应速度,而且很容易造成误解。有一个例子:十万零一公里意思是明确的,但用"十万零一千米"来表达会有两个结果:A. 100 001 km, B. 101 000m＝101 km。两者都是对的,但意思完全不同。[①]

有人写道:我曾经问一位美国朋友,如果英语 one thousand kilograms (一千公斤)说成 one thousand thousand grams(一千千克),感觉怎样？朋友认为完全不能理解[1]。他认为:出现上述问题的原因在于我们将数字'千'也当作词头用。英、法、德等西方语言不存在这类问题,它们直接将国际单位制词头冠在基本单位前而构成新的单位,不存在汉语中那种'千千'并列的问题。

国家有关部门注意到这种混淆引发的问题,因此,国家计量局在文件中又规定,作为量词,"千克"前面不允许带任何词头,例如不允许出现"千千克""百千克"的单位名称。但在数词与量词同时存在时,仍然存在重复使用的问题。

数与量重复的现象可以称为"数与量抵牾",以下通俗称为"千千冲突"。其实,数与量抵牾不仅包括千与千的重复,也包括其他数词与量词的联置,如三百千米、四十千克等。下面,为了表述方便,将"公里"和"公斤"的表达称为"公系"表达,将"千米"和"千克"的表达称为"千系"表达。

由于公里和公斤是人们使用最为频繁的单位,我国在 1984 年以前是

---

① 为什么不少中国人拒绝接受"千米""千克"等公制单位？（https://www.zhihu.com/question/549192043/answer/2637073180）

公系表达和千系表达并用的时期,"千千冲突"问题不是很严重,可以在容易混淆的时候使用公系表达。现在,只能使用千系表达,问题就变得突出。

千系表达有很严重的负面效果,这些后效一直延伸到社会的方方面面。有人表示,对书籍中的数字有恐惧感,本来读书是轻松的事,一旦遇到数字就紧张起来,有时会来回读几遍才能理解。有人说,自己表达优美的书稿被编辑改成"千米""千克",违背了作者的意愿,有深深的委屈和无奈。公里和公斤在社会上仍然普遍使用,但在中小学的教科书中,已经没有了公里和公斤,孩子常问:每小时 120 公里限速是什么意思等这类的问题。

公里和公斤是大众日常最常用的词,因而其影响面和覆盖面非常大。而大众对千米和千克的接受程度很低。在我国,一个标准经过几年过渡后就会落实,而千系表达的标准至今仍然没有在社会全面实施,需要深入探索其原因。"千千冲突"是中外历史上首次出现的现象,打破了人们理解数量的传统习惯,造成了理解上的困难。本来,不使用"公里"和"公斤"也没有什么,换一种表达也是可以接受的,大众会慢慢地习惯。关键在于,"千米"和"千克"的表达方式不科学,使"千千冲突"问题长期存在,还会将问题传递到未来,已经到了必须解决的时候了。因此,本报告将事情的背景和起因梳理清楚,便于解决存在的问题。

二 我国实施国际单位制的百年之路

要想搞清千系表达问题的实质性原因,需要搞清各类公制名词的来龙去脉。民国初期就开始酝酿度量衡的改革,开始了我国度量衡制度变革的百年历程。

1. 1915 年《权度法》

民国成立后,开启了废除旧制,采用国际公制(也称公制、米制、米突制)的道路。1912 年(民国元年),政府工商部就提出废除旧制,采用国际公制的议案，但未被国会通过。1915 年 6 月 23 日，北洋政府以"大总统令"的方式颁布《权度法》[2]，在北京地区施行。后因政局原因，未能在全国通行。

1915 年的《权度法》[3] 规定了甲乙两种度量衡并行的制度：甲为"营造尺库平制"，即为市制；乙为"万国权度通制"，即为米制。并规定了二者的换算关系。《权度法》万国权度通制的单位是以旧制原有中文名称为基础，冠以"公"字表达，规定了长度单位公厘、公分、公寸、公尺、公丈、公引、公里；重量单位公丝、公毫、公厘、公分、公钱、公两、公斤、公衡、公石、公镦；容量单位公撮、公勺、公合、公升、公斗、公担、公秉等，为公系表达之始。

《权度法》首次将公制引入我国，并借鉴了我国传统的度量衡单位，形成了一套适合我国国情的度量衡标准名称。《权度法》既考虑了我国民众的使用习惯，又实质性地使用国际公制，其价值不可低估。《权度法》实行公制与市制并行，公制是新引进的国际单位，采用十进位制；市制是对旧制改造后的新制度，基本上也采用了十进位制，只有 1 斤仍然等于 16 两。《权度法》同时废除了英制，有重大的历史意义，对后续的度量衡变革起到了重要的作用。

2. 1929 年《度量衡法》

1929 年 2 月 16 日，南京国民政府以"国民政府令"公布了《度量衡法》[4]。定于 1930 年 1 月 1 日起在全国开始实施《度量衡法》，但因战乱原因，直到新中国成立，该法并未切实执行，全国度量衡并未统一。

《度量衡法》是我国采用公制的全国性法案，其中规定"中华民国度量衡采用万国公制为标准制"，使"公制"的称谓通行起来。但是，《度量衡法》还规定"暂设辅制称曰市用制"允许原市制计量制度的使用。《度量衡法》关于"万国公制"与 1915 年的《权度法》"万国权度通制"的规定基本一致，只是将"公镦"改为"公吨"。

在《度量衡法》执行过程中发生了一个插曲。1934 年，南京政府教育部拟定并颁布了一套以"米"和"克"为基础单位，并冠以表示十进位倍数

（十、百、千）和分数（分、厘、毫）的前缀作为单位的中文名称,在教育和科技界使用。追溯起来,这是我国第一次采用以"米"和"克"为基础单位的倍数命名单位,为千系表达之始。那时,社会上关于两种中文单位名称发生了不可调和的激烈对抗,中央政府只能折中规定两种中文单位并存,造成产业和市场一套,教育和科技一套的不协调现象[5]。

3. 1959 年国务院命令

新中国成立后,于 1954 年开始统一度量衡的努力,于 1959 年 3 月 19 日正式公布了《统一公制计量单位中文名称方案》[6],于 1959 年 6 月 25 日发布了《国务院关于统一我国计量制度的命令》并开始实施[7]。该制度确立米制为我国的基本计量制度,在全国推广米制,对改革市制、限制英制、废除旧杂制发挥了重要作用[8]。

在 1959 年的《统一公制计量单位中文名称方案》中,英文的含义沿袭了国际米制的方案,但中文的单位名称采用千系表达。其中,长度、重量和容积的基本单位为米、克和升,详细变化见表 1。1959 年方案长度单位表达为"公里（千米）",公斤仍为法定计量单位名称。1959 年的计量单位中只有公斤、公里和公顷因已经被广泛频繁使用而得以保留,其他带"公"字的单位已经完全被消除。

该方案明确"原来以国际公制为基础制定的市制,在我国人民日常生活中已经习惯通用,可以保留",形成了公制和市制并存的局面。史上度量衡历经很多次变革,但 1 斤等于 16 两从未改变。但是,1959 年规定的市制确定 1 斤等于 10 两,即市制也改为十进位制。

4. 1960 年的国际单位制

在国际单位制确立之前,国际上的计量单位非常混乱,相互换算困难。1791 年,法国国民代表大会通过了决议,确定以千进位为计数标准,将长度单位米作为基本单位。1875 年 5 月 20 日,17 个国家的代表在巴黎签订了"米制公约（Metre Convention）",从而开启了米制传播之路。我国 1915 年的《权度法》和 1929 年的《度量衡法》均参考了米制公约的规定。

表1 采用公制以来历次颁布的长度单位变化

倍数	英文名称	1915	1929	1959	1984	1993
10^{-24} m	yoctometer	—	—	—	—	幺米
10^{-21} m	zeptometer	—	—	—	—	仄米
10^{-18} m	attometer	—	—	—	阿米	阿米
10^{-15} m	femtometer	—	—	—	飞米	飞米
10^{-12} m	picometer	—	—	—	皮米	皮米
10^{-9} m	nabometer	—	—	—	纳米	纳米
10^{-6} m	micrometer	—	—	微米	微米	微米
10^{-5} m	centimillimeter			忽米		
10^{-4} m	decimillimeter	—	—	丝米		
10^{-3} m	millimeter	公厘	公厘	毫米	毫米	毫米
10^{-2} m	centimeter	公分	公分	厘米	厘米	厘米
10^{-1} m	decimeter	公寸	公寸	分米	分米	分米
10^{0} m	meter	公尺	公尺	米	米	米
10^{1} m	decameter	公丈	公丈	十米	十米	十米
10^{2} m	hectometer	公引	公引	百米	百米	百米
10^{3} m	kilometer	公里	公里	公里（千米）	千米	千米
10^{6} m	metameter	—	—	—	兆米	兆米
10^{9} m	gigameter	—	—	—	吉米	吉米
10^{12} m	terameter	—	—	—	太米	太米
10^{15} m	petameter	—	—	—	拍米	拍米
10^{18} m	exameter	—	—	—	艾米	艾米
10^{21} m	zettameter	—	—	—	—	泽米
10^{24} m	yottameter	—	—	—	—	尧米

（长度）

  随着国际贸易的发展和科学技术的进步，数和单位的应用均向更大和更小的范围拓展，原有的度量衡制度已经无法满足需要，国际社会感到需要设计一种统一的单位制。1948年第9届国际计量大会责成国际计量委员会研究并建立一种科学实用的计量单位制。1954年第10届国际计量大会决定采用以米制为基础的计量单位。1960 年第 11 届国际计量大会决定采用并推行这种计量单位,将其命名为国际单位制(法语 Le Systeme Internatioanal d'Unite),缩写为 SI。

国际单位制是科学设计的度量制度,充分考虑了社会和科学的需要。在计数方面采用构成倍数和分数的词头,倍数采用十进位和千进位。在单位方面基于科学发展的需要规定了 7 个基本单位和一系列导出单位。国际单位制在长度、质量和容积方面与米制或公制一致,但国际单位制包含了更广泛的内涵,适应很多科学领域的需要,可以表达各种复杂的单位,大大促进了科学进展。

因国际单位制酝酿已久,我国 1959 年发布的《统一公制计量单位中文名称方案》与其基本一致。经国务院批准,1977 年 5 月 10 日我国宣布正式加入米制公约组织,至此我国的度量衡制度基本与国际接轨。

5. 1984 年国务院命令

1981 年 7 月 14 日,国务院批准试行《中华人民共和国计量单位名称与符号方案(试行)》[9]。1982 年 2 月 10 日,国家出版局、中国国际单位制推行委员会发出"关于贯彻《中华人民共和国计量单位名称与符号方案(试行)》的联合通知"[10]。1984 年 2 月 27 日,国务院发布《关于在我国统一实行法定计量单位的命令》[11],决定采用《中华人民共和国法定计量单位》。

在颁布的法定计量单位中,长度和容积的单位不变,但第一次将质量的单位表达为"千克(公斤)",而且在附注中写道:"公里为千米的俗称,符号为 km。"显然,在 1984 年正式实施的方案中,"公里"和"千米"通用,"公斤"和"千克"通用,不过将"千米"和"千克"排在前面。

国务院令严令"我国的计量单位一律采用《中华人民共和国法定计量单位》",其中没有保留市制单位。而且明确规定"我国目前在人民生活中采用的市制计量单位,可以延续使用到 1990 年,1990 年底以前要完成向国家法定计量单位的过渡"。在这个命令的主导下,我国的传统市制单位已经不再使用,新一代人已经不知道"丈""斗""撮"这些市制单位的内涵。

6. 1986 年"量和单位"国家标准

1986 年,国际单位制以国家标准(GB 3100～3102—86)的形式固定下来,即 86 版"量和单位"[12]。这个标准与 1984 年的《中华人民共和国法定计量单位》基本一致[11]。

1986 年国家语言文字工作委员会、国家出版局、国家标准局、国家计量局、国务院办公厅秘书局、中共中央宣传部公布《关于出版物上数字用法的试行规定》的联合通知[13],在出版领域试行 1986 年国家标准。1989 年通过《量与单位国家标准宣贯材料》[5]开始推动标准在各个领域的实施。

7. 1993 年"量和单位"国家标准

为了适应我国经济建设的发展,促进我国市场经济与国际接轨,原国家技术监督局于 1993 年 12 月 27 日颁布了 15 项"量和单位"的国家标准,亦称为 93 版"量和单位"[14],从 1994 年 7 月 1 日起实施,一直沿用至今。

93 版"量和单位"国家标准是以国际标准化组织的 TC12 技术委员会于 1992 年制定的相应 ISO 国际标准为蓝本,参考其他国家和地区的标准,结合我国国情制定的。93 版"量和单位"国家标准与 86 版基本一致,但在名称和符号上更为系统和细化,更好地反映了当代科学的概念。

但是,关于传统的长度和质量的单位,86 版"量和单位"国家标准和 93 版"量和单位"国家标准做了微小的但影响巨大的改动。长度仍然以米为基本单位,"千米俗称公里"(GB 3102.1—86, GB 3102.1—93)。但是,在其派生单位中则只保留了千米,如公里每小时改成了千米每小时。质量仍然以克为基本单位,写成"千克(公斤)",但是在其派生单位中只保留了千克,如千克每平方米,千克每立方米,千克每升,千克力,千克力米等(GB 3102.3—86, GB 3102.3—93)。显然,这样做是为了使表达简洁,但却为否定公斤、公里埋下了伏笔。

1994 年 11 月 14 日,国家技术监督局、国家教育委员会、广播电影电视部、国家新闻出版署联合发布技监局发（1994）28 号文件，"关于在全国开展'量和单位'系列国家标准宣传贯彻工作的通知"[15]，要求贯彻执行 1993 年颁布的"量与单位"系列国家标准。

以上是从民国初年至今的度量衡变革，以长度单位为例，历次改变可以从表 1 看出。进入 21 世纪以来，我国在度量衡方面没有重大改变。

三 "千千冲突"问题的原因分析

我国实行米制的百年来，主要关注两件事，一是十进位制，二是单位，而对我国传统的万进位制与公制的千进位制关注不多。"千千冲突"是中文表达中出现的问题，其问题是由数词和量词的冲突形成的，可能的改变方案如图 1 所示。

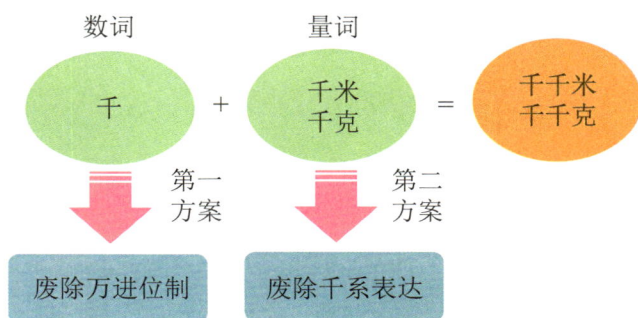

图 1 "千千冲突"形成原因和两种可能的解决方案

1. 万进位和千进位并存的局面

我们查阅了百年度量衡制度的变革看到，虽然公制坚持了十进位制，但却忽视了计数时倍数单位的差异，我国历史上的万进位与公制的千进位有很大不同。万进位制是指逢万进一，即用十、百、千表达十进位，一旦达到 1 万个万就要进位到亿。而公制和现在的国际单位制则是逢千进一，用个、十和百表达十进位，一旦达到 1 千，就要进位，千、兆、吉、太、拍、艾。

万进位和千进位都是十进位制，因此在历次度量衡变革中，倍数单位虽然采用了千进位制，但都没有推翻万进位制。在 1984 年《中华人民共和国法定计量单位》中[11]，明确规定可以使用万进位制："10^4 称为万，10^8 称为亿，10^{12} 称为万亿。"在推广 1984 标准的文件《国际单位制及其应用》[5]中明确说明："亿（10^8）、万（10^4）等是我国习惯用的数词，仍可作为数词使用，但它们不是词头。万公斤、亿千瓦小时等统计单位，不属于 SI 单位的倍数单位。"

因此，至今万、亿等单位依然在合法使用，形成了万进位与千进位并存的倍数单位。在万进位中，"千"是重要的数词，古往今来长期使用。

万进位制可以废除吗？万进制可否废除不仅涉及专家的研究结果和政府的决心，还取决于万进制本身的制度优势，正是这种优势决定其长期无法被淘汰。万进制的改革不仅涉及我国，还涉及周边国家。日本、韩国、朝鲜、越南至今都无法消除万进制，甚至钱币都采用万进制。我国的决定会对周边国家的度量衡变革产生深刻的影响。

2. 数词做词头产生的问题

如上所述，我国改为米制的百年来，度量衡分为 5 个时期，分别以 1915 年、1929 年、1959 年、1983 年、1995 年的政府文件或国家标准的规定为代表。这 5 个时期所施行的度量衡与国际公制和后来的国际单位制一致，但在汉语的名称表达上可以分为两个差异很大的阶段。

第一阶段是民国时期，如 1915 年的《权度法》在单位方面用旧制的名称冠以"公"字表达国际米制的名称。这套名称符合我国民众使用习惯，又实质性地使用国际公制，是中西合璧的典范。

第二阶段是用国际单位的音译名称表达国际单位制的时期，从 1934 年至今。音译表达的特点是在基本单位上用词头作为倍数表达新的单位，构成了各种派生的单位。

但是，在音译表达法制定的时候，产生了一个考虑不周的问题，就是把 8 个常用的词头改为意译，即兆、千、百、十、分、厘、毫、微[14]。在解释性文件中提到[15]："按照 SI 的原则，数词不应作为 SI 词头。我国采用'毫、厘、百'等 8 个数词作为 SI 词头的名称，也是考虑到人们已有的习惯。"显然，当时人们知道不应该用数词用作量的词头，但还是做了，直接导致了数与量的抵牾。实际上，所有 8 个意译的量都与数词冲突，只不过"千"使用得更频繁,冲突更严重。造成"千千冲突"的根本原因是意译命名的不科学性。回过头看,当时照顾人们的习惯或许有道理,但是显然低估了这种不科学性的危害。

将"千"作为词头表达国际单位制并非完全不行,但是要有一个前提,就是不再使用千来计数。在标准中已经准备好了千进位制的计数方法,即只用个、十、百,而不再用千。凡是遇到需要千来计数的场合,一律进位为其他的单位,如米、十米、百米、千米、十千米、百千米、兆米、十兆米、百兆米、吉米……可是,直到今天,由于人们使用上的巨大惯性,千进位单位没有得到有力推动,万进位制仍然在实施。既然允许用千来计数,"千千冲突"就不可避免。

当我们为这种冲突而烦恼时,不禁庆幸:还有个被广泛接受的"吨"作为质量的计量单位,使我们避免了陷入"千千克"的窘境。而如果严格按照千进制,300吨应该表达为300兆克,其费解可想而知。由于有"吨"的存在,在质量的计量单位中,将混乱限制在千克与吨之间的范围,一旦大于吨,混乱就不存在了。而在长度的计量中就没有这样幸运了,没有千米1 000倍的单位,只能继续用"千"来表达,"千千冲突"遍布千米以上的所有范围。

3. 解决问题并不难

现在社会上普遍存在的万进制与千进制混用的局面,从政府的文件,到百姓的理解都没有困难,处于一种和谐的状态。既然表达和理解方面都没有困难,万进位和千进位混用制度可以一直使用下去。但是,弃用"公里"和"公斤",采用"千米"和"千克"打破了万进位与千进位混用的和谐局面,造成了严重的冲突。可以说,只要万进位制存在一天,"千千冲突"就会存在一天。

既然问题主要出现在"千"字词头上,有一个简单的办法,就是将带有"千"字头的单位用别的单位代替。而"公里"就是替代"千米"的单位,"公斤"就是替代"千克"的单位。只要继续使用"公里"和"公斤",我国的度量衡仍然是和谐的。"公里"和"公斤"是原来就存在的,深入人心的计量单位。虽然在 1995 年以来政府一直在努力用"千米"和"千克"来替代它们,但"公里"和"公斤"却从未离开我们的视野。

可是,为什么突然就不再使用"公里"和"公斤"了呢?

四 禁止使用"公里"和"公斤"竟然是阴差阳错

我们的研究发现,在国家迄今的正式规定中,不论是国务院令,还是国家标准,都没有禁止使用公里和公斤。在国家标准中,明确将"公里"作为一种俗称保留,并明确"公斤"是"千克"的同义词,可以相互替代。那么,什么时候开始禁止使用公里和公斤的呢。我们对此进行了详细考证。

禁止使用公里和公斤的规定来自国家技术监督局计量司、标准化司编撰的国家标准统一宣贯教材《量和单位国家标准实施指南》(以下简称《指南》)[16],是推动 1993 年"量和单位"国家标准的实施细则。该《指南》于 1994 年 6 月 4 日至 9 日在安徽省黄山市召开的专家审定会议审定,各标准的作者根据审定会议的意见进行了修改和补充,由两位全国量和单位标准化技术委员会的副主任委员统稿。《指南》的一些内容与 1993 年"量和单位"的国家标准不符,掺杂了一些个人意见,使标准的实施偏离了 93 标准的轨道。

1. 刻意漏掉了公斤

《指南》的表 1-1 引用了国家标准"国际单位制及其应用(GB 3100—93)"中的表 1,但《指南》将标准中的"千克(公斤)"刻意地改为"千克",漏掉了公斤及其括号。这种更改造成了后续的一系列问题。《指南》对此给出了以下解释。

第一,《指南》认为:"质量单位的中文名称,在标准中给出的是千克(公斤)。这样给出的目的是推荐使用千克,尽量少用以至不用公斤。之所以把公斤列入标准,又加上圆括号,一方面是照顾人们使用上的习惯,另一方面希望人们改变这一习惯。"《指南》的这种说法与93标准中的规定完全不一致,93标准指出"圆括号中的名称,是它前面的名称的同义词",确立了千克和公斤的平等地位,而不是《指南》中的意思。姑且不谈这句话是不是标准制定者的共识,至少在贯彻落实标准上是不严肃的。如果谁认为哪个标准不合适,就可以用自己的解释替代标准,显然是无法让人接受的。《指南》用解释性文件更改93标准的原意,是造成无法使用"公斤"的根本原因。

第二,《指南》认为:"如果普遍采用公斤,势必出现与市制对应的公担、公两、公钱、公分等质量单位的名称(在云南商业计量中已出现公两、公钱)。这些单位名称在国家上得不到公认,无法在国际上通用,就是在国内也不符合我国公布的《中华人民共和国法定计量单位》的规定。"原来不用公斤不是因为用公斤有什么不对,而是担心出现公担、公两、公钱、公分等质量单位。这个担心或许有道理,但以这个担心为依据而在93标准中删除公斤确实不可思议。国家的政策、法令、法律很多,如果都可以因为担心任意更改,国家的法治岂不是乱了套。

第三,《指南》认为:"由此可见,质量单位普遍采用千克(kg),逐步废除公斤名称既有必要又有可能。"[16]在标准解释性文件中,做什么不做什么应该依据的是标准的规定,而不应该是依据标准之外一些理解和认识的必要性和可行性。

2. 限制了公里的应用范围

关于公里,《指南》中指出:"这是千米(km)的俗称,只能用于一般新闻报道、文学报告等场合。在科技性文章中应当改为千米,写成km。"《指南》中的这句话并没有说不可以使用公里,而是将其限定在新闻报道、文学报告等场合。而在93标准中规定"千米俗称公里"(GB 3102.1—93),并没有限定其使用的场合。《指南》的这种解释与标准的原意不符。而且,《指南》中只提到新闻报道、文学报告、科技文章这三种场合,而实际上,在社会层面,工业、农业、商业、教育、运输、政府公文等众多领域处处都用到计量单位，《指南》显然没有充分考虑到广泛的社会需要。

3.《指南》对公系表达的认识

《指南》注意到了国家标准中保留公斤和公里的意义，指出："在我国法定计量单位中保留了'公斤'和'公里'两个名称，他们分别作为'千克'和'千米'的同义语和俗称。从 SI 的构成和米制基本原则来说，这两个名称都是不恰当的。但是，它们已极广泛地深入到各个方面。硬废除它们可能会使许多人在生活中感到不便，所以决定保留。"既然国家标准保留这两个名称是为了人们的习惯，而《指南》却要强制改变这个习惯。

《指南》认为从国际单位制的构成来说，公里和公斤都是不恰当的，这个说法是不对的。在推行国际单位制时，各国有权用自己的语言恰当表达国际单位制，否则就推行不下去。计量制度可以改，但需要考虑大众习惯和文化传承，以为机械地将名称翻译过来就是严格遵守国际单位制是肤浅的理解。我国推广国际单位制的经验是，那些与自己国家原有名称相结合的名称很容易得到推广，"公里"和"公斤"就是这种名称。国际单位制得到社会普遍接受与其用民众熟悉的名称表达是分不开的。

4.《指南》带来的后效

《指南》明确提出"所有计量单位应使用表 1-1～表 1-8 中所列的名称"，即《指南》中的表，而不是国家标准中的表。《指南》还硬性规定："本指南是宣贯量和单位国家标准的统一教材，对量和单位的名称和符号的解释，一律以本指南为准。"至此，93 标准的原意被移花接木。《指南》通过更改表 1-1 违背了 93 标准的原意，实际上禁止了公斤的使用，也禁止了公里的使用。

上述问题在后来的 20 余年被不断放大，其后效一直延续到今天。主要发生在新闻出版领域。93 标准颁布前在出版物上是允许使用公里和公斤的[17]。依据《指南》的规定，1995 年制定的国家标准"出版物上数字用法的规定（GB/T 15835—1995）"通过示例的方式排除了公里和公斤的使用："8736.80 km（8736.80 千米）""100～150 kg（100～150 千克）"[18]。

2011 年更新的国家标准"出版物上数字用法（GB/T 15835—2011）"也是通过示例的方式排除了公里和公斤的使用："523.56 km（563.56 千米）""100～150 kg（100～150 千克）"[19]。

《指南》的解释与标准的不一致性在书籍和期刊中造成了混乱。在中华人民共和国新闻出版行业标准"学术出版规范 一般要求（CY/T 118—2015）"中坚持"量和单位的名称、符号和书写规则应符合 GB 3100、GB 3101 和 GB 3102.1～GB 3102.13 的规定"[20]，即按照国家标准执行。因此，很多人认为，根据 93 标准可以使用公斤和公里[21-24]。而更多的文章要求按照《指南》的执行[25]，在一些出版社的正式规定中已经不再使用公里与公斤，如《人民出版社学术著作出版规范》[26]就明确使用千米，而没有提到公里，其他出版社也参照执行。此外，在部分编辑出版领域的教材中，也明确提道："公斤、公里一般也不要用于教科书中，教科书用到公斤、公里时要改用法定单位'千克（kg）''千米（km）'。"[27]

业内人士已经认识到了"千千冲突"的问题，但都认为回天无力。例如，在 GB 3100—93 的第 5 页就指出："由于历史原因，质量的 SI 单位名称'千克'中，已经包含了 SI 词头'千'，所以质量的倍数单位有词头加在'克'前构成，如用毫克（mg）而不得用微千克（μkg）。"

用于推广国家标准的《指南》更改或者"曲解"国家标准的内容，在今天看来是完全不应该发生的。严格意义上来说，禁止使用公里和公斤属于违规行为。《指南》按照个别人的意志改变了国家的标准，在社会上造成了混乱。考虑到我国 1995 年正处于改革开放的快速发展期，也是"文革"损害的恢复期，政府的依法治国理念远不如现今强烈，对待标准和法规远不如现在严谨，社会民主意识也不如今天强大。我们相信当事人都是善意的，是想把国家的度量衡建设得更好。因此，我们不认为《指南》出现上述问题的错误性质有多严重，而是将这种问题称为阴差阳错。针对"千千冲突"的局面，我们现在需要做的是纠错。

五 恢复使用"公斤"和"公里"势在必行

　　人们实际上很少直接使用计量单位，通常只是在购物时使用；人们更多的是在读书、看新闻等场合需要理解计量单位。人们接受的量值是客观世界的量值在人脑中的反映，是在广泛的社会实践中潜移默化后凝聚而成的理解。计量的目的不仅是度量事物的量，而是创造了一种相互沟通的语言，使量值在人们之间形成共同的理解。保持语言的科学性和通俗性、消除不合理成分十分重要，这也是本报告的核心观点。"千千冲突"严重影响数量的表达，容易造成误解，从而对社会发展产生消极的影响。度量衡制度的使用者涉及社会运行的方方面面，海洋领域就是受"千千冲突"严重影响的领域，因而，我们在此强烈呼吁改变这种不科学的现状。

　　综上所述，与国际单位制接轨，统一执行国家法定计量单位制，大方向无疑是正确的；不过，在长期施行过程中也发现国家法定计量单位制有不完善之处，存在"千千冲突"的问题。解决这个问题实际上只有两个可能的方法：一个是保持"千米"和"千克"的使用，但要废除万进位制；另一个是保留万进制的使用，但不再使用"千米"和"千克"。

　　如果彻底废除万进制，"千"就不再是计数单位，显然问题就全部解决了。那么，现在能否彻底废除万进制的使用呢？在社会很落后时，比如解放初期，如果强制推行千进位、废除万进位还是有可能的，因为那时人们关心的只有重量、长度和容积，而且计数范围很窄。现在，社会蓬勃发展，计量单位已经深入社会的每个角落，要想将计量单位统一到千进制势必困难重重。冒着造成计量单位长期混乱的风险强推千进制不符合我国发展的需要。采用万进制与千进制混合的制度至少是和谐的，没有风险的。

　　那么，只能采用第二个方法，就是不再使用"千米"和"千克"。只要"公里"和"公斤"恢复使用，"千千冲突"就不复存在了，现有的问题就都迎刃而解了，而且不存在严重的风险。因此，我们提出以下对策。

1. 立即恢复"公斤""公里"的全面使用

正如前面的论证,应该立即恢复使用"公里"和"公斤"。第一,法理依据,百年来,在民国时期和中华人民共和国历次国务院令中,以及1993年制定的系列国家标准中,都没有禁止"公里"和"公斤"使用。恢复使用无须改变现行的国家政策和标准,只要更新一个解释性文件即可实现。第二,必要性,禁止"公里"和"公斤"的使用造成了表达和理解上的困难,成为严重的社会问题,已经到了必须解决的时候了。第三,科学性,由于计数的"千"与"千克""千米"的冲突,在科学上是不可取的,而用"公斤"和"公里"可以解决这个问题。

恢复使用"公斤"和"公里"没有实施上的困难,因为他们一直被使用,具有难以动摇的地位。除了在出版物中被强行禁止之外,政府公文中,"公斤"和"公里"仍然是正式单位;在社会使用中,使用"公斤"和"公里"取代"千克"和"千米"符合百姓的认知,有良好的社会基础。

恢复使用"公斤"和"公里"需要在新闻和出版领域做出很多改变。首先要在出版领域提出新的标准和规定,废止一些为了响应《指南》而制定的标准和法规。在教育领域,需要改变大中小学课本的内容;现在的中小学教师大都从孩童时期就受到千系表达的教育,我们征询了一些老师的意见,他们普遍认为重拾"公里"和"公斤"对他们而言困难不大。

2. 适当时废止中文名称"千克"和"千米"

从普通百姓的角度看,未必在意使用千克还是公斤,是千米还是公里。有人会说,人们对新的事物总会有个适应期,适应了就好了。但是,"千千冲突"不是适应问题,而是千系表达的不科学问题。如前所述,"千克"和"千米"的命名是不科学的,混淆了数与量的区别,造成了计数的"千"与单位的"千"冲突。度量衡是社会的重要基石,不能允许不科学的因素存在。即使不考虑万进制与千进制混用的现状,即使未来我国能够完全推广千进位制,也不能再用"千克"和"千米"。因此,建议在适当的时候,废止"千克"和"千米"的使用。在没有更好的名称之前用"公里"和"公斤"替代。

3. 再统度量衡，解决存在的问题，满足发展的需要

从民国以来的历史可见，各个时期的政府都非常重视度量衡的变革，因为度量衡是国家统一的象征。然而，我国改革度量衡的百年努力大都经历战乱和曲折。1915 年推行的米制由于军阀割据和北伐战争，只在北京地区实施，远未普及到全国；1929 年的单位制推行没有多久就进入抗日战争年代，也没有在全国实施。1959 年的单位制经过了十年的酝酿，相对完整可行，随后遇上了"十年文革"；1984 年的单位制带有很强的"文革"痕迹，国家的科技实力与现今有天壤之别。

1993 年量和单位标准制定时已经拨乱反正，国家处于大发展时期，社会安宁、政治稳定、经济蒸蒸日上。标准显然是在冷静、宽松的条件下制定的，而且是以国家标准的形式展现的，更好地体现了国际单位制的汉语表达，本该是最为科学的制度。然而，依据解释性《指南》禁止公系表达的使用，造成"千千冲突"，导致无法遮掩又难以消除的遗憾。

我们看到大量的文献指出"千千冲突"的问题，但都称之为"历史遗留问题"，也就是说，虽然存在问题，但已无法更改了。我们上面提出的对策表明，消除这个问题其实非常容易，只要恢复"公斤"和"公里"的使用即可，只是看我们是不是真的想做，否定自己的过去需要非凡的勇气。

如今，改革开放 40 多年了，国家有了巨大的进步，社会稳定、经济发达、国际贸易庞大，社会民主增强，成为百年中前所未有的盛世。目前，社会已经进入信息化时代，数量是社会信息传递的重要表达方式，物联网、区块链、大数据、云计算等高度影响人们生活的新技术都与数量表达有关，自媒

体、公众号、资讯、论坛等平台也成为大规模的信息网络传播形式,93 标准已不能满足时代发展的需要。因此,应该直面我国的度量衡制度上存在的问题,听取各行各业的意见,深入研究,居高望远,脚踏实地,面向未来,重构满足各行各业发展需要的、科学有效的度量衡制度。

引文索引

[1] 刘华秋. 汉语语言文化中的西化误区 [J]. 瞭望,2010(15):60-62.

[2] 政府公报,大总统令,第 1123 号,1915.【附件 1】

[3]《法令·权度法》,大中华杂志,1915,第 1 卷第 3 期,1-5.【附件 2】

[4]《度量衡法》,行政院公报,1929,第 24 号,7-13.【附件 3】

[5] 国家技术监督局单位制办公室. 量和单位国家标准宣贯材料 [M] 北京:科学技术文献出版社,1989.【附件 4】

[6] 中华人民共和国国家科学技术委员会,统一公制计量单位中文名称方案,中华人民共和国国务院公报,1959 年 16 期,316-317.【附件 5】

[7] 中华人民共和国国务院,国务院关于统一我国计量制度的命令,中华人民共和国国务院公报,1959 年 16 期,311-312.【附件 6】

[8] 郭振邦、吴文珂等. 法定计量单位基本知识 [J]. 航天工艺,1985,(6):68-70.

[9] 中国国际单位制推行委员会,中华人民共和国计量单位名称与符号方案(试行). 中华人民共和国国务院公报,1981,第 18 期,568-579.【附件 7】

[10] 国家出版局、中国国际单位制推行委员会,关于贯彻《中华人民共和国计量单位名称与符号方案(试行)》的联合通知,1982 年 2 月 10 日.【附件 8】

[11] 中华人民共和国国务院公报,关于在我国统一实行法定计量单位的命令,1984,第 4 期,134-138.【附件 9】

[12] 中华人民共和国国家标准,国际单位制及其应用,GB 3100—86.【附件 10】

[13] 国家语言文字工作委员会、国家出版局、国家标准局、国家计量局、国务院办公厅秘书局、中共中央宣传部,《关于出版物上数字用法的试行规定》的联合通知,中华人民共和国国务院公报,1987,

第 1 期,27-30.【附件 11】

[14] 中华人民共和国国家标准,国际单位制及其应用,GB 3100—93.
【附件 12】

[15] 国家技术监督局、国家教育委员会、广播电影电视部、国家新闻出版署联合发布技监局发（1994）28 号文件,"关于在全国开展'量和单位'系列国家标准宣传贯彻工作的通知".【附件 13】

[16] 国家技术监督局计量司、标准化司.国家标准统一宣贯教材——量和单位国家标准实施指南.[M]北京:中国标准出版社,1996.
【附件 14】

[17] 赵端程.贯彻国家标准,正确使用法定计量单位,华南师范大学学报,1992（1）:142-154.

[18] 中华人民共和国国家标准,出版物上数字用法的规定,GB/T 15835—1995）.【附件 15】

[19] 中华人民共和国国家标准,出版物上数字用法,GB/T 15835—2011【附件 16】

[20] 中华人民共和国新闻出版行业标准,学术出版规范 一般要求,CY/T 118—2015)【附件 17】

[21] 饶邦华,书稿中量和单位及其符号的正确使用 [C]// 论稿件的审读和加工——中国编辑学会第四届年会论文选,1998.

[22] 李慎安,1993 年 GB《量和单位》公布后需注意的一些问题 [J].计量技术,1998（7）:41-42.

[23] 李慎安,戴润生,赵燕.谈国标《量和单位》实施中的几个问题 [J].中国计量,1997（10）:40.

[24] 陈浩元.科技出版物使用量和单位存在问题浅析（二）[J].科技与出版,1996（4）:15-19.

[25] 李寿星,彭三河.教科书常用量和单位实用指南 [M].北京:中国标准出版社,2009.

[26] 人民出版社,人民出版社学术著作出版规范,2012.【附件 18】

[27] 黎洪波,利来友.图书编辑校对实用手册 [M].桂林:广西师范大学出版社,2016.

5 南海海域溢油应急能力的挑战和需要采取的对策

吴亮　中海石油环保服务（天津）有限公司

编者按

南海是重要的海上交通运输通道，海运量占全球的三分之一，存在船舶溢油的巨大风险。南海又有丰富的油气资源，周边国家都在努力开展资源开采活动，溢油危险与日俱增。南海海域的溢油事故救援能力非常有限，能够达到 20 小时的响应范围只有 20%～30%，远不能满足需要。来自中东的油品和南海本身的油品有很大的差别，现有的溢油救援物资尚不能满足处理各种溢油事故的需要。因南海的封闭特性，一旦发生大型溢油事件，对我国和周边国家的危害不可低估。该报告指出了南海海域溢油事故的巨大风险，并给出了解决问题的对策。

作者简介

吴亮，博士毕业于中国海洋大学环境工程专业，现任中海石油环保服务（天津）有限公司副总经理，中国海上搜救中心应急咨询专家。亚洲区域工业咨询组织 RITAG 中方代表；文莱国家石油公司溢油应急基地建设（前期）中方技术专家。参与编制交通运输部《国家重大海上溢油应急能力建设规划》国家海洋局《海洋石油勘探开发溢油应急预案》生态环境部《海洋石油勘探开发溢油污染环境事件应急预案》等多项国家、省市溢油应急规划。多次参加海上及陆上溢油应急处置。

南海沿海国家众多，国际形势复杂。南海是国际船舶往来东亚和中东、欧洲的必经之地，全世界有 50% 的在航船舶经过南海。2021 年，我国海运进出口货物吞吐量高达 41.9 亿吨，其中约 70% 的国际货运船舶途径南海，数量庞大。南海的航行安全关系国家安全，航运量的急剧增加也加速船舶种类、吨位、航速的增大，船舶事故概率也增大。

南海石油天然气储量丰富，整个南海盆地群石油地质资源量为 230 亿吨～300 亿吨。周边国家都将努力投入开采南海油气。中国海洋石油集团有限公司（中国海油）作为我国最大的海上油气生产商，2020 年在南海东西部的油田油气当量超过 2 700 万吨，合并产量相当于全国第 5 大油田。根据中国海油提出的"七年行动计划"，至 2025 年南海东西部油田合并产量将达到 3 800 万吨的目标。南海油气产量已经占了全国海洋油气产量的将近一半，因此南海的油气生产也是国家能源安全的重要保障。南海的油气开发也有溢油的巨大风险。

此外，台风、海啸、海盗、潜在的地区安全冲突也会加剧环境溢油风险。

溢油对于环境的危害极大，油膜漂浮在海水表面阻碍水气交换，导致水中生物因缺氧死亡。南海生物众多，溢油可能直接覆盖在海洋生物的皮肤或者羽毛表面致其死亡。原油中的重组分悬浮在水体中或者沉降在海底，对珊瑚礁、底栖生物产生危害。近岸溢油事故对沿岸生态产生严重危害，包括湿地、红树林等生态敏感区。石油污染依靠自然净化需要数十年甚至上百年的时间。

南海水动力复杂，海况恶劣，一旦发生溢油事故，根据目前的应对能力，远不能满足处置溢油事故的需要，在应急力量和事故处置时效方面将面临极大挑战。

一　南海海域溢油应急能力现状

在 2010 年以前，我国应对南海溢油事故的能力主要体现在近岸海域。2010 年，经国务院领导同意，中央机构编制委员会办公室印发了《关于重大海上溢油应急处置牵头部门和职责分工的通知》（中央编办发〔2010〕203 号），要求"交通运输部会同有关部门编制国家重大海上溢油应急能力建设规划，提出国家重大海上溢油应急能力建设的意见"。交通运输部牵头成立规划工作组，对我国的溢油应急能力现状进行彻底摸排和分析，并针对航运业、海上石油工业等海洋经济产业的发展提出溢油应急能力建设规划[1]。2012 年，国务院印发的《关于同意建立国家重大海上溢油应急处置部际联席会议制度的批复》（国函〔2012〕167 号）要求研究编制国家重大海上溢油应急能力建设规划[2]。2016 年 1 月，国家海上搜救和重大海上溢油应急处置部际联席会议正式发布《国家重大海上溢油应急能力建设规划（2015～2020）》，并分别于 2018 年和 2020 年对规划的实施开展中期和终期督查。2022 年 3 月，《国家重大海上溢油应急能力发展规划（2021～2035）》（以下简称"2022 规划"）发布并开始实施，为加快建设交通强国、海洋强国等国家重大战略实施，提供可靠的海上溢油应急支撑保障[3-4]。

应急能力主要包括覆盖能力、运行能力、快速反应能力和清除能力四个方面[5]。其中，溢油应急设备库作为快速反应能力和清除能力的主要载体和平台，是一项重要的基础设施，是溢油应急力量最重要的组成部分。配备的应急专业船舶及辅助船舶、应急技术人员队伍、应急装备和应急物资等也是应急能力的前提和保障。

目前，我国政府层面在南海设立的溢油应急设备库主要有：在广东珠海设立了 1 个大型溢油应急设备库（1 000 吨级），在汕头、深圳、广州、茂名、湛江、钦州、海口、洋浦和三亚等地设立了 9 个中型溢油应急设备库（500 吨级），在三沙设立了小型溢油应急设备库（200 吨级），同时在南海设置专业溢油船舶 2 艘，分别部署在广州和海口。

在中央企业方面，中国海油在南海有 5 座溢油应急设备库，分别是深圳溢油应急设备库（200 吨级）、惠州综合应急基地（1 000 吨级）、珠海横琴溢油应急设备库（200 吨级）、珠海高栏溢油应急设备库（200 吨级）以及广西北海涠洲岛溢油应急设备库（200 吨级），同时配备了 4 艘国内最大、最先进的专业溢油应急环保船，分别为海洋石油 251（溢油处置能力 100 立方米 / 小时）、海洋石油 255（溢油处置能力 200 立方米 / 小时）、海洋石油 256（溢油处置能力 200 方 / 小时），海洋石油 258（溢油处置能力 200 立方米 / 小时），船舶合计总溢油回收能力达到 700 立方米 / 小时。此外，中国海油还在广东珠海建设国内最大的海底管道抢维修基地，在海南澄迈建设海上油气井井控应急基地，能够有效应对海上油气井和输油管线突发事故。交通运输部南海搜救中心也有一定的海洋环境溢油应急能力，如"南海救 117"，具备溢油围控和回收功能。

我国与域内其他国家为应对海上溢油风险，在联合国机制和东盟国

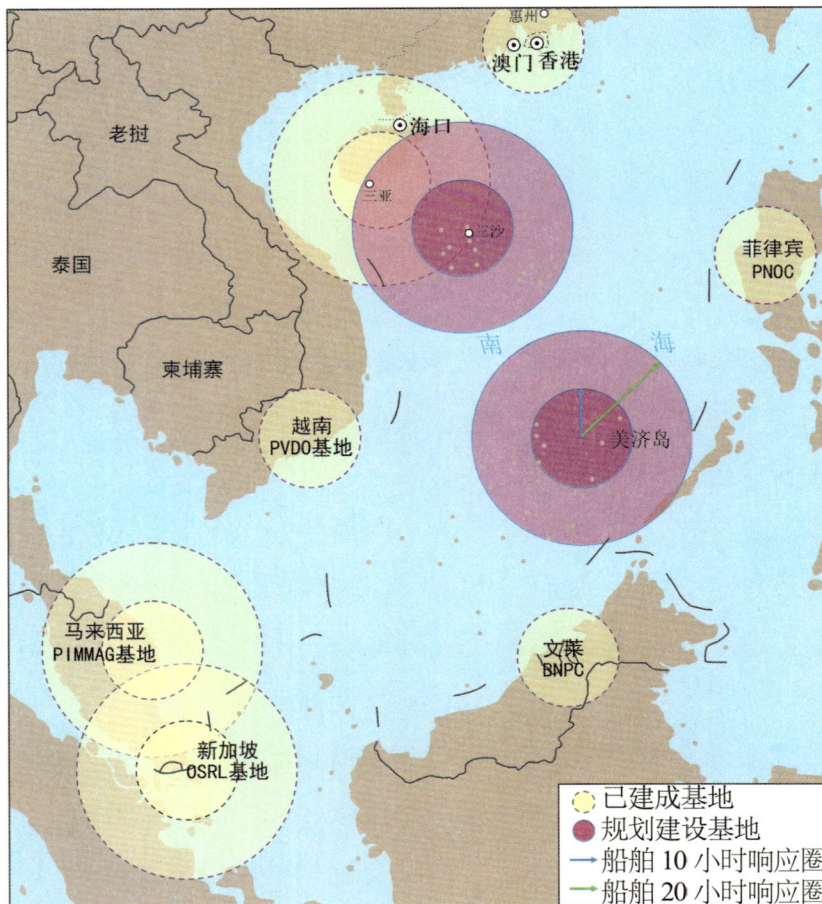

注：图中南海区域内除我国三沙市、美济岛应急基地外，图示其他基地已建成。

图 1　南海海域主要应急基地响应覆盖圈

家合作框架下开展溢油应急能力方面的合作。如 2010 年在北京成立的亚洲区域工业咨询集团(RITAG)是区域性溢油合作组织,是东南亚和东北亚海上溢油应急行业组织的合作平台,现有成员包括中海石油环保服务(天津)有限公司(COES)、新加坡溢油应急响应公司(OSRL)、韩国海洋环境管理公团(KOEM)、泰国石油行业环境安全协会(IESG)、马来西亚石油工业互助集团(PIMMAG)、日本海上防灾中心(MDPC)、印尼海上溢油响应公司(OSCT)以及越南石油海上钻井公司(PVDO)。在 RITAG 框架内各国的溢油应急基地,以及 RITAG 组织外的文莱国家石油公司溢油应急基地 BNPC 都可以在区域内提供应急响应,船舶 20 小时响应范围可以覆盖南海海域面积的 20%~30%。此外,在政府方面,中国和东盟国家的交通和海事机构也建立了应急沟通机制,联合防范和共同处置溢油事件。

二 南海海域溢油应急管理存在的问题

国家政府和中央企业虽然投入了大量的资金加强南海海域的应急能力建设,但是对如此广袤且大部分处于深水的南海海域而言还远远不足。首先,我国应对南海大型溢油应急设备库较少,仅有中央在广东珠海投资建设的大型设备库和中国海油在广东惠州投资建设的大型设备库各一座,其余都是中小型设备库。以墨西哥湾溢油事故为例,处置该事故动用了全球数万吨的装备与物资,而我国三亚只有 500 吨的应对能力,这些设备库储备的物资只能应对少量溢油的情形,一旦发生大型油轮溢油或者井喷溢油事故,这些设备库都无法有效应对。

第二,南海范围大,设备库到溢油海域距离遥远[6]。从应急时效性角度考虑,发生最初的几小时之内是应对溢油事故的最佳时期;随着时间的推移,溢油发生乳化、扩散、溶解等风化过程,将成倍地增加回收处置难度。这些溢油应急设备库主要集中在我国大陆沿岸与海南岛,与南海主要航线及油田的距离较远。如美济岛距离三沙市约 500 海里,距离三亚市约有 620 海里,而三亚到三沙约 180 海里。海况良好的情况下专业溢油应急船舶从三亚到三沙需 15 个小时，从三亚到美济岛需要 2 天，如遇恶劣海况则需要的时间要更多。因此，我国现有的应急力量还远远无法有效应对南海海域溢油风险。

第三，现有溢油应急设备与物资没有根据南海海域溢油风险特点进行针对性配置，如船舶燃料油一般是重油，现有设备库缺乏高黏度重油的处置装备；南海海域油气田往往是凝析油较多，目前针对凝析油处置几乎没有有效设备。除此以外，还存在设备维护和管理不到位等问题，无法发挥其应有的功效。很多设备库缺乏专业维保，有些设备已处于报废状态。

三 提升南海海域溢油应急能力的思考与对策

南海是我国的战略要地，航运繁忙、油气储量丰富，潜在溢油风险大，海上溢油应急能力对于环境保护、国民经济发展、维护国际形象至关重要[7]。为此，我们提出在现有大陆沿海广西-广东-海南岛溢油应急力量布局的基础上，依托海南[8]，建立三亚-三沙-美济岛溢油应急力量建设布局，实现我国对南海纵深海域的溢油应急支持，为南海航运及深远海油气资源勘探开发生产保驾护航。

针对上述问题，我们应该加强在南海的应急能力建设，从基础设施着手，在南海建立专业应急队伍和技术支持，增加专业溢油应急船舶配置。对于大型设备库所配备的专业溢油应急船舶，建议配备应急指挥系统、溢油雷达、内嵌式收油系统、消油剂喷洒系统等。

1. 溢油应急基地建设

（1）开展溢油应急基地建设，依托基地，开展应急队伍和技术队伍建设，同时为专业溢油应急船舶提供补给。在现有基础上扩建三亚溢油应急设备库[9]，将中型溢油应急设备库扩建为大型溢油应急设备库。根据《国家船舶溢油应急设备库设备配置管理规定（试行）》的要求，三亚市大型溢油应急设备库应急服务半径为 350 海里，可应对 1 000 吨溢油，且对凝析油的处置能力不低于 300 吨。大型溢油应急设备库应配置 10 艘溢油应急工作船和 3 艘储油船,总储油能力要大于 2 100 吨。

(2)将三沙市小型溢油应急设备库扩建为大型溢油应急设备库,将应急网络向南海纵深推进,可应急服务半径为 350 海里,应对 1 000 吨溢油。

(3)在美济岛一期建立小型溢油应急设备库,为深远海的油气开发以及航运安全提供支持,应急服务半径为 60 海里,一期可应对 200 吨溢油,其中凝析油的应对能力不低于 80 吨。小型溢油应急设备库应配置 6 艘溢油应急工作船,2 艘溢油回收船,总储运能力要大于 500 吨。二期扩建为中型溢油应急设备库。

三亚-三沙-美济岛溢油应急设备库全部建成后,加上船舶 20 小时响应范围,可以覆盖南海海域面积的 55%～60%,较现有的 20%～30%将有大幅的提高,使南海海域的溢油应急能力[10]有很大的进步。

2. 深海溢油应急技术的研发与引进

要加强南海深水应急技术装备的引进与研发。针对深水环境下溢油应急运行能力存在明显不足的问题,深入与国际一流溢油应急公司的交流合作,技术引进与研发齐头并进,发展配套的深水区溢油应急力量[11]。

(1)深水水体油污追踪监测技术研究。根据深水环境特点及巡航监测需求,筛选性能参数满足技术要求的 AUV 智能化水下巡航监测设备;开展水下溢油荧光监测试验,确定水下溢油监测技术条件;集成智能化监测平台和油污监测传感器设备,建立深水水下油污追踪监测技术体系。

(2)深水水下井口溢油回收技术装备研究。针对海底井口溢油处置需求,开展水下井口溢油集控回收装备研究,建立水下井口溢油集控回收技术及作业体系,实现对井口溢油的直接回收处置。

(3)消油剂空中喷洒技术及装备体系研究。针对大范围海面油膜快速处置需求,开发消油剂空中喷洒技术,开展消油剂空中喷洒装备试制及作业支持平台集成研究,构建消油剂空中喷洒作业体系。

(4)海上溢油现场燃烧技术及装备体系研究。针对海上大规模溢油事故快速应急处置需求,开展海面溢油污染物燃烧处置效果评价研究,确立现场燃烧技术使用条件,研发海上溢油现场燃烧装备,为海上溢油应急处置作业提供更加高效、环保和低成本的技术手段。

（5）海面油膜厚度遥感探测技术研究。针对海面油膜厚度难以识别影响应急决策效率的问题,通过开展油膜厚度遥感监测试验,建立油膜厚度识别方法,为海面油膜厚度快速识别及应急决策提供技术手段。

（6）针对南海海域凝析油、高含蜡及含硫化氢原油的处置难点提出解决方案,并引进、改造、研发相关装备,建立策略-技术-装备应急体系。

3. 应急体制机制建设与应急管理

（1）建立南海海域溢油应急设备库管理机构并完善运营协作机制。按照国家海上溢油专业力量建设的要求,合理设立溢油应急设备库的管理机构,并均衡配置应急操作队员、现场应急指挥以及技术支持人员。建立完善的培训机制与演练机制,通过培训与实战化演练,不断提高溢油应急设备操作水平。另一方面,与自然资源部、生态环境部、交通运输部海事局、交通运输部救助打捞局等机构开展协同合作,有效利用卫星、飞机、无人机等工具建立监视监测-快速围控-有效清除的应急体系。

（2）国家海上搜救和重大海上溢油应急处置部际联席会议牵头成立南海海域溢油应急能力建设专项工作组,建设南海海域溢油应急力量。除设备库外,还包括应急队伍和船舶。应急队伍由8～12人的专职应急队伍、50人左右的兼职应急队伍以及500人左右的志愿者组成,专职应急队伍按照专业化管理,兼职队伍和志愿者定期开展专-兼职联合培训演练以及船舶-陆基人员培训。保有所需的专业应急船舶,通过签署辅助船舶协议,开展船岸演练并明确费用模式,在应急事故发生时可临时调用船舶且有据可依,最大限度实现应急资源共享,节约社会应急成本。

（3）建立智慧应急系统,打造集溢油应急资源管理、溢油监测、溢油漂移预测、应急决策等模块于一身的数字化应急管理平台,为溢油事故决策及快速响应提供数字化支撑,提高溢油应急标准化管理及科学决策水平,提高溢油风险防范能力,从而保障溢油清除的快速有效性。

4. 进一步加强区域国家合作机制

（1）在现有 RITAG 合作机制的基础上,加强国家政府层面的合作。如强化我国交通部海事局与周边国家海事机构的双边或多边合作,建立资源共享机制与定期沟通交流机制。

（2）参考北海周边国家合作模式,建立政府间多边合作机构,确立溢油联合响应机制,梳理区域应急响应程序,开展定期联合演习,事故发生时可以快速动员周边国家资源,提供区域应急支持。

引文索引

[1] 中央机构编制委员会办公室,关于重大海上溢油应急处置牵头部门和职责分工的通知,中央编办发〔2010〕203 号,2010.

[2] 国务院,关于同意建立国家重大海上溢油应急处置部际联席会议制度的批复,国函〔2012〕167 号,2012.

[3] 交通运输部,国家重大海上溢油应急能力建设规划（2015-2020 年）,2016.

[4] 交通运输部,国家重大海上溢油应急能力发展规划（2021-2035 年）,2022.

[5] 秦丽,刘保占. 基于模糊综合评价方法的海上溢油应急能力评估技术研究［J］. 海洋环境科学,2022（41）,910-914.

[6] 史春林,史凯册. 中国在三沙岛礁设立溢油应急设备库问题探讨［J］. 新东方,2016（4）,35-40.

[7] 周苏东. 探析海上油田溢油应急设备的配备标准［J］. 中国石油和化工标准与质量,2022（42）,7-8+11.

[8] 黄开韦. 海南省船舶污染应急能力建设规划研究［J］,中国海事,2012（7）,45-48.

[9] 张聆晔,吕靖. 风险不确定的海上应急物资储备库选址［J］. 中国安全科学学报,2019, 29（9）:173-180.

[10] 李静. 欧洲北海溢油应急合作机制初探［J］. 海洋开发与管理,2015（6）:81-84.

[11] 唐希天. 浅谈中国南海石油勘探开发的应急管理［J］. 中国石油石化,2017,（9）:29-30.

董氏中心项目和研究报告征集要点

　　董氏中心面向全社会征集立项建议和研究报告。如果准备在某个可持续发展领域向董氏中心申请立项，可登录董氏中心网站，于"项目征集"板块下载立项建议表，提交立项建议，经专家论证通过后予以立项。如果作者已完成与海洋可持续发展有关的研究报告，符合《护海实策》的征稿要求，可以直接投稿。项目立项申请人和研究报告作者可登录董氏中心网站，查阅《董氏国际可持续发展研究中心项目管理办法》及项目征集指南。如有不明确的问题可直接咨询董氏中心，联系方式如下。

官方网站：http://tircsod.ouc.edu.cn
官方微信：董氏国际海洋可持续发展研究中心
联系电话：0532-66783956/18851750872
联系邮箱：<tircsod@ouc.edu.cn>
联系微信：18851750872

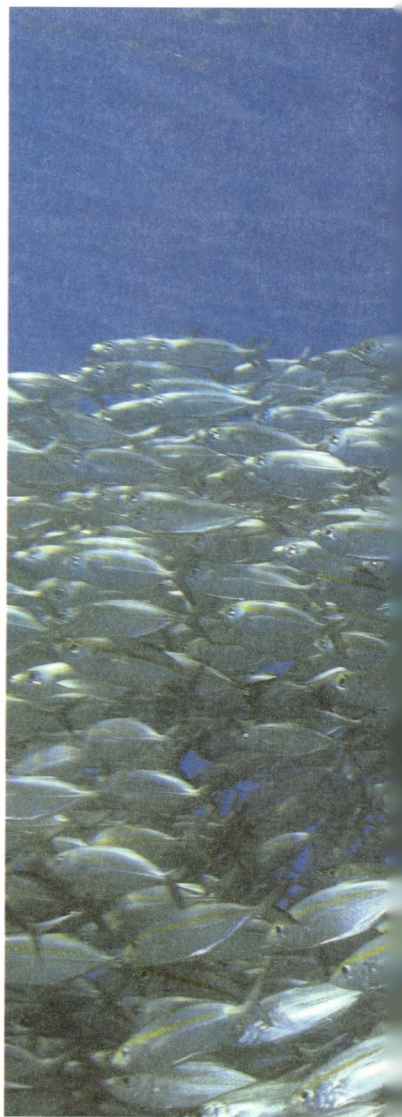

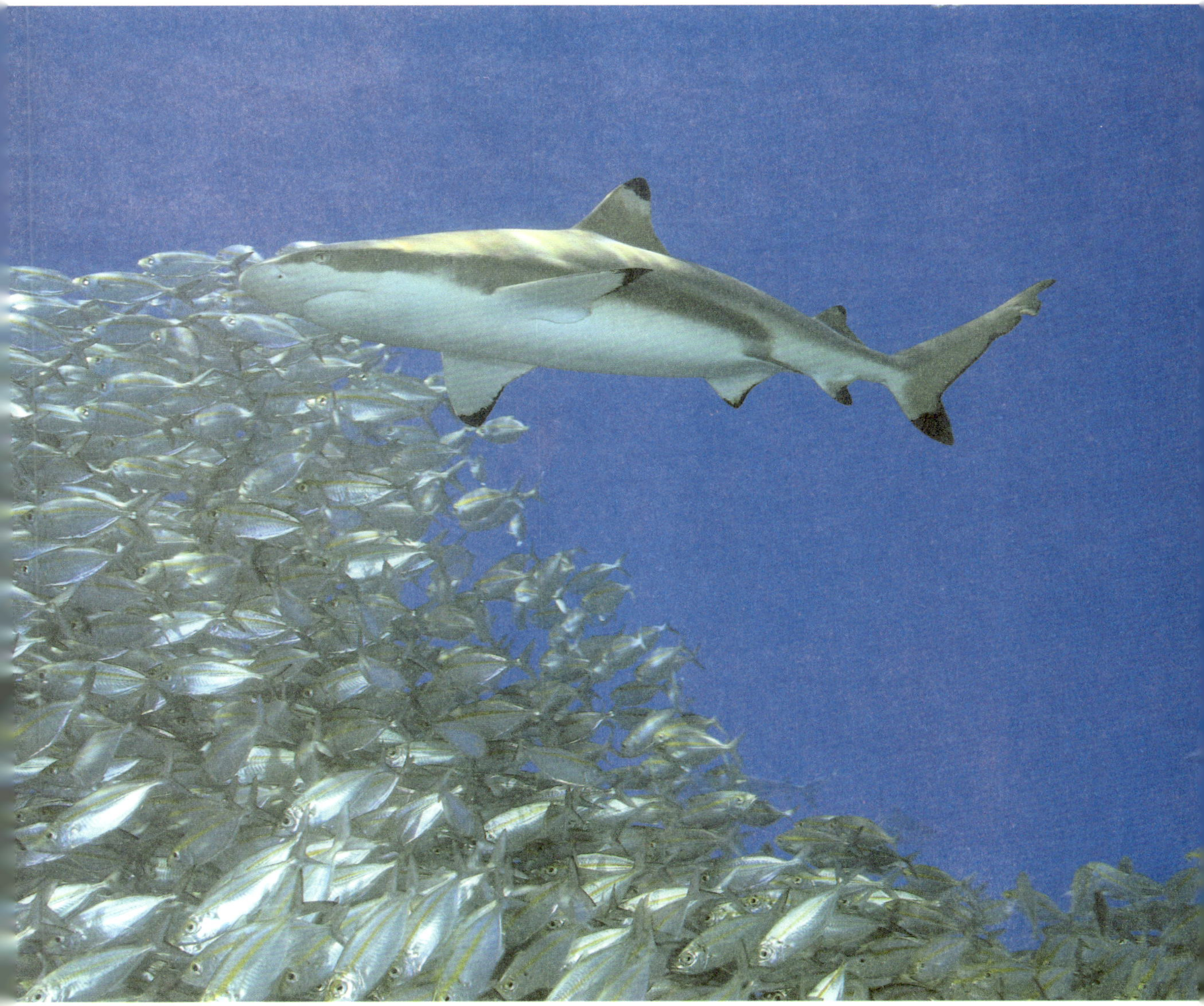

图书在版编目（CIP）数据

护海实策．第二辑,董氏国际海洋可持续发展研究中心报告精选／赵进平主编．-- 青岛：中国海洋大学出版社,2022.12

ISBN 978-7-5670-3376-4

Ⅰ．①护… Ⅱ．①赵… Ⅲ．①海洋环境－生态环境保护－中国－文集 Ⅳ．①X145-53

中国版本图书馆 CIP 数据核字（2022）第 244558 号

出版发行	中国海洋大学出版社			
社　　址	青岛市香港东路 23 号	邮政编码	266071
出 版 人	刘文菁			
网　　址	http://pub.ouc.edu.cn			
订购电话	0532-82032573（传真）			
责任编辑	邹伟真	电　　话	0532-85902533
印　　制	青岛海蓝印刷有限责任公司			
版　　次	2022 年 12 月第 1 版			
印　　次	2022 年 12 月第 1 次印刷			
成品尺寸	185 mm ×260 mm			
印　　张	8.375			
字　　数	120 千			
印　　数	1—3600			
定　　价	70.00 元			
审 图 号	GS 鲁（2023）0039 号			

发现印装质量问题,请致电 0532-88785354,由印刷厂负责调换。

餐饮服务与管理

编 著 陈 静 谭 波

中国海洋大学出版社

CHINA OCEAN UNIVERSITY PRESS

前 言

餐饮服务与管理是酒店运行与管理的重要组成部分，与行业结合十分紧密，具有较强的应用性。本书在编写过程中以酒店餐饮服务与管理岗位要求为导向，以职业岗位能力、行业基本素质培养和职业资格证书获取为目标，坚持注重基础、强化应用能力、突出重点的原则，既注重阐述餐饮服务与管理的基础知识，又力求理论联系实际，具有较强的针对性和可操作性。

本书共十章。第一章至第四章以餐饮服务为主，阐述了餐饮概述、餐饮服务基本技能、零点餐厅服务、宴会服务、自助餐服务等方面的知识和技能；第五章至第十章以餐饮管理为主，阐述了菜单管理、原料采购及库存管理、厨房生产与管理、餐饮服务质量管理等内容。

全书内容丰富，层次清楚，适用面广，将科学性与可读性有机结合。本书的内容是作者长期从事教学和实践的积累、感悟和沉淀，其中也包含了一些自己的观点和经验总结，可供餐饮行业的人士参考。本书能起到抛砖引玉的作用，吸引更多的学者能加入到餐饮服务与管理的研究中来，共同推动这个行业的发展。

由于编者水平与能力有限，本书尚存在许多不尽人意的地方，甚至疏漏、错误之处。恳请广大读者提出宝贵意见，以便今后修订，使之不断完善。同时，在本书在编写过程中，学习参考了诸多专家学者和行业人士的研究成果，在此向每一位作者表示衷心的感谢！

编者

CONTENTS 目录

第一章

餐饮概述

第一节　餐饮业的发展

一、餐饮业的含义

餐饮业是通过即时加工制作、商业销售和服务性劳动等，向消费者专门提供各种酒水、食品、消费场所和设施的食品生产经营行业。按西方国家《标准行业分类法》的定义，餐饮业是指以商业营利为目的的餐饮服务机构。在我国根据《国民经济行业分类注释》的定义，餐饮业是指在一定场所，对食物进行现场烹饪、调制并出售，主要供顾客现场消费的服务机构。

二、餐饮业的发展概况

（一）我国餐饮业的发展概况

1. 考古发现与先祖们的饮食活动

考古工作者通过考古发掘，揭示了大约在 170 万年前，生活在中国这片土地上的人类祖先已经开始有意识地利用火来加工、烧烤食物。中华民族的发源地之一——长江中下游地区的考古发现进一步显示，大约在六七千年之前，生活在今天浙江省余姚市河姆渡地区的先人已经大面积地种植水稻并饲养牲畜，食物的生产改善了人们的物质生活，并为餐饮业的形成奠定了物质基础。

2. 最早的聚餐形式——筵席

何为筵席？唐朝以前的古人席地而坐，"筵"和"席"都是铺在地上的坐具。《周礼·春官·司几筵》的注疏说："铺陈曰筵，藉之曰席。"这两句话的意思是说：铺在地上的叫作"筵"，铺在"筵"上供人坐的叫作"席"。所以"筵席"两字是坐具的总称，酒食菜肴置于筵席之前。记述战国、秦汉之间礼制的《礼记》有这样的记载："铺筵席，陈尊俎，列笾豆。"其中的"尊""俎""笾""豆"都是古代用于祭祀和宴会的礼器，分别用来盛放

1

酒、牛羊或果脯、腌菜、酱菜的。这样，筵席又含有进行隆重、正规的宴饮的意思。"筵席"这个名词正是在这个意义上沿用下来的，后来专指酒席。

3. 夏、商、周三代——餐饮已发展为一个独立的行业

历史的车轮驶入夏、商、周三代之后，餐饮业逐渐形成为一个独立的行业，菜肴的丰盛与精致程度足以使现代人叹服。从周代起，中国出现了烹调食谱，《周礼·天官》中记录了我国最早的名菜——八珍。从《楚辞》中，我们可以看到所列举的酒类和食品已相当丰富，如《招魂》篇中所列的一份菜单，记有烧甲鱼、烤羊羔、醋烹天鹅、焖野鸭、煎肥雁和大鹤、卤鸡、清炖大龟等。

用现代人的眼光看，周代的就餐礼仪与程式是极其讲究的。这从就餐垫坐的筵席数量和动用的鼎数多少反映出来。就垫坐的筵席而言，规定天子之席五重，诸侯之席三重，大夫之席二重；就盛装菜肴的鼎而言，天子九鼎，诸侯七鼎，大夫五鼎，士三鼎；后来，鼎不仅是盛装食物的用具，亦成了王权的象征，故有"问鼎"一说。

商周时期，音乐助餐已经出现。《周礼·天官》云："以乐侑食，膳夫受祭，品尝食，王乃食，卒食，以乐彻于造。"连餐后将剩余的食品撤入厨房这一过程，也是在音乐的伴奏下完成的。

宫廷中御膳专职服务人员及服务机构的出现，在周代已具相当规模。宫廷宴会由尚食、尚酒等内侍人员担任服务工作，为防止下毒，先尝食而后献食。据专家统计，周朝王室管理饮食的机构就有 22 个，服务人员有 2332 人。

4. 汉代与西域的交往促进了餐饮业发展

自汉代以后，饮食业有了很大发展，"熟食遍地，毂旅成市"。汉朝与西域的通商贸易使西部少数民族的饮食习俗传入中原，又将中原的饮食文化带至西部。长安城内为少数民族客商所建的高档客栈附近，出现了大批的饮食店。

5. 唐宋尤其是南宋时期餐饮业已具相当规模

唐朝以后的餐饮宴席，已从席地而坐发展为坐椅而餐。北宋名画家张择端的《清明上河图》以不朽的画卷向后人展示了当时汴梁人的市井生活，酒楼、茶馆成为画面的重要组成部分。当时的酒店可将三五百人的酒席立即办妥，可见规模之大、分工之细、组织之全。南宋时期，杭州的各类饮食店有直卖店（只卖酒）、分茶酒店、包子酒店、散酒店（普通酒店）、巷酒店、面食店、荤素从食店、茶坊、北食店、南食店、川饭店、罗酒店（山东和河北风味）等；从等级上讲有高级酒店、花园酒店、普通酒店、低档酒店和走街串巷的饮食挑子。在当时的西湖上还出现了提供餐食的游船，其中最大的游船可同时提供百十人的宴会。这种把宴会与旅游结合在一起的做法一直保留到今天。

6. 晚清五口通商使沿海城市出现西菜馆

近代以来，西方列强用坚船利炮打开了中国的国门之后，西方的经济、文化、生活习惯很快传入中国，西菜在中国的沿海城市（广州、福州、厦门、宁波、上海）以及大都市天津、北京等地纷纷登场。此时也是中国各地招牌菜融合与发扬光大的时期，尤其以上海为代表。中国各地传统菜肴也感受到与本土其他地区菜肴的商业竞争气息，纷纷在烹调与口味上树立招牌、独立门户、自成"本色",发展出中国非常有名的八大菜系——鲁菜、川菜、粤菜、闽菜、苏菜、浙菜、湘菜、徽菜。

7. 改革开放后餐饮业步入正轨

改革开放以来,伴随着中国社会经济进步与发展,中国餐饮业在行业规模、企业水平、社会影响和社会拉动作用等方面都发生了深刻的变化,大致分为四个发展阶段。

(1)改革开放起步阶段。20世纪70年代末至80年代中后期,我国餐饮业在政策上率先开放,政策的开放引导和各种经济成分的共同投入,使餐饮行业取得新的突破和发展。特别是社会上出现的一批个体经营的中小型网点,以价格优势、灵活的服务方式赢得了市场的认可。

(2)数量扩张阶段。20世纪80年代末至90年代中期,社会需求逐步提高,社会上投资餐饮业的资本大幅增加,餐饮经营网点和从业人员快速增长,国际品牌也纷纷进入,外资和合资企业涌现,行业蓬勃发展。同时,餐饮业发展积极调整经营方向,面向家庭大众消费,满足市场需求,使餐饮业焕发出新的生机。

(3)规模连锁发展阶段。20世纪90年代中期至21世纪初期,我国餐饮企业实施连锁经营的步伐明显加快,在全国范围内,很多品牌企业跨地区经营,并抢占了当地餐饮业的制高点,市场业态更加丰富,菜品创新和融合的趋势增强,各地代表性连锁餐饮企业不断涌现,规模化、连锁化成为这一阶段的显著特点。

(4)品牌提升战略阶段。进入21世纪以来,我国餐饮业发展更加成熟,增长势头不减,整体水平提升,特别是一批知名的餐饮企业在外延发展的同时,更加注重内涵文化建设,培育提升企业品牌,积极推进产业化、国际化和现代化进程,综合水平不断提高,并开始输出品牌与经营管理,品牌创新和连锁经营力度增强,行业发展步伐加快。

(二)国外餐饮业发展概况

国外餐饮业的发展,与一个国家、地区、城市的文化风俗密切相关。把握国外餐饮状况,对我们认识当今世界餐饮业的变化与发展,具有重要的指导意义。下面主要介绍对世界餐饮具有积极影响的古埃及、古希腊、古罗马、中世纪时期及之后的法国餐饮概况。

1. 古埃及的餐饮概况

古代埃及人崇尚节制和俭朴,吃得较简单,但十分好客。如遇男客在家中用餐,则由妇女陪伴进餐。

古埃及的等级观念,在餐厅的装修和家具的使用上得以充分反映。农夫与普通艺人只使用简单的陶器,坐在未经修饰的长条凳上,在低矮的泥屋中进餐。而富人的餐厅如同宫殿,有水池和花园环绕,室内富丽堂皇,餐桌上使用绣花织物,家具中有镶嵌着黄金或大理石的软垫扶手椅,储存室内有精美的雕花木勺或象牙勺,盛器中有玻璃杯和用金银或最珍贵的铜做的碗。

2. 古希腊的餐饮概况

古代希腊人对餐饮业的主要贡献体现在两个方面:为了使餐桌上的鹅足够肥硕,喂养时用浸湿的谷物进行填食,与我们今天北京的填鸭极其相似;约在公元前3世纪,雅典人发明了第一辆冷盘手推车，厨师将大蒜、海胆、用甜葡萄酒浸过的面包片、海扇贝和鲟鱼装在盘子里放在车上，推入餐厅供人们选择、享用。这些对今天的餐饮业仍有影响。

3. 古罗马的餐饮概况

古罗马人对人类餐饮文明的最大贡献，就是创造了西餐的雏形，最早的西餐起源于古罗马。从专业角度看，就餐时人们使用餐巾的习俗也是由古罗马人引入餐馆的。除此之外，在餐馆的餐桌上放置玫瑰花、重大宴会像文艺演出时报每道菜的菜名等做法，均由古罗马人最早在餐厅中使用。

4. 中世纪时期及之后的法国餐饮概况

中世纪时期及之后的法国对世界餐饮业发展的贡献主要表现在如下两个方面：

（1）法国人使西餐的发展达到顶级程度，使法式西餐的选料、烹饪甚至服务盖世无双。

（2）由于历史上路易王朝中好几位国王对西餐烹饪、服务的重视和讲究，使得法式餐饮带有王宫的华贵、高雅的气度与风格。

一个国家的餐饮业发展，除了受传统影响外，也受到社会的科学技术、经济发展的影响。20世纪以来，随着交通工具的发展，人们越来越多地往返于世界各地，各种不同的餐饮习惯相互交融。目前，中餐烹饪、调味、服务中的一些方法和规程就是从西方社会引进的，这些都极大地促进了中餐烹饪及服务的发展。因此，了解并熟悉各国的餐饮历史和习惯，对餐饮从业人员无疑是十分有益的。

三、餐饮业的发展趋势

20世纪末以来，我国的餐饮业进入了史无前例的大发展时期。一方面，随着东西方饮食文化的交汇，餐饮市场异彩纷呈，美食节的兴起、菜肴的创新、经营模式的改变、餐饮市场的进一步细化，使得人们能随时、随地、随心、随意地享受美食带来的快乐；另一方面，经济实力的增长、传播媒介的积极引导、营销的合理组合，使人们可支配的收入有了大幅度增加，也使我国餐饮市场的消费潜力不断壮大。总之，我国的餐饮业今后将走向多元化、地方化和国际化，出现百花齐放、百舸争流的局面。

（一）全新格局，模式新颖

1. 酒店餐饮

高档酒店的餐饮经营突出精品战略，如燕鲍和高档海鲜层出不穷，在餐厅装修、菜肴出品、服务水平、营销方式等方面精益求精。低档酒店和经济型酒店则纷纷弱化餐饮功能，只提供有限的餐饮服务，如只提供早餐或只有一个餐厅，突出客房这一核心产品以降低管理费用。

2. 社会餐饮

社会餐饮蓬勃发展，各种主题餐厅争奇斗艳，满足不同年龄层、不同消费心理、不同消费目的的消费者需求。其中，以各类高档餐饮会所最为瞩目；休闲餐饮以酒吧、咖啡厅、茶餐厅和农家乐等形式适应假日消费和休闲消费的需要，越来越受到各类消费者的喜爱；而随着生活节奏的日益加快，中、西式快餐业蓬勃发展，可满足大众快节奏生活的需要。

（二）中西快餐，深得民心

作为餐饮业发展中的一支主力军，我国快餐业的年增长率高达20％以上。全社会快餐连锁网点已达近百万家，行业规模日趋扩大，经营领域不断拓宽。以肯德基、麦当劳、必胜客为代表的西方快餐连锁企业在我国市场迅速扩张。如肯德基自1987年在北京前门商业街开设第一家中国店至今，现连锁分店遍布我国200多个城市，超过1000家。上海人民公园的肯德基分店曾以39万元的日营业额刷新了当时肯德基全球日营业额纪录。中式快餐在学习"洋快餐"先进管理模式的基础上，探索和确定自己的发展模式，涌现出如大娘水饺、马兰拉面等一批品牌企业。

西式快餐值得学习的地方有很多，尤其是它的经营管理信条、店景文化和严格的产品质量监控。如麦当劳把Q.S.C.V.（即品质、服务、清洁和价值）作为神圣不可侵犯的信条。对于产品质量控制，麦当劳规定：巨无霸汉堡包肉饼的直径为98.5毫米，厚度为5.56毫米，重47.32克；炸薯条炸出7分钟后，即不允许出售。中式快餐也在变革中求生存，不断改进产品质量、卫生状况、服务态度以塑造品牌。

（三）经营管理，方式多样

1. 独立经营

独立经营的单位餐饮企业特点：

（1）虽然有自己的品牌，但企业影响力受到地域的限制。

（2）营运费用相对于连锁餐饮企业来说要高，如不能享受到集团大规模采购和广告的优惠，人力资源也无法共享等。

（3）独立经营的餐饮企业竞争力较差，但经营灵活、调整方便，资本投入相对较小。

2. 连锁经营

餐饮企业连锁经营的特点：

（1）管理模式统一。连锁店以主店为大本营，在中央管理系统严格的管理下进行投资、采购、出品、服务、销售、业务推广等一系列经营活动，在成本投入方面能够有效地加以控制。

（2）连锁企业经营的产品可以说是主店产品的"克隆品"，其餐饮产品和餐饮服务能够保持主店的水准，遇到问题又能及时得到主店管理系统的帮助并解决。

（3）连锁经营可不断增强本餐饮系统集团在市场上的竞争能力。由于其分布地点大多位于新城旺地和繁华的商业地带，加之企业品牌鲜明，传播速度极快，能迅速拓展业务，形成规模经营。

（4）营销计划和促销活动同步展开。各连锁经营店分摊广告宣传费用，能在进一步挖掘潜在客源市场的同时，有效调节各店之间的需求平衡，使连锁餐饮企业在市场的调节和引导下良性发展。

3. 租赁经营

通过出让特许经营权或租赁经营权，一些知名的餐饮公司得以在全球范围内推广它们的产品，并统一规格、统一市场形象、统一服务方式。大多数特许经营店是各地区当地企业或私人投资者向知名品牌餐饮母公司购得商标使用权。母公司有责任对投资者在可行性研究、建筑设计、设施配备、人员培训、广告宣传、原料采购、管理制度、操作规程和质量控制等方面给予咨询和支持。其特点是：投资者走捷径，共享品牌和市场，有强大的支持系统，要支付昂贵的品牌使用费。

目前，我国肯德基、麦当劳等除了由外资自主经营外，各城市的投资者还可以申请加盟特许经营。

（四）主题餐饮，彰显文化

（1）地域文化，如北京的全聚德、杭州的楼外楼等餐厅，通过特色菜肴和就餐环境等体现了独特的地域文化。

（2）时空文化，如模仿知青生活的龙江餐厅遍布各地，使宾客仿佛置身于当时的生活场景。

（3）历史文化，如宫廷餐厅从餐厅装饰、就餐用具、员工服饰、菜肴点心等方面展现某一时期的历史文化。

（4）乡土文化，如在全国各地盛行的农家乐，体现了当地的各种乡土文化。

（5）都市文化，如以摇滚乐为主题，被誉为"主题餐厅之父"的硬石餐厅（Hard Rock Cafe）于1971年6月14日在英国伦敦海德公园旁开张，随即在全球掀起了主题餐饮的热潮。

（五）错位经营，全面发展

高档饭店的餐饮经营，其规模和经营水准代表了我国目前餐饮界的最高水平，在当地发挥着领导美食潮流、影响餐饮时尚的巨大作用。注重追求文化品位、体现个性魅力、升华美食理念是它们的共同特点。它们的菜肴制作赋特色创新于传统经典，款客服务赋超常超值于标准规范，营造气氛赋主题概念于典雅装潢，宣传促销赋承诺回报于消费者。高档餐饮企业设备设施先进，技术力量雄厚，信息来源广泛，形象设计完美，这些明显的行业优势有利于加强地区之间和国家之间的餐饮企业合作。高档饭店餐饮客源市场以社会名流、专家学者、高档商务客人为主。他们在消费的同时也潜移默化地带动了其他领域的经济增长。因此，高档餐厅在社区的政治、经济、文化活动中扮演着重要的角色。

大众化消费比较稳定，并且具备极其丰富的消费潜力。目前，许多中、低档餐饮场所已占据了较大比例的市场份额，它们凭借着充足的客源市场、合理的定价策略、整洁宽松的就餐环境、可口卫生的菜肴、优良快捷的服务、诚实可靠的信誉，走上了良性发展的轨道。中、低档餐饮企业在获得最大经济效益的同时，还扮演着向大众传播餐饮文化的角色，让人们了解美食、钟情美食、享受美食。因此，从现在和长远的观念来分析，大众消费永远是餐饮市场的主旋律。

在目前及今后的餐饮市场中，高、中、低档餐饮企业各具特色将错位经营、和平共处、共同发展。

四、餐饮业的形式

以我国餐饮业为例，自夏商周时期开始逐渐成为一门独立的行业，经数千年的发展，餐饮企业的经营形式丰富多彩、各具特色，不同形式的餐饮企业的经营档次、目标市场、提供的餐饮产品等不尽相同。

（一）我国餐饮企业的形式

1. 高档酒楼

高档酒楼是以高端消费者为主要客户群体的就餐场所。商务宴请、私人盛宴往往在这类酒楼里进行。高档酒楼通常具有一流的硬设施，提供的餐饮产品和服务极富特色，消费标准较高。

2. 酒店餐厅

酒店餐厅是设在酒店内的用餐场所。酒店餐饮经营点的表现形式复杂，通常有咖啡厅、中西餐零点餐厅、中西餐宴会厅。酒店餐厅提供的餐饮产品和服务规范、高档、温馨，消费水准一般较高。

3. 家庭餐馆

家庭餐馆是以家庭或家族为主要经营管理主体，以家庭为主要客户对象的餐饮机构。此类餐饮机构多以中档及中档偏下的消费群体为市场目标，菜肴质量尚可，价格中规中矩，环境基本舒适、整洁。

4. 火锅店

火锅店是以经营火锅为主的餐饮场所，其经营场所的面积从几十平方米至上千平方米不等，火锅的口味也千差万别，尤以巴蜀风格的火锅店最受欢迎。火锅店经营的产品比较单一，经营管理与服务相对简单，价格也普遍能被大众所接受。火锅店发展扩张时多以连锁形式进行。

5. 快餐店

快餐店是为急于解决吃饭问题的过客提供餐饮服务的餐饮场所，通常位于交通要道，如车站、码头、机场、主要商业街区等。其提供的餐食简洁、方便，价格便宜，餐饮产品基本是预先制作的食品。

6. 食街和小吃经营场所

食街和小吃经营场所一般位于主要商业街区或闹市中心的商业大楼内。其经营特点是将某一地区乃至全国的名优小吃集于一个空间之内，使食客们能够非常方便地挑选自己中意的美食，价格一般比较公道。

7. 团体供餐机构

团体供餐机构也称机构性餐饮企业，是专为团体单位提供餐饮服务的餐饮场所，是由提供此种服务的餐饮企业派出经营管理及生产服务人员，进入被服务单位主持餐饮设施的运行并提供生产服务工作，也可以是提供此种服务的餐饮企业自己的生产场所将餐饮产品加工好，运送到被提供服务的单位进行服务。团体供餐是社会分工专业化在餐饮服务领域里的体现，它最早兴起于美国，发展到今天已能为学校、企业、机关、医院、监狱、军队等提供餐饮服务。这种形式的最大优点是提高了被服务单位的餐饮服务质量，降低了被服务单位的运行成本开支。

8. 西餐馆

西餐馆是主要提供西式菜肴产品的餐饮机构，主要集中于我国的大中型城市。其表现形式分为酒店西餐厅和社会西餐馆两种。

9. 饮品店

饮品店是以提供咖啡、甜品、商务套餐等为基本特征的餐饮机构。多位于商业活动较发达的城市，其主要目标市场是商务客户。

10. 茶餐厅

茶餐厅的主要目标市场以中低档客户为主，比快餐厅层次略高，通常可供选择的餐饮产品有几十种，价格能被一般用餐者所接受，基本做到了现点、现烹、现卖，经营地点多选择在商务办公区及中高档居民住宅区，营业时间较长。

（二）西方国家餐饮业的形式

以美国为例，美国的餐饮企业可以被划分成以下五种形式：

1. 社会餐馆

（1）全套服务餐馆。此类餐馆的餐位数通常为 75～200 个。一般位于城市或乡村的交通要道，提供餐桌式服务，并以法式服务居多，菜式类别齐全，消费水平较高。

（2）主题餐馆。此类餐馆的餐位数通常为 100～400 个。一般位于商业中心区及次交通繁忙地区，提供餐桌式服务，消费水平略高于平均水平。

（3）咖啡馆。此类餐馆的餐位数通常为 35～300 个。一般位于交通繁忙地区，消费及服务方式为餐桌、卡座、吧台等，消费水平中档。

（4）简餐餐馆。此类餐馆的餐位数通常为 100～400 个。一般位于购物中心，服务较简单，通常由用餐者自己挑选食物，根据所选食物的量与质收取费用，用餐者一般为家庭及对价格较敏感的购物者。

（5）快餐馆。此类餐馆的餐位数通常少于 100 个。一般位于交通要道并较易进出，食品有限，提供的服务不多。

2. 酒店餐厅

（1）酒店餐厅。酒店餐厅通常位于一流酒店内，提供餐桌式服务，消费水平较高。

（2）酒店咖啡厅。大部分酒店都有这种餐厅。这种餐厅通常提供宽松、随意的服务，价格适中，营业时间往往是酒店所有餐厅中最长的，通常位于酒店的大堂附近。

（3）宴会厅。大部分酒店都拥有宴会厅，以进行重要的餐饮活动。

（4）客房用餐服务。客房用餐服务是为住在酒店中的客人提供的送餐进客房的餐饮服务。这种服务中，菜单上所列的菜式少于餐厅，收费高于餐厅消费。

3. 团体供餐机构

此指专为团体单位提供餐饮服务的餐饮场所。

4. 俱乐部餐厅

此类餐厅位于各种类型的俱乐部内，提供餐饮服务，但收费较高。

5. 餐饮外卖服务

餐饮外卖服务提供包括宴会在内的餐饮上门服务，收费一般较高。

小资料

"轻食餐饮" ——时尚新概念

轻食是指简单的料理，就是便餐、点心的意思，是由日本百货公司美食街规划区中传出来的一种另类饮食形式。轻食最主要的概念就是吃七分饱，只要让肚子不饿的食物量就足够了，另外饮食内容注重健康概念，少油、少盐、少调味料和多一些天然素材，而这正是轻食目前盛行的原因之一。

"轻食"和简餐并不完全一样。简约而不简单，注重饮食健康，是此类餐饮的最大特点。随着生活水平的提高，饮食已成为一种追求，一种时尚。而以天然、健康为特色的"轻食主义"更是受到人们的青睐。

2008年以来，武汉的一家餐厅在汉口解放公园路、前进一路等地，连开了三家分店。店内不见富丽堂皇的大厅，餐桌少则十来张，多的也只四十张。菜肴都是家常小菜，分量不大，味也清淡，讲的就是个清新、自然。

武汉汉口的另一家餐厅也奉行"轻食主义"，这里光南瓜菜就有一二十道，如此"粗粮菜"很受顾客喜欢，用白木耳、百合和山药做的炒三白，还有芝士焗红薯等"轻食"，也让人津津乐道。

"轻食"餐厅是2007年才问世的，有的也叫时尚餐厅。其店里没有嘈杂的人群，只有简约的长桌，舒适的软椅，简单而又合口味的食物，这对烦腻了吃大餐的时尚人士来说，是一种不错的选择。

"轻食"意味着对某些美味的适度"收敛"，常被解释为餐饮店中快速、简单而又不失精致的食物。随着人们健康观念的增强，工作节奏的加快，轻食餐厅将吸引更多的顾客，让饮食不再是一种负担。

第二节　餐饮企业的组织机构及岗位职责

餐饮企业组织机构是按照餐饮企业经营管理目标，为筹划和组织餐饮产品的生产、销售、服务等活动而设立的专业性管理机构。餐饮企业运转和管理的好坏，很大程度上取决于组织机构的设立是否合理，各组织机构职能发挥是否正常、顺畅。为实现一定的目标，在组织内部必然要进行分工和协作。按照餐饮企业的经营目标和业务需求，需要设立采购、生产、销售、财务及人事等部门。每个部门分工负责一定的工作，各部门之间又相互配合。如采购依据生产任务的需要而采购，生产依据销售订单而生产，人事根据经营需要选聘、调整人员。只有把分工合作结合起来才能产生较高的组织效率。由此可见，餐饮企业组织结构的设置不能凭空想象，或简单地照搬别人经验，需要结合实际进行合理设置。

一、设置餐饮组织机构的原则

餐饮组织机构是针对企业餐饮经营管理目标，为筹划和组织餐饮产品的供、产、销活动而设立的专业性业务管理机构。

（一）精简高效，权责统一

餐饮行业在为社会提供服务的同时还要兼顾企业自身的经济利益，在服从由组织目标所决定的业务活动需要的前提下力求减少管理层次，精简管理机构和人员，配备的人员数量与所承担的任务相适应，机构内部分工明确得当，职责清晰。在组织机构设置时，既要明确规定每一管理层和各部门的职责范围，又要赋予完成其职责所必需的管理权限，职责与职权需协调一致。责任是权力的基础，权力是责任的保证，只有职责没有职权无法调动承担者的工作积极性；只有职权没有职责则会导致滥用权力和盲目指挥。餐饮组织机构的等级层次合理，各级管理人员的职责明确，责权分配不影响各级管理人员之间的协调与配合才能够保证所承担的任务顺利完成。

（二）专业化和自动调节相结合

餐饮组织机构内部的专业分工要明确，职责范围要清晰，各级管理人员和职工需要接受一定的专业训练，具有相应的专业知识和能力。组织机构要相对独立，各层级管理人员在职责范围内能够独立地开展工作，灵活地处理与外界环境的关系。专业化和自动调节相结合的标志是：组织机构大小同企业的规模一致，内部专业分工程度同生产接待能力相协调，专业水平和业务能力同工作任务相适应，管理人员能够在不断变化的客观环境中主动处理问题，具有自动调节功能。

（三）科学设置指挥幅度，提高信息传递效率

指挥幅度是指一个管理者能够直接有效地指挥下级人员的数量。由于一个管理者的精力和能力有限，要有效地执行指挥职能、领导下级，必须科学地确定指挥幅度。幅度过大，超过一名指挥者的经历和能力就会影响管理效果，层级过多，则会影响指令和信息的传递速度。

二、餐饮企业组织机构与职能

（一）餐饮企业组织机构

餐饮业的组织机构是协调各岗位之间的组织网络，是餐饮企业的综合服务系统。餐饮业组织结构与岗位设置直接影响到餐饮企业的运转和效益，因而管理人员在设置组织机构时，既应考虑餐饮企业经营的性质和范围、服务对象及提供产品的特点，又应考虑向客人提供的服务类别、预计餐饮产品的销售数量，据此设计部门机构和岗位才能科学合理，提高效率。

组织机构图是将组织机构以图表的形式表示出来，使组织机构中各岗位与其他岗位相互关系更加直观，使员工明确命令的途径和遵循指示的对象，同时还能让员工明确自己可能升迁的渠道，让员工及早建立自己的职业奋斗目标。

例如，酒店餐饮部规模不同，酒店部门分工不同，餐饮部组织机构也不尽相同。有些饭店餐饮部的原料采购、验收、保管等业务由饭店采购部负责，餐饮部各营业点的收款等财务业务由饭店财务部负责，有些饭店则把上述两项业务纳入餐饮部内负责。现假设将原料采保和财务业务不划入餐饮部，不同规模餐饮部组织结构如图1-1～图1-3所示。

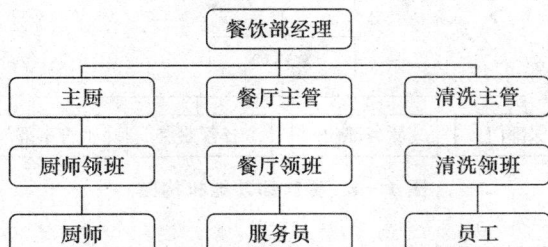

图1-1　小型酒店餐饮部组织结构图

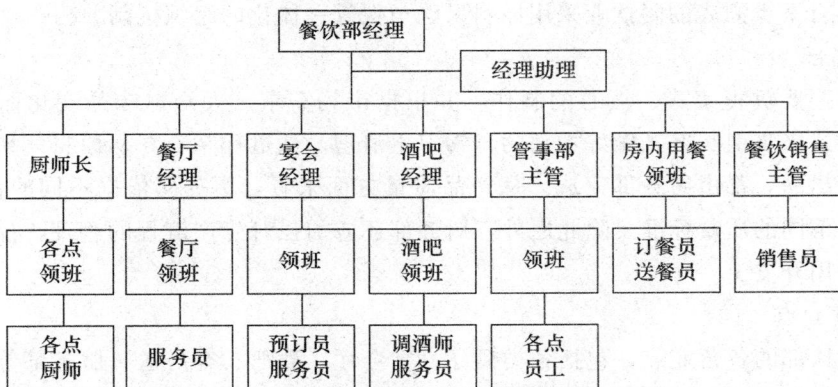

图1-2　中型酒店餐饮部组织结构图

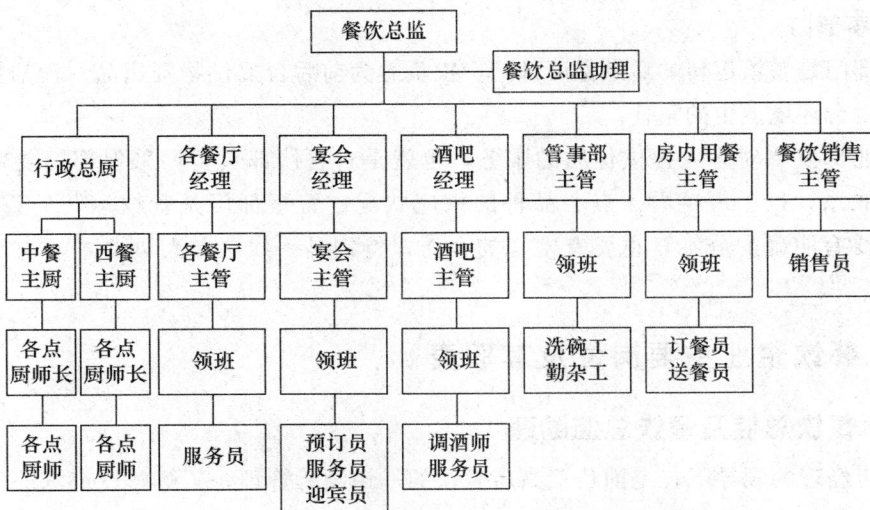

图1-3　大型酒店餐饮部组织结构图

（二）餐饮企业职能

按酒店的规模大小，上面列举了三种餐饮部组织机构图。不管餐饮部的规模大小如何，其基本职能都是相同或相似的，其组织机构模式如图1-4所示。

```
              ┌──────────┐
              │ 酒店餐饮总监 │
              └──────────┘
                   │
              ┌──────────┐
              │  餐饮部   │
              └──────────┘
         ┌────────┼────────┬────────┐
    ┌────────┐ ┌────────┐ ┌────────┐ ┌────────┐
    │ 采保部门 │ │ 厨务部门 │ │ 各营业点 │ │ 管事部门 │
    └────────┘ └────────┘ └────────┘ └────────┘
```

图1-4 餐饮部功能机构图

1. 采保部门

采保部是餐饮业的"龙头"部门，主要负责餐饮业生产原料的采购与保管工作。目前在国内，还有不少酒店的餐饮业采用原料采购与保管一体化的组织机制。

2. 厨务部

厨务部主要负责菜式、点心的制作，并根据市场需求、大众口味的变化而开拓新菜式、特色菜式来吸引宾客，做好本部的日常卫生清理。从过程来看，从原料的初加工到菜肴的成品菜出品，都由厨务部完成。从产品质量方面来看，厨务部依据不同的消费档次，制定并执行不同的质量标准。除此之外，厨务部还应加强对生产流程的管理，控制原料成本，减少费用开支。

3. 各营业点

酒店餐饮部的各营业点，包括各类餐厅、宴会厅、酒吧、客房送餐服务部等，是餐饮部直接对客服务部门。这些营业点服务水平的高低、经营管理状况的好坏，直接关系到餐饮产品的质量，直接影响到酒店的声誉。

4. 管事部门

管事部门是餐饮运转的后勤保障部门，担负着为前后台提供物资用品，清洁餐具、厨具，负责后台环境卫生的重任。

各营业部点要对客人提供优质的服务，也就是对餐饮部负责；采保部门要密切与厨务部相互联系，以了解菜肴、点心品种的供应状况；管事部门是餐饮运转的重要保障。各部门既要有明确的分工，也要有密切的合作，特别是一线服务人员要主动与有关岗位协调。

三、餐饮企业主要岗位及其职责

（一）餐饮总监及餐饮总监助理

在驻店经理的领导下，全面负责酒店餐饮的一切经营管理，了解餐饮市场的现状及发展趋势，了解对客服务状况以及餐饮产品的创新情况，改进服务及操作程序，确保产品质量标准和卫生要求，合理控制成本及毛利率，提高顾客满意度，增加经济效益。

1. 餐饮总监主要工作职责

（1）计划与报告。

①制订酒店餐饮业年度、月度经营管理计划，并确保相关人员都能对此有充分的了解。

②定期将餐饮业的年度、月度工作计划按要求递交酒店管理公司餐饮总监，并遵从管理公司餐饮总监的协调。

③定期向酒店管理公司餐饮总监递交指定的各种餐饮报告。

④审阅餐厅经理和行政总厨递交的工作计划和工作报告。

（2）制定政策、标准与流程。

①按照酒店管理公司组织结构设置标准，制定餐饮业所有员工的工作说明书。经酒店人力资源部的协调和酒店总经理的批准后执行。

②确保酒店管理公司制定的餐饮制度及产品标准的贯彻执行。

③更新、改良服务流程设计、管理系统，精简运作程序，并递交酒店管理公司餐饮总监核准实施。

（3）绩效评估。

①监察餐厅、厨房有关服务、产品、设施等的一切运作。

②制定餐厅经理、行政总厨的年度绩效评估标准，并实施考核。审批部门基层管理人员的年度绩效考核与检查的标准与方法。

（4）人力资源管理。

①提名餐厅经理和行政总厨的任免，递交驻店经理批准。

②核准除餐厅经理和行政总厨外所有餐饮部管理人员的任免，并递交酒店人力资源部留档。

③遵照集团的人力资源政策和计划，落实餐饮部的培训计划与人力资源开发计划。

④根据人均效率及实际需要制定餐饮部各岗位人员的分配指引，递交驻店经理核准，同时，也递交酒店管理公司餐饮总监做横向统计分析参考。

⑤与员工保持良好的沟通，及时掌握员工的思想状态。

（5）经营管理。

①了解市场信息及竞争对手状况，做好市场定位，及时协同驻店经理及总经理做出决策。

②参加酒店会议，主持部门会议，落实酒店会议相关内容，了解部门工作情况，布置部门工作。

③督导加强防火防盗安全工作和食品卫生工作，控制食品和饮品的标准、规格要求，保证产品质量。

④策划餐饮部各项重要活动，如食品节、节假日活动等。

⑤了解餐饮市场发展状况，掌握酒店的菜肴状况，制订适合目前酒店市场的菜肴创新计划，并督导行政总厨落实执行。

⑥督导管理人员做好服务的创新，保证较高的服务水准。

⑦每日巡视餐厅、厨房及后台各区域，掌握服务及管理动态。

⑧每日阅读经营日报表，了解部门及各区域经营情况，掌握经营趋势，发现问题及时做出调整。

⑨拜访酒店餐饮的重要客户，与酒店宾客保持良好的沟通，掌握宾客的消费心理。

⑩对整个就餐环境及设施设备进行整体协调部署。

⑪控制原料成本，减少浪费，制定合理的定价策略，以保证一定的毛利率。

2. 餐饮总监助理

餐饮总监助理协助餐饮总监负责餐饮服务运转与管理，负责完善和提高各营业点的服务工作，确保向宾客提供优良的服务和优质的产品。其主要工作职责如下：

（1）协助餐饮总监督导各营业点的日常工作，保证各营业点高质量的服务水准。

（2）编制餐饮部各种服务规范和工作程序，参与制订各营业点的工作计划、经营预算，并督促和检查员工认真贯彻执行。

（3）协助制订并监督实施餐饮业各项培训计划。

（4）负责对下属进行考核和评估。

（5）协助餐饮总监制订和实施各项餐饮业推销计划。

（6）与餐饮总监、行政总厨共同定期分析营业成本，采取有效措施，加强成本控制。

（7）参加部门例会，提出工作建议，落实餐饮总监布置的相关工作，并向餐饮总监反馈工作结果。当餐饮总监不在时，代行餐饮总监职责。

（8）做好各营业点的内部协调工作及与其他相关部门的沟通合作，尤其是协调好前台服务与厨房生产的关系，确保工作效率，减少不必要的差错。

（9）开餐时，巡视各营业点运转情况，负责督导、检查服务质量，广泛征集宾客意见和建议，并组织落实改进工作。

（10）负责检查员工仪容仪表和执行规章制度的情况。

（11）督导下属对所管辖范围内的设施设备进行维护保养。

3. 行政总厨

（1）在餐饮总监的领导下，全面负责厨房组织和运转的指挥、管理工作，拟定各厨房人员的编制，提出各厨房的管理人选，组织制定厨房管理制度、工作程序，督导下属贯彻实施。通过设计和生产富有特色的菜点产品吸引宾客，并进行食品成本控制。

（2）根据餐饮部的经营目标和下达的生产任务，负责中、西餐市场开发及发展计划的制订。

（3）会同餐厅经理，根据各餐厅预算和档次，研究确定零点、宴会、团队等餐饮毛利率标准，控制成本核算，报餐饮总监审批后，督导各厨房实施。

（4）负责菜单的制定。根据市场需求变化，督导各厨房管理人员及时调整与更换菜单，并审核各厨房管理人员制定的菜单，使之与餐厅的市场定位相适应。

（5）负责签发原料申购单、领货单，督导各厨房每日做好鲜货原料的质量把关，发现问题，及时纠正。

（6）检查厨房物料损耗和使用情况，分析成本，做好成本及费用控制工作。

（7）每天检查各厨房的工作，督导员工按规范操作，发现问题，及时提出改进措施。

（8）协助餐饮总监做好重要接待活动的策划、组织和落实工作，必要时亲自烹制主要产品，保证产品质量，提高餐厅声誉。

（9）及时了解宾客的反馈意见，掌握厨房菜点质量和销售情况。根据宾客反馈和市场变化，经常性推出特色菜，积极创造品牌菜。

（10）组织厨师长进行定期的业务研讨和对外交流活动，拟定培训计划，定期开展厨师技术培训，做好下属的考核和评估工作。

（二）餐厅主要岗位

1. 餐厅经理

（1）协助餐饮总监全面负责餐饮部的日常工作，负责餐饮部的食品饮料生产和服务的计划、组织、经营工作，保证餐饮业高质量的服务水准。

（2）负责制订餐饮部营销计划、长短期经营预算，带领全体员工积极完成经营指标。

（3）主持建立和完善餐饮部的各项规章制度及服务规范与标准，并督导实施。

（4）定期深入各部门听取汇报并检查工作情况，控制餐饮部各项收支，制定餐饮价格；加强对膳务管理的领导，做好保障餐饮生产、服务的后勤工作；每周与厨师长、采购员一起巡视市场，检查库存物资，了解存货和市场行情，对餐饮物资和设备的采购、验收和储存进行严格控制；监督采购和盘点工作，进行有效的成本控制。

（5）检查管理人员的工作情况和餐厅服务规范及各项规章制度的执行情况，发现问题及时采取措施。

（6）研究餐饮市场的动态和顾客的需求，计划和组织餐饮的推销活动，有针对性地开发和改善餐饮产品服务，扩大餐饮产品的销售渠道，增加餐饮部的营业收入。

（7）定期会同厨师长研究新菜品，推出新菜单并有针对性地进行各节日的促销活动。

（8）负责下属部门负责人的任用及其管理工作的日常督导，定期对下属进行绩效评估。

（9）组织和实施餐饮部员工的服务技术和烹饪技术的培训工作，提高员工素质；指挥厨师长对厨房生产做好周密的计划，组织厨房生产，提高菜肴质量，减少生产中的浪费；督导前厅主管组织好餐饮的服务工作，提高餐饮服务质量。

（10）建立良好的对客关系，主动征求客人对餐饮服务的意见和建议，积极认真地处理宾客的投诉，提高餐饮服务质量。

2. 餐厅领班

（1）在餐厅经理的领导下，贯彻酒店经营方针和各项规章制度，负责所在班组的日常管理和接待工作。

（2）根据所在餐厅的年度、月度工作计划，带领员工积极完成各项接待任务和经营指标，努力提高餐厅的销售收入，汇报每日经营接待情况。

（3）参加部门例会，提出合理化建议，了解每日接待、预订情况并召开班前例会。

（4）组织带领员工完成每日接待工作，及时检查物品及设施的节能状况、清洁卫生、服务质量，使之达到所要求的规范和标准，并保证高效、安全、可靠。

（5）全面掌握本区域内宾客的用餐状况，及时征询宾客意见、建议，解决出现的问题，处理宾客投诉。

（6）合理安排员工的排班，保证各环节的衔接，使接待工作顺利完成。

（7）每日填写工作日志，做好餐厅销售服务统计和客户档案的建立工作。

（8）定期对本班组员工进行考勤和绩效评估，组织、实施相关的培训活动，及时掌握员工的思想状况、工作表现和业务水平，做好餐厅人才的开发和培养工作。

3. 餐厅迎宾员

（1）负责对用餐客人的领位和迎送接待工作。

（2）文明用语、敬语、笑脸迎宾，主动询问宾客人数、有无预订，客人离开餐厅要微笑欢送。

（3）征求客人对餐桌、餐位的要求和意见，当餐厅客满时应耐心地向客人解释。

（4）若有电话订座或预订时，应准确填写订座单，并复述给客人听。

（5）尽可能记住常客姓名、习惯、爱好，使客人有宾至如归感。

（6）熟悉了解周围各项设施及服务功能，随时解答客人的有关询问。

（7）负责检查保管零点菜单。

（8）参加餐前准备工作和餐后收尾工作。

4. 餐厅服务人员

（1）在餐厅领班的领导下，直接参与对客服务，必须礼貌、微笑、细致，提供优质服务。

（2）按照规格标准布置餐厅、铺好餐桌，做好开餐前的准备工作。

（3）确保所用餐具、器皿的清洁、卫生、明亮、无缺口以及桌布、口布的干净、挺括、无破损、无污迹。

（4）按照服务程序迎领客人入座就席，协助客人点菜，向客人介绍特色菜、新菜和时令菜，回答客人要求。客人选定菜单后，开出菜单、酒水单。

（5）客人就餐时按程序提供服务，并注意每道菜上桌后需及时清理餐桌。

（6）做宴会服务时，严格按宴会服务程序进行。

（7）客人用餐结束后，协助客人结账。

（8）开餐结束后及时翻台、撤台，并将所有脏物清点完后交洗衣房，同时做好餐具、用具的补充、替换。

（9）注意保持餐厅环境卫生，搞好餐具卫生，讲究个人卫生。

（10）积极参加培训，不断提高服务技巧和服务意识，提高餐饮服务质量。

（11）遇有突发事件，及时汇报当值领班或经理。

（12）值班服务人员接听电话，接受预订，要认真记录，安排包间，并复述一遍。

（13）服从管理、服从分配，严格遵守店规、店纪。

（14）完成领班交办的其他工作。

5．餐厅调酒员

（1）服从领班分配，按工作程序和标准为餐厅服务人员提供宾客所点的酒水饮料。

（2）负责酒水、饮料、香烟的领用和保管工作。每日开餐前领足当餐要用的酒水、饮料，并在每天营业结束后进行清点和整理。

（3）熟悉各种酒水的名称和特性，对提供的酒品进行初步的质量把关。

（4）每天开餐结束后，负责填写酒水销售盘点日报表，做到报表和酒水库存数量相等，销售数和收银台所收金额对应。

（5）定期检查酒水、饮料的保质期，如快到保质期要及时通知领班，以便及时处理。

（6）负责所属区域的卫生工作。

（三）宴会部主要岗位

1．宴会部经理

宴会部经理在餐饮总监助理的领导下，具体负责宴会部的日常运转和管理工作，保证以舒适的就餐环境、优质的食品和良好的服务来吸引客源。通过向宾客提供优质的服务，树立良好的形象，提高营业收入。宴会部经理主要工作职责如下：

（1）制订宴会部的市场推销计划，确保经营预算和目标的实现。

（2）制定宴会部的各项规章制度并督导实施。

（3）负责大型宴会的洽谈、设计、组织与安排工作，并参与大型活动的接待工作。

（4）负责与相关部门的工作协调，处理各种突发事件。

（5）与厨师长保持良好的合作关系，及时将宾客对菜肴的建议和意见转告厨房。

（6）每日检查本区域卫生及设施设备状况，保证接待工作的正常运行。

（7）控制宴会部的经营情况，在宴会期间，负责对整个宴会厅的督导、巡查工作。

（8）督导员工正确使用宴会厅的各项设备和用品，做好清洁保养，控制餐具损耗。

（9）参加餐饮总监（经理）主持的工作例会，提出合理化建议。主持宴会部内部会议，分析宴会业务情况，积极开展各种宴会促销活动。

（10）负责下属员工的考勤、绩效考核和评估，组织开展培训活动。

（11）审核宴会厅的营业收入，做好结账控制工作，杜绝舞弊行为的发生。

2．宴会部服务人员

（1）负责宴会厅的清洁卫生工作，以满足宾客对就餐环境的需求。

（2）负责宴会的开餐准备工作，按规格布置餐厅和餐台，及时补充各种物品。

（3）礼貌待客，按程序为宾客提供就餐服务。

（4）熟悉各种服务方式，密切注视宾客的各种需求，尽量使宾客满意。

（5）按程序结账并负责宴会结束后的清洁整理工作。

3．调酒员

（1）精通调酒工作，熟悉各种酒水的特性及饮用方式。

（2）按照酒店标准和宾客要求，向宾客提供各式酒水和饮品。

（3）负责按程序补充大堂吧酒水。

（4）负责饮品的领取、保管和销售工作，每日进行一次清点和整理。

（5）负责未售出酒水的保存和管理。

（6）为宾客调制鸡尾酒，并负责管理大堂吧各种器具。

（7）负责填报酒水销售盘点日报表，做到报表和吧台库存实数相符，销售数和收银台收入金额对应。

（8）负责工作区域的卫生，包括设备、用具的卫生。

（9）必要时，协助服务人员工作。

小资料

浅谈西餐在我国的发展前景

西餐是世界三大菜系之一。世界三大菜系是指以我国烹饪为首的东方菜系、以法国烹饪为首的西方菜系、以土耳其烹饪为首的中东菜系。可见，西餐在世界烹饪中是世界菜系的重要组成部分，是世界烹饪艺术中的一颗璀璨的明珠。

1. 我国西餐业的发展显示出强大的生命力

在我国30多个省市自治区中都有西餐企业，60％以上的地级城市也有西餐，西餐业的网点发展更是到了如云南丽江、西藏拉萨、宁夏银川等地区。与中餐相比，西餐发展速度更快，触角更长，遍及全国各地，表现出强大的生命力。

2. 西餐的多样化丰富了消费者的选择

西餐这种业态一旦出现，即显示出多种多样的特色，从高档到中档到低档，西餐中便餐、茶餐同时出现，多种业态在西餐企业中发展，每种业态都受到相当一部分的消费群体的欢迎，使西餐的消费出现了多层次、多品种的局面，表现出十分活跃的生命力。

3. 西餐消费呈枣核形，高低差距不大

西餐的枣核形消费是指价格低的西餐不太多，特别昂贵的也不多，都集中在中间的层面，高低差距不大。这个消费特点说明消费群体相对集中和稳定。西餐业定位在对西餐有追求的消费群体上，这种准确的定位给经营者带来了高效益，带来了稳定的客源，也给其管理带来了方便。

西餐在我国的迅速发展，大多数中国人逐步接受西餐还要归功于肯德基和麦当劳进入中国市场。肯德基和麦当劳用其特有的现代经营方式和理念很快在我国推广了西方饮食文化方式。随着国际化的发展步伐，"地球村"的理念已经走进了世界各国人民的心里，各国生活方式的交融让人们的生活丰富多彩。西餐的快速发展，使得西餐业出现求贤若渴的状态，对于求学于西餐专业的学生更是一个实现自我价值的好机遇。

第三节　餐饮产品与餐饮服务

一、餐饮产品

（一）餐饮产品的含义

1. 从宾客的购买内容看

酒店餐饮产品是由餐饮实物和劳务服务，以及环境、气氛等因素组成的有机整体。它不仅满足宾客物质性、生理性的需求，而且还能满足宾客许多心理上、精神上和感情上的需求。

从宾客的购买内容看，餐饮产品构成按以下等式表达：

$$餐饮产品＝实物产品＋劳务服务＋就餐环境气氛$$

2. 从宾客对餐饮产品的需求看

对餐饮实物本身的需求，以解决饥渴、补充营养等生理需求。这类需求是宾客对餐饮产品的直接需求，能明确表达。

对与实物有关的服务内容的需求，如满足宾客对于安全感、支配控制感、身份地位感、自我满足感等的需求。这类需求通常被称为餐饮产品的间接需求。

从宾客对餐饮产品的需求看，餐饮产品构成按以下等式表达：

$$餐饮产品＝直接产品＋间接产品$$

（二）餐饮产品生产的特点

1. 餐饮生产属于个别定制生产，产品规格多，批量小

餐饮部的经营程序是宾客进入餐厅后，接受个人点菜，然后将原料制成个别的菜品。因此，它不能大批量、统一规格地生产，这给餐饮产品质量的稳定和统一带来了很大的困难。

2. 餐饮生产过程时间短，见效快，一次性消费

宾客需要的品种确定后，通过厨师的生产劳动、烹制加工，原则上食品必须在 $20\sim40$ 分钟内送到餐桌上。与其他行业产品比，其生产时间较短，见效较快，而宾客消费通常是一次性的。它既不像客房的家具可以反复使用，又不比整瓶酒水的销售，宾客付账后一次性消费不完，可暂存留在日后饮用。中餐食品消费不仅是一次性的，而且限时。热菜、冷菜随着时间的延长、细菌的侵染，会产生腐化。因此，从食客对餐饮产品质量的感受来说，有很大的时限性。

3. 生产量难以预测

宾客餐饮消费具有较大的随机性，宾客何时来、人数多少、消费什么餐饮产品，都是变量。由于餐饮需求变动因素较多，餐饮生产量很难确定，餐饮生产具有不确定性。这就要求严把餐饮产品质量关，服务好每一位宾客，让宾客的每一次消费都得到最大限度的满意，以此来提高宾客对餐饮品牌的忠诚度。

4. 餐饮产品易变质

餐饮产品具有一次性消费的特点，相当一部分餐饮产品是用鲜活的餐饮原料烹制成的，具有很强的时间性和季节性，若处理不当极易发生腐败变质，从而失去食用价值。因此，必须加强管理，才能保证产品质量并控制餐饮成本。

5. 餐饮产品生产过程环节多，管理难度较大

餐饮产品的生产从餐饮原料的采购、验收、储存、加工、烹制、服务、销售到结收账款，整个过程的业务环节较多，任一环节出现差错都会影响餐饮产品的质量及企业的经济效益。因此，餐饮产品生产过程的管理难度较大。

6. 生产成本的多变性

餐饮生产从原料的加工、切配到烹制、装盘销售，经历了多个环节，每个生产环节的管理和控制都会对生产成本造成影响。因此，在生产过程中必须建立一整套完整的操作规程和生产标准，减少成本，确保应有的经营利润。另外，原料季节性变化较大，市场价格波动也会造成生产成本的变化，从而影响到餐饮生产成本的控制。

7. 产品信息反馈快

随着酒店业市场竞争的需要，服务以优质取胜，烹调技术以特、新争取客源的做法让餐饮业竞相使出奇招，并且加快产品的信息反馈，及时了解宾客需求。为及时、准确掌握宾客意见，有些餐馆产品制作责任到人，厨师编号挂牌上岗。制作后的每一道菜呈上餐桌时都标上厨师的编号，宾客对产品有什么褒贬，通过服务人员的传递即可反馈给厨师；有时宾客和厨师直接见面，对产品质量互相交换意见，起到立竿见影的效果。这一做法也使宾客了解不同厨师烹饪技术的高低，选择适合自己口味的厨师制作产品，并在下次就餐时指定某一厨师为自己做菜，由此无形中提高了宾客的身份，也提高了厨师的责任感。

（三）餐饮产品销售的特点

1. 销售量受场地大小的限制

餐厅面积的大小、餐位的数量，限制了宾客就餐的数量。餐厅小，销售量相对小；餐厅大，销售量相对大。在用餐高峰时，厨房和餐厅要协调一致，在提高餐位周转率上下功夫，做到领位快，及时为宾客选择好食品，上菜快，服务技术熟练，结账快且准，为宾客提供周到的服务，更好、更有效地提高餐位周转率，从而提高销售量，提高盈利。

2. 销售量受进餐时间的控制

餐饮产品受宾客多少的限制，而销售量既受宾客多少的限制，又受时间早晚的限制。

早、中、晚就餐时间一到，餐厅里宾客来来往往，就餐时间一过则餐厅空空如也，没有销售出去的产品就无法再销售。这就决定了餐饮产品销售的时间集中性。怎样在销售时间内提高销售量是餐厅服务人员需要考虑的，其热情主动、积极推销，以及灵活多变的处事将有利于工作的顺利进行。

3. 餐饮经营毛利率高，资金周转快

餐厅收入减去原料、成本，称为毛利。星级酒店一般至少有 $45\% \sim 65\%$ 的毛利，而由

于餐饮收入可变性大，经营管理得好，则可扩大销售量，增加收入。饮食产品通过节能降耗、提高原料使用率、降低成本，也可增加毛利。如管理得不好，浪费多，则收入少，毛利少，甚至可能亏损。因此，许多酒店常在饮食部门大动脑筋，降低成本，增加收入，提高经济效益。

4. 餐饮业固定成本高，投资比重大

在餐厅用餐的宾客，除要求可口的餐食及亲切的服务外，也希望在设备豪华的餐厅中感受到舒适的享受。因此，餐厅的布置、桌椅、娱乐设备方面要投入一大笔的资金。

5. 餐饮场所要求优雅

随着消费水平的提高，舒适优雅的就餐环境越来越被宾客所重视，宾客享受美味佳肴的同时，也在享受环境。高雅的就餐环境，给宾客以美的享受并反映在其心理体验上，有时候宾客对环境的印象甚至超过菜肴。因此，现代餐厅装修很注重环境投资，不惜重金进行装修和美化，以吸引更多的宾客。

二、餐饮服务

（一）餐饮服务的概念

餐饮服务是餐饮企业的员工为就餐客人提供餐饮产品的全过程，分为直接对客的前台服务和间接对客的后台服务。前台服务是指餐厅、酒吧等餐饮营业点面对面为客人提供的服务；而后台服务则是指仓库、厨房等客人视线不能触及的部门为餐饮产品的生产、服务所做的一系列工作。前台服务与后台服务相辅相成，后台服务是前台服务的基础，前台服务是后台服务的继续与完善。

餐饮服务，是指客人在餐厅就餐的过程中，由餐厅工作人员利用餐饮服务设施向客人提供菜肴饮料的同时提供方便就餐的一切帮助。通过餐饮服务使客人感到舒适和受尊重。

小资料

餐饮产品和服务组合的基本内容

（1）辅助性设备设施。主要包括餐厅里面的桌椅、包间、车位、等候室、休息室、娱乐厅……

（2）使服务易于实现的产品，即餐厅的菜肴。客人来酒店的目的无非是吃饭或找一个场所聚一聚，那么餐厅的服务是通过产品来实现的。客人在享受产品的过程中也享受到了一定的服务，两者相辅相成。

（3）明显的服务。即客人在餐厅里享受到实实在在的服务。例如，服务人员的欢迎、介绍、推荐、上菜服务、帮客人解决困难等，都是客人看得见的。

（4）隐含的服务。隐含的服务，是客人看不到、涉及不到的一些环节的服务工作。这些服务客人可能不太关注，或者没有意识到，比如后续服务的内容，客人可能就没有意识到。

这四项内容，既包括辅助性设备设施，也包括一些实实在在的服务内容，都属于餐饮产品和服务组合的内容。

（二）餐饮服务的特点

1. 无形性

餐饮服务是餐饮产品的重要组成部分之一，但却是特殊的部分，即它在服务效用上的无形性。它不同于水果、蔬菜等有形产品，从色泽、大小、形状等就能判别其质量好坏。餐饮服务只能通过就餐客人购买、消费与享受服务之后所得到的亲身感受来评价其好坏。因此，餐饮服务效用上的无形性加大了餐饮产品的销售困难。餐饮部门要增加销售额，就要不断追求标准的服务质量，特别是提高厨师和餐厅服务人员的制作水平和服务水平，使就餐者都愿意购买有形产品和享受无形服务。

2. 一次性

餐饮服务只能一次使用，当场享受，也就是说只有当客人进入餐厅后服务才能进行，当客人离店时，服务也就自然终止。所以，餐饮服务的"一次性"特点要求餐饮部门要接待好每一位客人，当客人在精神和物质方面的需求得到满足后，他们就会去而复返，多次光临，并能起到宣传作用。

3. 直接性

一般的工农业产品生产出来后，大都要经过多个流通环节，才能到达消费者手中。如果产品在出厂前质量检验不合格，可以返工，在店里，你认为不满意的商品可以不去问津，而餐饮产品则不同。它的生产、销售与消费几乎是同步进行的，因而生产者与消费者之间是当面服务，当面消费。服务的好坏，立即受到客人的当面检验。这种面对面的直接服务和消费特点，对餐饮部门的物质条件、设备、工艺技术、人员的素质及服务质量等提出了更高、更直接的要求。

4. 差异性

餐饮服务的差异性一方面是指餐饮服务是由餐饮部门工作人员通过手工劳动来完成的，而每位工作人员由于年龄、性别、性格、素质和文化程度等方面的不同，为客人提供的餐饮服务也不尽相同；另一方面，同一服务员在不同的场合、不同的时间，或面对不同的客人，其服务态度和服务方式也会有一定的差异。

小资料

如何让客人感受到我们的服务优于其他竞争对手

让我们用服务的英文"Service"的七个字母所代表的不同含义来综合阐述优质服务的标准。

S（Sincerely）：各种服务行为都是发自内心的，真诚的和诚恳的，而不是例行公事。

E（Efficient）：工作人员的服务行为是规范的，并能高效率地胜任。

R（Ready to serve）：具有良好的服务意识，能超前、随时和即时地提供恰到好处的帮助。

V（Visible & valuable）：通过餐饮产品、餐厅环境、合理的价格和热情的帮助让客人感到物有所值。

I（Informative & individuality）：尽力向客人提供超出客人期望值的资料信息和个性化服务。

C（Courtesy）：在服务过程中通过语言表达、面部表情、行为举止和仪容仪表，体现服务人员的有礼有节，尊重客人的人格、信仰和习惯。

E（Excellent）：以上的六个方面都能够做到完美，那么服务质量离优质就不远了。

尽管各个酒店有着不同的具体服务标准，但是宗旨是相同的，那就是"最大限度地满足客人的需求"。

第四节 餐饮服务人员

餐饮服务是由餐饮部的服务人员提供给宾客的，使客人得到以享受为实质内容的服务。随着餐饮业竞争的日趋激烈和消费者自我保护意识的增强，宾客对餐饮服务质量的要求越来越高，而餐饮服务质量的提高有赖于高素质的员工。因此，餐饮从业人员应树立正确的观念与意识，改善服务态度，更新本职工作所需的知识，提高管理与服务能力，从而提高餐饮服务质量。餐饮从业人员的素质要求主要体现在以下三个方面。

一、思想素质

思想是客观存在反映在人的意识中，经过思维活动而产生的结果。餐饮服务人员的思想素质是其他素质的根本，对于提高其他素质具有重要的指导意义。餐饮服务人员应具有以下思想素质。

1. 树立牢固的专业思想

餐厅服务人员应该正确认识自己岗位的职责，并充分认识到自己的工作是一个神圣而光荣的职业——为客人创造用餐快乐的职业。因此，餐厅服务人员应具有敬业、乐业的工作态度，助人为乐的精神，并以始终如一地为客人提供最优质的餐饮专业服务为职业使命，不断钻研业务，提高技能，树立牢固的专业思想。

2. 培养高尚的职业道德

为了更好地提供优质服务，每位餐厅服务人员通常应具备的职业道德规范有：热情友好，客人至上；真诚公道，信誉第一；文明礼貌，优质服务；团结协作，顾全大局；遵纪守法，廉洁奉公；平等待客，一视同仁。

3. 具备强烈的纪律观念

餐厅服务人员的工作具有较强的自主性，必须依靠服务人员自身良好的纪律观念，才能在自主性服务的过程中，控制自己的行为，使服务既能满足客人需要，又不违背餐厅的规章制度，最大限度地保证客人与饭店的双方利益。

4. 具备良好的心理素质

餐厅服务人员应具备良好的心理素质，才能乐观持久地为客人服务。餐厅服务人员应具备的心理素质有：自尊、自信的服务意识，快速、准确的观察判断能力，良好、持久的注意力，较强的情感控制能力。

小资料

麦当劳青睐怎样的人才

1. 热情的工作态度

热情、开朗、能主动关注顾客的需求，认可麦当劳的企业文化。目前，麦当劳在中国开设了超过 600 家的连锁餐厅，有近 5 万名员工和 6000 名餐厅管理人员在辛勤工作。他们是一群充满激情的员工，每天在餐厅和顾客面对面，忙碌着，并快乐着。因为他们热爱这份工作，这种热情给予了他们源源不断的工作动力。有人戏称"麦当劳员工血液中流淌的是番茄酱"。的确，如果没有这种热情的工作态度，是无法适应服务业快节奏、高强度的工作的。

2. 全面的工作能力

麦当劳更注重个人的价值观、对服务理念的理解、实际工作能力等综合能力。在人才的筛选过程中，麦当劳更关注他们以前的工作经历，还会安排他们在餐厅工作 3 天，考察他们的工作情况，从而全面地了解应聘者。

3. 良好的团队精神

给顾客提供优质服务是麦当劳的追求，要提供好的服务，员工必须具有良好的人际沟通能力。而且，麦当劳员工的年龄跨度很大，从 18 岁到 45 岁，员工只有学会互相信任、互相配合、融洽相处并团结一致，才能更好地完成工作任务。

二、业务素质

餐饮服务人员应该具有广阔的知识面和熟练的业务能力，才能为客人提供高质量的服务。

（一）餐厅服务人员应掌握的服务知识

餐厅服务人员应掌握的服务知识包括基础知识、专业知识、其他相关知识。

（1）基础知识，包括员工守则、饭店服务意识、礼貌礼节、职业道德、饭店安全与卫生、服务心理学、外语知识等。

（2）专业知识，包括岗位职责、工作程序、运转表单、相关菜点和酒水的知识、管理制度、设备设施的使用与保养、饭店服务项目与营业时间、沟通技巧等。

（3）其他相关知识，包括哲学、文学、艺术、法律、客源国历史地理、习俗和礼仪、民俗、宗教、饭店所在地区的旅游及交通等知识。

（二）餐厅服务人员应具备的服务态度

服务态度是指餐饮从业人员在对宾客服务过程中体现出来的主观意向和心理状态，其好坏直接影响到宾客的心理感受。服务态度取决于员工的主动性、创造性、积极性、责任感和素质的高低。其具体要求如下。

1. 热情

餐饮服务人员在服务工作中应热爱本职工作，热爱自己的服务对象，像对待亲友一样为宾客服务，做到面带微笑、端庄稳重、语言亲切、精神饱满、诚恳待人，具有助人为乐的精神，热情待客。

2. 主动

餐饮服务人员应树立"宾客至上，服务第一"的专业意识，在服务工作中应为宾客着想，表现出一种主动、积极的情绪，凡是宾客需要，即应主动、及时地予以解决，做到眼勤、口勤、手勤、脚勤、心勤，把服务工作做在宾客开口之前。

3. 周到

餐饮服务人员应将服务工作做得细致入微、面面俱到、周密妥帖。在服务前，服务人员应做好充分的准备工作，对服务工作做出细致、周到的计划；在服务时，应仔细观察，及时发现并满足宾客的需求；在服务结束时，应认真征求宾客的意见或建议，并及时反馈，以将服务工作做得更好。

4. 耐心

餐饮从业人员在为各种不同类型的宾客服务时，应有耐性，不急躁、不厌烦，态度和蔼。服务人员应善于揣摩宾客的消费心理，对于他们提出的所有问题，都应耐心解答，做到百问不厌，并能虚心听取宾客的意见和建议，做事情不推诿。与宾客发生矛盾时，应尊重宾客，并有较强的自律能力。

（三）餐厅服务人员应掌握的业务技能

餐饮服务既需要规范化、标准化的操作，又离不开满足不同消费者需求的个性化服务理念。因此，餐饮服务人员应掌握各种不同的业务技能。

1. 语言能力

语言是人与人沟通、交流的工具。餐厅的优质服务需要运用语言来表达。因此，餐饮从业人员应具有较好的语言能力。旅游饭店餐厅服务人员的语言要求有：语言文明、礼貌、简明、清晰；能讲标准普通话；耐心解释客人提出的各种问题。另外，涉外饭店服务人员还应掌握较强的外语交流能力。

2. 技术能力

餐饮服务既是一门科学，又是一门艺术。服务操作技能是指餐厅服务人员在提供服务时显现的技巧和能力，它不仅能提高工作效率，保证餐厅服务的规格标准，更能给宾客带来赏心悦目的感受。因此，要想做好餐厅服务工作，就必须掌握娴熟的服务技能，并能灵活自如地加以运用。

3. 应变能力

由于餐厅服务工作大都由员工通过手工劳动完成，而且宾客的需求多变，因此，在服务过程中难免会出现一些突发事件，如宾客投诉、员工操作不当、宾客醉酒闹事、停电等。这就要求餐厅服务人员必须具有灵活的应变能力，遇事冷静，及时应变，妥善处理，充分体现饭店"宾客至上"的服务宗旨，尽量满足宾客的需求。

4. 推销能力

餐饮产品的生产、销售及宾客消费几乎是同步进行的，且具有无形性的特点。因此，要求餐厅服务人员必须根据客人的爱好、习惯及消费能力灵活推销，以尽力提高宾客的消费水平，从而提高餐厅的经济效益。

5. 观察能力

餐厅服务质量的好坏取决于宾客在享受服务后的生理、心理感受，即宾客需求的满足程度。这就要求服务人员在对宾客服务时，应具备敏锐的观察能力，随时关注宾客的需求并及时给予满足。

6. 记忆能力

餐厅服务人员通过观察了解到的有关宾客需求的信息，除了应及时给予满足之外，还应加以记忆，当宾客下次光临时，服务人员即可提供有针对性的个性化服务，这无疑会提高宾客的满意度。

7. 自律能力

自律能力即餐厅服务人员在工作过程中的自我控制能力。服务人员应遵守饭店的员工守则等管理制度，明确知道在何时、何地能够做什么，不能够做什么。每位服务人员良好的自律能力是餐厅优质服务的保证。

（四）餐厅服务人员应养成的职业习惯

餐厅服务人员必须在工作中养成良好的职业服务习惯，才能保证提供令客人满意的服务。

1. 良好的仪容、仪表、仪态

餐厅服务人员必须养成良好的个人卫生习惯，符合餐厅规定的仪容、仪表要求，注意服务过程中的优美仪态，为客人提供赏心悦目的餐饮服务。

2. 专业的微笑服务

餐厅服务人员应该将微笑作为职业习惯，在服务过程中随时保持专业的微笑表情，才能体现出餐厅优质服务和员工服务水准。

3. 掌握服务语言艺术

餐厅服务人员在对宾客服务的过程中，应注意掌握服务语言艺术，将礼貌用语作为职业语言习惯，并注意与宾客交往过程中语气委婉，对宾客的提问及时应答，服务中语音音量适度，保持良好的餐厅氛围。同时，服务人员还应掌握各种常用的文明礼貌接待用语，如迎接用语、问候用语、征询用语、应答用语、道歉用语和送别用语等。

三、身体素质

餐饮服务人员的身体素质是做好餐饮服务工作的基础。餐饮服务是在满足宾客饮食物质需要的同时，还要满足宾客的精神需要，使其感受到美的愉悦。因此，餐饮从业人员应具有的身体素质要求包括以下内容。

（一）健康的身体

餐厅服务人员必须身体健康，无传染疾病，能保持以良好的身体状态投入工作。我国《食品卫生法》规定，餐饮从业人员必须每年经过卫生防疫部门的体检合格，办理健康证后才能从事餐饮行业。

（二）身体素质要求

1. 强壮的体魄

餐饮服务工作的劳动强度较大，餐厅服务人员的站立、行走及餐厅服务等必须具有一定的腿力、臂力和腰力等，有时遇到大型接待活动，还需经常加班，不时还会有较高强度的体力劳动。因此，餐饮从业人员必须要有健壮的体格才能胜任此项工作。

2. 体态优美，五官端正

餐厅服务人员与客人每天直接见面，基于人们对美的偏爱，服务人员的气质、容貌与体态等自身条件也成了评价服务优劣的一个因素。这是客观存在的事实，所以服务人员应该给客人留下良好的感官印象。因此，服务人员要求体态匀称，五官端正，面容亲切。

3. 无不适应服务工作的疾病

餐厅服务人员工作中要与客人近距离接触交流，因此某些身体病症不适于服务工作的开展，如口臭、体臭、口吃等。服务人员必须通过处理，使自己不适于服务工作的病症得到解决，只有这样才能更好地为客人提供优质的服务。

总之，餐厅服务人员必须具备一定的思想素质、业务素质与身体素质，才能成为一名合格的餐厅服务人员，为客人提供专业而优质的餐饮服务。

小资料

员工流失对酒店运营产生的影响

酒店员工的流动性非常大，这跟酒店这个行业有很大的关系，酒店作为一个面向社会的服务行业，每天要面对各式各样的人，所以有时候难免会遇到一些无礼的要求，这也是员工流失的重要原因。在酒店管理中，应该了解员工流失对于酒店会产生什么样的影响。

1. 员工的流失会影响饭店的服务质量

员工流动大导致饭店服务质量下降，客源流失，无论是管理层还是操作层的流失都会造成这一后果。一般来说，员工在决定离开而尚未离开的那一段时间里，他们对待自己手头的工作不会像以往一样认真负责，有些员工甚至由于对饭店的不满、出于对饭店的报复心理而故意将事情做砸。若员工在这样的心态下工作，饭店的服务水平显然会大打折扣。此外，饭店在员工离去后，需要一定的时间来寻找新的替代者，在新的替代者到位之前，其他员工不得不帮忙完成辞职者的工作而导致自身的疲惫不堪，这将间接地影响饭店的服务质量。新员工上岗，对本饭店的工作环境、服务程序、规章制度不是很了解，工作中容易出错。而饭店销售部、公关部等人员一走，往往可能带走一大批客源，使饭店的经济效益急剧下降。流失优秀员工对饭店服务质量的影响将是长期的。

2. 员工流动率高将使饭店的人力资源成本上涨

饭店从招聘到培训员工所付出的人力资本投资将随着员工的跳槽而流出本饭店并注入其他企业中，饭店为维护正常的经营活动，在原来的员工流失后，需要重新寻找合适的人选来顶替暂时空缺的职位。员工的不断流失，饭店不断对外招聘，而招来的员工不管以前是否从事过饭店业工作，都需进行不同程度的培训，频繁的招聘和培训耗费大量人力、物力和财力，致使成本上涨。

3. 员工的流失可能使饭店业务受损

饭店员工，尤其是中高层管理人员跳槽到其他饭店后，有可能带走饭店的商业秘密；饭店销售人员的流失往往也意味着饭店客源的流失。这些员工的跳槽将给饭店带来巨大的威胁。

4. 员工流动率高也将造成饭店员工队伍不稳定，人心涣散，管理难度大

饭店员工不断流失，饭店不断招聘、培训，致使管理人员经常面对新手，不能全面了解他们的性格、能力、素质等，导致工作岗位分配不当、员工使用和晋升不当，管理中无法调动员工工作积极性等诸多弊端的产生。

（摘自中国餐饮网）

课后练习

1. 设置餐饮组织机构的原则包括哪些？
2. 餐饮产品生产的特点有哪些？
3. 餐饮服务的特点有哪些？
4. 餐饮服务人员的业务素质包括哪些？
5. 分析餐饮业的发展趋势。

第二章 餐饮服务基本技能

第一节　托盘

托盘是餐厅服务使用频率较高的工具,如餐前摆台,餐中为客人端送菜肴、酒水,餐后收台时都会使用到。正确使用托盘是餐厅服务人员进行餐厅服务的基础,同时也可以提高服务质量和服务效率。

一、托盘的种类

(一)按制作材料分

(1)木质托盘:一般较为笨重,而且容易发霉,不易清理。除了在一些茶楼或特色餐厅使用外,其他餐厅较少使用。

(2)金属托盘:有银质托盘、铝质托盘、不锈钢托盘等。金属托盘较为高档,能够体现餐厅的气派和讲究,一般在豪华餐厅或特色餐厅使用,或者在一些 VIP 接待中使用。但盘面较滑,且容易发出声响。

(3)塑料托盘:这类托盘均采用防滑工艺处理,价格低廉,耐磨、便宜。不足在于过于普通,体现不了高级餐厅的服务规格。

(4)胶木托盘:是使用最为广泛的托盘,轻便、防滑、防腐、耐用、便宜,相比于塑料托盘更坚固、结实和美观。

(二)按形状分

有圆形、长方形、正方形、特殊形(椭圆、扇形等)四类。其中圆形托盘、长方形托盘是最常用的托盘,正方形、特殊形在一些西餐厅、快餐厅比较常用。

(三)按规格的大小分

圆形托盘分为大号(直径 45～55cm)、中号(直径 40～45cm)、小号(直径 30～40cm)。席间服务常用的托盘直径为 40cm。

长方形托盘分为大号方形托盘(长 51cm、宽 38cm)、中号方形托盘(长为 45cm、宽

35cm)、小号方形托盘（长 35cm、宽 22cm）等型号。

二、托盘的用途

大方托盘、中方托盘通常用于传菜、托送酒水和搬运盘碟、展示菜品等较重物品。

中圆托盘一般用于餐中服务，如摆台、酒水服务、撤换骨碟和换烟缸等。

小圆托盘、小方形托盘主要用来运送饮料和餐桌上的小器皿、湿巾、账单、收款、递送信件等。

异形托盘主要用于特殊的鸡尾酒会或其他庆典活动，在西餐中的咖啡厅、酒吧等使用比较多，而中餐较少使用。

运送物品时，应根据物品的种类选择合适的托盘，以提供规范化的餐厅服务，提高服务质量。

三、托盘服务及要领

（一）轻托服务及要领

轻托因托盘被平托于左胸前又称"平托"或"胸前托"。轻托时托盘中所托物品较轻，一般在 5kg 以下。这主要是在餐厅服务中用大小适宜的托盘端送体积较小、重量较轻的物品，并为客人提供上菜、斟酒和撤换餐具等服务。

操作要领：左手的大臂垂直，小臂与身体呈 90°，平伸于胸前左侧，手肘离腰部 5～10cm（约一拳）。左手掌伸平，掌心向上，五指分开稍弯曲，使掌心微成凹形。用五指指尖和手掌根部 6 个力点托住托盘底部中间部位，掌心不与盘底接触，利用五指的弹性控制盘面的平稳。托起前，左脚在前，左手与左肘在同一平面，右手将托盘沿桌面拉到左手上。托盘平托于胸前，略低于胸部。

（二）重托服务及要领

重托因托盘被托举于左肩之上又称"肩上托"。重托时盘中所托物品较重，一般重量在 5kg 以上。目前餐厅中一般用小推车来运送大量物品，重托使用不多，但也应该掌握它的基本要领。

操作要领：双手将托盘移至服务台的边沿处，使托盘的 1/3 悬空，右手将托盘扶平、扶稳。上身前倾，双脚分开，双腿屈膝下蹲，腰部略向左前方弯曲。左手伸入托盘底部，五指分开，掌心向上伸平，用掌心和五指托住托盘底部的中心。起托后，在左手确定好重心后，右手协助左手向上用力将托盘慢慢托起。在托起的同时手腕和托盘向左后方（逆时针方向）旋转 180°，使托盘在左旋转过程中送至左肩上方，手指指尖向后伸距肩约 2cm。左手托实、托稳后再将右手撤回呈下垂、站立姿势。托盘一旦托起上肩，手臂要始终保持均匀用力。要做到盘底不搁肩，盘前不靠嘴，盘后不靠发。行走时上身挺直，两肩平齐，注视前方，步履稳健平缓，遇障碍物绕而不停，保持动作表情轻松、自然。

四、托盘操作程序与标准

托盘操作程序与标准如表 2-1 所示。

表 2-1　托盘操作程序与标准

步骤	技能要求	操作规范
理盘	选择合适的托盘	根据物品的类型及重量选择不同的托盘。
	检查托盘	检查托盘的平整，托盘底变形不平影响美观，而且易造成安全隐患。塑料托盘容易出现变色或斑痕，一来不雅观，二来容易引起客人对食品的卫生安全产生疑虑；塑料托盘还会有风化现象，容易造成操作不安全；因此这类托盘应停止使用。
	清洁托盘	用清洁干燥的抹布清洗托盘，先擦托盘内部，再擦其边缘，最后擦底部。重托的清盘要特别注意，所托物品经常与汤汁、菜品、碗碟接触，油腻比较大，做好清洁工作是非常重要的。
	准备托盘所需的物品	准备好托盘、防滑物品、专用抹布等，各种所需托运的酒水、碗碟、筷子、菜点等是否齐全、干净、符合要求。
	垫上口布防滑	摆放物品前，对于没有防滑处理的托盘，在托盘内应铺垫潮湿干净的餐巾，或托盘垫布，或消过毒的专用盘巾。垫布的大小要与托盘相适应，垫布的形状可根据托盘形状而定。但无论是方形或圆形垫布，其外露部分一定要均等、美观，使整理铺垫后的托盘既整洁美观、方便适用，又可以避免托盘内的物品滑动。
装盘	根据物品的形状、体积、质量和使用顺序合理摆放	根据所用托盘的形状摆放。用圆形托盘时，摆放的物品应呈圆形；用长方形托盘时，摆放的物品应横竖成行。将物品按重量的大小和高低由托盘的中心部位向四周依次放置，摆放均匀，以保持重心平衡。一般的原则是将高物、重物摆放在里面，低物、轻物摆放在外面；先取、先用的物品摆放在上、在前，后取、后用的物品摆放在下、在后。装盘时，还要使物与物之间留有适当的间隔，以免行走时发生碰撞而产生声响，或造成托盘不稳，或卸盘时不便等。
起托	将托盘从桌面上托起，要保持托盘平稳	站于距工作台 30cm 处（根据身高来调整距离），双脚分开，左脚向前迈出一步，双腿屈膝，腰与臂垂直，上身略向前倾，站稳，伸出左手掌心向上，指尖向前与工作台台面平行，伸出右手捏住托盘的边沿，将托盘的一端拖至工作台外，左手托住托盘中心位置待托稳后，使托盘上升，并用右手调整托盘内的物品，确保平稳。
行走	脚步轻快稳健，思想集中，精神饱满	托盘行走时，头正肩平，上身挺直，步伐稳健，目视前方，姿势优美，面带微笑。托盘行走中，根据所托物品的需要选用正确的步伐，一般使用常步、快步、碎步、垫步、跑楼梯步等。轻托时盘内物品无相互碰撞之音，汤汁无剧烈晃动、无外溢。托盘不要靠在胸前，注意行走时保持身体各部位的协调性，右臂随着步子自然摆动。重托时右手或扶助托盘前角，或自然摆动，并随时预防他人的碰撞。

步骤	技能要求	操作规范
落托	动作轻缓，托盘平稳，盘内物品不倾斜，不倒地	落托是指将整个托盘放到工作台上。落托时，应左脚向前一步或半步，屈膝成半蹲状，使盘面与台面处在同一平面，用右手小心地轻推托盘至台面；放稳后，开始按照从外到内的顺序，取用盘内物品。托盘行走至目的地后或服务过程中，用右手取用盘内物品，应按照前后、左右交替取用。取用时应注意随盘内物品变化，用左手手指的力量、与托盘的接触面和重心的调节来调整托盘重心。

五、托盘服务的注意事项

（一）托盘姿势

托盘姿势的正确与否直接影响服务人员服务动作的美观效果、托盘安全和清洁卫生等。托盘起托后，大臂垂直于地面，与小臂呈90°直角，手掌与小臂在同一平面，使托盘置于身体左侧。轻托中掌心要自然凹下去，重托时掌心与盘底接触。托盘时，做到站稳、端平、托举到位、高矮适中、快慢得当、动作协调、优美。

（二）托盘卫生

托盘时要注意卫生。轻托时，所托物品要避开自己的口鼻部位，托盘中需要讲话时，应将托盘托至身体的左外侧，避开自己的正前位。重托时，端托姿势要正确，托举到位，不可将所托物品贴靠于自己的头颈部位。

（三）托盘安全

（1）左手托盘，右手下垂，除了起托和落托时右手扶托外，禁止右手扶托。右手扶托不当主要在于，一是服务姿势不雅观；二是遮挡行走视线；三是容易造成托盘失误。

（2）托盘行走时，目光应平视前方，切勿只盯托盘；服务中需取拿托盘内所托物品时，应做到进出有序，确保所托物品的平衡。

（3）托盘行走时，不能抢路、不能不让路、不能跑步前进。

🔖 小资料

托盘行走的步伐

（1）常步。常规步伐，指步距均匀，快慢得当（一般速度），形如日常走路的步伐。托运一般物品时，可选用常规步伐行走，这是托盘服务中最常使用的步伐。

（2）快步。疾步，指端送火候菜肴或急需物品时，应选用较快的步伐。快步的步距大，步速较快，但不同于跑步，而是要求在稳中求快。在保证菜不变形、汤汁不洒、安全平稳的前提下，以最快的行走速度将物品托送到位。

（3）碎步。小快步或小步，指托盘服务中小步幅地中速行走，步距小，步速快。采用这种步伐行走，可保持上身平稳及减少手臂的过大摆动，从而保持所托物品的平稳。适用于端送汤汁多的菜肴及重托物品。

（4）垫步。又称辅助步，如端送物品到餐台前，欲将所托物品放于餐台上时，应采用垫步。这种步伐能使身体呈略向前倾的姿势，以便平稳地将物品放下。当需要侧身通过或通过狭窄通道时，也采用这种步伐，一脚侧一步，另一只脚跟一步，一步紧跟一步。

（5）跑楼梯步。上楼梯时，身体略向前倾，重心前移，用较大的步距，一步跨一个台阶或两个台阶，一步紧跟一步，上升速度要快而均匀，巧妙利用惯性，省时省力；下楼梯时，身体略向后倾，重心后移，用较小的步距，一步跨一个台阶，一步紧跟一步，下楼速度要慢、稳而均匀，注意脚下的滑动或落空。

第二节　斟酒

斟酒是餐饮服务工作的重要内容之一。斟酒操作技术动作的正确、迅速、优美、规范，往往会给宾客留下美好印象。服务人员给宾客斟酒时，一定要掌握动作的分寸，不可粗鲁失礼，姿势要优雅端庄，注意礼貌卫生。服务人员娴熟的斟酒技术及热忱周到的服务，会使参加宴会的宾客感到精神上的享受与满足，还可强化热烈友好的宴会气氛。

一、斟酒前的准备工作

（一）酒品种类的准备

餐厅经营的酒品种类一般有常规品种和特殊品种两大类。常规品种是市场畅销的品种，特殊品种则是根据餐厅经营的风味特点而配用的酒品。餐厅经营的酒品应放在较明显的位置，以方便宾客选用。放酒的货柜要精美，酒品的摆放要讲究造型艺术，并明码标价，方便销售。

（二）酒具的准备

酒具是斟酒服务的必备用品。餐厅应该准备的酒具种类、规格要与其经营的酒品种类相配。由于不同酒品的风味和色泽各不相同，使用一只杯子连饮几种酒，会使酒失去各自的特色。因此，餐厅应准备多种酒杯，提供方便、周到的酒水服务。

（三）酒水的降温与升温

不同类型酒水的成分各不相同，为使其酒味更浓郁、醇厚，喝起来更有滋味，不同酒水最佳饮用温度会有所区别。一般对酒水温度的处理有以下两类。

1. 降温

许多酒水的最佳饮用温度要求低于室温，如白葡萄酒的饮用温度为8℃～12℃，香槟酒和起泡葡萄酒的饮用温度为4℃～8℃，啤酒的饮用温度为8℃～10℃。因此，在饮用前要求对酒进行降温处理，处理的方法一般为冰镇。冰镇的方法有以下四种：

（1）冰箱冷藏。提前将酒品放入冷藏柜内，使其缓慢降至饮用温度。一般饮料和啤酒的冰镇采用此种方法。

（2）冰桶降温。桶中放入冰块，冰块不宜过大，将酒瓶插入放有冰块的桶中，10分钟左右即可达到冰镇的效果。葡萄酒、香槟酒的冰镇采用此种方法。

（3）冰块降温。将少量食用冰块放入饮用杯内，然后斟酒，使酒液在杯中降温。金酒、威士忌和利口酒等一般采用此种方法降温。

（4）溜杯降温。在酒杯中放入一块冰块，轻轻旋转杯子，达到对盛酒杯具降温的目的。

2. 升温

某些酒品在饮用前将温度升高，可以使酒味浓郁、醇厚。温酒的方法有水烫、烧煮、燃烧、将热饮料冲入酒液或酒液注入热饮料中升温等四种。水烫和燃烧一般是需要现场操作的。

二、斟酒的服务要领

（一）示瓶

服务人员站在点酒宾客的右侧，左手托瓶底，右手扶瓶颈，酒标朝向宾客，让宾客辨认。示瓶是斟酒的第一道程序，它标志着服务操作的开始。

（二）问酒

1. 问酒原因

同桌客人，因为有男有女，有老有少，各人所点酒水不一，所以餐厅服务人员在斟酒前要进行问酒服务。

2. 问酒方法

把客人所点酒水装入托盘内。一般重瓶、高瓶高物放在托盘的里档，轻瓶轻物、低瓶低物放在外档。先上桌的酒水在上、在前，后上桌的酒水在下、在后。盘内物品的重量分布要得当，这样装置安全稳妥，重心要安排在盘中或稍偏里档，便于运送和使用。

从主宾位开始问酒。右脚在前，欠身而下，将托盘与客人眼睛平齐，礼貌地询问客人："先生（小姐），您需要什么酒水？"待客人选好酒水以后，把托盘移到客人身后，再从托盘内拿出客人所点酒水，为客人斟倒。

（三）开瓶

1. 开瓶基本要求

（1）正确选用开酒器。开酒器分两大类：一种是专门开启木塞瓶的螺丝拔，称为酒钻；另一种是专门开启瓶盖的扳手，称为酒起子。

（2）开酒动作。开酒一般都由服务人员在操作台上进行，服务人员要注意站立姿势，握拿开酒器的方法以及开酒时的手法动作都应正确、规范、优美。开酒后，应注意酒品卫生、酒具整洁。

（3）开酒应备的辅助用品。开酒除了应备有酒钻、酒起子外，还应备有小钳子、小刀、盛装瓶塞瓶盖的盒子以及包或垫酒瓶的巾布等。

2. 不同酒类的开启方法

（1）白酒。白酒的酒封一般有三种，即冲压式盖封、螺口金属或塑料旋式盖封、软木或塑料塞封。开启冲压式盖封时，将酒瓶放在操作台上，左手扶酒瓶颈部，右手握酒起子置于盖封处撬启即可。开启螺口盖封时，左手握扶酒瓶中间略上部位，右手用巾布盖于盖封上旋转拧开即可。开启软木或塑料塞封时，应先将塞封外面的包装去掉，用酒钻钻入或挑起塞封即可。开启这类酒封时，酒瓶底部平放于操作台上，使酒瓶呈直立状。

（2）啤酒。啤酒的包装一般有瓶装和罐装两种。瓶装啤酒均采用冲压式盖封，开启这类酒封时，要尽量减少酒瓶的晃动，左手握酒瓶，瓶颈略呈倾斜状，右手握酒起子一次将酒瓶盖启开；酒封开启后，要用洁净巾布揩擦瓶口。开启葡萄汽酒或其他果类汽酒均可采用此种方法。开启罐装啤酒时，同样在开启前尽量减少晃动，开启时先将盖的拉环轻轻拉开，慢慢扩大直至全部拉开。

（3）葡萄酒和老酒。各种葡萄酒和老酒启封时，先用小刀将瓶口上的铅封箔切开剥掉，并用洁净的巾布将酒瓶口上的污迹擦净。外封开启后，再用酒钻对准瓶塞的中心，顺时针方向轻轻地钻下去，直至将螺旋部分全部钻入，这时再次用巾布擦净瓶口。如酒开启后，尤其是红葡萄酒中发现有沉淀物时，应用滤酒器过滤一下再斟用。

（4）香槟酒。香槟酒的开启方法与其他酒的开启方法不同。香槟酒开启时，用左手斜拿瓶颈处呈 45°，大拇指压紧塞顶，用右手转动瓶颈上的金属小环使之完全松动。然后去掉金属丝和金属箔，右手拿一块干净的餐巾布紧捏住瓶塞的上段，左手轻轻地转动酒瓶，让瓶内的压力将瓶塞慢慢地顶出来。当瓶塞离开瓶口时会发生清脆的响声。瓶塞拔出后，要继续使酒瓶保持 45°角，以防酒从瓶内溢出。开香槟酒时，瓶口始终不能朝向宾客或天花板，以防酒水喷到宾客身上或天花板上。

（四）斟酒

1. 握瓶姿势

握瓶时，右手大拇指叉开，其余四指并拢，掌心贴于瓶身下半部，商标朝外，四指用力均匀，使酒瓶握稳在手中。右侧大臂与身体呈 90°，小臂弯曲呈 45°，通过手腕和手指的力量控制酒液的流速。

2. 斟酒三步法

服务员以 T 字形步姿站在客人右后侧，右腿在前，站在两位客人的座椅中间，脚掌落地；左腿在后，左脚尖着地呈后蹬势，身体向左略斜。每斟满一杯酒更换位置时，整个过程共分三步：为第一位客人斟倒酒后，右腿抽出向前走一步，落在第一位客人椅子背后的中间位置，这是第一步；第二步是左脚向前迈到第一、第二位客人椅子之间的外部；第三步是右脚伸到第一、第二客人椅子之间的斟酒站位。

3. 斟酒要领

（1）斟酒时，服务员站在客人两椅之间，右手握着酒瓶下半部，酒标朝外，展示给客人。

（2）斟酒时，身体微微前倾，不可紧贴客人，但也不要离得太远，右脚踏入两椅之间，呈 T 字形侧身而立。

（3）斟酒时，瓶口距杯口 2 厘米左右，不要将瓶口搭在杯口上，以防污染。

（4）斟倒时要谨记"斟、顿、转"三个环节。即斟酒适度后，微微停顿抬起瓶口，同时手腕顺时针旋转 45°，使最后一滴酒均匀地分布到瓶口边沿上，不至于滴落在客人的身上或餐布上。

（5）斟酒要做到不滴不洒、不少不溢。

4. 斟酒的方式

（1）托盘斟酒。此种方法多用于客人人数较多、酒水品种较多的情况。服务员将托盘内的酒水展示给客人，示意客人自己选择。选定酒水后，服务员站在客人右后侧，右脚向前，左脚在后，呈 T 字形侧身而立。左手托盘向左边拉开，右手握在瓶身的下半部，将客人所选酒水斟入杯中。酒量适度后，将瓶口微微抬起，并顺时针旋转 45°，然后收瓶，将酒瓶放入托盘中。

（2）徒手斟酒。此种方法多用于零点点餐服务、酒水较单一的情况。服务员脚呈 T 字形站在客人右后侧，左手持布巾背在身后，右手按斟酒的要领进行斟酒。斟倒适量后，用左手的布巾将瓶口擦拭干净。如果是从冰桶里取出酒水，应用餐巾包住瓶身斟酒，以免水珠滴酒在客人的衣服上。

（3）捧斟。此种方法多用于酒会和酒吧服务。服务员站立在客人右后侧，右手握瓶，左手将客人酒杯从桌面上拿起并握在手中，向杯中斟满酒后绕向客人左侧，再将酒杯放回到原来的位置。捧斟要求做到轻、稳、准、优雅大方。

（五）斟酒量

中餐在斟倒各种酒水时一律以八分满为宜，以示对宾客的尊重。

西餐斟酒不宜太满，一般红葡萄酒斟至杯的 1/2 处，白葡萄酒斟至杯的 2/3 处为宜。斟香槟酒分两次进行，先斟至杯的 1/3 处，待泡沫平息后，再斟至杯的 2/3 处即可。斟倒啤酒时，应使酒液顺杯壁滑入杯中，八成酒液，两成泡沫。

（六）斟酒顺序

1. 中餐宴会斟酒顺序

中餐宴会斟酒的顺序一般是从主宾开始，按男主宾、女主宾再主人的顺序顺时针方向依次进行。如果是两位服务员同时服务，则一位从主宾开始，另一位从副主宾开始，按顺时针方向依次进行。

2. 西餐宴会的斟酒顺序

西餐宴会中，如果有国家元首（男宾）参加，则应先斟男主宾位，后斟女主宾位。一般宴会斟酒服务，则是先斟女主宾位，后斟男主宾位，再斟主人位，其他宾客则按座位顺时针方向依次斟酒。

（七）斟酒的注意事项

（1）斟酒时要经常注意瓶内酒量的多少，以适当的倾斜度控制住酒液的流速，学会巧用腕力。瓶内酒越少，出口的速度就越快，越容易冲出杯外。

（2）斟酒时不要站在客人的左侧，切忌站在一个位置为两位客人斟酒，不要隔位斟、反手斟。

（3）瓶内酒水不足一杯时，不宜继续为客人斟倒，瓶底朝天有失礼貌。切忌一杯酒用两只酒瓶同斟。

（4）零点客人的酒水在斟倒第一杯后，全部放回到客人餐桌上。若有空瓶应及时撤走。

（5）宴会服务时，服务员要随时注意每位客人的酒杯并及时进行添加。

第三节　餐巾折花

餐巾又名口布、茶布、席巾等，是餐厅经营中供宾客用餐时专用的卫生清洁物品，折成各种花型后，成为装饰美化餐台的艺术品。

小资料

餐巾的起源

在欧洲，餐巾相传起源于古希腊时代。当时贵族们在用膳时餐桌旁往往铺一块毛皮。因为当时还没有叉，餐刀切了肉以后就用手往嘴里送，而布帛、纸都是很贵重的东西，不轻易使用。桌旁铺着的毛皮主要是用来擦拭拿过肉的手，用后就丢弃。这就是餐巾的原型。16世纪初，欧洲宫廷中开始使用布的餐巾。到17世纪以后，餐巾才逐渐进入民间。

宴席上使用餐巾，也是我国古老的饮食文化传统。《周礼·天官》中就已记载了用毛巾覆盖食物的古制。这种用以覆盖食物的毛巾，可能是世界上最早的餐巾。据故宫博物院编辑的《紫禁城帝后生活》介绍，清代皇帝吃饭时，使用一种宫廷中称之为"怀挡"的物件，即餐巾。这种餐巾是用明黄绸缎绣制而成，绣工精细、花纹别致，福寿吉祥图案华丽夺目，餐巾一角还有扣襻，便于在就餐时套在衣扣上使用。

现代形式的餐巾已在饭店、餐厅广泛使用，其用途也有变化，主要插放在杯中或摆放在盘中，是既有欣赏价值，又有实用价值的艺术装饰品。

一、餐巾的种类

（一）按质地分

（1）纯棉织品：吸水性强、去污力强；浆熨后挺括，易折成型，造型效果好，但折叠一次，效果才最佳，返工后影响平整度。纯棉餐巾清洗麻烦，洗净后需上浆、熨烫。

（2）棉麻织品：质地较硬，不用上浆也能保持挺括。

（3）化纤织品：颜色亮丽，透明感强；富有弹性，比较平整，如一次造型不成，可以二次造型，不用浆烫，使用方便。但是可塑性不如棉织品和棉麻织品好，易清洗，但吸水性差，去污力不如棉织品，且手感较差。

（4）纸质餐巾：成本低，更换方便，但是不够环保；有时也给人非正式或低档次的感觉。

（5）其他材质餐巾：在一些特别的场合，为了配合宴会主题或餐厅特色，也会使用一些特殊材质的餐巾，比如丝绸等。

（二）按颜色分

餐巾颜色有白色与彩色两种。白色餐巾给人以清洁卫生、恬静优雅之感。它可以调节人的视觉平衡，可以安定人的情绪。彩色餐巾可以渲染就餐气氛，如大红、粉红餐巾给人以庄重、热烈的感觉；橘黄、鹅黄色餐巾给人以高贵、典雅的感觉；湖蓝在夏天能给人以凉爽、舒适之感。

二、餐巾的作用

（一）装饰美化餐台

不同的餐巾花型蕴含着不同的宴会主题。形状各异、栩栩如生、争奇斗艳的餐巾花摆放在餐台上，既美化了餐台，又增添了庄重热烈的气氛；餐巾花的错落有致、高低协调的摆放能给人以美的享受。

（二）烘托餐厅气氛，突出宴会目的

例如喜宴上折叠比翼齐飞、心心相印的花型可以表示永结同心、百年好合的美好祝愿；国宴上选择喜鹊、和平鸽等花型表示欢快、和平、友好。

（三）卫生保洁的作用

餐巾是餐饮服务中的一种卫生用品，餐巾可用来防止汤汁、酒水弄脏衣物，但绝不可用来擦脸部或擦刀叉、碗碟等。在用餐期间，现在一般不用把餐巾压在餐盘底下进餐这种用法，因为这样容易不小心带动餐巾从而使餐盘滑落。

（四）传递信息

餐巾花型的摆放可标出主宾、主人的席位，起到座位牌的作用。餐巾花型选择时突出正、副主人位，还可以根据主人要求和主宾的特征来选择花型，提供个性化服务。

（五）提示的作用

在西餐正式宴会中，女主人把餐巾铺在腿上是宴会开始的标志；它也可以暗示宴会的结束，即将餐巾放在桌子上；中途暂时离开，将餐巾放在本人座椅面上。

（六）饭店服务艺术和情感化的表现之一

餐巾花本身反映了人们对各种美好事物的艺术化处理和创意；体现了饭店和服务人员对客人的美好祝福和关怀，是一种无声的语言；它是可以根据不同客人的不同需要而灵活处理的一种个性化和情感化的细节服务；同时还可以改变单调乏味的工作内容，陶冶餐厅服务员的情操，丰富职业情感。

三、餐巾折花的种类

（一）按照餐饮折花的盛器分

1. 盘花

盘花造型完整，成型后不会自行散开，可放于盘中或其他盛器及桌面上。一般在西餐和中餐零点餐厅中应用较多。

其特点是折叠简单，操作方便，服务简单，造型简洁明快，餐巾折痕较少。可以提前折叠好，便于储存，在摆台结尾阶段放入盘中即可。正是因为盘花简洁大方、美观实用的特点，餐巾折花较多地趋向于盘花。

2. 杯花

杯花需插入杯中才能完成造型，出杯后花形即散。一般应用在正式的宴会中，不同的宴会有相对稳定的餐巾花搭配和设计，是正式餐饮活动中最普遍使用的类型，也是餐巾花中种类最多的一类。

其特点是折叠的技法复杂、程序较多，操作要有一定的技巧，服务规范，造型别致和多种多样，成为服务艺术和优质服务的组成部分。但由于要对餐巾进行多次叠折，使用时其平整性较差，同时插杯过程中容易造成污染，所以目前杯花的使用日益减少，但作为一种技能仍在餐厅服务中存在。

3. 环花

环花是将餐巾平整卷好或折叠成造型，套在餐巾环内，放置在装饰盘或餐盘上。一般而言它是盘花中比较特殊的一类，通常是创意餐台设计中必不可少的餐巾花型。餐巾环也称为餐巾扣，有瓷制、银质、塑料制、金质、玉制等。此外餐巾环也可用色彩鲜明、对比感强的丝带代替，将餐巾折叠成一定造型后，在中间系成蝴蝶结状。

其特点是简洁、雅致、出其不意。常常应用在大型宴会和重大的接待中，非常别致。特别是餐巾扣的材质、造型、色彩、做工等，对于就餐的环境具有点缀作用。

（二）按照餐巾折花的造型分

1. 植物造型

主要是模仿植物的花、叶、茎、果实等。花型富于变化，造型美观，是餐巾花中最重要的一类。包括花卉类餐巾花，如月季、荷花、梅花、牡丹、玫瑰、水仙、鸡冠花等；叶类餐巾花有荷叶、双叶花、春芽四叶等；茎类餐巾花有冬笋、春笋、马蹄莲、翠竹、仙人掌等；果实类餐巾花如香蕉、玉米、寿桃等。

2. 动物造型

主要模仿鱼、虫、鸟、兽等的整体形态或局部特征。动物造型形态逼真、生动活泼，其中以飞禽为主。包括飞禽造型餐巾花，如孔雀、凤凰、鸽子、鸳鸯、仙鹤、海鸥、大雁、火鸡型等；走兽造型餐巾花有白兔、松鼠型等；昆虫造型餐巾花有蝴蝶、蜻蜓型等；鱼虾造型餐巾花有金鱼、对虾、海螺型等。

3. 实物造型

模仿生活中的各种实物形态而折成的餐巾花，例如将餐巾折成花篮、领带、披肩、情人结、折扇、风帆、风车、马蹄、皇冠、帆船、飞机、餐巾袋、聚宝盆、和服、蜡烛型等。

四、餐巾折花的注意事项

餐巾折花主要要注意餐巾的选择、清洁卫生和正确折叠这三点。这三个环节相互关联，一环出错，就收不到好效果。具体来说，要从以下五个方面加以注意。

（一）餐巾的选择

餐巾质地、色泽、规格的选择，应根据宴会主题和具体情况而定。若选用棉布制品，则应经过浆洗、熨烫，这样折出的花型才能挺括美观。

（二）注意清洁卫生

餐巾是卫生用品，若餐巾不干净或折花操作时不讲卫生，就会损害来宾的健康。经浆烫的餐巾一定要妥善保管。特别是夏季，温度、湿度都很高，餐巾极易霉变，所以应将浆烫后的餐巾放在通风干燥处，以便随时取用。此外，在折花操作前，操作者要洗净双手，剪短指甲，穿着干净的工作服；操作中不能用嘴咬餐巾，也不要多说话，以防唾沫溅到餐巾上。在放花入杯时，也要注意卫生，手指不允许接触杯口，杯身不允许留下指纹。

（三）准备好操作工具

操作工具的选用得当，可使操作者得心应手。因此，除注意餐巾的选择外，还应注意穿裥的筷子要圆滑干净，酒杯要清洁明净、大小适宜，操作台要平整光洁等方面的问题。

（四）选好花型，掌握要领，一次成型

根据宾客身份、宗教信仰、风俗习惯和爱好来选择花型。折花时，要对所选花型成竹在胸，并谙熟操作程序。姿势要正确，手法要灵活，用力要得当，角度要准确，折裥要均匀，力争一次成型。如果不得要领，一再返工，则会影响花型质量。

（五）注意餐巾花的摆放

主花要摆放在主位，一般餐巾花则摆放在其他宾客席上，高低均匀，错落有致。摆设时，还应将餐巾花的观赏面对着宾客席位，可摆设宜于正面观赏的花型，如摆放宜于侧面观赏的花型应按观赏的侧面角度摆放。餐巾花的摆放距离要均匀、整齐一致，不要遮挡餐具和台上用品，也不要影响服务操作。

五、餐巾折花的基本技法和要领

（一）餐巾折花的基本技法

餐巾花的折叠方法众多，但无论哪种花型、哪种方法，都有共同的基本操作技法和要领。这些技法，概括起来可分为叠、推折、卷、穿、攥、翻、拉、掰、捏九种。折叠不同类型的花型，须运用不同的折叠方法。折叠时，或单独运用一种手法，或穿插运用多种手法。

（1）叠。叠是将餐巾平行取中一折二、二折四、单层或多层叠，或成正方形、矩形，或斜折成三角形、菱形、梯形、锯齿形等各种几何图形。叠的要领是：要熟悉基本造型，叠时要看准折缝和角度一次叠成，如图2-1所示。

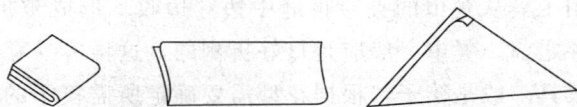

图2-1　叠

（2）推折。推折是折裥（打折）时运用的一种手法，就是将餐巾叠折成褶裥的形状，使花型层次丰富、紧凑、美观。折裥时，用双手的拇指和食指分别捏住餐巾两头的第一个折裥，两个大拇指相对成一条直线，指面向外；再用两手中指按住餐巾，并控制好下一个折裥的距离，拇指、食指的指面握紧餐巾向前推折至中指处，用食指将推折的裥挡住，用中指控制下一个折裥的距离。三个手指如此互相配合，要求均匀整齐，距离相等，每裥的高低、大小、宽度根据花型的不同需要而定。

折裥可分为直裥（平行推）和斜推两种。其折裥方法因此也有直推（平行推）和斜推两种。直裥的裥间距离相等，用直推法制作；多条斜裥形似扇状，折裥时用斜推法制作。方法是用一手固定所折叠餐巾的中点不动，另一手按直推法围绕中心沿圆弧形推折，其指法基本与直推相同，如图2-2所示。

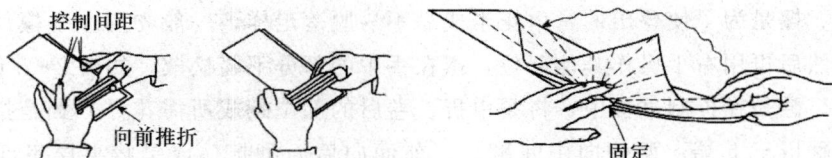

图2-2　推折的基本方法

推折的要领：工作的台面要干净光滑，否则推折时发涩，影响效果，还会将餐巾擦毛。推折时，拇指、食指要紧紧握裥向前推，用中指控制间距，不能向后拉，否则折裥距离大小不匀。要求对称的折裥，一般应从中间分别向两边推折。

（3）卷。卷是将餐巾卷成圆筒形并制出各种花型的一种手法。卷分为平行卷（直卷）和斜角卷（螺旋卷）两种。平行卷是将餐巾两头一起卷拢，操作时要卷得平直，两头大小一样，如树桩、海鸥等花型即用此法。斜角卷就是将餐巾一头固定，只卷一头，或是一头多卷、一头少卷，形成的卷筒一头大、一头小，如鸟尾、姜芽等花型均用此法，如图2-3所示。

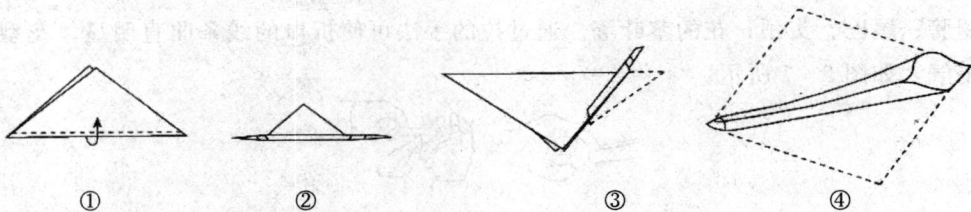

①　　　　　②　　　　　③　　　　　④

图2-3

卷的要领：平行卷要求两手用力均匀，同时平行卷动，餐巾两头形状一样；斜角卷要求两手能按所卷角度的大小，互相配合。不管用哪种卷法，都要求卷紧，卷得挺括，否则会显得松软无力，容易弯曲变形而影响造型。

（4）穿。穿是指用工具从餐巾的夹层折缝中边穿边收，形成皱折，使造型更加逼真、美观的一种手法。在穿之前，餐巾一般应是打好折裥的，这样容易穿紧，使形成的皱折饱满而富有弹性。穿的工具一般是筷子，根据花型需要确定所需筷子的根数。穿时左手握住折好的餐巾，右手拿筷子，将筷子的一头穿进餐巾的夹层折缝中，另一头顶在自己身上，然后用右手的拇指和食指将筷子上的餐巾一点一点地往里拉，直至把筷子穿过去。穿好后，要求将折花插进杯子，再把筷子抽掉，否则容易产生皱折且易松散，如图2-4所示。

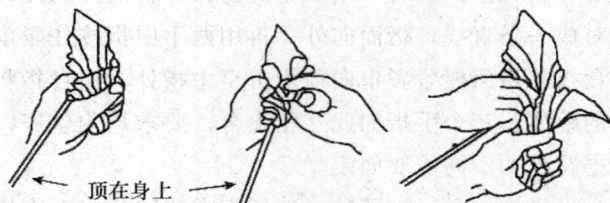

图2-4 穿

穿的要领：使用的工具要光滑、洁净。皱折要均匀，如"孔雀开屏"的花型需双层穿裥时，应先穿下层，再穿上层，这样，两层之间的折裥不易被挑出散开。

（5）攥。攥是为了使叠出的餐巾花半成品不易脱落走样，一般先用左手攥住餐巾的中部或下部，然后再用右手操作其他部位，攥在手中的部分不能松散，如图2-5所示。

（6）翻。翻是在折制过程中，将餐巾折、卷后的部位翻成所需花样。翻是指将餐巾的巾角从下端翻折至上端，两侧向中间翻折，前面向后面翻折，或是将夹层里面翻到外面等，以构成花、叶、芯、翅、头颈等形状，如图2-6所示。

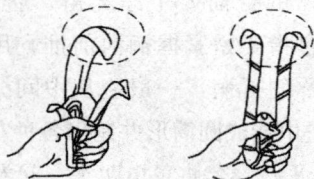

图2-5 　　　　　　　　　　图2-6

（7）拉。拉就是牵引，是在翻的基础上，为使餐巾造型挺直而使用的一种手法，如折鸟的翅膀、尾巴、头颈，花的茎叶等。通过拉的手法可使折巾的线条曲直明显，花型挺括而有生气，如图2-7所示。

图2-7 拉

翻与拉一般都在手中操作。一手握着已折成初具形状的花型，一手将下垂的巾角翻上，或将夹层翻边，拉折成所需的形状。在翻拉过程中，双手要配合好，根据需要松紧适度。在翻拉花卉的叶子及鸟类的翅膀时，要注意大小一致，距离相等，用力均匀，不要猛拉，否则会损坏花型。

（8）掰。掰是将餐巾叠好的层次，用右手按顺序一层层掰出花瓣，一般用于制作花束如月季花。掰时不要用力过大，掰出的层次或褶的大小距离要均匀，如图2-8所示。

（9）捏。捏主要是做鸟或其他动物的头时所使用的方法。操作时，用一只手的拇指、食指和中指进行。先将餐巾巾角的上端拉挺做头颈，然后用食指将巾角尖端向里压下，用中指与拇指将压下的巾角捏紧，捏成一个尖嘴，作为鸟头。鸟头的大小根据鸟体、鸟翅的大小而定，如图2-9所示。常见的鸟头形状有上翘嘴型、平尖嘴型、向下嘴型、弯角嘴型、先翻后捏而成的嘴型、特殊嘴型等。

图2-8 掰   图2-9 捏

（二）餐巾花的基础折叠法

基础折叠法就是将餐巾初步折叠成形的方法。掌握了基础造型方法，通过局部变化，就能折成多种花型。

（1）正方折叠法。正方折叠法如图2-10所示。巾角翻折变化有三种方法：一是先折角，如图2-11所示；二是叠成方形后再折角，如图2-12所示；三是折角错位翻折，再折裥，如图2-13所示。

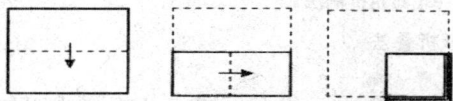

图2-10 正方折叠法   图2-11 正方巾角翻折方法一

图2-12 正方巾角翻折方法二   图2-13 正方巾角翻折方法三

（2）长方形折叠法。长方形折叠有两种方法：一是多层叠成窄长方形，如图2-14所示；二是双层平摊成宽长方形，如图2-15所示。

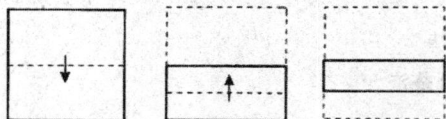

图2-14 长方形折叠法一   图2-15 长方形折叠法二

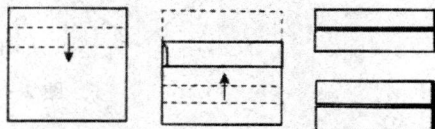

（3）长方翻角折叠法。长方翻角折叠如图2-16所示。巾角的翻折有单面翻角折法、两面双翻角折法、两面交叉翻角折法，如图2-17所示。

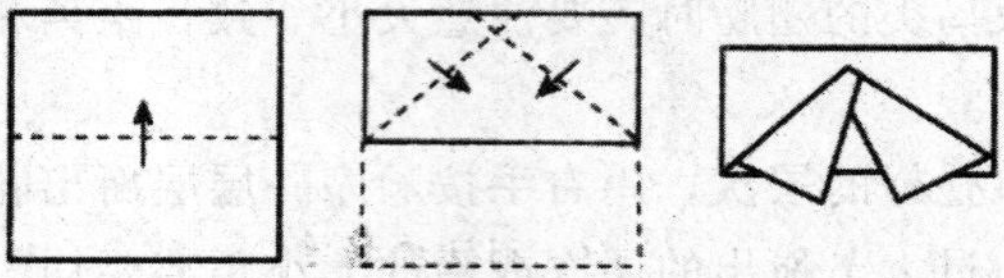

图2-16　长方翻角折叠法

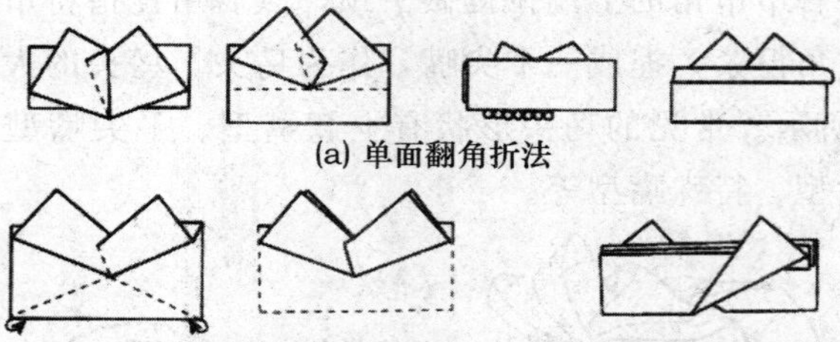

（a）单面翻角折法

（b）两面双翻角折法　　　　（c）两面交叉翻角折法

图2-17　长方巾角翻折方法

（4）条形折叠法。条形折叠法分平行折裥、对角折裥两种方法，如图2-18所示。

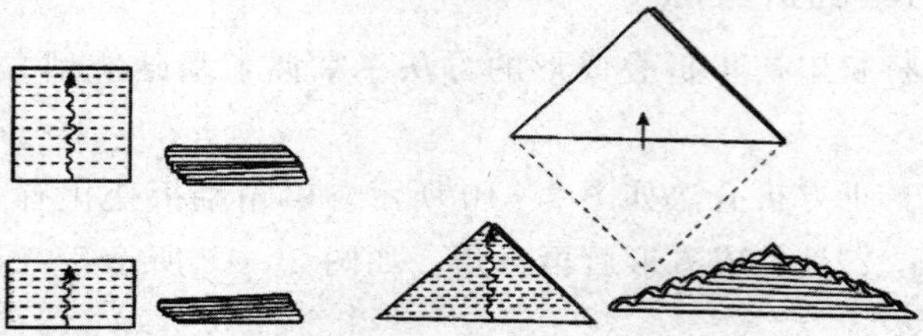

（a）平行折裥法　　　　（b）对角折裥法

图2-18　条形折叠法

（5）对角折叠法。对角折叠法是将餐巾的巾角对叠成三角形，或将其折叠成双层三角形的方法，如图2-19所示。

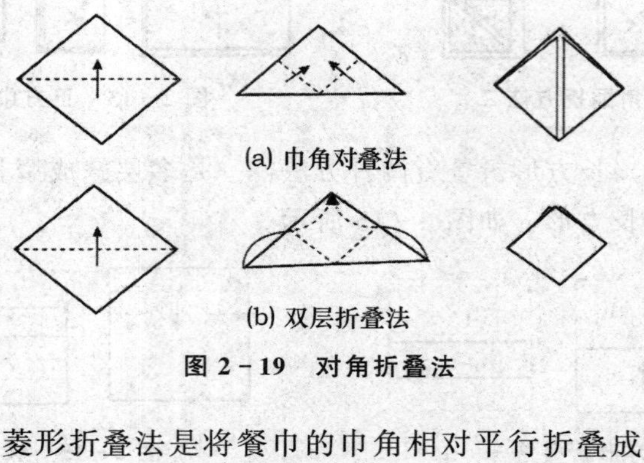

（a）巾角对叠法

（b）双层折叠法

图2-19　对角折叠法

（6）菱形折叠法。菱形折叠法是将餐巾的巾角相对平行折叠成菱形的方法，如图2-20所示。

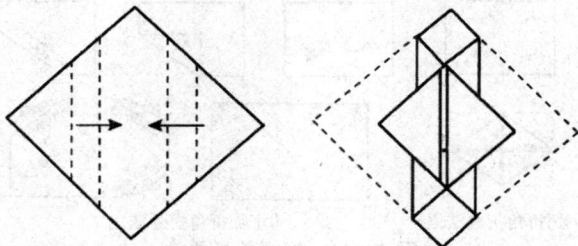

图 2 - 20　菱形折叠法

（7）错位折叠法。错位折叠法是使餐巾形成锯齿状，在原大锯齿的基础上，再错位交叉折叠成小锯齿状，或者将巾角重叠而形成双锯齿状的方法，如图 2 - 21 所示。

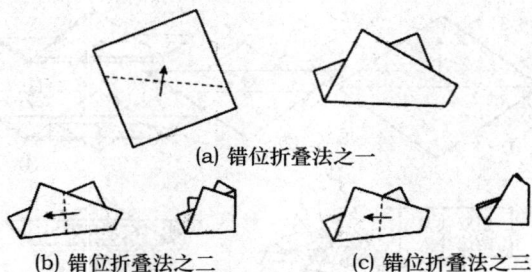

(a) 错位折叠法之一

(b) 错位折叠法之二　　　(c) 错位折叠法之三

图 2 - 21　错位折叠法

（8）尖角折叠法。尖角折叠法是先将餐巾的一角固定，然后从两边向中间折叠，或向中间卷折成尖角形的方法，如图 2 - 22 所示。

（9）提取翻折法。提取翻折法可用食指固定餐巾中心并转动四周巾边，再翻转顶起，如图 2 - 23 所示。

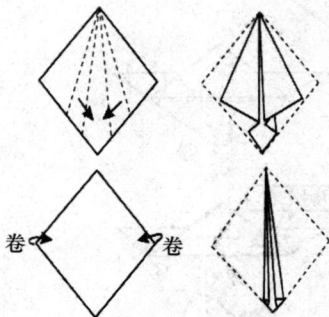

图 2 - 22　尖角折叠法

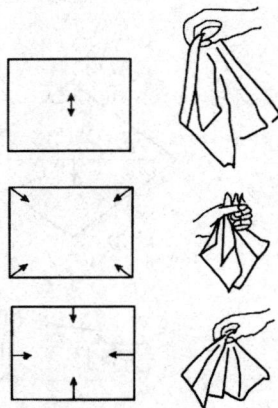

图 2 - 23　提取翻折法

（10）翻折角折叠法。翻折角折叠法是将餐巾的一角或数角通过造型或折裥后再进行翻折组合的一种折叠法，也可将餐巾的一角翻折、折裥，还可先将餐巾的一角或数角折叠成形，如图 2 - 24 所示。

45

(a) 翻折角折叠法之一　　　　(b) 翻折角折叠法之二

图 2-24　翻折角折叠法

六、常见的餐巾花

常见的餐巾花折叠示例，如图 2-25～图 2-45 所示。

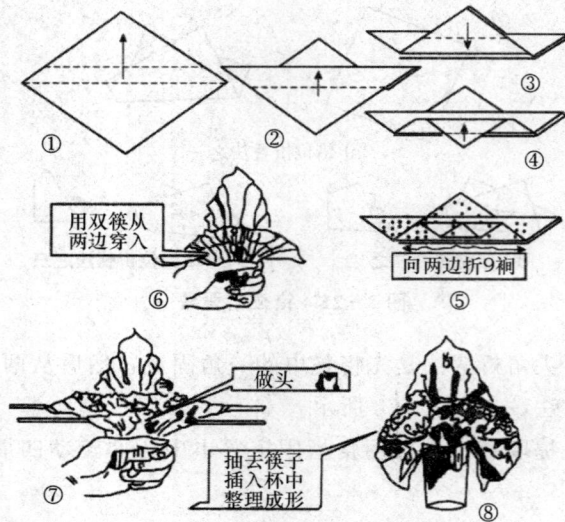

① ② ③ ④ ⑤ ⑥ ⑦ ⑧

用双筷从两边穿入

向两边折9裥

做头

抽去筷子插入杯中整理成形

图 2-25　孔雀开屏

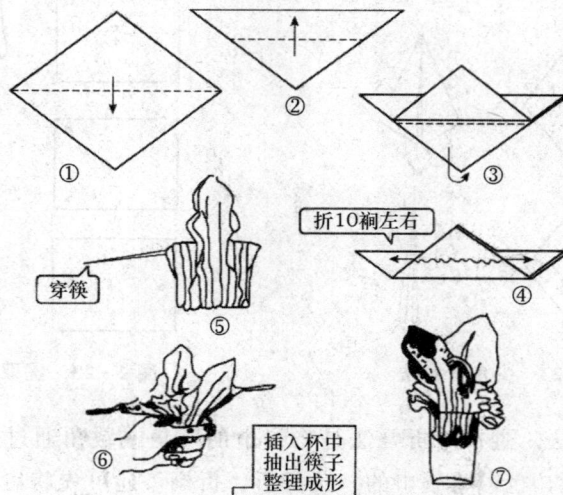

① ② ③ ④ ⑤ ⑥ ⑦

穿筷

折10裥左右

插入杯中抽出筷子整理成形

图 2-26　亭亭玉立

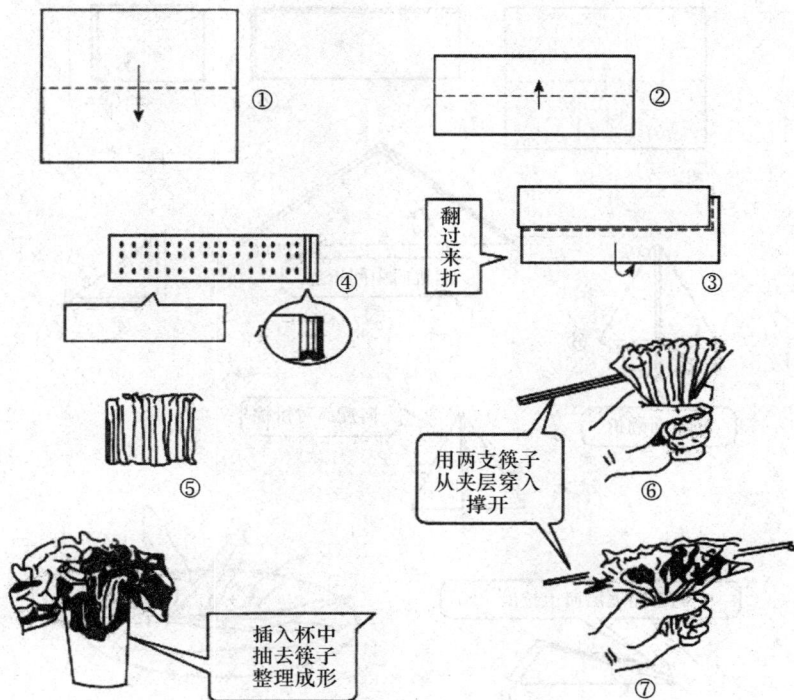

① ② ③

翻过来折

④ ⑤

用两支筷子从夹层穿入撑开 ⑥

⑦

插入杯中抽去筷子整理成形

图 2-27 单蕊鸡冠

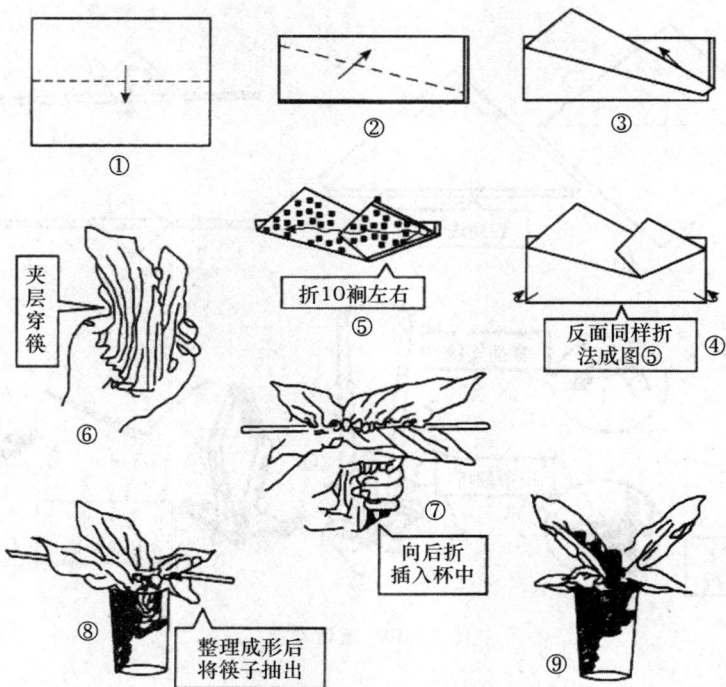

① ② ③

夹层穿筷

折10裥左右 ⑤

反面同样折法成图⑤ ④

⑥

⑦

向后折插入杯中

⑧ 整理成形后将筷子抽出

⑨

图 2-28 彩蝶纷飞

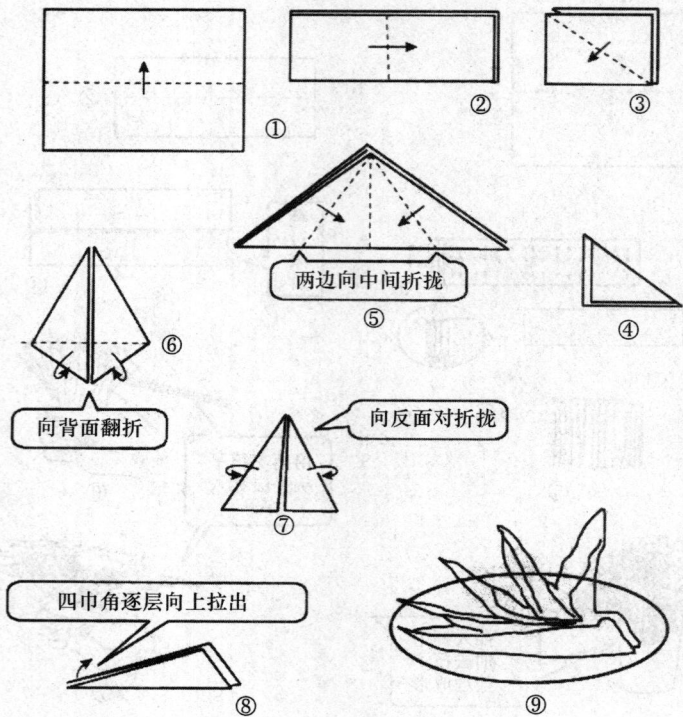

两边向中间折拢 ⑤

④

⑥

向背面翻折

向反面对折拢

⑦

四巾角逐层向上拉出

⑧

⑨

图 2 - 29 水仙盆景

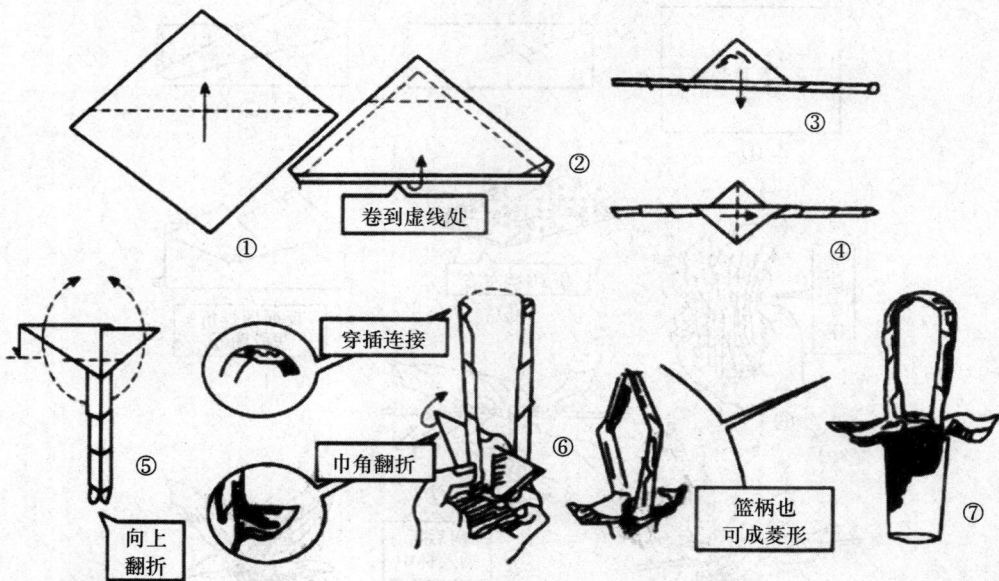

①

卷到虚线处

②

③

④

⑤

向上
翻折

穿插连接

巾角翻折

⑥

篮柄也
可成菱形

⑦

图 2 - 30 友谊花篮

①

②

折5中裥左右

对折

向下折拢 ③

④

向上翻折
插入杯中

⑤

⑥

掰开成芋芛叶状

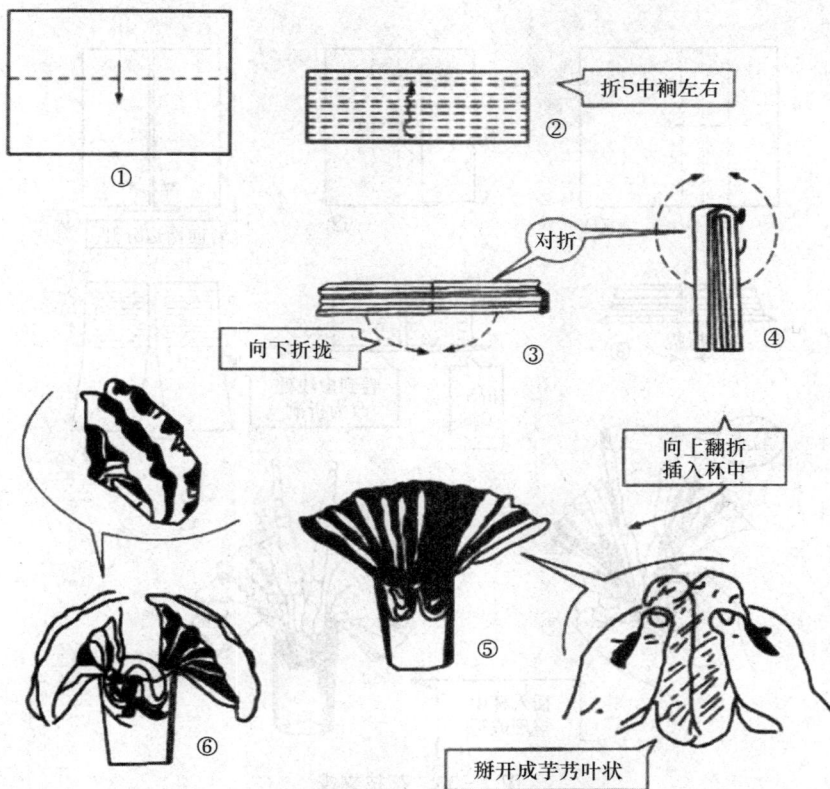

图 2-31 芋芛叶秀

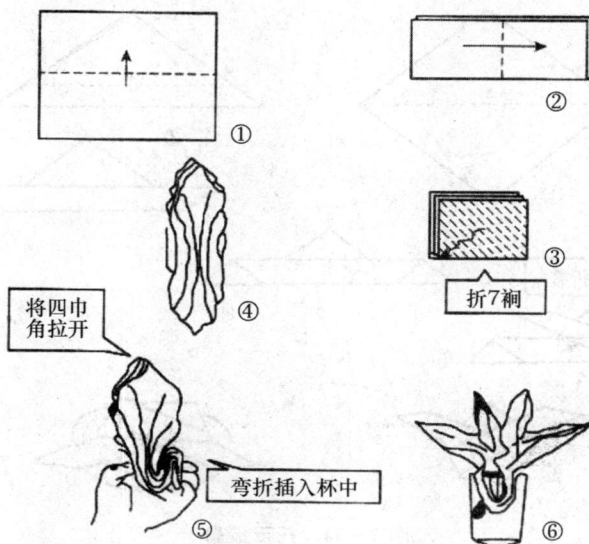

①

②

将四巾
角拉开

④

③

折7裥

弯折插入杯中

⑤

⑥

图 2-32 春芽四叶

① ② 向两边分开③

折拢⑥

折5~
6裥

卷到虚线处
改为折裥

拉直

④

⑤

插入杯中
整理成形

⑦

⑧

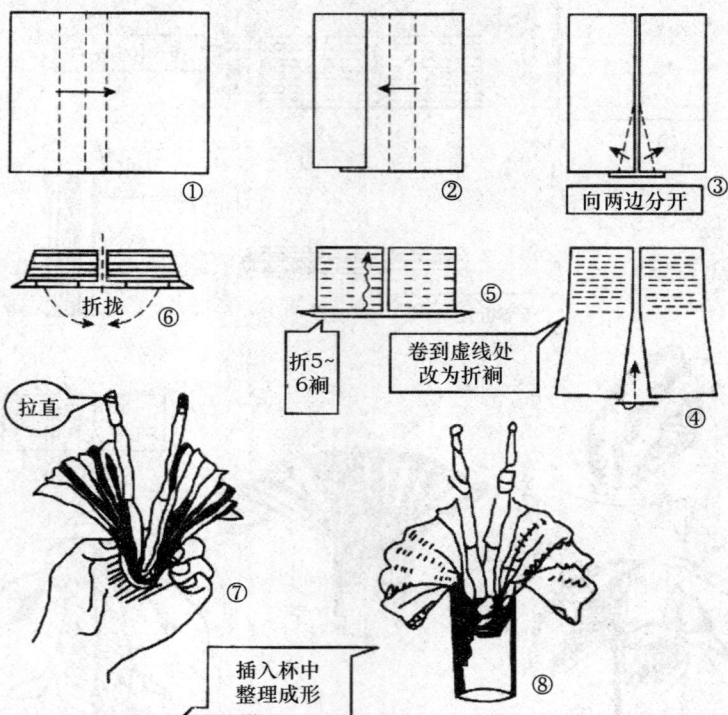

图 2-33 花枝蝴蝶

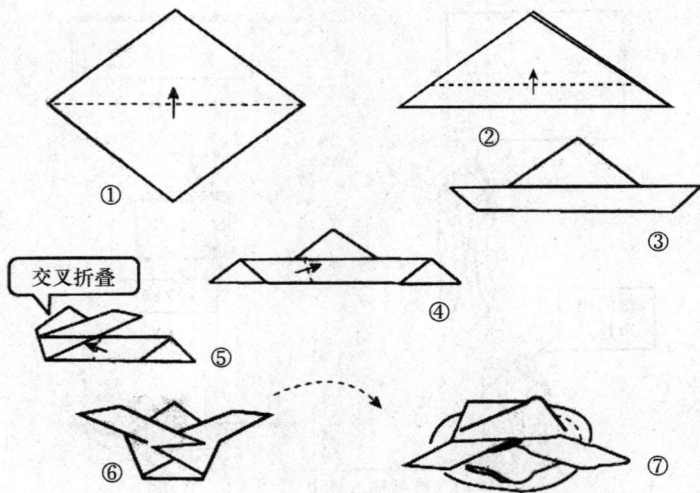

①

②

③

交叉折叠

④

⑤

⑥

⑦

图 2-34 托玉披肩

①

②

折10~12裥
④

③

用两根筷子分别
从两个夹层穿入
⑤

巾角
拉挺
⑥

抽去筷子
整理成形
⑦

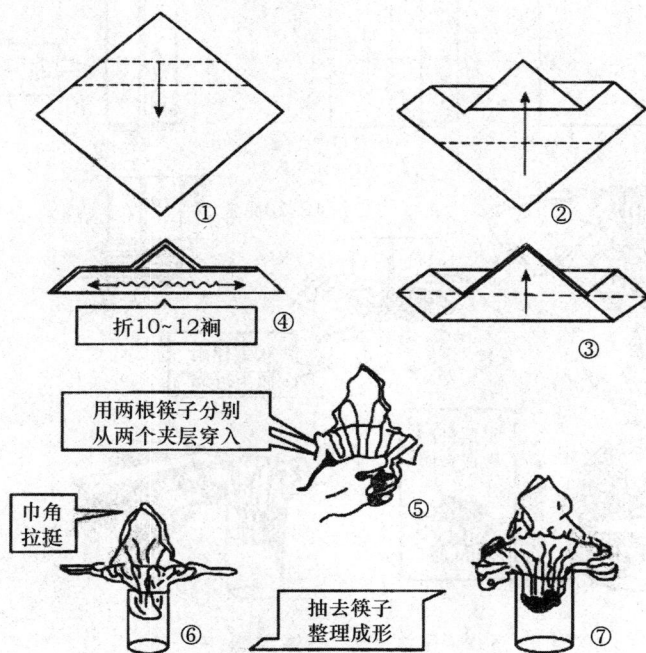

图 2 - 35　双叶鸡冠

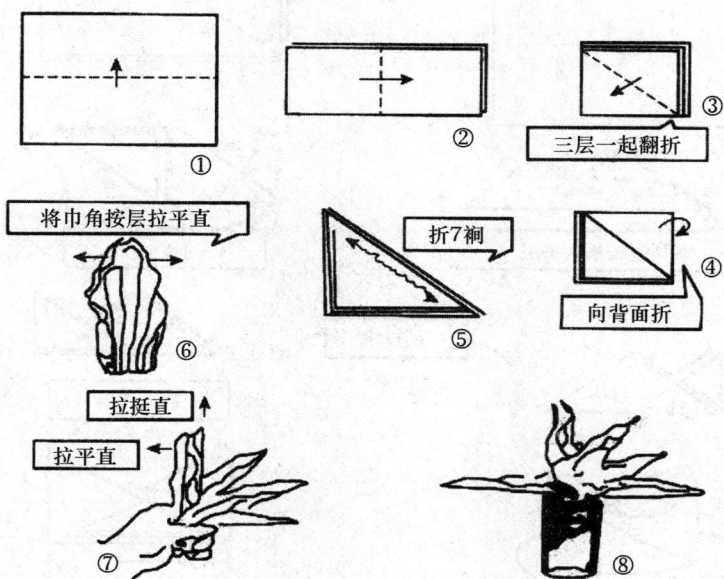

①

②

三层一起翻折
③

将巾角按层拉平直
⑥

折7裥
⑤

向背面折
④

拉挺直
拉平直
⑦

⑧

图 2 - 36　冰玉水仙

51

① ② ③

折7~8裥

④

12-13厘米

⑥

⑤ 双手捏裥
向下折拢

夹层外翻
做成鱼眼

⑦ ⑧

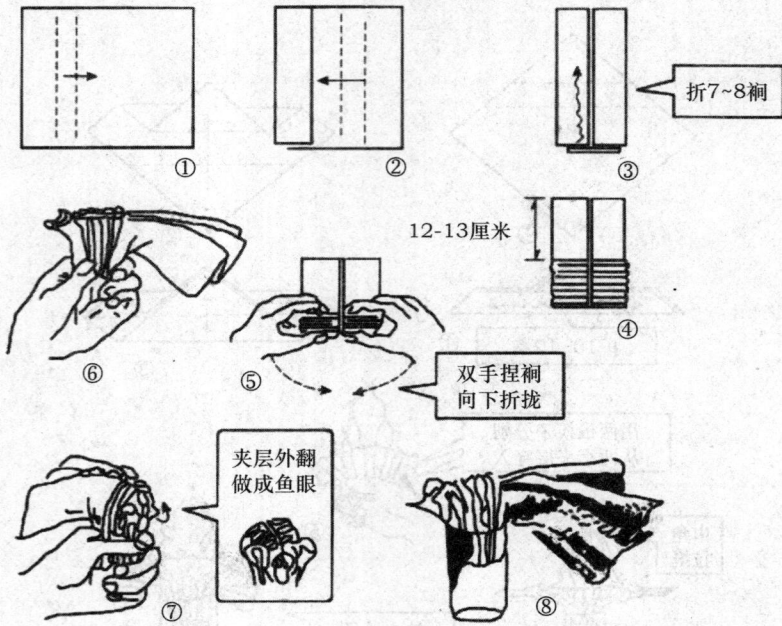

图 2-37 三尾金鱼

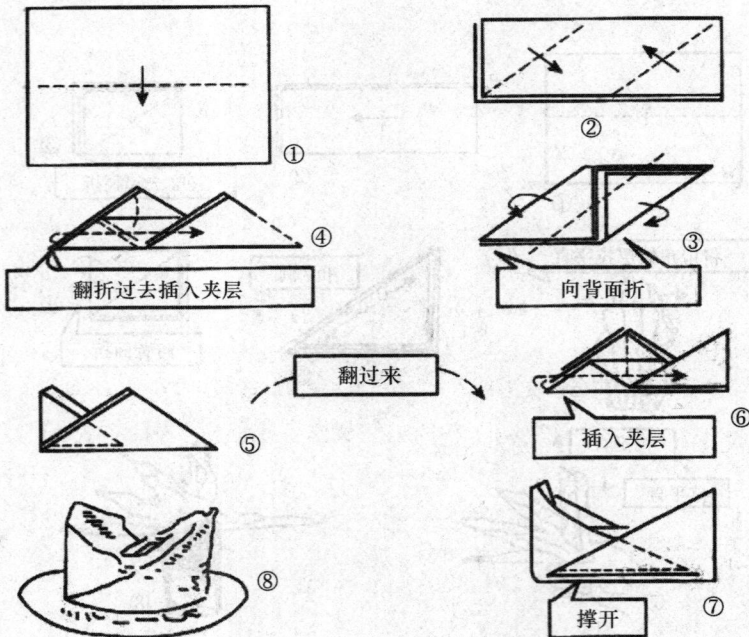

① ②

翻折过去插入夹层 ④ ③ 向背面折

翻过来

⑤ 插入夹层 ⑥

⑧ 撑开 ⑦

图 2-38 王公冠冕

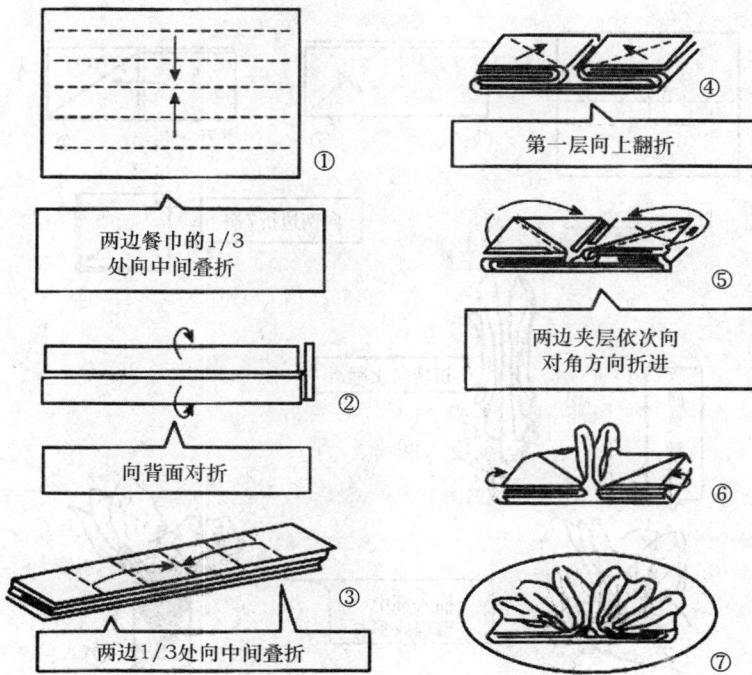

两边餐巾的1/3
处向中间叠折 ①

向背面对折 ②

两边1/3处向中间叠折 ③

第一层向上翻折 ④

两边夹层依次向
对角方向折进 ⑤

⑥

⑦

图 2-39 公主桂冠

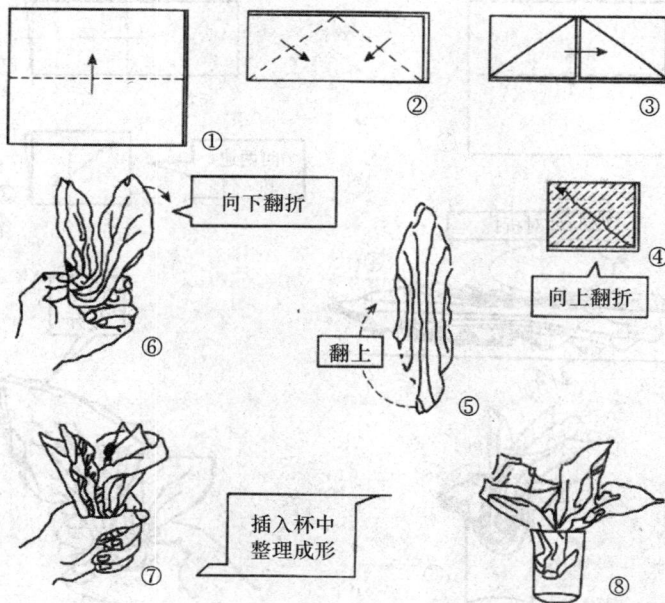

① ② ③

向下翻折

⑥

翻上 ⑤

向上翻折 ④

⑦ 插入杯中
整理成形

⑧

图 2-40 幽谷香兰

①

②

③

向两边折7裥

④

扭转向上翻折

向后翻折

⑤

插入杯中整理成形

⑥

⑦

图 2 - 41　杏花探春

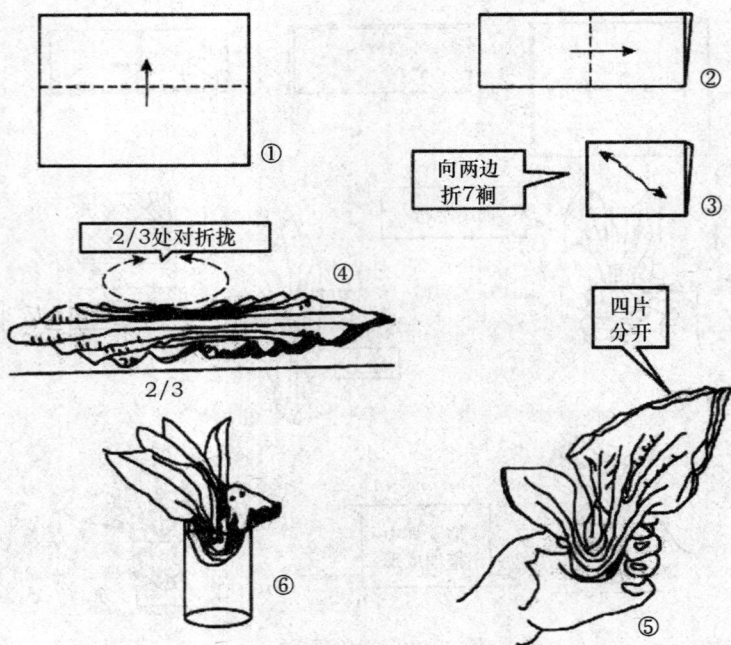

①

②

向两边折7裥

③

2/3处对折拢

④

2/3

四片分开

⑤

⑥

图 2 - 42　四尾金鱼

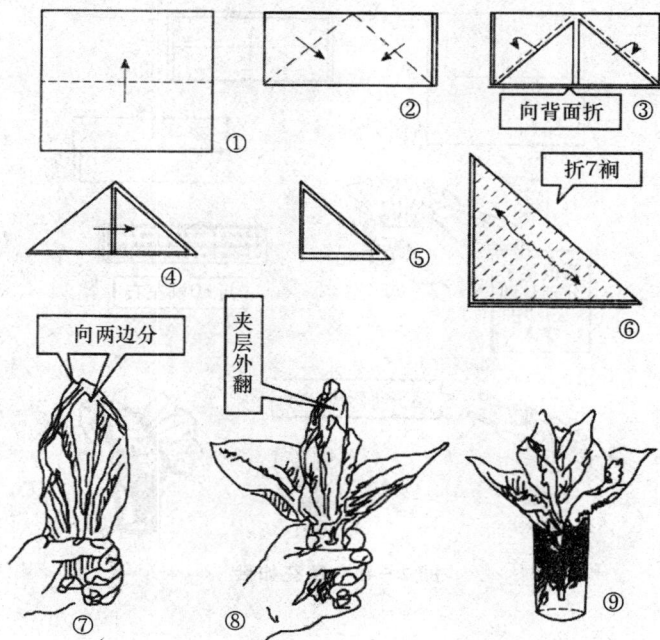

① ② ③ 向背面折

④ ⑤ 折7褶 ⑥

向两边分 夹层外翻

⑦ ⑧ ⑨

图 2 - 43 双蕊结蒂

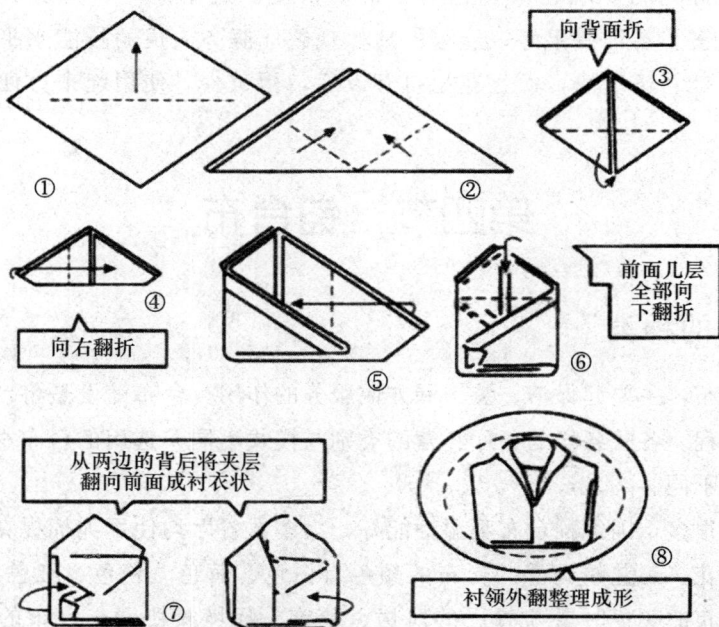

① ② ③ 向背面折

④ 向右翻折 ⑤ ⑥ 前面几层全部向下翻折

从两边的背后将夹层翻向前面成衬衣状

⑦ ⑧ 衬领外翻整理成形

图 2 - 44 翻领衬衫

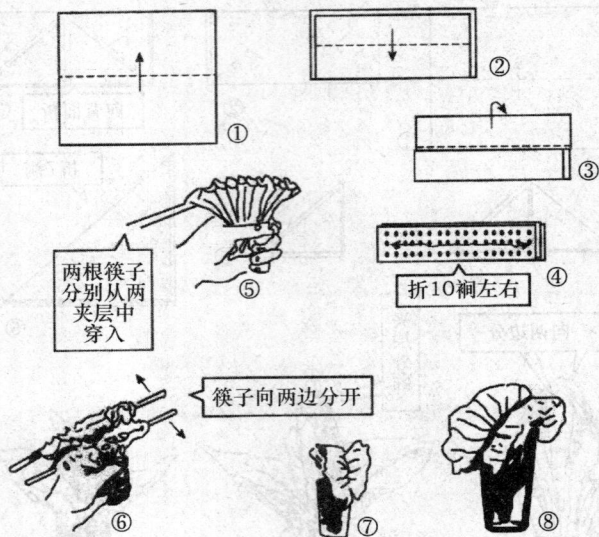

① ② ③

⑤ 两根筷子分别从两夹层中穿入

④ 折10褶左右

⑥ 筷子向两边分开

⑦ ⑧

图 2-45 槐花如云

七、餐巾折花发展趋向

饭店对餐巾折花的要求越来越趋向于折制快捷，造型简单、美观、大方，取放方便。杯花造型丰富、装饰效果好，能很好地体现餐厅服务人员的技能水平，但是盘花和环花因为折制简单、速度快，而且花型打开以后，褶皱少，使用起来方便，更受到饭店的欢迎。

第四节 铺台布

一、台布的种类

台布也称桌布，主要起保洁、装饰和方便服务的作用。台布铺设是将台布舒适平整地铺在餐桌上的过程。各式各样的餐厅经营的类别与模式不同，选用的台布材质、造型、花色等方面都有所不同。

台布的种类很多，因纯棉台布吸湿性能好，大多数餐厅均使用纯棉提花台布。台布的图案有团花、散花、工艺绣花等。台布的颜色有白色、黄色、粉色、红色、绿色、蓝色、紫色等。选择台布的颜色时要与餐厅的风格、装饰、环境相协调。台布的形状大体有四种：正方形、长方形、圆形和异形。正方形常用于方台或圆台；长方形则多用于西餐各种不同的餐台；圆形台布主要用于中餐圆台；高档的宴会则采用多层两种形状以上的台布，同时还分为台布与裙布。

二、铺台布的标准和方法

(一)铺台布的标准

台布正面向上,中间的凸缝正对主人位和副主人位,十字折纹的交叉点在餐桌的圆心,台布四周垂下部分基本均等,平整无皱纹。

(二)铺台布的方法

1. 推拉式

将折好的台布放在餐台上,用双手将台布打开,正面朝上,用两手的大拇指和食指分别抓住台布靠近身体的一边,其余三指快速抓住台布其余部分,用两手臂的臂力将台布贴着桌面向胸前合拢的同时,平直地向对面用力推出去再拉回来。铺好的台布十字居中,四角下垂均匀。这种方法适用于零点餐厅、规模较小的餐厅以及有客人在餐台旁等候用餐时使用。

2. 平铺式

将折好的台布放在餐台上,用双手将台布打开,正面朝上,用两手的大拇指和食指分别抓住台布靠近身体的一边,其余三指快速抓住台布其余部分后将台布提拿于胸前,注意两臂以中线为轴,间距要与肩同宽,身体呈正位站立式,利用双腕的力量将台布向前一次性抛出并平铺于餐台上。铺好的台布十字居中,四角下垂均匀。这种方法适用于西餐方台、大圆餐桌,或使用大圆形台布,或有客人在餐台旁候餐时使用。

3. 撒网式

将折好的台布放在餐台上,用双手将台布打开,正面朝上,用两手的大拇指和食指分别抓住台布靠近身体的一边,其余三指快速抓住台布其余部分,双手提拿起台布至身侧后方,上臂利用转体将台布斜着向前撒出去,将台布抛至前方时,上身同时转体回位,将台布平铺于台面上。铺好的台布十字居中,四角下垂均匀。这种方法适用于宴会厅或技能竞赛场合。

4. 肩上式

将折好的台布放在餐台上,用双手将台布打开,正面朝上,用两手的大拇指和食指分别抓住台布靠近身体的一边,其余三指快速抓住台布其余部分,将抓好的台布提起,放到肩上用力向对面打开。铺好的台布十字居中,四角下垂均匀。这种方法适用于宴会厅或技能竞赛场合。

三、铺台布的注意事项

(1)铺台布前,要将餐椅按照就餐人数摆放于餐台的四周。如果是10人圆桌,应将所需餐椅按照三三两两的并列状摆放;如果是方桌,则要视情况将餐椅规则摆放。

(2)服务人员应将双手洗净,并对准备铺用的每块台布进行仔细的检查,有残破、油液和皱褶的台布则不能继续使用。

（3）铺台布时，台布不能接触地面，拿捏在拇指和食指中的台布要适当，用力要得当，动作要熟练，一次铺开并到位。

（4）台布向自身拉回时，注意快慢得当，防止回拉过多，否则难以前后调整。

（5）服务人员在铺设台布的整个过程中要自然、大方、轻松、面带微笑、动作优美。

第五节　摆台

摆台主要是指餐桌席位的安排和台面的摆设。摆台技术是餐厅服务人员的基本功，是宴会设计的重要内容。在承办酒席宴会时，摆设一桌造型美观的台面，不仅为顾客提供了一个舒适的就餐场所和一套必需的就餐用具，而且能给顾客以赏心悦目的艺术享受，给酒席宴会增添隆重的喜庆气氛。因此，餐厅服务人员不仅要有较高的摆台技能，还必须要有较高的艺术修养。

摆台可分为中餐摆台和西餐摆台两大类。根据各地宾客饮食习惯的不同，宾客就餐的形式、规格的不同，所摆设的餐具种类、件数及台面的造型都有所不同，而且各饭店均有各自独特的摆台方式，因此不可能完全统一。但是，所摆设的台面必须遵循整洁有序、尊重食俗、适应需求、配套齐全、方便就餐、方便服务、形式多样、艺术美观的原则。所以，摆台总的要求如下：

所摆设的台面要确保卫生，从台布、餐具、餐巾乃至餐椅，都要符合卫生要求。

餐台、餐椅的排列要整齐有序，既便于宾客就餐和活动，又确保服务工作的顺利进行。

台面设计要尊重宾客的风俗习惯，符合宾客的礼仪形式。

根据就餐形式和规格设计台面，配备餐具和用具。

餐台的设计要符合宴席的性质，力求造型逼真、艺术、美观。

餐具摆放要有条理，先后有序，操作顺手。

一、中餐摆台

各地区、各饭店的中餐摆台基本相同。在摆台时，主要依据餐厅档次、就餐规格和就餐需要来选择相应的餐具进行摆设。中餐摆台所使用的餐具通常有餐碟（又称骨碟）、味碟、筷架、筷子、汤碗、汤勺、不锈钢制的长柄勺（用作个人用餐具或公用餐具）；中餐饮具通常为水杯（也称啤酒杯）、红酒杯、白酒杯（也称烈性酒杯）；公用餐具，如公筷、公勺；其他还有调味品、牙签、席签（座次卡）、台签（席次卡）、花瓶、烟灰缸等。

（一）中餐零点摆台

1. 台面定位

4人方台，采取十字对称法。

6人圆台，采用一字对中、左右对称法。

8人圆台，采用十字对中、两两对称法。

10 人圆台，采用一字对中、左右对称法。

12 人圆台，采用十字对中、两两相间法。

2. 用具摆放

（1）铺台布。中餐圆桌铺台布的常用方法有推拉式、平铺式、撒网式。

（2）摆放转盘。为方便客人就餐，八人桌以上需摆放转盘，要求转动自如，不偏不倚。

（3）摆放餐碟。要求餐碟间距相等，餐碟边与桌边相距 1.5 厘米（一指宽）。

（4）摆放汤碗、汤勺。汤碗放在餐碟前面的左侧，相距 1 厘米，汤勺摆在汤碗内，勺把朝左。

（5）摆放筷子、筷架。筷架摆放在餐碟右侧，筷子与餐碟相距 1 厘米，筷尾距桌边 1.5 厘米。

（6）摆放水杯。水杯放在餐碟正前方 3 厘米处（两指宽）。

（二）中餐宴会摆台

举办正式宴会，应当提前排定桌次和席次，或者只排定主桌席位，其他只排桌次。桌、席排次时，先定主桌主位，后排座位高低。

1. 中式宴会的桌次安排

中式宴会通常为 8～12 人一桌，人数较多时也可以平均分成几桌。在宴会不止一桌时，要安排桌次。其具体原则如下：

（1）以右为上。当餐桌分为左右时，以面门为据，居右之桌为上，如图 2-46 所示。

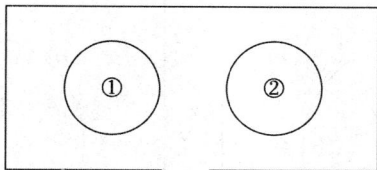

图 2-46　台右为上

（2）以远为上。当餐桌距离餐厅正门有远近之分时，以距门远者为上，如图 2-47 所示。

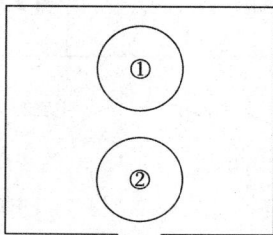

图 2-47　以远为上

（3）居中为上。多张餐桌并列时，以居于中央者为上，如图 2-48 所示。

（4）在桌次较多的情况下，上述排列常规往往交叉使用，如图 2-49 所示。

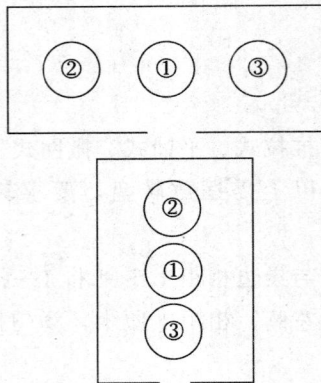

图 2-48　居中为上

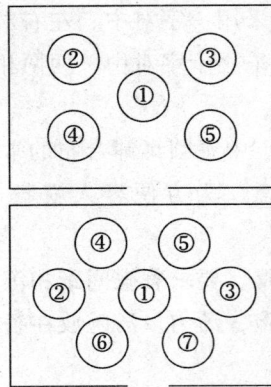

图 2-49　交叉使用

2. 中式宴会的席次安排

席次指同一餐桌上的席位高低。排列席次的原则如下：

（1）面门为上。即主人面对餐厅正门。有多位主人时，双方可交叉排列，离主位越近地位越尊。

（2）主宾居右。即主宾在主位（第一主位）右侧。

（3）好事成双。即每张餐桌人数为双数，吉庆宴会尤其如此。

（4）各桌同向。即每张餐桌的排位均大体相似。

中式宴会的席次安排，如图 2-50～图 2-52 所示。

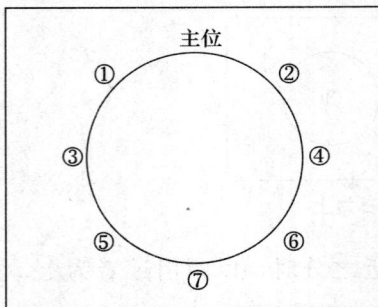

图 2-50　8 人台示意图

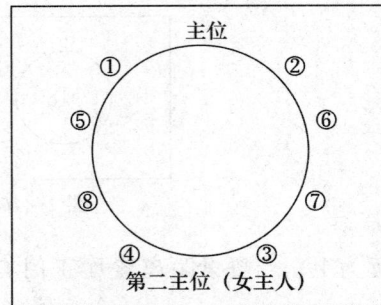

图 2-51　10 人台示意图

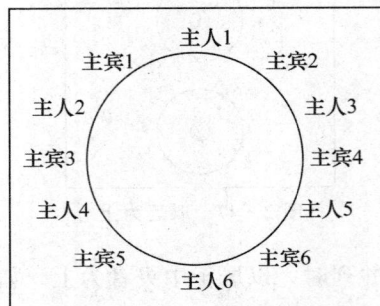

图 2-52　12 人台示意图

3. 台面摆设

以 10 人座位宴会台面所需物品为例：台布 1 块、餐巾 10 块、装饰物 1 个、餐碟 10 个、汤碗 10 个、汤勺 10 把、味碟 10 个、筷架 12 个、筷子 12 双、长柄勺 12 把、葡萄酒杯 10 个、白酒杯 10 个、水杯 10 个、牙签套 10 个。

（1）铺台布。中餐宴会使用圆桌，要根据桌子的规格选择与之相匹配的台布，铺好的台布台面平整，十字居中，下垂均等，不能着地。

（2）餐碟定位。将餐碟摆放在垫好餐巾的托盘内（托盘防滑，也可不垫餐巾），左手端托盘，右手摆放。从第一主人位开始按照顺时针方向依次摆放。碟与碟之间距离相等，碟距桌边 1.5 厘米（约一指宽）。主人、副主人位的餐碟应摆放于台布凸线的中心位置。若餐碟印有图案的，图案要正面示人。

（3）摆味碟。味碟位于餐碟正上方，相距 1 厘米。

（4）摆汤碗、汤勺。汤碗位于味碟左侧 1 厘米处，汤碗中心与味碟中心在一条直线上，汤勺放置于汤碗中，勺把朝左，与餐碟平行。

（5）摆筷架、筷子、长柄勺、牙签。筷架摆在餐碟右边，与味碟中心在一条直线上；筷子、长柄勺搁摆在筷架上，（长柄勺靠近餐碟，筷子在长柄勺右侧），长柄勺距餐碟 3 厘米；筷尾距餐桌沿 1.5 厘米；筷套正面朝上；牙签位于长柄勺和筷子之间，牙签套正面朝上，底部与长柄勺齐平。

（6）摆放葡萄酒杯、白酒杯、水杯。葡萄酒杯在味碟正上方 2 厘米，白酒杯摆在葡萄酒杯的右侧，水杯位于葡萄酒杯左侧，杯肚间隔 1 厘米；三杯成斜直线，向右与汤碗、味碟中心的水平线呈 30°。如果折的是杯花，水杯待餐巾花折好后一起摆上桌。

（7）摆公用餐具。公用餐具要摆放在正、副主人的正上方，与水杯间距 1 厘米，按先筷后勺顺序将筷、勺搁在公用筷架上，筷子末端及勺柄向右。

（8）摆放宴会菜单、装饰物、台号。一般 10 人座放两份菜单，正、副主人筷架右侧各摆放一份，高级宴会可在每个餐位放一份菜单。转台正中摆放花瓶或其他装饰物。台号牌摆放在花瓶（或其他装饰物）正前方。

如需摆放烟灰缸、火柴。则在正、副主人位的右前方各摆放一个烟灰缸，其余位置可酌情摆放。烟灰缸的边缘摆放火柴，正面朝上。

4. 摆台后的检查

摆台后再次检查台面餐具有无遗漏、破损，餐具摆放是否符合规范，餐具是否清洁光亮，餐椅是否配齐。

中餐宴会摆台如图 2-53 所示。

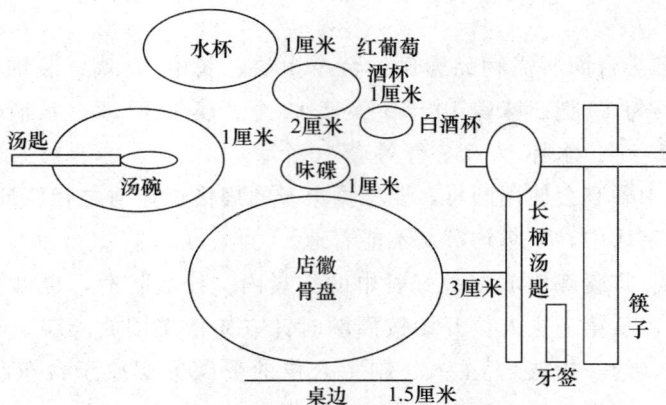

图 2-53 中餐宴会摆台平面示意图

5. 中餐宴会摆台考核表

（1）仪容仪表考核标准。

项目	细节要求	分值	得分
头发 （1.5分）	男士		
	1. 后不盖领	0.5	
	2. 侧不盖耳	0.5	
	3. 干净、整齐，着色自然，发型美观大方	0.5	
	女士		
	1. 后不过肩	0.5	
	2. 前不盖眼	0.5	
	3. 干净、整齐，着色自然，发型美观大方	0.5	
面部 （0.5分）	男士：不留胡须及长鬓角	0.5	
	女士：淡妆	0.5	
手及指甲 （1.5分）	1. 干净	0.5	
	2. 指甲修剪整齐	0.5	
	3. 不涂有色指甲油	0.5	
服装 （1.5分）	1. 符合岗位要求，整齐干净	0.5	
	2. 无破损、无丢扣	0.5	
	3. 熨烫挺括	0.5	
鞋 （1.0分）	1. 符合岗位要求的黑色皮鞋（中式铺床选手可为布鞋）	0.5	
	2. 干净，擦拭光亮、无破损	0.5	
袜子 （1.0分）	1. 男深色、女浅色	0.5	
	2. 干净、无褶皱、无破损	0.5	
首饰及徽章 （1.0分）	1. 不佩戴过于醒目的饰物	0.5	
	2. 选手号牌佩戴规范	0.5	

项目	细节要求	分值	得分
总体印象 （2.0分）	1. 举止：大方，自然，优雅	1.0	
	2. 礼貌：注重礼节礼貌，面带微笑	1.0	
合计		10	

（2）中餐宴会摆台考核标准。

项目	要求与评分细则	分值	得分
装饰布 （3分）	一次完成，两次扣0.5分，三次及以上不得分	1	
	装饰布平整	1	
	下垂均等	1	
台布 （5分）	一次完成，两次扣0.5分，三次及以上不得分	1	
	台布定位准确，十字居中	1	
	凸缝朝向主、副主人位	1	
	台面平整	1	
	下垂均等	1	
餐椅定位 （6分）	从主人位开始拉椅定位	0.5	
	座位中心与餐碟中心对齐	1.5	
	餐椅之间距离均等	3	
	餐椅座面边缘与台布下垂部分相切	1	
餐碟定位 （10分）	碟间距离均等	5	
	相对餐碟与餐桌中心点三点一线	2	
	距桌沿1.5厘米	2	
	操作卫生，手拿餐碟边缘部分	1	
味碟、汤碗、汤勺（5分）	味碟位于餐碟正上方，相距1厘米	2	
	汤碗摆放在味碟左侧1厘米处	1	
	汤碗中心与味碟中心在一条直线上	1	
	汤勺放置于汤碗中，勺把朝左，与餐碟平行	1	
筷架、筷子、长柄勺、牙签（12分）	筷架摆在餐碟右边，与味碟中心在一条直线上	2	
	筷子、长柄勺搁摆在筷架上，（长柄勺靠近餐碟，筷子在长柄勺右侧），长柄勺距餐碟3厘米	5	
	筷尾距餐桌沿1.5厘米	2	
	筷套正面朝上	1	
	牙签位于长柄勺和筷子之间，牙签套正面朝上，底部与长柄勺齐平	2	

续表

项目	要求与评分细则	分值	得分
葡萄酒杯、白酒杯、水杯（10分）	葡萄酒杯在味碟正上方	1	
	葡萄酒杯与味碟间隔2厘米	1	
	白酒杯摆在葡萄酒杯的右侧，杯肚间隔1厘米	2	
	水杯位于葡萄酒杯左侧，杯肚间隔1厘米	2	
	三杯成斜直线，向右与汤碗、味碟中心的水平线呈30度角。如果折的是杯花，水杯待餐巾花折好后一起摆上桌	3	
	操作卫生，手拿杯柄或中下部	1	
餐巾折花（10分）	花型突出主位	1	
	花型符合主题、整体协调	1	
	花型逼真、美观大方	4	
	折叠手法正确、卫生	4	
公用餐具（4分）	公用餐具摆放在正副主人的正上方	2	
	按先筷后勺顺序将筷、勺搁在公用筷架上（设两套）公用筷架与正副主人位水杯间距1厘米，筷子末端及勺柄向右	2	
主题设计与装饰物（10分）	台面设计主题明确	2	
	台面设计特色鲜明	2	
	主题装饰物摆在台面正中	1	
	主题装饰物造型精美	2	
	主题装饰物体量、高度得当	1	
	主题设计说明简洁明了	1	
	主题装饰物环保、经济	1	
菜单（2分）	两份菜单分别摆放在正副主人的筷子架右侧	2	
托盘（3分）	餐用具等分类按序摆放，杯具在托盘中杯口朝上	2	
	用左手胸前托法将托盘托起，托盘位置高于选手腰部	1	
综合印象（10分）	餐用具颜色、规格协调统一	3	
	餐用具方便客人使用	1	
	台面整体美观、具有强烈艺术美感	3	
	脸带微笑，举止优雅	1	
	动作娴熟，轻拿轻放	2	
合计		90	

二、西餐摆台

(一)西餐零点摆台

1. 西餐早餐摆台（如图 2 - 54）

西餐早餐摆台一般是在咖啡厅内提供的，可分为美式早餐、欧陆式早餐及零点早餐等，它们的摆台方法略有差异。基本摆法如下：

（1）铺台布、摆餐椅。

（2）装饰盘与刀、叉、匙。在餐椅正对处摆放装饰盘，装饰盘离桌沿 1.5 厘米，将折好的餐巾花摆放在装饰盘上；装饰盘的左侧放一把餐叉，叉面朝上；右侧放餐刀，刀口向装饰盘方向；汤匙放餐刀的右侧，匙面朝上；刀叉距装饰盘 1 厘米，餐刀与汤匙之间的距离是 0.5 厘米，刀、叉、勺下端在一条直线上，距桌沿 1.5 厘米。

（3）面包盘与黄油刀。面包盘在餐叉左侧，相距餐叉 1 厘米，面包盘中心与装饰盘中心沿水平方向对齐，黄油刀置于面包盘上右侧边沿 1/3 处，与餐叉平行，刀刃处向左。

（4）水杯。餐刀正前方 2 厘米处摆放水杯。

（5）咖啡杯具。汤匙右侧摆放咖啡杯和咖啡碟，杯把和匙柄朝右。

（6）其他。调味盅、牙签筒、烟灰缸等摆放在餐台中心位置上。

图 2 - 54　西餐早餐摆台

2. 西餐午、晚餐摆台

西餐午、晚餐摆台是在早餐摆台的基础上撤去咖啡杯具，增加甜品勺和甜品叉。甜品叉横放于装饰盘正上方，叉柄朝左。在甜品叉的上方，与甜品叉平行摆放甜品勺，勺柄朝右。

(二)西餐宴会摆台

1. 西式宴会的桌席排位

西式宴会的餐桌习惯用长桌，或是根据人数多少、场地大小自行设置，如图 2 - 55 所示。

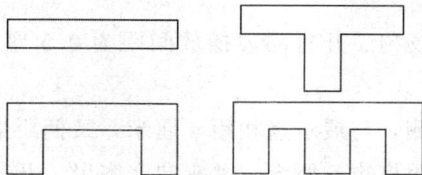

图 2 - 55　西式宴会台型

西式宴会的席次排位也是讲究右高左低，同一桌上席位高低以距离主人座位远近而定。如果男、女主人并肩坐于一桌，则男左女右，尊女主人坐于右席；如果男、女主人各居一桌，则尊女主人坐于右桌；如果男主人或女主人居于中央之席，面门而坐，则其右方之桌为尊，右手旁的客人为尊；如果男、女主人一桌对坐，则女主人之右为首席，男主人之右为次席，女主人之左为第三席，男主人之左为第四席，其余位次依顺序而分，如图2-56所示。

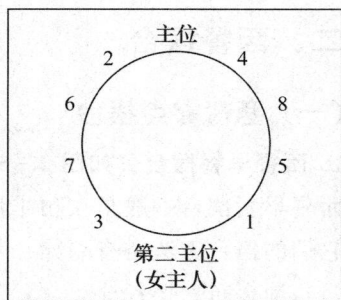

图 2-56　西式宴会席次排位示意图一

西式宴会的席次一般根据宾客地位安排，女宾席次依据丈夫地位而定。也可以按类别分坐，如男女分坐、夫妇分坐、华洋分坐等。在我国用西餐宴请客人，通常采用按职务高低和男女分坐的方式，如图 2-57 所示。

图 2-57　西式宴会席次排位示意图二

2. 台面摆设

（1）摆展示盘。可用托盘端托，把展示盘托起，从主人位开始，按顺时针方向用右手将展示盘摆放于餐位正前方，盘内的店徽图案要端正，盘边距桌边1.5厘米，展示盘间的距离要相等。

（2）摆餐刀、餐叉、餐勺。从展示盘的右侧依顺序摆放餐刀、叉、勺。摆放时，应手拿刀、叉、勺柄处，从主菜刀开始摆。

①主菜刀摆放于展示盘的右侧，与餐台边呈垂直状，刀柄距桌边1.5厘米，刀刃向左，与展示盘相距1厘米。

②鱼刀距桌边5厘米，汤勺、开胃品刀摆放间距为0.5厘米，手柄距桌边1.5厘米，刀刃向左，勺面向上。

③主菜叉放于展示盘左侧，与展示盘相距1厘米，叉柄距桌边1.5厘米。

④摆放鱼叉时，鱼叉柄距桌边5厘米，叉头向上突出。开胃品叉叉面向上，叉柄与主菜叉柄平行，叉与叉间距为0.5厘米。

⑤甜品叉放在展示盘的正前方，叉柄向左与展示盘相距1厘米。甜品勺放在甜品叉的正前方，与叉平行，勺柄向右，与甜品叉相距0.5厘米。

（3）摆面包盘、黄油刀、黄油碟。

开胃品叉左侧1厘米处摆面包盘，面包盘中心点与展示盘中心点在一条直线上。黄油刀置于面包盘上右侧边沿1/3处，刀刃向左。黄油碟摆放在黄油刀尖正上方，相距3厘米。

（4）摆杯具。

①白葡萄酒杯摆在开胃品刀的正上方，杯底中心在开胃品刀的中心线上，杯底距开胃品刀尖2厘米。

②红葡萄酒杯摆在白葡萄酒杯的左上方，杯底中心与白葡萄酒杯杯底中心的连线与餐台边成45°角，杯壁间距为1厘米。

③水杯摆在红葡萄酒杯的左上方，杯底中心与白葡萄酒杯、红葡萄酒杯杯底中心的连线与餐台边成45°角，杯壁间距为1厘米。

（5）摆放餐巾。

餐巾折盘花放于展示盘内，餐巾折花花型搭配适当，将观赏面朝向客人。

（6）摆花瓶、烛台和椒、盐瓶。

花瓶置于桌子正中心，两个烛台分别摆在台布的中心线上、距花瓶20厘米的位置。牙签筒距烛台10厘米，椒、盐瓶、烟灰缸与牙签呈十字形，椒、盐瓶间距1厘米，与牙签、烟灰相距2厘米。火柴平架在烟灰缸上端，画面向上。公用具均在台布中线上。

上述摆放的示意图，如图2-58和图2-59所示。

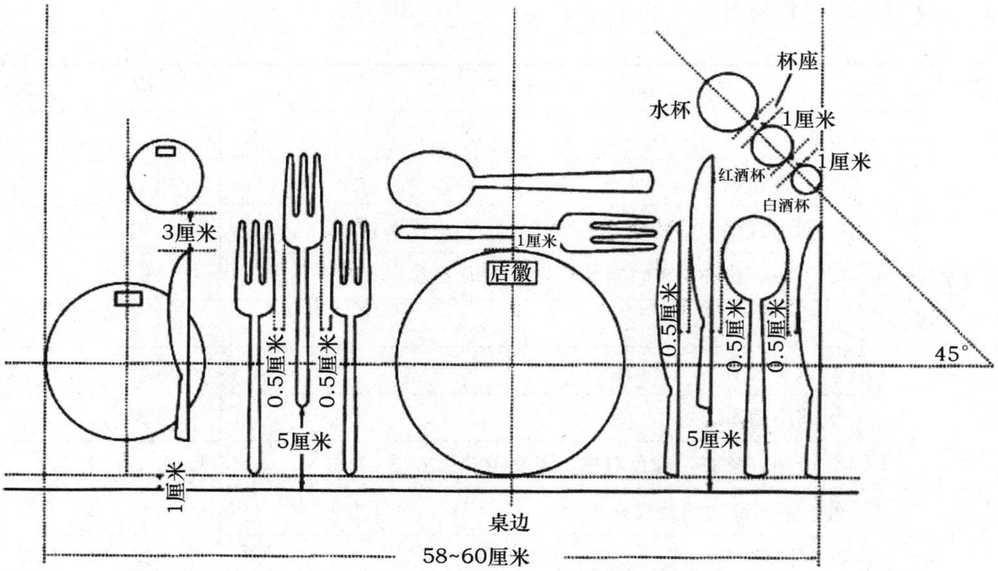

图2-58　平面示意图

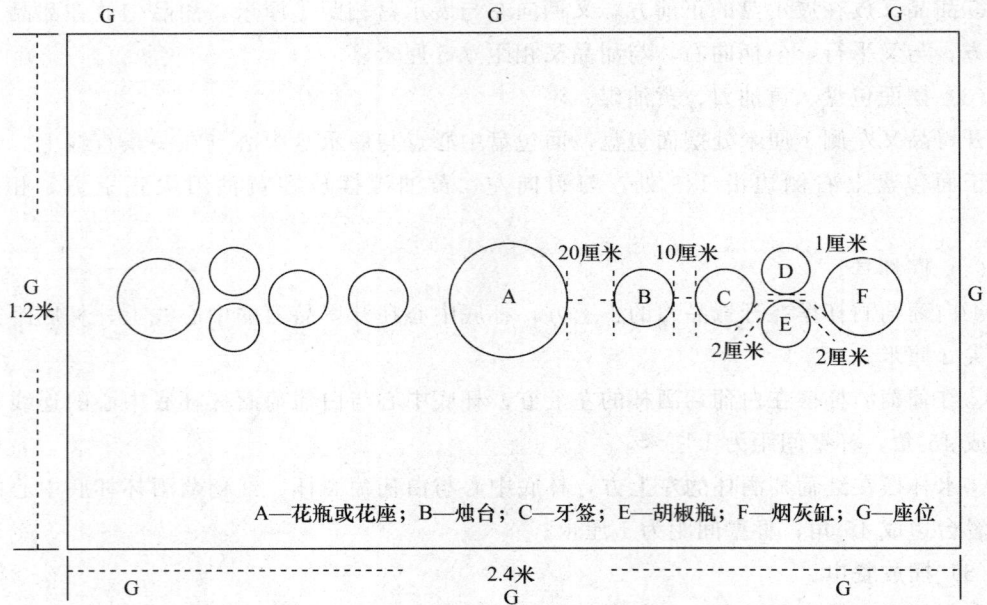

图 2-59　西餐宴会附加用品摆放示意图

A—花瓶或花座；B—烛台；C—牙签；E—胡椒瓶；F—烟灰缸；G—座位

3. 摆台后的检查

摆台后再次检查台面餐具有无遗漏、破损，餐具摆放是否符合规范，餐具是否清洁光亮，餐椅是否配齐。

4. 西餐宴会摆台考核表

（1）仪容仪表考核标准。

项目	细节要求	分值	得分
头发 （1.5分）	男士		
	1. 后不盖领	0.5	
	2. 侧不盖耳	0.5	
	3. 干净、整齐，着色自然，发型美观大方	0.5	
	女士		
	1. 后不过肩	0.5	
	2. 前不盖眼	0.5	
	3. 干净、整齐，着色自然，发型美观大方	0.5	
面部 （0.5分）	男士：不留胡须及长鬓角	0.5	
	女士：淡妆	0.5	

项目	细节要求	分值	得分
手及指甲 （1.5分）	1. 干净	0.5	
	2. 指甲修剪整齐	0.5	
	3. 不涂有色指甲油	0.5	
服装 （1.5分）	1. 符合岗位要求，整齐干净	0.5	
	2. 无破损、无丢扣	0.5	
	3. 熨烫挺括	0.5	
鞋 （1.0分）	1. 符合岗位要求的黑色皮鞋（中式铺床选手可为布鞋）	0.5	
	2. 干净，擦拭光亮、无破损	0.5	
袜子 （1.0分）	1. 男深色、女浅色	0.5	
	2. 干净、无褶皱、无破损	0.5	
首饰及徽章 （1.0分）	1. 不佩戴过于醒目的饰物	0.5	
	2. 选手号牌佩戴规范	0.5	
总体印象 （2.0分）	1. 举止：大方，自然，优雅	1.0	
	2. 礼貌：注重礼节礼貌，面带微笑	1.0	
合计		10	

（2）西餐宴会摆台考核标准。

项目	要求与评分细则	分值	得分
台布 （3分）	台布平整铺于桌面，中凸线向上，并压在餐桌纵向中心线上	1	
	台布对应两边下垂均等	1	
	铺设操作一次整理成形，两次扣0.5分，三次及以上不得分	1	
餐椅定位 （3.6分）	从餐椅正后方进行操作	0.6	
	从主人位开始操作	0.6	
	餐椅之间距离均衡相等	0.6	
	相对餐椅的椅背中心对准	0.6	
	餐椅边沿与下垂台布相切	1.2	
展示盘 （装饰盘） （7分）	从主人位开始摆放	0.6	
	盘边距离桌边1.5厘米	1.8	
	展示盘中心与餐位中心对准	1.8	
	盘与盘之间距离均等	1.8	
	手持盘沿右侧操作（3点钟位）	1	

项目	要求与评分细则	分值	得分
刀、勺、叉 （16分）	刀、勺、叉由内向外摆放，距桌边距离符合标准（标准见"备注"）	8	
	刀、勺、叉之间及与其他餐具间距离符合标准（标准见"备注"）	8	
面包盘、 黄油刀、 黄油碟 （5.6分）	摆放顺序：面包盘、黄油刀、黄油碟	2	
	面包盘盘边距开胃品叉1厘米	1.2	
	面包盘中心点与展示盘（装饰盘）中心点沿水平方向对齐	0.6	
	黄油刀置于面包盘上右侧边沿1/3处，与主菜叉平行，刀刃处向左	0.6	
	黄油碟摆放在黄油刀尖正上方，相距3厘米	0.6	
	黄油碟左侧边沿与面包盘中心成直线	0.6	
杯具 （13.2分）	摆放顺序（右至左）：白葡萄酒杯、红葡萄酒杯、水杯，白葡萄酒杯摆在开胃品刀的正上方，杯底中心在开胃品刀的中心线上，杯底距开胃品刀尖2厘米	3	
	三杯成斜直线，向右与桌边的平行线呈45度角	6	
	各杯身之间相距1厘米	2.4	
	操作时手持杯中下部或颈部	1.8	
花瓶（花坛或 其他装饰物） （2分）	花瓶（花坛或其他装饰物）置于餐桌中央和台布中线上	1	
	花瓶（花坛或其他装饰物）的高度不超过30厘米	1	
烛台 （2分）	烛台底座与花瓶（花坛或其他装饰物）底座间相距20厘米	1	
	烛台底座中心点压台布的中凸线上	0.5	
	两头或两头以上烛台的摆放方向一致	0.5	
牙签盅 （1.6分）	牙签盅与烛台相距10厘米	1	
	牙签盅中心压在台布中凸线上	0.6	
椒盐瓶 （3分）	椒盐瓶与牙签盅相距2厘米	1	
	椒、盐两瓶如是分体的，其间距为1厘米，左椒、右盐	1	
	椒、盐两瓶正中间对准台布中凸线	1	
餐巾盘花 （6分）	在展示盘（装饰盘）上折花，在盘中摆放一致，左右成一条线	3	
	造型美观、大小协调，突出正、副主人位	3	
开红 葡萄酒 （4分）	用专用开瓶器（海马刀）上的小刀，切除红葡萄酒瓶口处的封口（胶帽），胶帽边缘整齐	1	
	用开瓶器上的螺杆拔起软木塞，软木塞完整无损、无落屑	2	
	操作规范、优雅、利索、卫生	1	

项目	要求与评分细则	分值	得分
斟倒 酒、水 （8分）	口布包瓶（仅白葡萄酒），酒标朝向客人，在客人右侧服务	1	
	为指定的客人斟倒指定的酒、水（其中水 3 杯、红葡萄酒 3 杯、白葡萄酒 3 杯，共计 9 杯），斟倒酒、水时，每滴一滴扣 1 分，每洒一滩扣 3 分	5	
	斟倒酒、水的量：水 4/5 杯；白葡萄酒 2/3 杯；红葡萄酒 1/2 杯	2	
托盘使用 （3分）	餐用具等分类按序摆放，符合科学操作	2	
	杯具在托盘中杯口朝上	1	
综合印象 （12分）	台面设计富有创意，具有特色	4	
	布件、餐具等协调、美观	2	
	整体设计高雅、华贵	2	
	动作规范、合理、娴熟、声轻	2	
	脸带微笑，姿态优美，体现岗位气质	2	
合计		90	

第六节　点菜服务

点菜是宾客购买餐饮产品的初始阶段，它关系到整个服务过程的成败。如果点菜服务不周到，宾客很可能会拂袖而去，甚至可能对餐厅的整体服务不满。因此，服务人员需要掌握点菜的基本程序、基本要求和服务方法。

一、点菜简介

（一）基本程序

点菜的基本程序从形式看比较简单，包括：递送茶水、手巾；等候点菜；递送菜单；点菜；记录菜名。然而，要将这些程序有机地结合起来，达到宾客满意的效果，却不是一件简单的事情。宾客对菜食的喜好程度不同，饮食习惯、方法不同，对餐厅供应产品的熟悉程度不同，对产品风味和产品价格的要求不同，这些都需要在点菜的过程中予以注意，并妥善地解决。

（二）基本要求

从宾客的要求和饭店餐饮服务的特点来看，点菜服务需要注意如下六点：

（1）掌握时机与节奏（在客人就座后几分钟内及时点菜）。

（2）把握客人的表情与心理（特别是开始点菜时，要细心观察），要掌握"一看二听三问"的技巧。

（3）清洁与卫生。

（4）认真与耐心（详细介绍、推荐，耐心听取客人的意见）。

（5）语言与表情（礼仪、谈吐、笑容）。具有良好的语言表达能力，灵活、巧妙地运用语言使顾客满意。

（6）知识与技能。

①对菜品、点菜等产品知识要有充分的认识。

②根据观察来判断宾客的要求。

③掌握业务知识与技能。

（三）服务方法

在客人点菜时，服务人员除了按基本程序和基本要求为客人服务之外，还应具备灵活处理特殊问题的能力。这种能力是素质和修养的体现，是经验、技能和技巧的反映，是灵感和智慧的结晶。一般来讲，可以把点菜服务的方法归纳为：程序点菜法；推荐点菜法；推销点菜法；心理点菜法。

二、点菜知识

（一）点菜须知：四定一知

四定：定时间、定金额、定人数、定分量。

一知：知客人习惯、嗜好、需要和内容。

（二）宴会配菜标准

凉菜 12％、热菜（海鲜）50％、特色 10％、风味小炒 10％、杂类（汤类）5％、蔬菜 4％、主食（点心）6％、甜汤 3％。

（三）注意搭配

（1）冷热菜的搭配。有凉菜，有热菜。

（2）烹调方法的搭配。有炒菜，还有用煮、扒、炖、烧、煲、扣、蒸等方法烹制的菜，尽量避免技法单一。

（3）颜色的搭配。红、黄、绿、白等颜色的搭配。

（4）形状的搭配。片、条、粒、丝、茸等形状的搭配。

（5）味道的搭配。咸、甜、酸、辣味道的搭配。

（6）荤素的搭配。有荤菜，有素菜。

（7）营养的搭配。合理搭配相关原材料的营养成分。

（8）器皿的搭配。避免千篇一律的器皿，突出就餐氛围和档次。

（四）按就餐人数确定点菜分量

（1）一般情况下根据人数确定菜肴的数量，但要注意尊重宾客的意愿和实际情况。

1～2 人：可点 2～3 道菜，1 个汤，例盘；

2～4 人：可点 4～5 道菜，1 个汤，例盘；

5～7 人：可点 6～7 道菜，1 个汤，中盘；

8～9 人：可点 7～8 道菜，1 个汤，中盘；

10～12 人：可点 8～9 道菜，1 个汤，大盘。

（2）以只或盅论数的菜品，一般应按人数定量（征得客人同意，注意标明人数）。

（五）按顾客的生活习惯和需要来确定菜的口味

（1）广东等地区。喜清淡，口味以生、脆、鲜、甜为主。

（2）北京、天津、河北、河南、山东等地区。味道浓郁、稍咸。

（3）四川、重庆、湖南、湖北、贵州等地区。喜带酸、辣味的菜肴，口味偏重。

（4）江苏、浙江、上海等地区。喜甜鲜，偏清淡，烤鸭、咸水鸭为南京人的佳肴。

（5）老年人。松、软、酥、脆、易消化食品较适合他们的口味。

（6）赶时间者。应向其推荐一些易制作的食品。

（六）按顾客的消费能力确定菜的档次

（1）高消费者、宴会客人。因其支付能力强，应适时推荐一些营养价值及观赏价值高、附加值及技术含量高的菜肴。

（2）中等消费者、一般宴请。此类顾客有一定支付能力，但并不追求高消费、高享受，一些虾、蟹、鱼、肉类的食品较能令其满意。

（3）普通消费者。此类客人占大多数，可推荐一些家常小菜或煲类等较经济的食品。

三、推销技巧

（一）掌握服务心理

服务人员应主动进行较详细的介绍，对菜肴的色、香、味、形及营养价值作细致的描述，以引起宾客的点菜兴趣。

（二）推销应具备的条件

（1）具有良好的语言表达能力。

（2）具有较丰富的食品原材料和食品烹饪知识。

（3）能通过观察较准确地判断宾客的需求。

（4）掌握相关专业业务知识与技能。

（三）服务人员要掌握"一看二听三问"的技巧

（1）"看"。看宾客的年龄、举止、情绪，是外地人还是本地人，是吃便饭、洽谈生意还是宴请朋友聚餐、调剂口味；是炫耀型还是茫然型；还要观察到谁是主人，谁是宾客。

（2）"听"。听口音，判断其生活地区或从顾客的交谈中了解其与同行宾客之间的关系。

（3）"问"。征询顾客饮食需要，做出适当的菜点介绍。

（四）宾客的消费心理和推销工作

1. 按顾客的消费动机来推销

（1）便饭。来餐厅吃便饭的顾客有多种情况，有的是外地顾客出差、旅游、学习，居住本酒店，就近解决吃饭问题，有的是居住在附近的居民，因某种情况而来餐厅吃饭等。这些消费者的要求特点是经济实惠或快吃早走，品种不要太多，但要求快，服务人员应主动介绍物美价廉、有汤有菜、制作时间短的品种。

（2）调剂口味。来餐厅调剂口味的顾客，大部分是慕名而来，想尝尝酒店的风味特色、名菜、名点或者专门为一道菜肴而来。这些宾客往往要求吃一些平时不易吃到或很少吃到的菜肴，在选料、烹制方面都有风味特色，不要求快而要求好，还喜欢以普通的原料烧出不同口味的菜肴。这些顾客有些对餐厅的风味特色非常了解，喜欢自己点菜，也有些顾客不知道餐厅的特点名菜，要服务人员介绍，在服务过程中要注意多介绍一些特色的菜肴，数量上要少而精。

（3）宴请。除结婚、庆寿等宴请以外，还有各种原因的宴请，如商务、业务宴请等。这些宾客一般都要求讲究一些排场，菜肴品种要求丰盛，有的注重菜肴的精美充足，而有的还要考虑一定的价格范围，对这些顾客要将其安排在比较清静的地方，可单独让请客者了解一下价格范围，从而介绍品种，要注意适当配一些本餐厅的风味名菜，要有冷有热、有荤有素、有菜有汤，品种多样，既要菜肴丰富，又要控制在适当的价格范围之内。顾客进餐时，服务人员还要经常留意菜肴是否充裕，如菜不够时，应及时与顾客联系，为其添菜。

（4）聚餐。聚餐是指一些同事、同学、朋友、战友等聚在一起会餐，这些宾客往往要求热闹，边吃边谈，饮酒较多，一般要求菜肴品种丰富而不太多，精细而不太贵，有时每人点一个自己喜欢吃的菜，有时也要求服务人员配菜。对这些客人，服务人员要尊重他们的意见，服务中要主动询问他们的要求和爱好，冷盘和第一、第二个菜的数量可以多一些，后面的菜可以少些，避免浪费，多介绍一些啤酒、饮料，烈性酒也可以介绍，要注意方式。上菜速度不宜太快，有的菜凉了要主动帮助加热回烧。

2. 按顾客的特性来推销

（1）炫耀型。他们情感丰富，一般易感情用事，重友情，好面子，以炫耀富有和慷慨邀朋请友，这些宾客不考虑价格范围，不求快，只求好，求尊重。在服务过程中，服务人员要注意多介绍一些特色的菜肴，数量少而精，另外还要考虑操作方法，口味色调、原料的搭配。

（2）茫然型。这类顾客多数是初次到餐厅就餐，对餐厅的特色菜肴不是很了解，他们往往会环顾四周，看别人吃什么然后再决定，有时也会考虑到一定的价格范围。在服务过程中，服务人员可主动介绍一些餐厅的风味菜肴，但也要把这些菜的风味、特色、原料解释清楚。

（3）习惯型。这类顾客吃惯了的食物往往不一定有独特风格，但由于长期食用，因此，在决定就餐时就形成一种心理惯性。习惯型的顾客往往偏好一种小吃或某一饭菜的风味，或信奉某一餐厅、某一厨师的声誉。这些顾客对常去之处往往会主观感觉到能得到某种优待和机遇，显得随意自然。在服务过程中，服务人员要了解这些顾客以前喜欢吃什么菜，而给予相应的介绍。

3. 按顾客的年龄、身份来推销

（1）老年顾客，饮食上要求嫩、烂、酥、松、容易消化、多汁松软。在服务过程中，服务人员要耐心、不急躁，向这类顾客可以推荐一些滋补炖品。

（2）青年顾客，饮食上要求香、脆、爽、菜肴丰富多样，服务上要求迅速、及时。在服务过程中，服务人员要针对其特点给予介绍。

（3）少年儿童，饮食上要求新鲜、少骨无刺、造型美观，还偏爱甜味菜。服务过程中，服务人员要主动关心。

4. 按特殊的饮食要求来推销

除上述的一般要求以外，不少顾客还常有一些特殊的要求，如有的不吃荤、不吃海鲜，有的不吃河鲜，有的不吃鸡，有的不吃豆制品等。对于这些特殊的要求，则需要服务人员在服务过程中询问顾客，并给予满足。

四、点菜

服务人员在为宾客点菜前，要通过看、听、问等方式，了解宾客的身份、职业、就餐目的、消费水平以及就餐时间的急缓程度等情况，以便有针对性地为宾客服务。

点菜时，服务人员应礼貌地站在宾客身后约 50 厘米处。这样既能听清宾客的话语，又不妨碍宾客翻阅菜单。

客人不能很快决定自己所要的菜点时，服务人员应耐心等待，热情地为客人介绍、推荐酒店的特色菜和其他菜的风味、特点。

如果宾客所点的菜已售完，服务人员在表示歉意后，须再推荐类似的菜肴。

宾客所点的菜要尽量使其荤素搭配合理，原材料、口味、色泽、形状、烹饪方法各异，尽量避免雷同菜肴。若发现宾客点的菜是同一味或同一式的，服务人员应有礼貌地征询宾客是否需要更换菜式。若宾客要求点菜单以外的菜肴时，服务人员应与厨房取得联系，尽量给予满足，若确实不能当时满足宾客要求时，应向宾客表示歉意，并建议事先预订，下餐一定予以满足。

将宾客所点的菜记录在点菜订单上，称为开单。填写点菜单要迅速、准确，同时填写台号、用餐人数、开单日期、服务人员工号，在备注栏内记录宾客对菜肴的特殊要求。通常是根据菜单上的项目次序分类填写，比如：先冷菜，后热菜，再写汤和点心等。这样既有利于服务人员按顺序上菜，也有利于厨师按顺序准备菜肴。

服务人员在记录完宾客所点的菜和酒之后，为了避免差错，应向宾客重复一遍，以便得到确认，尤其是宾客在用不符合常规顺序的方法点菜时，更应做好复述工作。

开毕点菜单，服务人员要快速将点菜单送至各部门。点菜订单一般是一式三联。

第一联为提货联，送至厨房，厨师根据点菜订单准备菜肴；营业结束后，汇集于饮食成本控制部门用于统计和进行成本核算，并与餐厅收款发票相核对，检查账目。

第二联为存根联，送至收银台，用于结账。

第三联由服务人员或走菜员保存，对照上菜，一般是上一个菜后，划去一个，以免上错。

如果冷、热菜分两个地方取，还需将冷、热菜分别开单。点菜完毕要及时向宾客介绍酒和饮料，酒和饮料需另开一份订单。

酒水订单一般一式两联。第一联送到酒柜领取酒水，第二联送到收银台。

随着技术的进步，大部分餐厅已使用计算机系统进行点菜，有些餐厅还使用无线点菜机，这使点菜信息的传递更及时方便，无须服务员再将点菜单送至各部门，提高了工作效率。

五、点菜注意事项

根据客人的心理需求尽力向客人介绍时令菜、特色菜、招牌菜和畅销菜。

客人点菜过多或在原料、口味上重复时，要注意及时提醒客人。

客人已点的菜肴售完时，及时告诉客人换菜，并推荐与售完菜肴类似的菜肴。

客人未到齐时，菜单上应注明"叫菜"；赶时间的客人应注明"加快"。

有特殊要求的客人，也应注明，如不吃蒜、不吃糖、不吃辣、不吃花生油、不吃猪肉等。

海鲜要写明做法、斤两，并且询问客人是否需要确认。

台号、桌数、分单部门单据等写清楚。

点完菜以后向客人复述一遍菜单。

推荐急推菜肴（最大限度减少酒店的损失）。

多出来的菜肴或做错的菜肴，应相互通知，尽量设法推销出去。

注意酒水的推销（酒水利润较高，在点完菜后，不要忘记询问客人是否需要酒水）。

绝对禁止恶意推销。

第七节　上菜、分菜

上菜和分菜是为宾客进餐进行服务的重要环节，也是餐厅服务人员必须掌握的基本技能之一。宴会的上菜和分菜要求较高，对于上菜程序、上菜位置、服务节奏、菜肴台面图案等均有讲究，特别是分菜，更是一项技术难度较高的工作。因此，要求服务人员不仅要掌握上菜程序和上菜方法，还应练就娴熟的分菜技巧。

一、中餐上菜

（一）上菜位置的选择

中餐宴会上菜一般选择在陪同和翻译之间进行，也有的在第二主人右边进行。这样有利于翻译和第二主人向来宾介绍菜肴口味及名称。中餐便餐上菜则可以选择在对宾客最少干扰的位置上。

（二）上菜时机的选择

上菜要掌握好时机，一般根据餐别、各地的上菜规矩和习惯，根据宾客的要求和进餐的快慢灵活掌握。

中餐宴会是在开宴前就把第一道冷菜摆上餐桌，来宾入席，当冷盘吃到一半时，开始上热炒菜和大菜，当上最后一道菜时，应低声告诉第二主人"菜已上完"，以便主人选时机请客人干杯。中餐宴会，若宾主有祝酒词，通常在第一道菜基本吃完后，主人出来讲话，宾、主两人讲话大约15分钟，这时应通知厨房，并控制好上菜时间。

（三）上菜的顺序

中餐宴会的上菜顺序，原则上是根据宴会的种类和各地传统习惯来决定的，但安排是否合理，是否科学，对宾客的就餐情绪、生理要求乃至整个宴会的效果影响是很大的。中餐宴会上菜的一般原则如下：

（1）先上冷菜，后上热菜。

（2）上热菜时，先上重点菜，后上一般菜。

（3）先上本店名菜和时令菜，后上其他菜。

（4）先上咸辣菜，后上甜味菜。

（5）先上浓味菜，后上淡味菜。

（6）适当穿插一些汤汁略多的烩、煮菜。

（7）在宾客就餐即将完毕时上水果。

（四）上菜注意事项

1. 仔细核对

服务人员一定要事先了解宾客的用餐菜单，上菜时要仔细核对，特别是多桌多档的中餐更要仔细，切不可送错对象。

2. 认真把关

一种菜肴或点心，要经过多次加工，最后由服务人员送至宾客面前，所以，服务人员要认真把关，如色、形、卫生、数量是否符合标准，原料是否新鲜、盛器是否合适等，如发现问题，应立即采取措施，切不可马虎从事、不负责任。应做到：分量不足不取；温度不够不取；原料不鲜不取；颜色不正不取；盛器不洁不符不取。

3. 注意菜肴摆放格局

摆菜是将上台的菜按一定的格局摆放好，其基本要求是：讲究造型艺术，注意宾客的风俗习惯，方便食用。

下面介绍三类菜摆放应注意的问题：

（1）上整形菜。我国传统的礼貌习惯是"鸡不献头、鸭不献掌、鱼不献脊"，即上菜时应将脯（腹）部朝主宾，或根据当地的风俗习惯来摆放。

（2）摆冷菜。主冷菜、工艺冷菜等应摆在餐桌中央，将最佳欣赏面朝向主人。其他冷菜对称摆在主冷菜周围，摆放时注意荤素、色彩、口味以及形状的合理搭配，盘与盘之间的距离要相等。

（3）摆热菜。热菜中的主菜摆在餐桌中间。高档的菜或有特殊风味的菜，要先摆在靠近主宾的位置上，每上一道菜，都要将桌上的菜肴进行一次位置上的调整。将剩菜移向第二主人一边，将新上的菜放在主宾前面，以示尊重来宾。台面菜肴要保持"一中心""二平放""三三角""四四方""五梅花"的形状，以使台面始终保持整齐美观。

4. 注意上菜速度和节奏

在整个上菜过程中，服务人员要细心观察宾客的食用情况，既能让宾客逐个品尝菜肴，又不使菜肴跟不上造成席面冷场。

5. 菜肴作料的跟用

上菜时菜肴作料的跟用可以弥补烹饪过程中不便调味或调味不足之处，可以满足顾客的多种口味需要；可以起到点缀菜点、美化席面的作用。因此，作料的跟用要做到因料而配、因风味而配、因量而配、因时而配，使作料发挥应有的作用，达到人们享受美食的目的。

常见菜肴作料跟用的形式有五种：

（1）将一种或数种作料分别盛入味碟或味瓶中，在上菜之前就摆在餐桌上，上菜时由宾客自取、自配、自用；

（2）将作料和菜肴一同端上餐桌，由服务人员将作料拌撒在菜上或汤中；

（3）将菜肴作料摆放在菜盘四周，随菜一同端上餐桌，供宾客选择食用；

（4）将随菜单跟用的多种作料分别盛碟上席，由宾客自己调配；

（5）为了配合宾客的不同口味，在每位宾客席前均配一味碟。

服务人员端菜上台后，应跟上菜点所需的各种作料，切勿遗漏。某些特殊菜肴如清蒸、白氽的河鲜海鱼，串烤家禽野味，粤菜烤乳猪，清真涮羊肉，京帮挂炉烤鸭，冬令全生火锅等，都要在用餐时加入作料调味。

（五）中餐特别菜的上菜及服务方法

1. 外加作料的菜

（1）烤鸭。上烤鸭需首先上作料，一盘大葱、一盘甜面酱和一盘小面饼，然后上烤鸭的皮和肉各一盘，吃时将鸭片和葱、酱夹在面饼里一起吃，味道鲜美。

（2）油炸的菜。吃油炸的菜需配番茄酱和花椒盐，注意油炸菜上菜速度要快，时间长则易变软，例如炸鱼排、炸虾球等。

（3）螃蟹。上螃蟹时必须同时上姜醋，略加点白绵糖，不仅可以去寒、去腥，又能防毒。吃完螃蟹要上一杯糖姜茶，帮助暖胃。另外，备洗手盅和小毛巾，供宾客餐后洗手。

（4）清蒸鱼。清蒸水产类菜肴，须上姜醋，上菜的速度要快，否则放凉后会起腥味。

2. 有包装的菜

（1）荷叶粉蒸肉、纸包猪排、叫花鸡等。这些菜是经包装后再加热定制的菜，服务时要先上台让宾客观赏后再拿到操作台上当着客人的面打开外包装，这样可保持菜肴的香味和温度。

（2）灯笼虾仁。此道菜由玻璃纸包装，滚油炸泡，放在盘里端上餐桌。上菜时要同时带上一把剪刀，将结有彩绸带的下端剪下即可。

3.炸油的响菜

这些菜主要听响声，汤和锅巴分别装在两个大碗里，动作迅速。上菜时必须随手携带口布。将汤倒下后，用餐巾托住汤碗底边再从桌上撤下，以免汤滴在客人身上。

4.温度高、易烫口的菜

如拔丝苹果、小笼汤包、糖油春卷等，温度很高，外表不易看出，应该提醒宾客，防止烫伤口腔。

5.热吃易冷的炸炒菜肴

这类菜肴如拖鱼条、炸虾丸球、炒腰花等，要一出锅即由服务人员上台，以保证菜肴的形状和风味。上菜时要轻稳，以免影响装盘的美观。

6.原盅炖品

这类菜肴如冬瓜盅等，要上台后启封，快手揭盖将盖翻转拿开（注意盖上的蒸馏水不要滴落在客人身上）。使炖品香气在席上散发，以引起食欲，并显示菜肴的名贵。

7.火锅服务

火锅服务可以分为生片火锅服务、涮羊肉火锅服务和什锦火锅服务等。下面介绍涮羊肉火锅服务的方法：

涮羊肉所需调料多种多样，有芝麻酱、干辣椒油、酱豆腐、酱油、料酒、韭菜花、细葱花、虾油、香菜末，同时还有糖蒜、粉丝、白菜叶、冻豆腐等。

服务时，先将羊肉片、白菜、粉丝、冻豆腐上桌码放好，然后将火锅放在餐桌中央。摆放装有各种调料的托盘，按照宾客的喜好调涮羊肉汁，等锅里的汤开了以后，先将羊肉片放入，羊肉片变色即可捞出——放在宾客的汁碗中，吃完羊肉，将白菜、粉丝、冻豆腐倒入锅内，煮透后连汤带菜一起盛放于宾客的碗中。

二、中餐分菜

分菜又称为让菜。中餐宴会的分菜是在宾客观赏后，由值台员用服务叉、服务勺依次将热菜分让给宾客。

分菜是宴会服务中技术性很强的工作，只有对各种菜肴的烹制方法，菜肴成型后的质地、特点（是带汁，还是无汁；是整块，还是小块……）有很好的了解，才能在实际工作中运用自如。

（一）分菜工具及使用方法

中餐宴会的分菜工具有分菜叉（服务叉）、分菜勺（服务勺）、公用勺、公用筷、长把汤勺等。

（1）服务叉、服务勺的用法。值台员用右手握住叉和勺把的后部，勺心向上，叉的底部朝向勺心。在夹菜肴和点心时，主要依靠手指来控制；右食指插在叉把和勺把之间，与拇指配合捏住叉把；其余三指控制勺把，无名指和小指起稳定作用，中指支撑勺把中部。分带汁的菜时，用位置在下的服务勺盛汁。

（2）公用勺、公用筷的用法。值台员站在翻译位或第二主人右侧的位置上，右手握公筷，左手持公勺，相互配合将菜肴分到宾客餐碟之中。

（3）长把汤勺分汤菜。汤中有菜时，还须用公筷配合操作。

（二）分菜前的准备工作

传菜员将菜托送至边台，值台员左手垫干净餐巾将热菜托起。若是长盘，则顺放于左前臂上，用左手指尖勾住盘底边防止下滑，右手持服务叉、勺，在客人观赏菜式后开始分让。

（三）分菜方法

不同规格的宴会，采取不同的分菜方法，归纳起来有下述三种方法：

（1）桌上分让式。值台员站在宾客左侧操作。操作时站立要稳，身体不能倾斜或倚靠宾客，脸斜侧与菜盘成一条直线，腰部略弯，用右手使用服务叉、服务勺进行分让；分菜时呼吸要均匀，可以边分边向宾客介绍菜点的名称、风味，讲话时头部不要距离宾客太近；给每位宾客分菜的数量、色彩要搭配均匀。每道菜分完后可略有剩余，有的地区则要求恰好全部分完。

（2）两人合作式。值台员站立在主人右侧第三人处，即翻译和陪同之间，右手持公用筷，左手持长把公用勺，另一位值台员将每位宾客的餐碟移到值台员近处或转台上。值台员将上到餐台中央的热菜——分到每个餐碟内，再由另一位值台员将盛有菜点的餐碟移送到每位宾客的席位上。

（3）旁桌式分菜。多用于宴会服务。由值台员将菜端上台，介绍菜式、供客观赏后，端回边台。值台员在边台上将菜分到餐碟内，然后用托盘托送，依次从宾客右侧将餐碟送到每位宾客面前。

（四）分菜顺序

分菜的顺序应是先宾后主，即先给主宾分让，然后按顺时针方向依次分让。

在餐饮服务中，如在客人左边操作，则逆时针方向作业；如在客人右边操作，则顺时针方向作业。这样，既方便安全，又能提高服务效率，还能给宾客一种流畅、舒适的节奏感，切忌死板地按一个模式操作。

（五）分菜注意事项

分菜时要心中有数，掌握好菜点数量，使每位宾客都能均匀地分到一份，并将菜肴中最优质部分分让给主要宾客。

分让有卤汁的菜肴时要带些卤汁，但应注意，不要让卤汁弄出盘外或滴在宾客身上；头、尾、残骨等不宜分给宾客；叉、勺不要在盘上刮出响声。

分菜时，动作要协调利落，在保证分菜质量的前提下，以最快的速度、用最短的时间完成分菜工作。

（六）三种中餐菜肴的分法

（1）分让整条蒸鱼。用服务叉压住鱼头，右手持餐刀从头至尾将鱼肉拨在鱼盘一边，剔去中间鱼骨刺及鱼头，剔骨时注意不要把鱼肉戳碎，尽量保持鱼的原状，待鱼汁浸透鱼肉后，再分块进行分让。鱼块带鳞部要紧贴餐碟，鱼肉朝上。

（2）分让冬瓜盅。冬瓜盅是夏令名菜。由于瓜身较高，应做两次分让。第一次先用服务勺或长把勺将上段冬瓜肉和盅内配料、汤汁均匀地分给宾客。由于分让后的瓜皮很薄，容易破裂，所以必须横切去上部瓜皮后再进行第二次分让。

（3）分让拔丝甜菜。拔丝类甜菜，必须配上凉开水。分让时用公用筷将甜菜夹起，迅速放入凉开水中浸一下，然后送入宾客碗中，分让的动作要连贯、快速，做到即拔、即上、即食，注意拔丝的效果。

三、西餐上菜、分菜

（一）西餐上菜的顺序

（1）头盘。西餐的第一道菜是头盘，也称为开胃品。开胃品的内容一般有冷头盘和热头盘之分，常见的品种有鱼子酱、鹅肝酱、熏鲑鱼、鸡尾杯、奶油鸡酥盒、焗蜗牛等。开胃菜一般都有特色风味，味道以咸和酸为主，而且数量少，质量较高。

（2）汤。与中餐不同的是，西餐的第二道菜就是汤。西餐的汤大致可分为清汤、奶油汤、蔬菜汤和冷汤四类。品种有牛尾清汤、各式奶油汤、海鲜汤、美式蛤蜊汤、意式蔬菜汤、俄式罗宋汤、法式焗葱头汤。冷汤的品种较少，有德式冷汤、俄式冷汤等。

（3）副菜。鱼类菜肴一般作为西餐的第三道菜，也称为副菜。品种包括各种淡、海水鱼类，贝类及软体动物类。

（4）主菜。肉、禽类菜肴是西餐的第四道菜，也称为主菜。肉类菜肴的原料取自牛、羊、猪、小牛仔等各个部位的肉，其中最有代表性的是牛肉或牛排。其烹调方法常用烤、煎、扒等。肉类菜肴配用的调味汁主要有西班牙汁、浓烧汁精、蘑菇汁、白尼斯汁等。禽类菜肴的原料取自鸡、鸭、鹅，通常将兔肉和鹿肉等野味也归入禽类菜肴。禽类菜肴品种最多的是鸡，鸡又分为山鸡、火鸡、竹鸡，其可煮、炸、烤、焖，主要的调味汁有黄肉汁、咖喱汁、奶油汁等。

（5）蔬菜类菜肴。蔬菜类菜肴可以安排在肉类菜肴之后，也可以和肉类菜肴同时上桌，所以可以算为一道菜，或称为一种配菜。蔬菜类菜肴在西餐中称为沙拉。与主菜同时服务的沙拉，称为生蔬菜沙拉，一般用生菜、西红柿、黄瓜、芦笋等制作。沙拉的主要调味汁有醋油汁、法国汁、千岛汁、奶酪沙拉汁等。还有一些蔬菜是熟的，如花椰菜、煮菠菜、炸土豆条。熟食的蔬菜通常和主菜的肉食类菜肴一同摆放在餐盘中上桌，称为配菜。

除了蔬菜之外，沙拉还有用鱼、肉、蛋类制作的。这类沙拉一般不加味汁，在进餐顺序上可以作为头盘。

（6）甜品。西餐的甜品是在主菜后食用的，可以算作是第六道菜。从真正意义上讲，它包括所有主菜后的食物，如布丁、煎饼、冰淇淋、奶酪、水果等。

（7）咖啡、茶。西餐的最后一道是上饮料、咖啡或茶。喝咖啡一般要加糖和淡奶油；茶一般要加香桃片和糖。

（二）分菜操作要求

（1）值台员在分菜时要挺胸收腹，不依不靠，呼吸均匀，姿态优雅。

（2）西餐主菜分量重、品种多，分主菜时，尤其要注意将荤素搭配均匀，绝对不允许将菜肴或汤汁溅到宾客身上。

（三）西餐上菜、分菜技巧

西餐的上菜和分菜服务方式有法式服务、英式服务、美式服务、俄式服务和自助式服务等。这些服务方式往往又因各国的习俗不同而略有变化，有的饭店为了协调其菜谱而把两种或两种以上的服务方式特点结合起来，但目前每种服务方式还是保持了各自独具一格的特点（具体服务方式见第四章中"西餐服务方式"）。

第八节　结账

做好结账、引领客人离开餐厅是餐后服务的重要程序，客人可以到账台付款，也可以由服务员为客人结账。餐厅结账的方式一般有微信、支付宝、签单等等。

一、中餐结账服务标准与规范

（一）准备账单

（1）应在最后一道菜上过后将账单准备好，以免客人等候。

（2）对于用餐完毕的客人，一般要在客人招呼结账或示意买单时快速送上账单。

（3）当客人要求结账时，服务员应请客人稍等，立即去收银台为客人领取账单。

（4）服务员告诉收银员所结账的台号，并检查账单台号、人数、菜品及饮品消费金额是否正确。

（二）呈递账单

（1）呈递账单前，应先询问客人是否还有别的需要，如分单或打英文账单，若有应事先通知收银员。

（2）将取到的账单夹在结账夹内，走到客人右侧，打开结账夹，右手持夹上端，左手轻托结账夹下端，递至客人面前，请其检查。注意不要让其他客人看到账单。

（3）若是多位客人，尽可能辨明付款者；如无法判定谁是付款人，应询问哪位买单，确定付款人后再把账单递交过去。

（4）当一男一女在一起进餐时，账单送给男士；若此二人各自叫菜，另有吩咐而有各自的账单除外。

（5）账单呈上后，应随即保持距离，待客人将银钱准备妥当后再上前收取，并当面将现金复点一遍；如是伴同客人到收银台付账也应站离远一点，以避免有等候小费之嫌。

（6）结账完毕，应向客人说声"谢谢"。

（三）不同结账方式的结账程序

结账付款方式一般包括付现、签单、使用信用卡、移动支付等，其结账手续稍有不同，例如前三种方式的结账程序如表 2-2 所示。

表 2-2　不同结账方式的结账程序

结账方式	结账服务程序
1. 客人签单	（1）如客人是本酒店的住店客人，服务员在为客人送上账单的同时，为客人递上笔，并礼貌地提示客人需写清房间号、正楷姓名及签字，以凭其转入酒店大柜台结账。 （2）客人签好后，服务员将账单重新放入结账夹，拿起结账夹，并真诚地感谢客人。 （3）迅速将账单送交收银员，并查询客人的名字与房间号码是否相符。
2. 现金结账	（1）如客人付现金，应在客人面前清点钱数，并请客人等候，将账单及现金快速送收银处。 （2）收银员收现金时需唱票唱收，且在账单三联上盖上"现金收讫"章。 （3）待收银员收完钱后，服务员将账单第一页及所找零钱夹在结账夹内送还客人。 （4）服务员站立于客人右侧，打开结账夹，将账单第一页及所找零钱递给客人，同时真诚地感谢客人。 （5）客人确定所找钱数正确后，服务员应迅速离开餐桌。
3. 信用卡结账	（1）如客人使用信用卡结账，服务员应询问有无交易密码。 （2）若有交易密码，服务员应礼貌地请客人到收银台结账。 （3）若无交易密码，服务程序如下： ①请客人稍等，快速将信用卡和账单送到收银处。 ②收银员做好信用卡收据，服务员将收据、账单和信用卡夹在结账夹内拿回餐厅。 ③将结账夹打开，从客人右侧递上，请客人分别在账单和信用卡收据上签名。 ④检查是否与信用卡上的签名一致。 ⑤真诚感谢客人。

（四）结账后的对客服务

（1）结完账后要礼貌地向客人道谢。

（2）如客人结完账却未马上离开餐厅，服务员应继续提供服务，为客人添加茶水，及时更换烟灰缸。

二、结账注意事项

（1）凡涂改或不洁的结账单，不可呈给客人。

（2）结账单送上而未付款者，服务员要留意防止客人逃、漏账。

（3）付款时，银钱当面点清。

（4）钱钞上附有细菌，取拿后，手指不可接触眼睛、口及食物。

（5）服务员不得向客人索取小费。

结账服务是餐饮服务中的重要环节，餐厅服务员应掌握结账服务的程序和操作要领，做到主动及时，礼貌服务；规范有序，方便客人；账目准确，动作迅速。

课后练习

一、填空题

1. 托盘按制作材料分为_____托盘、_____托盘、_____托盘、_____托盘。

2. 斟酒方式分为_____斟酒、_____斟酒和_____。

3. 餐巾折花按造型分为_____造型、_____造型、_____造型。

4. 餐巾折花的基本技法分为_____、_____、_____、_____、_____、_____、_____、_____。

5. 铺台布的方法有_____、_____、_____、_____。

二、简答题

1. 斟酒注意事项有哪些？

2. 餐巾的作用有哪些？

3. 点菜服务基本要求有哪些？

4. 中餐宴会上菜的一般原则有哪些？

5. 结账注意事项有哪些？

第三章

中餐服务

第一节　中餐零点服务

零点服务，即服务员为客人来到餐厅后临时点菜就餐而提供的服务。零点服务是目前餐厅服务中接待量较大，最经常、最普遍的服务方式，要求服务员具备过硬的服务基本功、随机应变处理问题的能力，才能使服务过程中各环节配合协调，为饭店创造更好的经济效益。

一、中餐零点服务的特点

（一）接待对象零散，人多而杂

零点餐厅接待的就餐对象为零星散客，基本上没有预订，客人是到餐厅随点随吃。在就餐高峰时间，零点餐厅的就餐人数很多，有时甚至"客满"，但由于就餐客人的身份、年龄、职业等都不尽相同，对于餐厅提供的服务要求也会有所不同。

（二）营业时间较长，服务工作量大

零点餐厅相对于其他餐厅而言，其营业时间较长。有的甚至通宵营业，为客人提供宵夜服务。因此，零点餐厅服务员的工作量较大，就餐高峰时座位周转率很高，这就需要服务员及时翻台，才能迎接下一批客人的到来。

（三）服务要求快捷、周到、细致与体贴

客人在零点餐厅点完菜后，希望所点菜肴能及时上桌，对于服务员为其提供的服务希望更加周到、体贴。由于就餐客人的身份不同，他们在服务中提出的特殊要求也有所不同。

二、中餐零点服务的程序

（一）早餐服务程序

（1）餐前准备。服务员应严格按照中餐零点要求铺设餐台，做到统一、规范、整齐与

美观。在工作台上备好菜单、点菜单、开瓶器、托盘、圆珠笔等各种用具；熟悉当天供应的各种菜肴及酒水的品种、数量；整理个人的仪容仪表，准备参加餐前例会。

（2）迎接客人。当客人进入餐厅时，引座员要面带微笑，热情地问候客人，询问就餐人数后礼貌地引领客人选择合适的餐位就座。

（3）递巾送茶。客人选择合适座位后，值台员应主动为其拉椅让座，如有小孩还应立即送上儿童座椅。待客人坐稳后，值台员应从客人的右侧送上小毛巾，并礼貌地问茶。按需开茶，在客人的右侧斟倒第一杯礼貌茶，茶水不要太满，以八成满为宜。

（4）开餐服务。值台员为客人介绍当天的特色点心，客人在就餐过程中，值台员应勤巡视、勤倒茶水与勤换餐碟和烟灰缸，发现桌上的空盘应及时撤走。

（5）结账收款。客人示意要结账时，应迅速将点菜卡交收银台，并告知客人需要支付的金额。结账时一定要注意同桌有无其他客人拼桌，以免发生错单、漏单等现象，结完账后应将账单交给客人，请其核对。如发现客人餐桌上剩余的食物较多时，应主动询问客人是否需要打包带走。

（6）清理台面。客人起身准备离开时，应主动为其拉椅，并礼貌地感谢客人的光临，欢迎客人再次光临。同时要迅速检查有无客人的遗留物品，如发现应及时归还。客人离开后，尽快清理台面，收餐具时要注意分类摆放。收拾完毕后，再按中餐零点午、晚餐的要求铺设好餐台，并做好接待前的准备工作。

小资料

零点餐厅预防客人逃账的技巧

（1）客人就餐即将结束时，应密切注意就餐客人的动向，防止客人借机离开餐厅而逃账。

（2）在就餐过程中，如客人需要加菜、加酒水饮料，应立即填写点菜单并传送至收银台。

（3）客人要求结账时，应主动核实账单以免出现漏单现象。

（二）午、晚餐服务程序

1. 餐前准备

开餐前，值台员应了解菜单上当天供应的菜式品种，以便开餐时为客人推销。准备好茶叶、开水等。检查自己的仪容仪表、餐厅的环境布置情况以及餐具是否齐全。如出现不足，应尽快协调。

2. 开餐服务

（1）礼貌迎宾。客人进入餐厅时，引座员应礼貌地向客人问好，问清就餐人数、有无预订等信息后指引客人选择合适的餐位就座。

（2）引客入座。值台员应主动为客人拉椅让座，如座椅不够应视具体情况为其加椅或拼桌。如客人携带小孩就餐，应为其送上儿童椅。待客人坐稳后，主动根据客人的需求斟倒茶水，并送上菜单。

（3）接受点菜。待客人浏览过菜单后，应主动询问是否可以点菜了。值台员应主动为客人介绍餐厅供应的特色菜、时令菜、创新菜、特价菜等，客人点完菜后，一定要复述一遍客人所点菜肴名称，以免听错或记错。

（4）上菜服务。菜肴上桌时，服务员应报出菜名并介绍菜肴的特点，请客人慢用。特殊菜肴还要为客人介绍其吃法，如发现桌上有空盘需要撤下，应征得客人同意。上菜时一定要轻放，严禁将菜盘从客人头上越过，避免汤汁溅到客人的衣服上。上菜结束时服务员应告知客人。

🌸 小资料

零点餐厅遇到需要特殊照顾的客人怎么办

为残疾客人提供服务。来餐厅就餐的残疾客人，服务人员应给予尊重和适当的照顾。肢体残疾的客人，应为其安排比较方便进出餐厅的座位就座，如靠近门的座位。双目失明的客人，应将菜单上的菜名及价格读给客人听，供其选择，并告诉他们上菜的位置。聋哑客人，要用笔和纸与其进行交流。

为带领小孩的客人提供服务。带小孩来餐厅就餐的客人，应提醒其家长看管好自己的小孩，不要让孩子在餐厅内随便乱跑，主动为其提供儿童就餐座椅。注意不要随意抚摸儿童的头部和抱小孩，也不要随意给孩子吃食物，更不能把孩子单独带走。

为醉酒客人提供服务。客人在餐厅内喝醉酒后还要求服务员为其加酒精饮料，服务员应婉言拒绝，并可以向其提供果汁等软饮料，以缓解酒精。如遇客人醉酒后在餐厅呕吐，应及时清理污物，为其送上小毛巾。如客人醉酒后在餐厅闹事，服务员应立即与保安部联系，请求协助。告知其他陪同前往者，酗酒闹事导致餐厅产生经济损失的，事后要由其赔偿。

3. 席间服务

客人在用餐期间，服务员要勤巡视，勤斟倒酒水、饮料与勤换餐碟和烟灰缸。发现客人餐桌上有空的饮料瓶或酒瓶应及时撤走。

4. 结账收款

客人向服务员示意要结账时，服务员应立即将客人的点菜单送收银台结账，请客人按点菜单显示的金额付款，并请客人核实账单。

5. 热情送客

客人就餐完毕，结完账准备起身离店时，服务员应主动为客人拉椅，并提醒客人不要将随身携带的物品遗留在餐厅内。如发现客人吃剩的食物较多时，要主动询问客人是否需要打包带走。热情地欢送客人，感谢客人的光临并欢迎其再次光临。

6. 清理台面

客人离开餐厅后，服务员应立即将台面上的餐具分类收拾干净，按要求摆放好下一餐的台面。待就餐客人全部离开餐厅后，方可打扫餐厅的卫生。

小资料

就餐结束后不得变相"驱赶"客人离开

用餐结束后如果客人没有马上要起身离开的意思，而是继续聊天谈话，此时值台员不要急于去收拾餐具，可以继续为客人续添茶水。当客人示意服务员收拾餐具时，服务员应当照办。服务员不要主动询问顾客是否收拾餐台或问客人是否已经用餐完毕，这很不礼貌。服务员不要干扰客人之间的谈话，即使有的客人在餐厅已经停止营业后还没有离开，服务员也不能利用清扫卫生、搬动桌椅、关灯等形式"驱赶"客人离店。

第二节　中餐宴会服务

宴会，旧称筵席。它是政府机关、社会团体、企事业单位或个人为了表示欢迎、答谢、祝贺等社交目的以及庆祝重大节日而举行的一种隆重、正式的餐饮活动。宴会服务是一种特殊的餐饮服务形式，提供的不只是单纯的餐饮服务，更需要为这一活动提供相应的系列服务。

一、中餐宴会的种类和特点

（一）中餐宴会的种类

（1）按规格分类，可分为国宴、正式宴会与便宴。

（2）按标准分类，可分为豪华宴会、中档宴会与普通宴会。

（3）按主题分类，可分为商务宴会、婚礼宴会、生日宴会、庆祝宴会、迎送宴会与答谢宴会。

（4）按宴会的主要菜式分类，可分为螃蟹宴、海鲜宴、山珍宴、鱼翅宴、全羊宴、素宴、满汉全席等。

（二）中餐宴会的特点

（1）就餐人数多，消费标准较高。

（2）菜点品种多，气氛隆重热烈。

（3）就餐时间长，接待服务讲究。

（4）宴会厅的环境应根据宴会的性质精心设计，如花卉的选择、摆放等。

（5）需要事先预订。

二、中餐宴会的预订程序

（一）接受预订

常见的预订方式有电话预订、面谈、传真、互联网等形式。

（1）电话预订。预订员在电话铃响三声之内将电话提起，主动报出饭店名称，仔细聆听客人的预订内容和要求，并复述客人所讲内容。

（2）面谈。宴会预订员和客人可以当面洽谈宴会所有的细节安排，协商客人提出的特殊要求，讲明宴会付款的具体方式，记录客人详细信息等。

（3）传真。客人如选择传真方式进行预订，预订员应及时将客人的传真件认真阅读并做出回复。

（4）互联网。客人通过网络预订宴会是目前较为流行的一种方式，在饭店的网页上进入相关的宴会预订页面，即可按要求完成预订信息的填写，预订员会及时给予回复并确认。客人也可以通过发送电子邮件的形式，将宴会预订的具体时间、细节事项、特殊要求、联系方式等信息告知饭店。

（二）填写宴会预订单

根据预订洽谈的具体事项，将宴会主办单位或个人、宴会标准等信息填写在宴会预订单上，见表3-1。

表3-1　中餐宴会预订单示例

订单编号：
页数：
填写日期：

公司名称： 宴会名称： 此宴会单名称： 公司地址：	举办日期： 联系人姓名： 联系人电话： 传真号码：
押金：	订单人（接洽人）： 服务经理（核准人）：

日期：	具体时间：	厅房：	摆台形式：	预订人数：	保证人数：	房租：

指示牌（内容）
食品：（菜单内容）　　　　　摆台形式
所需设备：
特殊要求：
付款方式：
饮料：（所订酒水内容）
发送部门：

前厅部□　　客房部□　　总机□　　餐饮部经理□　　总经理室□　　安全部□
公关部□　　财务部□　　管事部□　　工程部□　　宴会厅□　　酒吧□　　厨房□

（三）填写宴会安排日记簿

在宴会日记簿上按日期标示活动地点、时间、人数等事项，注上是否需要确认的标记，格式见表3-2。

表 3-2　中餐宴会安排日记簿

日期	宴会名称	举办者	人数	预订标准	开宴时间	确认情况	特点

（四）签订宴会合同书

宴会安排如得到客人的确认，应尽快将双方认可的菜单、场地布置示意图等资料及双方签字生效的宴会合同书交给客人，合同书见表 3-3。

表 3-3　中餐宴会合同书示例

```
本合同是由 _____ 饭店（地址）_____
与 _____ 公司（地址）_____
为举办宴会活动所达成的具体条款
活动日期：星期 _____ 时间 _____
活动地点：_____ 菜单计划（另见附表）
饮料：_____ 娱乐设施 _____
其他结账事项 _____
预付订金 _____
顾客签名 _____ 饭店经手人签名 _____
签署日期 _____
注意事项：
※宴会活动所有酒水应在餐厅购买。
※大型宴会预收 10％订金。
※所有费用在宴会结束时一次付清。
```

（五）跟踪查询

如果提前较长时间预订的，应主动与预订方保持联系，并进一步确定日期及有关细节，对暂定的预订应密切跟踪查询。

（六）收取订金

为了确保宴会预订的成功率，可以要求客人预付一定的订金。但饭店的重要客人及常客并具有良好信誉的，可以不必付订金。

（七）确认通知

在宴会举办前两天，必须设法与预订人联系，进一步确定所有事项，确认后将"宴会通知单"送往各部门。

（八）督导检查

在宴会举行当天，宴会预订员应督促、检查大型宴会活动的准备工作，发现问题及时纠正。

（九）更改及取消预订

若在确认过程中发现内容与原预订有异的，应立即填写"宴会更改通知单"（见表3-4）并发送至有关部门，注明原预订单的编号。如预订方提出要临时取消预订，要按照宴会合同书处理。填写"取消预订报告"并送至相关的部门，并为不能向客人提供服务表示遗憾，希望今后得到合作的机会。

表 3-4　中餐宴会更改通知单示例

宴会预订单编号	
发送日期	时间
宴会名称	
预订日期	
部门	更改内容
	由　　　　　　　　发送
	宴会部经理（签名）
	日期时间

（十）建立宴会预订档案

将客人的有关信息和活动资料整理归档，以便下次为客人提供针对性服务。

三、中餐宴会的服务程序

（一）宴会准备工作

包括掌握情况、人员分工、宴会场地布置、熟悉菜单、物品准备与摆台、摆放冷盘、开宴前的检查、召开餐前例会等程序。

参加班前会，了解宴会的具体任务，做到"八知""三了解"。

"八知"，即知宴会出席人数、知宴会台数、知开餐时间、知主办单位或个人信息、知邀请对象、知菜式品种及出菜顺序、知宴会标准及结账方式。"三了解"，即了解客人的宗教信仰、风俗习惯，了解客人的生活禁忌，了解客人的特殊需要。

小资料

宴会厅场景的布置

（1）根据宴会的目的、性质和举办者的要求，在厅堂的上方悬挂会标，如"庆祝中天公司成立""欢迎 CBA 代表团"等。

（2）举行隆重、大型的正式宴会时，要求灯光明亮，在宴会厅四周摆放盆景花草，以突出或渲染宴会隆重而热烈的气氛。

（3）国宴活动中，正式宴会应根据外交部规定决定是否悬挂国旗。国宴要突出隆重、严肃、庄重与大方的气氛，不要张灯结彩做过多的装饰。

（4）如是一般的婚宴或寿宴等，则在宴会厅的醒目位置（一般是主桌后的墙壁上）挂上"喜"字或者"寿"字，也可根据客人要求挂贴对联等。

（5）如举办者要求发言，应在主桌后侧设置发言台，台面铺台布，用盆景、鲜花等装饰，放两个麦克风，以便宾主致辞。

（6）宴会台型布置注意突出主桌，按照"中心第一、先右后左、高近低远"的原则来设计和安排席位。

（7）宴会厅的室温要保持稳定，一般冬季保持在 18℃～20℃，夏季保持在 22℃～24℃。

（二）宴会迎宾服务

1. 迎宾工作程序

包括提前迎候、热情迎宾、衣帽间服务、休息厅服务、引宾入座、就座服务等程序。

2. 迎宾工作注意事项

（1）根据宴会入场时间，宴会主管人员和迎宾员提前在宴会厅门口迎候宾客，值台服务员站在各自负责的餐桌旁准备服务。

（2）宾客到达时，要热情问候并表示欢迎。

（3）为宾客保存衣物时要细致，并及时把衣物寄存卡递送给宾客。

（4）引领宾客到休息厅休息，然后递上小毛巾并斟茶水。

（5）主人表示可入席时，引领宾客入席，并协助拉椅让座。

（6）视情况可直接引领宾客到宴席就座。

（三）宴会就餐服务

（1）入席服务。当客人来到餐桌前时，值台员应主动为客人拉椅让座，待客人坐定后，服务员要把台号、席位卡与花瓶拿走，然后为客人摊开餐巾、撤去筷套。

（2）斟酒服务。为客人斟倒酒水前，服务员应先向客人展示饮品，征求客人的意见。一般酒水斟八成满即可，如客人不需要白酒，应将客人餐位前的空杯撤走。

（3）上菜、分菜服务。服务员应选择在翻译、陪同位置之间上菜，每上一道菜都要向客人报出菜名并介绍菜肴的风味特色，将菜盘放在转盘的中央。如上鸡、鸭、鱼等整菜时，头应朝向主人席位。同时询问客人是否要分菜，分菜的顺序为先宾后主。中餐上菜的一般顺序为冷菜—主菜—热菜—汤菜—甜菜—点心—水果。

（4）席间服务。在宴会过程中，服务员要勤巡视、勤斟倒酒水与勤换烟灰缸。如客人离开自己的餐位去其他餐桌敬酒时，要主动为其拉椅；如客人在进餐过程中，不慎将餐具掉在地上，服务员应立即送上干净的餐具。

（四）宴会结束工作

（1）结账服务。上菜结束后，应做好结账准备。清点所有酒水、加菜等菜单以外的费用并计入账单，随时等候客人结账。如客人用现金结账，将菜单请其核实并提供发票；如客人是签单、转账结算，一定要让宴会经办人签字并报送财务处。

（2）拉椅送客。主人宣布宴会结束时，服务员要提醒客人带齐自己的物品，当客人起身离座时，服务员要主动为其拉椅，以方便客人离座行走，立即检查有无客人遗留的物品，及时将衣帽间的衣服取送给客人。

（3）清理台面。客人全部离席后，服务员应将餐具分类收拾、清理台面。清理工作全部结束后，领班应做检查。

第三节　团体包餐服务

一、团体包餐的种类和特点

（一）团体包餐的种类

（1）旅游包餐。旅游包餐是指由旅行社统一安排同一团队旅游者在旅游期间的膳食，而集体到餐厅就餐的一种餐饮的形式。如观光旅游团、访问旅游团、考察旅游团等。

（2）会议包餐。会议包餐是指在参加会议期间，与会成员到餐厅统一就餐的一种餐饮形式。如交易会、洽谈会、订货会、学术研讨会等。

（3）其他类型包餐。如体育团队在比赛期间的集体用餐、学生包餐、住店团体外出活动时要求餐厅送餐到其活动地点的特殊包餐、国内外文艺团体在参加文艺演出期间的集体用餐等。

（二）团体包餐的特点

1. 就餐人数多，就餐标准统一

团体包餐的就餐人数相对较多，有的团队少则十几人，多则几十人乃至几百人，有时甚至多个团队同时到达餐厅就餐。客人对于餐厅提供的菜肴没有很高的要求，但餐厅也不能就此降低服务标准。

2. 开餐时间固定，服务要求迅速

团队用餐的时间比较固定，如果没有特殊情况，他们会按照预订的就餐时间准时前往餐厅用餐。在用完餐后，这些团队成员往往还有项目需要集体行动，如旅游团队要前往某一景区参观游览、会议团队要参加某个会议。因此，在用餐期间，上菜的速度要快，服务要力求迅速。

3. 口味差异较大，菜式品种统一

对于同一团队的客人，餐厅一般提供统一的菜式品种。但往往由于团队成员中有着不同国家、不同年龄、不同职业与不同饮食习惯的客人，他们对于饮食的服务要求及菜肴的口味要求也不尽相同。

二、团体包餐的服务程序

（一）餐前准备

（1）了解预订信息。对于团体包餐，一定要事先了解预订的桌数、预订的开餐时间。

（2）了解接待对象。服务员应准确了解自己所负责团队客人的国籍、地区、身份、饮食习惯等。

（3）备好餐具。服务员按要求备好就餐用具、茶叶、开水等物品，按要求摆好餐具。

小资料

团体包餐应做到"六掌握"

（1）掌握包餐标准。服务员在开餐前要掌握团体包餐的标准，按标准为客人准备菜单。

（2）掌握就餐人数。团体包餐应根据就餐人数来安排大小适当的餐厅，同时安排好所需桌椅及各种餐具。

（3）掌握包餐时间。掌握团体包餐的准确就餐时间，以便于服务员在规定的时间内完成各种服务前的准备工作，上齐各种菜肴食品，提高工作效率。

（4）掌握就餐方位。如果餐厅内出现几个团队同时用餐的情况，引座员一定要熟悉团队名称及该团队的就餐方位，以便准确为客人指引餐位。

（5）掌握包餐性质。了解团队包餐的性质，如会议包餐、旅游团包餐、考察团包餐、访问团包餐等，以便使服务工作做得更加细致。

（6）掌握特殊需求。团体包餐一般就餐人数较多，在包餐过程中，有些客人会提出一些特殊的要求，餐厅服务人员应灵活地应对。

（二）迎接客人

当团队到达时，引座员应热情地将团队引领至餐厅就座，值台员应主动为团队客人拉椅让座，递送香巾后按需开茶。

（三）用餐服务

团队客人基本到齐后，即可按预订标准送上菜点食品，为客人送上点心时应主动介绍名称及风味特色。粥类食品应为客人分到碗中。在客人就餐期间，值台员要勤巡视、勤斟倒茶水饮料与勤换烟灰缸。如发现客人有特殊要求，应及时处理。客人用餐完毕，应主动送上香巾或餐巾。

(四) 结账收台

团队包餐的结账方式可以是支付现金、签单或使用餐券。如使用现金支付，餐厅应根据就餐客人人数、就餐标准与酒水饮料饮用数量，填写团队包餐结算单，请团队负责人或导游员确认并支付相应的金额。如需要签单，应请团队主要负责人或者导游员签名确认，以便餐厅与包餐单位结算；如包餐单位事先支付包餐费用，就餐者可凭餐厅发放的就餐券进入餐厅就餐。

就餐团队离开餐厅后，服务员应尽快清理台面，摆放下一餐的餐具。餐厅内不留食物、不留垃圾，保持餐厅的干净卫生，做好下一餐的接待准备工作。

课后练习

1. 中餐零点服务的特点有哪些？
2. 中餐宴会的特点有哪些？
3. 中餐宴会的服务程序有哪些？
4. 团体包餐的种类有哪些？
5. 团体包餐的特点有哪些？
6. 团体包餐应做到哪"六掌握"？

第四章

西餐服务

第一节　西餐的菜式与烹饪

一、西餐主要的菜式

经过数千年的发展，西餐已发展成为以法国菜、意大利菜、美国菜、英国菜、俄罗斯菜等为主要菜式的菜肴。

（一）法国菜

法国菜是西餐中最有地位的菜。特点是选料广泛，用料新鲜，滋味鲜美，讲究色、香、味、形的配合，花式品种繁多，重用牛肉、蔬菜、禽类、海鲜和水果。法国菜肴一般烧得比较生，调味喜用酒，菜和酒的搭配有严格规定，如清汤用葡萄酒、火鸡用香槟。比较有名的法国菜是鹅肝酱、牡蛎杯、焗蜗牛、马令古鸡、麦西尼鸡、洋葱汤、沙朗牛排、马赛鱼羹等。

 小资料

法国菜按照产生历史可以分为三大主流派系

1. 古典法国菜派系（classic cuisine/haute cuisine），起源自法国大革命前，皇亲贵族中流行的菜肴，后来经由艾斯奥菲区分类别。古典菜派系的主厨手艺精湛，选料必须是品质最好的，常用的食材包括龙虾、蚝、肉排和香槟，多以酒及面粉为酱汁基础，再经过浓缩而成，口感丰富浓郁，多以牛油或冰淇淋润饰调稠。

2. 家常法国菜派系（bourgeoise cuisine），起源自法国历代平民传统烹调方式，选料新鲜，做法简单，亦是家庭式的菜肴，在1950—1970年间最为流行。

3. 新派法国菜派系（nouvelle cuisine），自20世纪70年代兴起，由保罗·布谷斯（Paul Bocuse）倡导，在1973年以后极为流行。新派菜系在烹调上使用名贵材料，着重原汁原味、材料新鲜等特色，菜式多以瓷碟个别盛载，口味调配得清淡。在20世纪90年代后，人们注重健康，由 Michael Guerard 倡导的健康法国菜（minceur cuisine）大行其道，采用简单直接的烹调方法，减少使用油；而酱汁多用原肉汁调制，以乳酪代替冰激凌调稠汁液。

（二）英国菜

由于受地理及自然条件所限，英国的农业不是很发达，粮食每年都要进口，而且英国人也不像法国人那样崇尚美食，因此英国菜相对来说比较简单。其特点包括：

（1）选料局限。英国菜选料比较简单，虽是岛国、海域广阔，可是受地理自然条件所限，渔场不太好，所以英国人不讲究吃海鲜，比较偏爱牛肉、羊肉、禽类等。

（2）口味清淡、原汁原味。简单而有效地使用优质原料，并尽可能保持其原有的质地和风味是英国菜的重要特色。英国菜的烹调对原料的取舍不多，一般用单一的原料制作，要求厨师不加配料，要保持菜式的原汁原味。英国菜有"家庭美肴"之称，英国烹饪法根植于家常菜肴，因此只有原料是家生、家养、家制时，菜肴才能达到令人满意的效果。

（3）烹调简单、富有特色。英国菜烹调相对来说比较简单，配菜也比较简单，香草与酒的使用较少，常用的烹调方法有煮、烩、烤、煎、蒸等。

常见的英式菜有土豆烩羊肉、牛尾汤、烧鹅等。

小资料

西餐餐叉的历史

餐叉是由远古的农业耕具发展演变而来的。事实上西方人用餐叉的历史并不太长。西方学者认为，西餐普遍用餐叉，是 16 世纪开始的，有的认为还早一点，但顶多能推到公元 10 世纪，从拜占庭帝国时候开始的，先由君士坦丁堡传入意大利罗马，最后这种习俗才传遍欧洲。

据说当时英国使用餐叉的时间比其他欧洲国家都晚。当餐叉刚传入英国时，曾遭到传教士们的反对。他们认为肉和其他食物都是上帝为造福人类而恩赐的，避免用手指接触食物，是对上帝的傲慢无礼和侮辱。

伊丽莎白女王一世也是用手指进餐的，但这有一套极严格的规矩。据斯塔肯记载，食物"应该用三只指头拿起"，"舔吮或是在衣服上擦油腻的手指是不雅的举止"。

其实现代的西方还是手指和刀叉并用，刀叉主要在一些比较正式的场合才使用，也许因为西方快餐文化的崛起，反而使餐具的使用受到了限制，如麦当劳和肯德基以及美国本土的快餐店，都是很难见到餐具的。

（三）美国菜

美国菜也主要是在英国菜的基础上发展而来的，另外又糅合了印第安人及法、意、德等国家的烹饪精华，兼收并蓄，形成了自己的独特风格。其特点包括：

（1）水果入菜相当普遍。美国盛产水果，美式菜的沙拉中水果用得很多，例如用香蕉、苹果、梨、橘子等做沙拉最为普遍。另外，在热菜中也常使用水果，如菠萝焗火腿、苹果烤火鸡、炸香蕉等。

（2）口味趋向清淡、生鲜。美国菜传统的咸鲜甜口味已趋向清淡、生鲜。在用料上，黄油改用植物黄油或生菜油，奶油改用完全脱脂奶油，奶酪改用液态奶，不用罐头水果而用新鲜水果，浓汤改清汤；肉类则多用低脂及低胆固醇的水牛肉与鸵鸟肉等。另外，在美国素食和生食比较盛行。

（3）烹调方法以煮、蒸、烤、铁扒为主。在烹调方面上，美国菜所采用的方法主要有煮、蒸、烤、铁扒等。

典型的美国菜有苹果黄瓜沙拉、华道夫沙拉、美式螃蟹杯、美式煮鱼、姜汁橘酱鱼片。

（四）意大利菜

意大利菜号称"西菜之母"，菜肴注重原汁原味，讲究火候的运用。在烹煮过程中非常喜欢用蒜、葱、西红柿酱、干酪，讲究制作沙司。烹调方法以炒、煎、烤、红烩、红焖等居多。通常将主要材料或裹或腌，或煎或烤，再与配料一起烹煮，从而使菜肴的口味异常出色，缔造出层次分明的多重口感。意大利菜肴对火候极为讲究，很多菜肴要求烹制成六七成熟。其特点包括：

（1）巧妙利用食材的自然风味，烹制美馔。烹制意大利菜，总是少不了橄榄油、黑橄榄、干白酪、香料、西红柿与 Marsala 酒。这六种食材是意大利菜肴调理上的灵魂，也代表了意大利当地所盛产与充分利用的食用原料。

（2）以米面做菜，花样繁多，口味丰富。意大利人善做面、饭类制品，几乎每餐必做，而且品种多样、风味各异。著名的有意大利面、披萨饼等。

典型的意大利菜包括通心粉素菜汤、铁扒干贝、奶酪焗通心粉等。

（五）俄国菜

俄国菜特点为选料广泛、讲究制作、加工精细、因料施技、讲究色泽、味道多样、适应性强、油大、味重。俄罗斯人喜欢酸、甜、辣、咸的菜。因此，在烹调中多用酸奶油、奶渣、柠檬、辣椒、酸黄瓜等做调味料。

俄罗斯人特别喜欢鲑鱼、鲱鱼、鲟鱼、鳟鱼、红鱼子、黑鱼子、烟熏过的咸鱼、鲳鱼等。但肉类、家禽菜肴和各种各样的肉饼，非得要烧得熟透才吃。俄罗斯人也喜欢吃用鱼肉、碎肉末、鸡蛋、蔬菜做成的包子。

俄罗斯冷菜丰富多样，包括沙拉，杂拌凉菜，肉、禽冷盘，鱼冷盘，鱼冻，肉冻，鸡蛋冷盘，青菜酱，鱼泥，肉泥及各种加味黄油。俄式菜肴油大，味道浓醇，酸、甜、辣、咸各味俱全。其中沙拉名目繁多，颇负盛名，黑鱼子广为人知。

一般俄式汤可分为清汤、菜汤和红菜汤、米面汤、鱼汤、蘑菇汤、奶汤、冷汤、水果汤及其他汤。质量要求大体一致，原汤、原色、原味。

（六）德国菜

德国人喜欢肉食，德国香肠种类繁多。德国的配菜主要是酸菜，即腌制的卷心菜，在吃肉时配以酸菜在德国、匈牙利、奥地利等国特别受到欢迎。德国人喜欢吃土豆和土豆制品，如土豆沙拉、炸土豆、煮土豆等，花式很多。肉的烹调方法有红烧、煮、煎、清蒸等。德国人喜欢幽雅的进餐环境和静谧的气氛，喜欢吃野味。代表菜有咸猪脚酸菜、烤鹅苹果酿馅等。

二、西餐烹饪

（一）西餐烹饪常见的烹调方法

影响西餐烹饪方式的因素包括食物、设备、热源和烹调方法等四个方面。西餐烹饪主要包括 13 种烹调方法。

（1）烤。烤是把体积较大的生料，经初步加工整形，加调味料腌制入味，然后放入封闭的烤炉（箱）中，加热至上色并达到一定火候的烹调方法。

（2）焗。焗是指把各种经初步加工成熟的原料，浇上不同的浓汁酱，用明火炉烤至成熟上色的烹调方法。

（3）铁扒。铁扒是把加工成型的原料，经腌制后，放在扒炉上，经扒炉的加热，达到一定火候的烹调方法。

（4）串烧。串烧是把加工成片或小块的原料经腌制后，用金属签串起来在明火上烧烤或用油煎制，使之成熟上色的烹调方法。

（5）蒸。蒸是把加工好的原料经过调味后，放入有一定压力的蒸箱或蒸笼等容器中，用水蒸气加热，使菜肴成熟的一种烹调方法。

（6）焖。焖是把加工好的原料，放到汤汁中，加上盖，在烤箱内进行加热至成熟的烹调方法。

（7）烩。烩是把加工好的原料，放到调好味的汁酱中，加热至成熟的烹调方法。

（8）沸煮。沸煮是把加工好的原料放到水中或汤中，用微沸的水，将原料加热成熟的烹调方法。

（9）温煮。温煮是把加工好的原料放入水中或汤中，用低于沸点（100℃）的温度，把原料加热成熟的方法。

（10）煎。煎就是把加工成型的原料，经过腌制入味以后，再用少量油加热至一定火候的烹调方法。

（11）炸。炸是把加工成型的原料，经过调味，并裹上保护层后，放入油中，浸没原料，加热至成熟并上色的烹调方法。

（12）炒。炒是把加工成小型体积的原料，用少量油、较高的温度，在较短的时间内，把原料加热至成熟的烹调方法。

（13）烟熏。烟熏是将生料或者加工成半成品的原料经过火或烟的热能辐射，或其他晶粒物体（如盐、泥、砂等）的传热作用，使原料制成菜肴的烹调方法，可以保持菜肴原有的鲜味，色泽鲜艳，香味浓醇。

（二）西式烹饪的特点

（1）讲究营养，注重搭配。西餐重视各类营养成分的搭配组合，充分考虑人体对各种营养（糖类、脂肪、蛋白质、维生素）和热量的需求来安排菜或加工烹调。

（2）选料精细，用料广泛。西餐烹饪在选料时十分精细、考究，而且选料十分广泛。如美国菜常用水果制作菜肴或饭点，咸里带甜；意大利菜则会将各类面食制作成菜肴，各种面片、面条、面花都能制成美味的席上佳肴；而法国菜，选料更为广泛，诸如蜗牛、洋百合、椰树芯等均可入菜。

（3）讲究调味，注重色泽。西餐烹调的调味品大多不同于中餐，如酸奶油、桂叶、柠檬等都是常用的调味品。法国菜还注重用酒调味，在烹调时普遍用酒，不同菜肴用不同的酒做调料；德国菜则多以啤酒调味，在色泽的搭配上则讲究对比、明快，因而色泽鲜艳，能刺激食欲。

（4）工艺严谨，器皿讲究。西餐的烹调注重工艺流程，讲究科学化、程序化，工序严谨。烹调的炊具与餐具均有不同于中餐的特点。特别是餐具，除瓷制品外，水晶、玻璃及各类金属制餐具占很大比重。

第二节　西餐服务方式

西餐服务起源于欧洲的贵族家庭，而在不同的地区又有着不同的服务方式。经过多年的归纳、总结和提高，形成了现在常见的法式服务、俄式服务、英式服务和美式服务。在今日的西餐馆里，往往为了协调其菜谱和餐厅设施，而把两种或两种以上的服务方式结合起来使用。在特色餐厅里则使用一种别具一格的服务方式，如在法式餐厅（扒房）里使用法式服务。在此，我们着重介绍法式服务、俄式服务、英式服务和美式服务。

一、法式服务

法式服务（French style service）是西餐中最豪华、最细致周密也是最古老的一种服务方式。因在服务过程中通常采用手推车或旁桌现场为顾客加热、调味及切割菜肴等方式，故被称作"车式服务"。法式服务源于欧洲宫廷餐饮的正规服务，那时的法式服务相当繁琐，后由法国巴黎里兹饭店的老板恺撒·里兹改革后用于豪华饭店的服务，又得名"里兹服务"。

（一）法式服务的特点

（1）将豪华贯穿于每个细节。法式服务一般只用于法国餐厅，其装饰高雅华贵，以欧洲宫殿式为特色，整个用餐环境宽广而气派，餐具、用具华贵，酒杯常采用水晶玻璃制品。

（2）为客人提供的服务细致入微。同其他西餐服务方式相比，法式服务注重服务的程序和礼节，注重服务表演，注重吸引客人的注意力，每位客人都可以得到充分照顾，服务周到。一般情况一桌需要两名服务员进行服务，即一名正式服务员和一名服务员助手。正式服务员的任务是：接受宾客点菜点酒，上酒水；在宾客面前即兴烹制表演，以烘托餐厅气氛；递送账单，为宾客结账。服务员助手的任务是：送点菜单入厨房；将厨房准备好的菜盘放在推车上送入餐厅；将服务员已装好盘的菜肴端送给宾客；负责收拾餐具，听从服务员的安排。

（3）注重服务的表演性。法式服务因为现场烹制而著名。所有的菜肴都必须用银托盘从厨房送入餐厅，放在手推车上，然后根据需要用燃焰炉将菜肴进行加热、烹制、剔骨和切片，装进温热的餐盘提供给客人。

（4）注重服务员的培养。从事法式服务的服务员需要经过长期的专业训练和实习才可以胜任，是一项专业性较强的工作。在欧洲法国餐厅的服务员，必须接受服务生正规教育，训练期满再接受餐厅见习一至两年，才可以成为助理服务员，须再与正式服务员一起工作见习两三年并经过严格的考核才能成为正式服务员。

（二）法式服务的方法

（1）客前表演。将食品在厨房全部或部分烹制好，用银盘端到餐厅，服务人员在宾客面前做即兴加工表演，如戴安娜牛排、黑椒牛柳、苏珊煎饼就是服务员在烹制车上进行最后的烹调加工后，切片装盘端给宾客的。又如恺撒色拉（Caesar salad）是服务员当着宾客面前制作，装入色拉木碗，然后端给宾客。

（2）右上右撤。在法式服务中，除了色拉、面包、黄油之外，所有食品都采用右上右撤的方法为客人服务，即都是从客人右侧递送食品，用完后再从右侧撤下空盘。

（3）先撤后上。法式服务讲究吃完一道菜再上下一道菜，以便让客人享受最新鲜的美味。

（4）洗手盅服务。当客人吃用手拿着吃的菜肴，要送上洗手盅。洗手盅放于精制的银盘上，中间垫上餐巾纸，同时再送上另一块清洁的餐巾。洗手盅中一般只放半盅温水，温水中常常放入柠檬片或者菊花瓣。洗手盅和温水一起送上，洗手盅须放于菜盘的前面。法式服务在所有菜肴结束时，也需要送上洗手盅和餐巾。

二、俄式服务

俄式服务（Russian style service）起源于俄国的沙皇时代。同法式服务相似，也是一种讲究礼节的豪华服务。虽然采用大量的银质餐具，但服务员的表演较少。它注重实效，讲究优美文雅的风度。食物全部在厨房准备好，装于大银盘中，服务员把装好食物的大银盘端入餐厅，让客人欣赏，然后从主人左边开始，按逆时针方向为客人服务，因此也叫"大盘子"服务。

（一）俄式服务的特点

（1）服务迅速。俄式服务继承了法式服务的优雅高贵的服务态度和气氛，省去了法式服务的繁琐，只需要一名服务员为一桌客人服务，服务效率高，餐位利用率高，节省人力与人工成本。

（2）气氛高雅。俄式服务大量使用银具，由身着正式礼服的男服务员戴着白手套端到宾客面前，显出气派与高雅，同时每位客人可以享受个性化服务。

（3）节省菜肴。俄式服务采用旁桌分菜，没有分完的菜肴可以端回厨房继续使用，减少了不必要的浪费。

（4）逆时针操作。服务员从客人的左侧环绕餐桌逆时针方向移动，为客人分菜。

（二）俄式服务的方法

（1）一人服务一桌。

（2）请客过目。菜肴在厨房全部制熟，每桌的每一道菜放于银制的浅盘中，然后服务员从厨房中将装好的菜肴用肩上托的方法送于顾客餐桌旁，热菜盖上盖子，服务员站立于餐桌旁将盖子当众揭开，请宾客欣赏厨师精湛的烹调手艺。

（3）为客派菜。从主宾位开始，服务员按照逆时针方向绕桌行走，用左手以胸前托的方法，用右手操作服务叉和服务匙从客人的左侧分菜。

三、英式服务

英式服务（British style service）也称家庭式服务，主要适用于私人宴席。

服务员从厨房里取出烹制好的菜肴，盛放在大盘里和热的空盘里，一起送到主人面前，由主人亲自动手切割主料并分盘，服务员充当主人的助手，将主人分好的菜盘逐一端给宾客。

各种调料、配菜都摆放在餐桌上，由宾客根据需要互相传递自取。宾客则像参加家宴一样，取到菜后自行进餐。服务员有时帮助主人切割食物，因此，要求他具有熟练的切割技术和令人满意的装盘造型技巧。

英式服务的气氛很活跃，也省人力，但节奏较慢。主要适用于宴会，很少在大众化的餐厅里使用。

四、美式服务

美式服务（American style service）是由英式餐饮服务派生的，兴起于19世纪初期，是一种随和与较少讲究的服务方式，目前在我国西餐厅和咖啡厅采用较多，特别适用于大型宴会。

（一）美式服务的特点

（1）操作简单快捷。

（2）一名服务员可以同时为很多客人服务，劳动成本低。

（3）室内陈设简单大方，投资少。

（4）菜肴的质量和标准由厨师掌握，各位客人得到的菜肴是一致的。

（二）美式服务的程序

（1）客人进入餐厅，请客入座。

（2）递上菜单，恭请客人点菜，站于客人右侧用右手斟倒冰水，询问客人是否需要餐前饮料。

（3）服务员去吧台取餐前饮料，客人阅读菜单。

（4）服务员从客人右侧用右手为客人送餐前饮料。

（5）接受客人点菜，确认无误。

（6）从客人左侧用左手为客人送上面包、黄油。

（7）上菜前对刀叉进行调整，缺少的需要添加。

（8）从右侧撤去餐前饮料杯，从左边送上汤和开胃品。

（9）从右侧撤去汤和开胃品的盘子，从客人左边送上主菜。

（10）客人主菜吃完后，递上甜品菜单，介绍甜点。

（11）从客人右侧撤去主菜盘子，将台上面包屑抹去，从右侧为客人添加冰水至八分满，接受客人餐后甜点点单。

（12）摆放甜品叉匙，将甜点从客人左边送上。

（13）站于客人右侧，为客人递送杯具，从右侧斟倒咖啡或红茶。

（14）准备账单，放于客人左侧。

五、大陆式服务

大陆式服务（Continental service）融合了法式、俄式、英式、美式的服务方式。餐厅根据菜肴的特点选择相应的服务方式。如第一道菜用美式服务，第二道菜用俄式服务，第三道菜用法式服务等。但不管采用何种方式，都必须遵循方便宾客用餐、方便员工操作这两个原则。又如，西餐零点餐厅多以美式服务为主，但也可根据点菜情况在宾客面前烹制某些菜肴，配制魔鬼咖啡或爱尔兰咖啡，用法式服务来点缀菜肴，烘托整个餐厅的气氛。

六、自助餐服务

自助餐（buffet）是宾客支付一定量的钱后，进入餐厅，在预先布置好的食品台上自己动手，任意选菜，自己取回在座位上享用的一种近于自我服务的用餐形式。当今，自助餐和各种冷餐会的用餐方式日趋流行。原因之一是食品台上的菜肴丰富，装饰精美，价格便宜。人们只花少量的钱即可品尝到品种繁多、各具特色的佳肴。原因之二是就餐速度快，餐位周转率高，宾客进入餐厅后，无须等候，适合现代社会快节奏的工作方式和生活方式。服务员只需提供简单的服务，如斟倒酒水、撤脏盘、结账等，这样餐厅可节省人员、节省开支。因此，国内多数酒店西餐厅早餐、午餐和晚餐都采用自助餐的开餐形式。

第三节 西餐零点服务

一、预订服务

西餐正餐，尤其晚餐，比较讲究用餐情调，就餐时间长，所以餐位周转率低，往往需要提前预订。

订餐服务员必须做到以下几点：

熟悉菜点品种，能熟练回答客人的询问，并能给客人适当的建议。

问清客人的就餐人数、就餐时间、联系方式、特殊要求等。

复述客人的预订内容，填好预订单。

根据客人的预订留好餐台，并提前通知厨房。

二、餐前准备

（一）准备物品

根据预订登记表所记客人人数选定餐桌，在餐桌上放置留座卡，根据客人预订要求对餐厅的台面进行布置；每个餐位按西餐正餐所要求的规格摆放餐具。备足所需服务用具、餐具，备好各种调味品。

（二）餐前检查

（1）检查西餐厅各种设施、设备是否正常运行，完好无损。

（2）检查西餐厅环境卫生、温度等是否符合规定要求。

（3）检查服务区域内的餐桌、座椅、工作台等是否清洁卫生、完好无损。

（4）检查摆台是否符合要求，有无遗漏，盐、胡椒瓶、牙签筒等有无加满，外观是否清洁。

（5）开餐前 30 分钟，由餐厅经理按规定召集餐前会。会上经理会介绍当日客情、当日特别菜肴，布置当餐工作，进行任务分工，提醒接待客人的注意事项，并检查服务员的仪容仪表是否符合服务要求。

三、迎宾服务

迎宾员在餐厅进门处欢迎客人光临，应做到表情自然、热情、亲切，见到客人应主动问候，询问客人是否有预订："晚上好，欢迎光临！请问您有预订吗？"如果客人已预订，应重复客人姓名、人数，引领客人到事先预订的餐台入座；如果没有预订，则根据客人需求和餐厅营业状况引领客人入座。

客人来到餐桌旁，迎宾员在值台服务员的协助下帮客人拉椅让座，并为客人展开餐巾，要注意女士优先。待客人坐定，立即呈上菜单和酒水单，递送菜单时应遵守先宾后主、女士优先的原则。

四、点菜服务

（1）询问客人是否需要餐前酒，可以向客人介绍或推荐，记下每位客人所点的酒水。

（2）给客人斟倒餐前酒水。

（3）当客人饮用餐前酒时，服务员可以上前询问客人是否可以点菜，如客人示意可以点菜了，应从女宾开始，依次为客人点菜。若客人点菜时对菜单有疑惑不解之处，服务员应适当解释，也可以适时向客人推荐菜肴，帮助客人点菜，但也应给予一定的时间让客人选菜，避免强行推销。服务员要逐一记录客人的座位号和每位客人的选菜，对客人的特殊要求和细节性内容也要记录清楚，如点到牛排时应问清客人要几成熟，配什么汁等。

（4）点完菜后，应询问客人需要什么佐餐酒，服务员应主动推荐与所点菜肴相配的葡萄酒，并记下客人所点的酒水。开完单后，送上酒水。

（5）点菜完毕，厨房和收银台可通过点菜系统查看相关信息，若无点菜系统，服务员需要将点菜单迅速传送至厨房和收银台。

五、用餐服务

（一）传菜服务

要求传菜员熟悉餐厅每一张餐桌的确切位置，熟悉每桌各餐位的编号，了解本餐厅所经营的各种菜点名称、分量、样式、配料及菜式所用器皿。传菜员的一个重要任务是把客人的点菜单交给厨师，从厨房取回客人所定的菜点，及时送到客人的面前。

当传菜员手中有几张点菜单，同时为一桌以上客人送菜时，要特别记住点菜单的先后顺序，做到先来的客人先服务，后到的客人后服务。另外，在为同一桌的几位客人传菜时，要按照餐位编号一一为客人传菜，应遵循客人所订的主菜全部同时上桌这一原则服务。

（二）上菜服务

按西餐上菜顺序进行上菜服务，注意以下几点：

（1）面包、黄油。一般面包从客人左侧上，准备多种供客人选择，同时上黄油。

（2）调整餐具。根据客人的点菜内容和上菜顺序，调整餐具。而且在上菜过程中，每上一道菜都要撤去上道菜的餐盘，更换刀叉，使每道菜肴与餐具相配。

（3）按照西餐的上菜顺序依次上菜。注意应遵循先女宾后男宾，最后主人的顺序。

（4）撤盘服务。客人用完每道菜都应撤走用过的餐具。应注意不要单独帮一位客人撤餐具（除非客人这样要求），应等所有客人都用完后同时撤。另外，若是餐盘可以徒手撤，若是玻璃杯、烟灰缸、面包盘、黄油碟等物品则必须使用托盘撤。

（5）巡台服务。客人用餐过程中，服务员要不断地巡视照顾台面，主动添加酒水、冰水、面包及黄油，撤换烟灰缸，随时满足客人提出的合理要求。

（6）甜品服务。在上甜品前，应撤掉主菜盘、刀叉、面包与黄油，并用台刷清理面包屑，摆上甜品叉、甜品勺，然后送上甜点。如今，有不少餐厅将各色各样的甜品摆在服务车内，推到客人面前，让客人自选，再按要求切分，很受客人欢迎。

（7）咖啡或茶服务。客人用甜品后，询问客人来点咖啡还是茶，上之前，先撤走甜品用具，送上糖缸、奶缸，摆上咖啡用具或茶具后再斟倒，并注意随时添加。

（三）席间服务

1. 撤碟

（1）每道菜后都要撤走用过的脏碟、餐具。

（2）不要单独撤个别进餐较快客人的脏碟（除非客人要求撤，以免使其尴尬，应等整桌客人都吃完一道菜后同时撤碟。

（3）如碟中尚有余菜，需先征求客人意见再撤碟。

2. 撤杯

（1）撤杯类一定要使用托盘。通常在上完咖啡或茶后，桌上仅留水杯及香槟杯，其他杯子一律取走。

（2）在宴席中，若需要提供两道以上的餐中酒时，通常在客人喝完一道后即将杯子收走，以免满桌尽是酒杯。

3. 撤换烟灰缸

西餐就餐过程中一般不吸烟，客人要待餐后喝咖啡等饮料时才能在征得女宾许可的情况下吸烟，此时，应注意随时撤换超过两个烟蒂的烟灰缸。

4. 添加冰水、葡萄酒

5. 补充面包、黄油

六、餐后结束服务

（一）结账服务

客人示意结账后，餐厅服务员去账台领取账单，注意检查账单是否正确，然后用账夹或小银托盘递送给客人，不须读出金额总数。

现在国内涉外餐厅常见的结账方式有收取现金、信用卡、住店客人签单记账、移动支付等。若收取信用卡要检查真伪，查对其号码是否在"黑名单"上，而且只收餐厅规定接纳的各种信用卡；若是签单，要提醒客人填好姓名、房号并签字，然后服务员应将现金、信用卡或签过名字的账单交回收款台，办理结账手续，再用账夹将找回的零钱或信用卡交还给客人并向客人道谢。

（二）送客服务

客人起身离座时，要帮助拉椅，提醒客人带上自己的物品，礼貌地向客人道谢，欢迎客人下次光临。

（三）清理台面

收拾餐桌，同时检查是否有客人的遗留物品，若发现遗留物品应及时追还给客人。用托盘、干抹布清理台面，分类收拾好餐具，换上干净台布，重新摆台，准备迎接下一批客人。

小资料

西餐零点服务程序的惯例

正式的西餐用餐过程中，要求同一桌的客人同时上菜，同时撤碟。这对于零点的客人来说会有一定的难度，因为这和宴会中已有的固定菜单安排不一样。在零点餐厅中，可能每个客人所点的菜的道数不一样，即使两人同时用餐，一个客人点一道餐或两道餐，另一个客人点三道餐，这时的服务也会有一定的难度。通常在服务程序中会有以下惯例：

（1）不管客人点了几道菜，必须保证各人的第一道菜同时上桌。

（2）如果同桌客人点菜的道数不同，则以点菜少的客人的第一道菜来平衡点菜道数多的客人的第一和第二道菜。

（3）保证所有客人所点的最后一道菜同时上桌，同时撤碟。

（4）如果同桌客人点菜数相差太大，如一个客人只点一道菜而其他客人有三道菜，则将点一道菜的客人的餐碟与其他客人的第三道菜的餐碟一起撤下。

第四节　西餐宴会服务

宴会是在普通用餐基础上发展起来的高级用餐形式，也是人们在交往中常见的礼仪活动。西餐宴会服务是西餐服务中另一常见的服务方式，与零点服务相比，表演的性质强于服务本身的实用性。由于西餐宴会所需的物品相对较多，除精美的餐具外，还需准备鲜花、烛光、音乐等调节宴会气氛，所以宴会必须提前预订，为宴会前的准备工作留出足够的时间。

一、预订服务

预订是西餐宴会工作中很重要的一个环节，良好的预订服务可以为餐厅获得最多的客户信息，而且了解的客户信息越详细，宴会的准备工作也就可以做得越充分，服务工作也会越顺畅。

（一）填写预订单

根据客人预订要求逐项填写宴请预订单信息，如单位名称、宴请时间、标准、人数、场地布置要求、菜肴要求等。

（二）签订宴会合同书

一旦宴会安排得到确认，菜单、饮料、场地布置等细节内容认可以后，应将这些信息以确认信的方式送交给客人，并附上宴会合同书，经双方签字即生效。

（三）跟踪查询、收取订金

（1）如果客人是提前较长时间预订的，应主动与客人保持联系，进一步确定日期及有关细节内容。

（2）为了保证宴会预订的成功率，可以要求顾客预付订金。如果是饭店的常客且具有良好的信誉，可以不必付订金。

（四）确认、取消预订服务

（1）确认通知。在宴请活动前两天，必须设法与客人取得联系，进一步确定已谈妥的事项，将"宴会通知单"送往各部门；若确认的内容有变动，应填写"宴会更改通知单"，并注明原预订单的编号，发送到相关部门。

（2）取消预订处理。如果客人要取消预订，预订员应填写"取消预订报告"送至相关职能部门，并为不能向客人提供服务表示遗憾，希望今后能有合作机会。

（3）建立宴会预订档案。将预订客人的有关信息和宴会活动资料整理归档，尤其整理客人对菜肴、场地布置等方面的特殊要求和一些常客的详细资料，以便能提供针对性服务。

二、餐前准备

（一）布置宴会场所与摆台

根据"宴会通知单"的要求布置餐厅，摆出台型，做好宴会厅的清洁卫生工作，并根据宴会菜单和规格进行摆台。宴会场所的布置与摆台应注意烘托宴会气氛。

（二）准备临时工作台

根据宴请人数、菜单准备宴会临时工作台，在工作台上准备咖啡具，茶具，冰水壶，托盘，烟灰缸，服务用刀、叉、勺等；在备餐间内准备面包篮、黄油、各种调味品及酒水，并将需要冰冻的酒水提前放入冰箱。

（三）餐前检查

对宴会前各项准备工作进行检查，服务人员整理自己的仪表仪容，调整好精神面貌，为宴会服务做好心理准备。

三、迎宾服务

客人到达时，服务人员应礼貌、热情地欢迎客人。

餐前鸡尾酒服务。根据宴会通知单要求，在宴会开始前半小时或15分钟左右，在宴会厅门口或休息室为先到的客人提供鸡尾酒服务。服务时由服务人员端送饮料和鸡尾酒，并在餐桌上或茶几上准备好小吃。

宴会开始前请宾客入宴会厅。

四、用餐服务

（1）宴会开始前进行递送黄油、面包服务。可以用面包篮进行分派，注意所有宾客分派的面包数量应一致；也可将面包篮放在宾客面前让宾客自行取用。

（2）按菜单顺序上菜、撤盘。每上一道菜前，应先将前一道菜用过的餐具撤下，注意各餐桌撤菜、上菜时间要一致。

（3）上每一道菜前将所配的酒水从客人右侧提前递送上桌。

（4）为客人斟酒前，先向主人展示酒水，经主人同意后，再开瓶。

佐餐葡萄酒开瓶后先给主人杯中斟少量酒，主人品尝认可后，才可按顺序给每位客人斟酒。斟酒完毕后，将白葡萄酒或香槟酒放回冰桶。

（5）上主菜前，先将配菜递送给客人。

如使用俄式服务进行分菜，注意站在客人左侧进行派菜服务。如宴会客人较多，应有几名服务人员同时进行派菜。

（6）甜品服务。

①上甜品前，撤除与甜品相配的酒水杯具以外的所有餐具、杯具。

②摆好食用甜品用的刀、叉、勺。大块点心、水果、乳酪等用甜品刀、叉，冰激凌和布丁等用甜品勺。如是需要用手直接拿取食用的水果或点心，应提前上洗手盅，用完该类甜品后，给客人上毛巾。

（7）进行咖啡、茶服务前，从客人右侧先上糖盅、奶壶，然后再上咖啡或茶。

（8）用餐结束时，推销白兰地、甜酒等餐后酒和雪茄。

有些高档宴会在最后将餐后酒车推至餐桌旁征询主人是否用餐后酒或雪茄。

五、餐后服务

（一）结账服务

宴会接近尾声时，清点所用的酒水、饮料，后交收银台打出总账单。当主人示意结账和按规定办理结账手续时，应向宾客致谢。

（二）送客服务

客人起身离座时，主动为客人拉椅，检查并提醒客人是否遗留物品，向客人致谢并邀请再次光临，然后礼貌送客人到餐厅门口。

（三）餐后整理工作

整理台面，用托盘或小推车收台、撤台布；整理桌椅，为下一次宴会做准备；领班记录宴会服务情况；关闭电灯、门窗等。

小资料

我国西餐业发展新趋势

西餐业正在成为我国迅速发展并不可小视的产业，西餐业依靠良好的品牌效应、日益得到人们认可的就餐文化以及较高的投资回报逐渐成了我国餐饮业的生力军。西餐业的未来发展将出现以下趋势。

1. 西餐的平民化将成为许多西餐经营者的首选经营理念

西餐早已被当代中国人所认知，只是由于其较高的价格，让很多人对其望而却步。以麦当劳、肯德基为代表的大众化西式快餐业在国内的迅速发展，打破了西餐高端化的格局。

2. 西餐与本土口味的有机结合，是西餐企业实现飞跃发展的必然选择

中国作为拥有几千年饮食文化的大国，中华美食影响深厚。大多数人尚不能接受西餐的饮食习惯和口味，但是西餐就餐的文化氛围和环境却能更好地迎合现代人追逐时尚、高效的需要。因而西餐与本土口味结合势在必行。西餐企业正在对传统西餐的制作方式和经营方式全面改造，努力实现西餐从贵族化走向平民化的转变，不断推出新的花色品种来刺激和培养大众的口味。

3. 西餐的"绿色""健康"将成为未来的发展趋势

食品营养安全问题日益受到人们的重视，人们在追求就餐氛围、满足味觉体验的同时，越来越重视食品的营养卫生以及绿色环保。不管是中餐还是西餐，注重营养、健康都将成为餐饮经营的重要原则。西式快餐由于高脂肪、高热量甚至涉嫌含有致癌物质在国内一直备受指责，使西式快餐形象大打折扣。但是随着西餐在中国的蓬勃发展，各种正宗西餐，如法国餐、意大利餐、德国餐、西班牙餐等主题西餐厅将会逐渐走出星级宾馆，开到大街小巷来，也将把它们特有的主张营养健康的饮食概念深入到西餐业各个层面中，实现西餐从选材、料理到口味，都体现出绿色营养健康的理念。

4. 西餐的自助形式和分餐制以节约、卫生的特点正在影响着中餐的服务方式

西餐的自助形式和分餐制给传统中餐业带来巨大冲击，因为西餐的自助形式和分餐制代表的不仅仅是服务方式和就餐习惯的差异，更重要的是这种方式和习惯符合当前人们就餐节约、卫生的观念。中餐的进餐方式是"一个碗里伸筷子"，是典型的大锅饭。而西餐中，酒、汤、菜、甜食、冷饮、咖啡，一人一份，这就保证了菜肴的卫生，避免了食客之间的交叉感染，这种方式更符合当前人们健康、卫生的就餐追求。

第五节　自助餐与酒会服务

一、自助餐服务

(一) 自助餐概述

自助餐是一种由宾客自行挑选、拿取或自烹自食的一种就餐形式。据说，自助餐的真正起源是 8—11 世纪北欧的斯堪的纳维亚半岛，那时的海盗们每有所猎获的时候，就要由海盗首领出面，大宴群盗，以示庆贺。但海盗们不熟悉也不习惯当时中、西欧吃西餐的繁文缛节，于是便独出心裁，发明了这种自己到餐台上自选、自取食品及饮料的吃法。以后的西餐业者将其文明、规范化，并丰富了吃食的内容，就成了现代的自助餐。

自助餐用餐形式灵活，宾客的挑选性强，不拘礼节，打破了传统的就餐形式，迎合了宾客心理，正被越来越多的人所接受。此外，自助餐的收费略低于零点或宴会用餐，需要的服务人员少，可以在很短的时间内供应很多人用餐。由于自助餐有以上诸多优点，不少中餐厅也将其引入餐厅服务，我国的很多自助餐厅综合了中西餐菜点，受到客人的喜爱。

简单的自助餐，几乎完全是客人自我服务。进入餐厅后，在自助餐桌的一端，客人首先拿托盘、餐盘、刀、叉、勺等餐具，然后沿着自助餐台挑选自己所喜欢的食品，最后端到餐桌上用餐。

较高级的自助餐服务，则在客人到达之前摆台完毕。客人到后，由服务人员上开胃品或汤，同时供应饮料、面包、奶油及甜点等。客人自己去挑选所喜欢的主菜。这种服务方式比其他服务方式更受客人欢迎，效率也更高。

自助餐根据标准不同，其档次也相差很大。但一般的自助餐的布置、用料及菜品的种类大多是西餐的焖、烩、煮类菜肴，再配上些沙拉、面包、甜点、饮料作为辅助。一些高档的自助餐，餐厅还会安排厨师为客人进行现场烹饪，以保证菜品的火候和新鲜程度。

（二）服务人员的工作任务

（1）像主人般地接待客人。

（2）保证菜肴及餐具的供应。

（3）切分烤肉并供给客人。

（4）检查器具的保温性能，保持菜肴应有的温度。

（5）当客人不慎将地毯或台布弄脏时，及时擦拭或清扫。

（6）及时收走客人用过的餐、酒具，保持用餐环境清洁卫生。

（三）餐厅的布置与安排

自助餐场所布置应根据自助餐的主题，利用背景装饰、餐桌布置及食品陈列来表达构想。主题可根据节日、纪念日、客人聚餐活动的主题等来确定。

自助餐一般是在餐厅中间或一边设置大的自助餐台，周围有若干供客人用餐的餐桌。自助餐台也称作食品陈列台，它可以是一个完整的大餐台，也可以由一个主台和几个小台组成。餐台上放有各种冷菜、热菜、点心、水果和餐具。

餐台食品的摆放要讲究艺术性，对客人要有吸引力。热菜要用热盆保温，凉菜在未开餐前，要用保鲜膜封好，防止细菌滋生，凉菜的拼砌要构图美观、新颖，色泽鲜明，各种菜要搭配好，水果点心都要布置得当。

餐台的餐具要摆放整齐，要准备的基本餐具有小盆、汤匙、小汤碗、叉、水果刀、筷子，每盆菜必须放上公用勺、食品夹或公用筷。餐台旁还要留出较大的空间，使客人有活动的空间，尽量避免客人排队取食。

1. 餐台的设计

（1）自助餐台的安排要根据餐厅的形状大小、客人人数和菜品种类等因素来安排。

（2）自助餐台台形一般以"一"字形长台居多，也可以是方形、圆形、椭圆形、马蹄形、环形、"U"形、"S"形等多种形状的餐台。餐台台面由大理石或木头制成，上面铺有与桌边平行的台布，餐台边通常有用于装饰的台裙。

（3）如果餐厅的客流量较大，为了方便客人取用食品，可由一个主台和几个小台组成。若仅有一个主台，也应进行分区设计，如自助早餐可分为饮料区、菜品区、热点区、甜点区、水果区等。自助正餐可分为饮料区、冷菜（头盆）区、热菜区、汤类区、点心区等。

（4）餐台在摆设拼合之前，应该画一张草图，标明客人就餐区域和食品种类。在决定自助餐台的大小和形状之前，必须首先确定就餐区域的大小，然后确定自助餐台的大小，最后设计餐台的形状。估计餐台大小时，应给每盘食物安排出一定空间以便客人旋转碗或碟子。设计餐台长度时，一定注意将装饰物、空碟堆、调料罐等不能吃的东西的空间考虑进去。

2. 菜品摆放

（1）客人用的餐盘放在自助餐台靠近入口处的一端，码放整齐，不要堆得太高，以免倒塌。餐刀、餐叉、汤匙、餐巾纸整齐地放在餐盘前方。有些餐厅把餐具摆在餐桌上，自助餐台上不放个人餐具。

（2）摆放菜肴，通常采用中西餐习惯的用餐顺序。靠近自助餐餐具处由近及远分别是开胃菜、调味品、冷盘、汤、熏鱼、热蔬菜、主菜、甜品、水果等食品。

（3）可将某些特色菜或同一类型的菜分台摆放。

（4）汤汁、调味品等应摆在相关菜肴的旁边，方便客人取用。

（5）为降低自助餐成本，成本较高的主菜应摆放在成本较低的冷菜之后，客人盛满成本较低的冷菜、开胃菜后，只能减少选择熟菜的数量。

（6）布置菜肴时，应注意使用火锅和加热炉，保持菜肴的适宜温度，或使用冰块保持其冷度。

（7）热菜要用保温锅加盖保温，客人来后自行揭开盖子盛菜。

（8）每盆（盘）菜都要摆放公共餐具，根据客源情况在菜前摆放中、英文菜牌。

（9）所有菜盆（盘）都应该离桌边5厘米以上的距离。

（10）摆放菜肴时应注意色彩搭配，菜品摆盘应注意造型美观、摆放整齐。

（11）台面中央常用雕塑造型、鲜花、水果、餐巾花等装饰造型，美化餐台。

3. 餐桌的安排与摆台

餐桌的安排要根据餐厅的形状大小来安排。餐桌、餐椅不能安排太密，以免影响客人在餐厅内走动。餐桌、餐椅排列要美观整齐，使客人感到舒适。

摆台前首先应准备相应餐具，主要是台布、汤匙、餐刀、餐叉、筷子、餐巾或餐巾纸和酱醋壶、盐椒盅、牙签筒、花瓶、烟灰缸等。通常的自助餐摆台采用西餐零点摆台方式，但可不放展示盘。如果饭店客源以内宾为主，也可采用中餐零点摆台方式，但应备好西餐餐具以满足客人需要。花瓶、酱醋壶、盐椒盅、牙签筒和烟灰缸等按中餐或西餐摆台要求摆放均可。

（四）服务环节

1. 餐前检查

餐前准备工作做好后，应仔细检查有无疏漏或不妥之处，如有发现应及时纠正，最后整理自己的仪表仪容，在规定位置上站立恭迎客人的到来。

2. 迎领服务

（1）客人来到餐厅，应说："您好，欢迎光临！"

（2）如住店客人可享用免费自助早餐，则应请客人出示饭店欢迎卡（应在卡上作记录）或收取免费早餐券。

（3）如住店客人不能享用免费早餐，或是非住店客人，从及自助正餐，则应问清人数后礼貌地请客人去账台付款（或签单）。

（4）如是团队客人，则应与旅行团的导游（或领队）或会议主办单位的联络人一起统计客人人数。

（5）礼貌示意，指引客人进入餐厅。

（6）视需要接挂客人衣帽。

3. 餐台服务

（1）主动为客人斟倒饮料、递送餐具，并热情地为客人介绍菜点。

（2）注意整理菜点，使之保持丰盛、整洁、美观，必要时帮助客人取用菜点。

（3）及时更换或清洁公用叉、匙和点心夹，并随时补充餐盘等餐具。

（4）如果某些菜消费速度较快，应通过传菜员及时通知厨房补充菜点。

（5）随时做好热菜点的保温工作，并及时回答客人提出的有关菜点的问题。

（6）如有烧鸡或大块烤肉等菜肴，餐台服务人员或值台厨师应为客人切割并分派至客人的餐盘中，并根据需要分派沙司。

（7）当客人不慎将菜肴落在餐台上时，服务人员应立刻在不妨碍客人的前提下，将菜肴扫进空盘中，而后用湿布擦拭污迹，再用干净的餐巾盖在污点上。

4. 传菜服务

（1）及时补充菜点、餐具。

（2）做好餐厅与厨房的联络、协调工作。

（3）及时撤走客人用过的餐具。

5. 餐桌服务

（1）及时为客人拉椅让座。

（2）当客人离座取菜时，及时撤走客人用过的餐具，并叠好餐巾放在餐位右侧。

（3）及时补充餐巾纸、调料等，按要求撤换超过两个烟头的烟灰缸。

（4）根据客人需要，迅速为客人取送煎煮食品或其他菜点。

（5）及时为不习惯或不方便自取食物的客人取送菜点、饮料。

（6）巡视餐厅各处，随时保持餐厅卫生，并随时准备为客人提供服务。

（7）客人用餐结束后，及时、准确地为客人进行结账工作，收款（或签单）道谢后主动向客人告别，并迅速清理台面，重新摆台，以便后来的客人用餐。

（五）其他注意事项

（1）自助餐餐厅布置要科学合理，既便于客人用餐，又便于服务人员服务。

（2）随时注意食物供应量的变化，做到及时添加食物。

（3）尽量采用合理的方式提示客人注意量力而行，少取多次，以节约成本。

（4）自助餐的菜单设计要充分考虑顾客的饮食习惯和爱好，对菜品数量进行调整和控制，既要满足客人的需要，又要减少菜品的浪费。

二、酒会服务

鸡尾酒会又简称为酒会，是一种简单、活泼的宴会形式，通常在下午、晚上举行，以各种酒水饮料为主，略备小吃、点心和少量的热菜。

鸡尾酒会一般不摆台、不设座，只在酒会大厅边角处为年老者或愿落座者设少量桌椅，桌上摆餐巾纸、花瓶和烟灰缸等。在酒会大厅中设一个到几个类似自助餐的餐台，台上陈列小吃、菜肴。

（一）服务特点

1. 量身定做

酒会可满足现代社会各种场合的需求，以轻松、热闹且多变的方式来展现活动。酒会的主题活动多样，如庆祝、纪念、说明、展示、开幕、告别、会议等主题，可以是正式场合，或轻松聚会，也可以加入个人特色，或安排表演，大到场地布置，小到酒会菜单，都可依客人喜好及酒会主题来安排。

2. 时间灵活

一般酒会举行的时间，大都与正式用餐分开，一般上午 9～11 时、下午 3～5 时、下午 4～6 时等是最常采用的时间。不过，也可以配合主办者的需求，在正餐供应时间举行，而所提供的餐点也必须有所调整。

3. 进出自由

酒会进行的方式轻松自由，随进随出，虽然要配合主人的开始时间，但并不要求所有客人到齐才开席，并且通常以自助方式进行，只要进入会场便可以融入社交活动及取用餐点，所以迟到或早退的宾客，不会感到尴尬。

4. 菜点精致

一般酒会大都以站立方式进行，不安排桌椅供客人入座。客人通常一手拿酒水，另一手取餐点，因此所提供给客人的餐点都必须经过仔细设计，强调手工精致程度，以小块少量来供应，客人可用手或牙签取用，免用刀叉，同时，餐点还要避免油腻及汤汁。另外，菜点的种类及分量是根据与主人事先的约定限量供应的。

5. 以酒水服务为主

酒会现场一定会安排一临时吧台来提供酒水服务，服务人员会事先把吧台搭设好，并准备各式相关的用于调酒的酒水、调料和器具，例如各类蒸馏酒、啤酒、果汁、可乐、苏打水、红葡萄酒、白葡萄酒、矿泉水等，以及冰块、柠檬、樱桃、各式杯具等。

6. 讲究场地布置

酒会属于宴会形式的一种，讲究场地布置，由于不设桌椅，客人以站姿取用餐点，因此现场会摆设一些小型圆桌作为自助餐台；桌上还会放有餐巾纸、牙签筒、烟灰缸等物品。酒会现场较宽敞，客人可四处走动，充分享受社交活动。另外，餐台布置、舞台设计、灯光照明、特殊效果、进出方向以及行动路线的安排，都是成功布置酒会场地的重点。

（二）服务人员的分工

1. 酒水服务人员

用托盘端上装有各种酒水和饮料的杯子巡回向客人敬让，自始至终不间断，同时要及时收回用过的酒杯，以保持台面的整洁和避免酒杯的重复使用。但应注意不要一边让酒（邀请客人喝酒），一边收酒杯，以免造成用过的有余酒的杯子和干净的盛有酒水的杯子混淆在一起。正确的服务方法是，在普遍让过一遍酒后，指定专人负责收回用过的酒杯。

2. 菜点服务人员

在酒会开始前15分钟，在餐台上摆好干果，酒会开始后端上菜点和各种小吃在席间巡回敬让。要保证每一道菜点对每一个客人都要让到，特别注意帮助老年客人取用。一道菜点对所有客人让过后，剩余的菜点经过整理后置于餐台上，接着让下一道菜点。并随时撤回桌上的空盘，收拾桌上用过的牙签、餐巾纸等。

3. 吧台服务人员

在酒会开始前，准备好各种需要调制鸡尾酒的酒水、材料和器皿，准备好供洗刷的消毒水和清水。酒会开始后负责倒酒、兑酒、洗刷用过的酒杯，保证酒水和酒杯的供应，并随时整理酒台。酒会用酒的品种多、数量大，应注意既要满足客人的需要，又要注意节约。对于带汽的酒水要随用随开，以免口味变化，各种鸡尾酒的兑制，要严格按规定比例、配料来操作，保证酒水质量。

（三）酒水服务的环节

酒会中酒水服务是整个活动中最重要的部分，服务方式及供应的分量都会对酒会的质量造成影响，其服务程序如下：

1. 酒会前的服务准备

（1）酒会开始前，将吧台设置妥当，并将各式酒水及相关杯具配备齐全，酒会一旦开始便可立即服务与会客人。一般需要准备的酒杯数量约为参加人数的三倍。

（2）准备点用酒水的记录表单，清楚记录酒水用量后供结账用。

（3）开始服务前要先请酒会负责人清点一次，以确认实际的使用量。一般常用的计费方式有两种：一种为按实际消费来计价；另一种为设定一个固定价格，在一定时间内，按事先约定的酒单内容无限畅饮。

2. 酒会开始的服务

（1）酒会开始的前10分钟是宾客人流最多的时候，客人同时进入会场，大都会先要一杯饮料，所以酒会一开始需要保证有充足的酒水供应，以免客人排队等候，造成会场混乱。酒会开始时，立即将酒水传送到客人手上，务必在最短时间内让所有宾客人手一杯，使酒会顺利开场。

（2）现场服务人员要注意工作量及人力协调，并根据现场主管的调度来服务客人。

3. 准备第二轮酒杯

在所有宾客都有饮料后，吧台的压力会稍微减小，但要开始准备第二轮酒水所需杯具，要在最短时间内将空杯准备好。

4. 服务第二轮酒水

将酒水倒入酒杯，整齐排放在吧台上，在第一杯拿走后 15～20 分钟后，客人通常会需要第二杯饮料，这时可开始第二轮酒水服务，同时要督促绕场人员协助客人将手上的空杯收走，以便送洗。

5. 补充干净的酒杯

客人进入第二轮饮用后，酒杯可能会不够用，这时需要把洗涤区的干净的酒杯送回吧台处，以配合接下来的服务。

6. 补充消耗的酒水

酒会中会因客人较偏爱某些饮料而造成消耗量较大，如鸡尾酒、果汁、葡萄酒，此时要注意酒类的消耗量，给予适时的补充，避免出现供应不足的现象。

7. 酒会高潮的服务

吧台要注意整个酒会的进程，在酒会活动中的高潮，如宣布事项、演讲、举杯同饮，或开始后和结束前的 10 分钟，都会是需要人手一杯的场合，所以在这些时段内要尽快供应酒水，以达到宾主的要求。

8. 酒会结束的清点

酒会结束前要对所销售的酒水进行清点，计算实际使用量，在结束前完成此项工作，供宾客结账使用。同时，吧台要进行整理、清洁工作。

课后练习

一、简答题

1. 法式服务的特点有哪些？

2. 西餐零点服务中订餐服务员必须做到哪几点？

3. 西餐宴会服务包括哪些环节？

4. 酒会服务特点有哪些？

二、技能操作

1. 考察当地不同的西餐厅，根据所学知识，对比分析并评价其服务水平。

2. 根据所学知识设计场景，模拟训练西餐各环节的服务工作。

第五章

菜单管理

第一节 菜单的作用和种类

菜单是餐厅向客人提供的餐饮产品的品种和价格的一览表。从形式上看，菜单是餐厅提供商品的总目录，它实际上是餐厅将所能提供的各种菜品、食品、饮料等经过科学的组合，排列于纸上，供就餐者从中选择的一种销售工具，也是餐厅向顾客提供有关餐饮服务的内容、特点及价格等信息的一个渠道。

作为印刷品，菜单配有文字，饰有图案，套上色彩，还穿插了相应的菜肴图例，直观地体现了餐饮企业的经营主题与经营水平。

一、菜单的作用

菜单的作用可以归纳为以下几个方面：

（一）菜单是经营者与顾客之间沟通的桥梁

菜单是传播餐饮产品的载体，是经营者与顾客之间沟通的桥梁。菜单核心部分是餐饮产品的品种、价格、特色，经营者通过菜单向客人介绍餐厅提供的产品名称和产品特色，进而推销餐饮产品和服务。客人则通过菜单了解餐厅的类别、特色、产品及价格，并凭借菜单选择自己需要的菜品和服务。

（二）菜单是餐饮经营的规划书

菜单的制订应充分考虑顾客的性别、年龄、购买力、职业状况、民族习惯、宗教信仰及地区偏爱等各种因素，这种依据顾客需求制定的菜单，在整个餐饮经营活动中起着规划和控制的作用，它是一项重要的管理工具。

（三）菜单是餐厅推销餐饮产品的广告

首先，通过菜单的内容、形式、装饰以及富有吸引力的花色品种、多档次的产品价格招徕顾客，起到扩大销量的作用。其次，菜单上饰有图画图案。附有食品和菜肴的图例，能刺激人的味觉，激发消费欲望。最后，制作精美的菜单可作为纪念品，提示和吸引顾客再次光临。

（四）菜单标志着餐厅的经营特色

每个餐厅的餐饮部都有自己的特色、等级和水准。菜单上食品饮料的品种、价格和质量告诉顾客该餐厅商品的特色和水准。近年来，有的菜单上甚至还详细写上了菜肴烹饪的方法、营养成分等，以此来展示餐厅的特色。

（五）菜单规定了餐饮服务的要求

在菜单的制作过程中，需考虑到菜单对前台、后台各程序的影响；当菜单定型后，要使各项服务要求能得到顺利满足。菜单还决定了餐厅服务的方式和方法，按照规定的标准和服务程序为宾客提供各种服务。

（六）菜单既是宣传品又是艺术品

一份装饰精美的菜单可以提高用餐气氛，使客人对所列的美味佳肴留下深刻印象，还可作为艺术品欣赏，引起顾客美好的回忆，强化了其促销功能。

二、菜单的种类

（一）依据餐别划分

1. 中餐菜单

这是在中餐餐馆中使用的菜单，其餐食的内容、所用的原料、烹饪的方法及服务的方式，反映的是中华民族的饮食风格和习惯。

2. 西餐菜单

西餐菜单主要是欧美国家及地区的民族使用，其餐食的内容、所用的原料、烹饪方法及服务方式，反映的是西方人的饮食风格和习惯。

3. 其他菜单

这是中西餐菜单以外的其他菜单的总称，如拉美餐菜单、越南餐菜单、印尼餐菜单、韩国餐菜单、日本餐菜单等。

（二）依据就餐时间划分

1. 早餐菜单

为客人早餐准备的菜单，内容较为简单，食品菜品及饮料种类也较少，多以清爽小菜为主。

2. 午餐菜单

为客人午餐准备的菜单，内容一般较丰富全面，食品菜品及饮料种类也较多，给客人选择的余地较大。

3. 晚餐菜单

有些餐厅午餐菜单和晚餐菜单分别制作，有的餐厅午餐、晚餐菜单是一份。午、晚菜单需品种齐全，各式菜式搭配平衡，并有一些反映其特色的拿手菜。

4. 宵夜菜单

中餐餐馆使用较为普遍，主要为习惯于夜生活的人而设计，使用时间通常是子夜前后。

（三）根据市场特点分类

1. 固定菜单

固定菜单不是一成不变的菜单，而是一种菜式内容标准化、不做经常性调整的菜单。餐饮企业通常把在长期经营实践中受到好评的菜品作为品牌保留下来，把不合适的菜品淘汰掉。这种菜单相对稳定，一经合理制定，便能长期使用，与其他菜单相比，具有明显的优势。有利于选购设备，降低成本。由于其使用周期具有相对稳定性，从而设备的有效利用率大大提高，避免了设备盲目购置和闲置所造成的浪费。

有利于实现菜品生产的标准化。因为菜品的稳定性，重复操作，可促使餐饮企业的原材料采供、菜品加工烹制、产品质量监控、餐饮服务及销售、成本控制等各个环节的操作形成标准，极大地提高生产技术和生产效率，同时也为企业规模扩张和连锁发展打下坚实的基础。

有利于提高产品质量，创造名牌菜品。菜品生产的稳定化、标准化的好处是能更容易地生产出高质量且有特色的、受市场欢迎的好菜品，进而创造出名牌菜。

固定菜单特别适合于拥有稳定客源市场的餐饮企业，其优点是明显的，但任何事情都有其两面性，固定菜单也同样有其不足之处：一是因其过于强调菜品的传统、正宗，缺乏变化和新鲜感，久而久之难免会使客人对其产生厌倦情绪；二是其菜式品种不能随季节的交替、原材料价格的波动、市场需求的变化等因素而调整，常常处于被动地位，难以适应餐饮市场的变化，更因为对原材料价格的上涨缺乏变更的弹性而容易造成亏损；三是长期重复性的机械操作，容易使员工产生厌倦感，直接影响员工的工作热情和创新能力。

2. 循环菜单

循环菜单是按固定周期循环使用的菜单，适用于团体包餐、长住型商务客人及企事业单位员工的工作餐。

循环菜单必须按预订的周期天数制定一系列的菜单，每天使用一份。通常一种是季节性菜单，即以四季的交替为循环周期，以时令菜为主，每一个季节周期会以典型的时令、节日为重点，并能借此减少不同季节原料短缺及成本过高的现象。另一种是针对团体和长期客户的循环菜单，其周期长短根据市场特点而定，一般使用周期较短，企事业单位工作餐周期可长一些（三至四星期一个周期即可），对于长住的商务客人的餐饮，则应注意提高菜单的循环频率，以增加对客人的吸引力。

与固定菜单相比，循环菜单有其较为明显的优点。其设计丰富多彩，变化多端，与市场结合紧密，顾客也不容易对菜单厌烦，厨房工作人员也不易因工作单调而产生厌倦，但循环菜单的使用也增加了餐饮生产及管理的难度，劳动力、设备及管理等方面的成本也大大增加。

3. 即时性菜单

即时性菜单是根据一定时期内原料的供应情况制定的临时性菜单，它不固定也不循环，仅供限定的天数内或某一餐饮活动使用。编制这种菜单的依据是菜品原料的可得性，原料的质量、价格及厨师的烹调水平。美食节餐饮促销活动菜单、宴会菜单、每日精选菜单、自助餐形式菜单等多采用即时性菜单形式。这种菜单因其灵活性，便于采购、使用新鲜廉价的原料，还可大大提高餐饮管理和营销人员的积极性。

(四) 根据菜单价格形式分类

1. 零点菜单

零点菜单是使用最广泛的一种菜单形式，也是餐厅中最主要的菜单形式。这种菜单上分门别类地标明菜式品种的名称、规格及相应的价格，宾客可根据自己的喜好和消费能力自由点菜。其核心菜式品种比较固定，组合上兼收并蓄，高中低档次并存，品种繁多，当场点菜，重点推荐，顾客的选择范围比较大，它不但适合于一般社会餐馆，而且适合于各类正餐厅和风味餐厅等，能满足不同消费者的需求。

2. 套餐菜单

套餐菜单又称定食菜单、和菜菜单、公司菜单，是为满足顾客各种需求或为方便促销而推出的组合菜单。它通常由一系列不同规格和标准的菜品组成，是以包价方式出售菜品的一种形式，不标明每一道菜的价格，宾客不能任意删减或增加。这种菜单还可以分成以下几种：

(1) 普通菜单：针对一个或几个客人的就餐需求特点而设计的，价格比较便宜，菜品组合较简单。

(2) 团体菜单：这种菜单是针对旅行社组织的团队、各种会议团队等设计的菜单。

(3) 宴会菜单：也是一种套餐菜单，是由一定规格质量的一整套的菜点饮品，按照约定俗成的进餐顺序和礼仪组合而成的菜单，其主食、菜肴和饮品的组合搭配等方面的要求均远高于团体套餐和普通套餐，具有主题多样化、菜单执行的规格和标准灵活、设计技术性强、易于批量加工制作等特点。

3. 混合性菜单

混合性菜单是零点菜单与套餐菜单的结合，将零点菜单和套餐菜单印刷在一起，一部分菜式以零点形式出现，一部分以套餐形式出现；或以套餐形式为主，同时欢迎顾客再随意选择点菜；或以零点形式为主，主菜同时列有供零点或套餐选择的两种不同价格，客人就有了一定的自由选择菜品的机会，餐厅同时也会因此而增加收入。

第二节　菜单设计

一、菜单设计的依据

(一) 市场需求

在设计菜单前，要对目标市场和消费人群做充分的了解，明确餐厅的目标市场及消费定位，考虑到目标人群有什么不同的生活习惯，有没有饮食禁忌，对菜点的选择有什么偏好等。只有在及时、详细地调查了解以及深入分析目标市场的特点和需求的基础上，企业才能有目的地在菜式品种、规格水平、餐饮价格、营养成分、烹制方法等方面进行计划和调整，从而设计出为宾客所乐于品尝和享用的菜单内容。

（二）经济效益

餐饮经营的最终目的是为了盈利，所以设计菜单时不仅要考虑到菜品的销售情况，更要考虑到其盈利能力。如果菜点价格过高，也许宾客就不能接受；如果价格过低，又会影响餐厅的利润，甚至可能会出现亏损。因此，设计菜单时，要找到菜点的合适价格点，考虑菜式的成本率和获利能力。

（三）餐饮经营客观条件

1. 厨房设备条件及员工技术水平

菜单制作应考虑餐厅的厨房设备和技术力量的局限性。厨房设备条件和员工技术水平在很大程度上影响和限制了菜单菜式的种类和规格。如果厨房现有烤箱的生产能力只能满足制作面包，菜单上就不可能增设需使用烤箱的其他菜式；如果现有厨师只能烹制川菜，那么菜单上也不便增加其他菜系的菜式。

另外，菜单上各类菜式之间的数量比例必须合理，以免造成厨房中某些设备使用过度，而某些设备却闲置的现象。同时，菜式数量的分配还应避免造成某些厨师负担过重，而另一些厨师闲着无事。

2. 季节性因素

随着季节的变化，消费者的需求会发生变化，在设计菜单时应分析季节所带来的影响。要考虑到菜点的时令性，时令菜一般供应充足、质量好、价格合理，应包含在菜单上。也要考虑一年中某一节日或某一段时间的特别菜点，如螃蟹、粽子等。

3. 原料供应

设计菜单相当于在制订计划书。餐厅对于菜单上各种菜点的材料，应保证供应，这是一项非常重要又容易被忽视的经营原则。在设计菜单时必须充分掌握各种原料的供应情况，熟悉采购原料的最佳时机，力求购买的原料价格合理并符合质与量的规格要求。

4. 菜品花式与营养

不论何种类型和规格的餐厅，菜品花式设计都应该具有诱人的魅力。制作新的花式品种并非一件容易的事情，以烹制荤菜而言，一般使用的原料种类无非猪肉、牛肉、羊肉、鸡、鸭、水产、海味等。据统计，大部分餐厅中以猪肉为原料烹制的菜式往往占所有菜式的35％～40％。应努力通过不同的烹饪方法，使菜肴在色、香、味、形及温度方面达到调和或产生对比来取得丰富多彩的菜式品种。因此，要使菜单丰富多彩，菜单设计者必须掌握一定的食品原料知识、配菜知识和相当熟练的烹调技术。

菜单的设计还应考虑人体营养需求这一因素。设计菜单时不仅要知道各种食物所含的营养成分，了解各类宾客每天的营养和热量摄入需求，还应当懂得该选择什么原料、如何搭配才能烹制出符合科学原理的餐饮食品。

5. 餐厅经营特色

菜单设计要尽量选择体现餐厅特色的菜肴。因此，设计菜单一定要突出餐厅的特色，突出"拿手好菜"和"特色菜肴"，并把它们放在菜单最醒目的位置，或单列出来，给宾客留下深刻印象。

（四）符合国家的环保要求和有关动植物保护法规

环境保护与可持续发展是当今社会的重要议题。菜品的制作应符合国家有关环境保护制度和规定。值得说明的是，由于顾客求新、求异的消费需求，饭店或餐饮企业也极力推出一些奇特菜品，以迎合这些顾客的消费需求。但一些餐饮企业为了获取暴利，迎合某些顾客的病态饮食需求，将受国家保护的一、二类野生动物也搬上了餐桌，这就违反了国家野生动物保护法规，这些饮食需求都不应提倡。

二、菜单的内容及其安排

通常人们认为，菜单的内容只有两项：一是菜品名称，二是菜品价格。经营成功的餐饮企业，其菜单除了这两项内容外，还应该包括菜品的描述性说明、促销信息以及机构性信息。

（一）菜单的内容

1. 菜品的名称及价格

菜品的名称是菜单最重要的内容，它直接影响了顾客对菜品的选择，因为大多数人一般都要借助菜单上标明的菜名来决定是否消费。菜名的制定要满足以下要求：

首先，菜名要真实。一方面要真实地反映菜肴的主要原料构成、烹制工艺；另一方面要真实地反映菜肴的质量，菜品使用的原料、规格、产地、份额、新鲜度等一定要符合实际。动听的菜名固然重要，但不能太离奇，应该用词生动、通俗易懂、富于联想又不过分夸张。

其次，菜名读起来文字要优雅、简单易懂。优雅的菜名听起来充满情趣，让人一看就产生好感，而言简意赅的菜名则让人一目了然，从而增强菜肴的吸引力，加深客人的印象，如"北京烤鸭""薯烩羊肉"等菜名字数少、简单易懂，原料和烹饪方式一目了然。应当注意的是菜名如果要译成外文时，不能望文生义，翻译要准确。

菜品的价格一定要准确、真实，菜单应明码标价，且菜单上所列的价格应当是菜品价值的真正体现，绝不能随便乱收费。加收服务费的则必须在菜单上说明，价格变动的应重新印刷，不要留有涂改痕迹。

2. 菜品的描述性说明

描述性说明就是以简洁的文字描述出该菜品的主要原料、制作方法和风味特色等。有些菜名或源于典故，或追求悦耳，顾客不易理解，更应清楚描述上述信息。应该注意的是，描述性说明必须恰如其分，实事求是，因为描述性说明文字关系到菜品的真实性问题。如果顾客被菜单上的描述性说明文字所吸引而点了某菜，但该菜名不副实，并没有文字描述的那么好，顾客肯定会大失所望的，这不仅影响餐厅的声誉，而且会引起顾客的投诉和法律纠纷。

3. 促销信息

除菜肴名称、价格等这些菜单上必不可少的核心内容之外，菜单还应提供一些告示性信息。告示性信息要简洁明了，一般包括以下内容：餐厅的名字、地址、联系电话、商标、营业时间、加收的费用等。

4. 饭店或餐饮企业的背景介绍

有些菜单上还会介绍餐厅的历史背景、特点和质量等。许多餐饮企业需要推销自己的特色，而菜单是推销的绝佳途径。例如肯德基刚刚进入中国市场时，在其各分号的餐厅中利用菜单介绍了这个国际集团的规模、历史背景、企业发展过程及主要菜品的烹调方法。

（二）菜单的内容安排

菜单的内容确定之后，就是如何安排的问题了。

首先，菜品要按一定顺序排列，通常是按进餐的顺序安排，这样就可以方便客人点菜。例如，中餐通常是按冷菜——热炒（分类排列）——大菜——汤羹——主食（面点）——饮品的进程进餐，菜单也一般按这一次序分类排列。

其次，在内容安排上要突出主菜和特色菜，可将其放在显眼的位置，如可以把最好的菜放在菜单的第一号位置，或单面菜单的中央位置、对折菜单的右首页中央部分、三折菜单的中心部分等。对于特色菜还可以运用特殊的方法推销，其形式有很多，如字体上可使用大号黑体字或特殊字体排列，也可采用方框或彩色色块及其他图形突出特色菜，或进行一些促销性的文字介绍，或配上菜品的彩色实例照片，等等。

三、典型菜单设计

（一）零点菜单设计

设计零点菜单时要选好菜单品种。菜单的品种是菜单的灵魂，它体现了企业经营理念与经营内容，同时也要考虑菜肴的价格与市场的匹配。

1. 零点菜单设计要求

（1）菜单上的菜点要按规律排列。一般的排列规律是按照菜点的类别分特色菜、冷菜、热菜、素菜、汤菜、点心、酒水饮料等有序排列。

（2）设计零点菜单质价相符。菜品与实际相符，不欺骗消费者。

（3）零点菜单设计要美观精致。零点菜单被认为是企业的名片，菜单的外观直接影响着消费者对企业的印象。应做到菜单干净，色彩搭配合理，排版合适。

（4）零点菜单文字说明要有吸引力。一份好的零点菜单都配有文字说明，图文并茂，精确的文字说明可以使餐厅与消费者更好地沟通。

2. 零点菜单设计方法

（1）零点菜单的品种设计，主要考虑品种来源、品种数量、营养设计、味型设计、品质设计、口感设计、菜名设计等方面。

①品种来源。零点菜单品种是设计的关键，可从市场流行产品、竞争对手特色产品、地方风味产品、厨师创新产品等四个方面考虑。

②品种数量。品种数量应把握好三条原则：企业规模、生产能力及餐饮性质。品种数量适中，既满足消费者选择的需求，又保证生产销售的效率。

③营养设计。消费者用餐除满足社交、美食功能外，营养、养生也是消费者追求的目标。菜肴营养搭配尽量合理，也是吸引消费者的一个主要手段。

④味型设计。根据研究，人的味蕾有复杂的多种需求，既需要清淡，也需要浓厚，还要有刺激，菜肴味型应多样化。一般来说，味型的设计根据地域变化而变化，四川、重庆地区以麻辣为特色；湖南、湖北、江西等地以辣为特色；北方大部分地区口味以咸鲜为主；南方大部分地区口味偏甜。菜单设计需根据地方口味变化调整味型设计。

⑤品质设计。产品品质设计决定了菜肴的质量优劣，它代表了企业的餐饮竞争力。如"鱼香肉丝"这道菜，小餐馆要求猪肉选料是瘦肉，刀工要求切成丝就行，而品质企业则要求猪肉选料必须是猪里脊，刀工要求是均匀的肉丝。产品品质根据企业价值定位进行合理设计，方能达到经营目的。

⑥口感设计。口感变化的丰富多彩也是菜单设计的重要内容，菜品的香、酥、嫩、软、韧的搭配对口感变化起到重要作用。

⑦菜名设计。菜肴命名力求名副其实，音韵和谐，文字简练，便于记忆。中式菜名大致分为两大类：一类是写实性菜名，菜名能直接如实反映菜肴的原料、成菜、烹饪方法、色香味形等情况，如"东坡肉"；另一类是寓意性菜名，如"寿比南山"，是用雕刻的寿星托着一个寿桃点缀而做成的菜，音义双关，寓情于礼。

（2）零点菜单的结构设计。

①传统正餐菜单结构。一般分为冷菜、热菜（肉类、海河鲜类、山珍类等）、汤煲类、面点小吃类、酒水类等。

②现代正餐菜单结构。现代正餐菜单结构有所提升和改进，其主要结构为特色菜、冷菜、热菜、海鲜类、面点小吃类、饮料类、酒水类等。

现代正餐菜单结构与传统结构主要区别在于特色菜的前置，热菜不再归类，而是结合消费者的需求来设置，风格多样。

（3）零点菜单的规格设计。菜品规格设计是对定型的菜品进行不同的设计包装，以达到不同的视觉效果，主要包括餐具、装饰品等与菜品的配套设计。如某餐饮企业的田螺本是一道普通菜，但被配上特别设计的螺壳餐具后，就构成一道别具一格的菜品。再如，一道普通的鱼菜，若配上一个面塑的钓鱼翁，菜的档次立刻倍增。

（二）套餐菜单设计

1. 套餐菜单设计要求

套餐菜单是根据一定的要求，将菜点进行合理组合搭配、包价销售的饮食形式。套餐包价销售，既方便消费者，又便于餐厅准备和制作。

套餐菜单设计要考虑以下问题：

（1）符合市场需求。套餐菜品的选择要经过市场检验，符合消费者需求，才会被消费者所接受。

（2）定价合理。套餐的定价既要充分考虑制作套餐成本，同时，也要考虑消费者的承受能力，根据具体情况制订出合理的套餐价格，既保证企业的利润，也能被消费者接受。

（3）分量适中。分量合理是设计套餐菜单的重要要求，分量过多或过少都会对套餐菜单有影响，因此，应通过试吃等方法设计出合理的分量，满足消费者的需求。

2. 套餐菜单设计

（1）早餐套餐菜单。早餐套餐内容一般包括主食、副食、蔬菜、水果等。主食多为各类面包、蛋糕、馒头、包子、粥类、面食等，副食有鸡蛋、火腿、腌肉、牛奶、豆浆等，蔬菜有咸菜、凉菜、拌菜等，水果有新鲜水果或水果罐头、果汁等。不同国家、地区的早餐套餐内容不尽相同，但基本上都满足提供适当的热量、提供人体必需的各种维生素和膳食纤维。

（2）正餐套餐菜单。正餐套餐一般包括冷菜、热菜、主食、汤类、水果等。菜单所列菜品要按正常就餐顺序排列，根据就餐者的就餐目的和要求选择适当菜品。套餐菜单设计时要注意菜品选择符合套餐主题，菜品口味符合消费者需求，营养搭配合理，制作规范，注重品质。

（三）中餐宴会菜单设计

我国的筵席文化源远流长，清代的"满汉全席"是中国最为有名的筵席。按照宴会的社会性质可分为国宴、公宴、家宴等；按照宴会主题可分为婚宴、寿宴等；按照宴会原料可分为全鱼宴、素宴等；按照宴会区域可分为四川田席、洛阳水席等。正因为中式宴会种类繁多、形式多样，在菜单设计时应把握一定的原则。

1. 中餐宴会菜单设计原则

（1）因人配菜。设计中式宴会菜单首先要考虑的是"因人配菜"问题。从宾客的年龄、身体状况、禁忌等方面考虑菜品的选配。例如，宾客中若有患慢性胃炎、十二指肠溃疡的，因其胃酸分泌过多，为了使这些宾客不致因赴宴而引起疾病或加重病情，应设计出一些对胃酸分泌具有抑制作用的菜肴。名菜"炒鸡淖"是用大量油脂将鸡肉、蛋清、淀粉和水制作成鸡浆再炒出来的一款风味菜，由于脂肪在胃中停留时间可达五六个小时，具有抑制胃酸分泌的作用，适宜胃炎患者食用。

（2）应时配菜。一方面，在不同的季节有不同的新鲜原料上市，如早春的蒜薹、韭黄、蚕豆、香椿，夏季的豆类、瓜类，秋天的鱼类最为肥美，冬季的白菜、萝卜、青菜等。这些都是菜单设计应考虑使用的原料。另一方面，在不同的季节适宜不同的菜肴。如炎热的季节配以凉拌、卤制、汤类，寒冷的季节里烧、蒸、烩、焖等多一些。"秋冬季进补"已是民间常识，菜单设计要掌握一定的保健、食疗常识，顺应天时的养生之道。

（3）因事配菜。根据实际情况，如设宴目的、主人具体要求、习俗、档次等设计菜单。在设计菜品时应考虑一些忌讳，如：丧宴一般忌讳双数，最好是 7 个菜，而喜宴一般要双数；在中国香港地区，结婚喜宴万万不能出现豆腐、飘香荷叶饭这一类的菜肴饭点。

（4）随价配菜。根据宾客预订宴会的金额来确定宴会的等级，从而确定菜肴品种。按照宴会等级可分为高级宴会、中级宴会、普通宴会等。不同等级的宴会，其定价原则有所不同。

2. 中餐宴会菜肴设计

中餐宴会菜肴设计应考虑色、香、味、形、器、意的整体配合。

（1）色的配合。根据一定的审美知识，考虑到菜肴的色调和光泽，使菜肴与菜肴之间色泽搭配、层次分明、和谐美观。原则上，在炎热的季节应考虑多用冷色系列，寒冷季节多用暖色调。在现实生活中，菜肴冷暖色的处理相当灵活。例如，在四川、重庆，即使是炎热的夏季，人们仍然热衷于吃色泽红亮的麻辣火锅。这种暖色调和麻辣烫鲜的感受更有助于使食客兴奋，胃口大开，进食过程中有一种酣畅淋漓的感觉。

（2）香的配合。烹饪原料很多都含有不同的醇、酯、酚、酮等呈香物质，经过烹调，尤其是加热，使它们释放出来，再经过化学反应使之相互作用，从而构成诱人的新香气。一桌菜肴散发出不同的香气，加上形、色、味等的巧妙搭配，使人食欲大增。

（3）味的配合。中国菜肴讲究"吃味"，味美是中国菜肴的核心。味在不同的季节有不同的侧重，《礼记》从四时五味须合五脏之气的角度提出"凡和，春多酸，夏多苦，秋多辛，冬多咸，调以滑甘"。中医五行学说认为酸入肝、苦入心、甘入脾、辛入肺、咸入肾，五味入口，各有所归。另外，在菜单设计时应考虑到味的起伏幅度，味与味之间的对比强烈程度，以及味与味的衔接、中和等。

（4）形的配合。菜肴的形状包括天然形态，如整鸡、整鸭、整鱼等整形原料；经过加工后的形态，如丝、丁、片、条、块等；还有经过艺术手法加工的形态，如花刀、食雕等。中高档宴会菜单设计中要考虑工艺性较为高级的形态配合。

（5）器的配合。餐具的搭配，是中国菜肴的一大亮点。对餐具的要求一般符合三个条件：一是要配套；二是要多种多样的专用餐具；三是要质地优良。

（6）意的配合。意的配合在中餐宴会菜单设计中是很重要的一环，其实在色、香、味、形、器中就有了体现。如果在意的配合上给人联想，让人思绪回味无穷，那么中餐宴会菜单设计就达到了一种意的境界。

（四）西餐宴会菜单设计

由于中西文化的差异性，与中餐宴会文化崇尚"和"不同的是，西餐宴会讲究个性突出，以"独"为美，并通过各种方式追求形式美。按照地方风味分，西餐宴会分为法式宴会、美式宴会、英式宴会等。在宴会格局上，强调以菜为中心、酒与菜配合，菜点讲究简洁实用，菜单设计突出个性。

1. 西餐宴会菜单的内容

西方人的生活节奏较快，早餐、午餐内容通常较为简单，晚餐作为正餐比较重要，周末晚宴更为重要，通常持续四五个小时，菜肴数量通常为6～11道不等，注重营养搭配，菜肴质地偏鲜嫩。传统的西餐宴会菜单内容比较繁杂，包括冷前菜、汤类、热前菜、鱼类、大块菜、热中间菜、冷中间菜、冰酒、炉热菜、蔬菜、甜点、开胃点心及餐后点心等13道程序，种类繁多。现代西餐宴会进行改良和简化，减少油脂的用量，注重菜品的外观设计，强化工艺造型，菜式精美，主要包括前菜类、汤类、鱼类、主菜类、冷菜、点心类及饮料等 7 项。

除此之外，西餐宴会酒水单也是菜单的重要组成部分。可以根据进餐顺序编排酒单，如餐前酒（鸡尾酒、调和酒、啤酒、葡萄酒）、餐间酒（葡萄酒、啤酒）和餐后酒（葡萄酒、香甜酒、白兰地、烈性甜酒）；也可以根据菜肴与酒类搭配编排酒单，这样编排说明了餐食与酒水的搭配关系，便于宾客选择，方便推销。

2. 西餐宴会菜单设计的原则

西餐宴会菜单设计应依据宴会主题，突出个性化设计，具体原则如下：

（1）突出主题。西餐宴会菜单设计首先要考虑宴会主题，再结合实际情况与酒店条件来设计。

（2）考虑原料供应。原料是西餐菜单设计的关键点。如果原料数量和质量能满足供应、价格合理，那么菜肴便可以列入菜单，否则只能舍弃。尤其是进口的原料，要考虑季节性、储藏的难易程度及库存情况等。

（3）提升烹饪技术。烹饪技术是制订宴会菜单的关键。菜单菜品的设计依赖于厨师的技术，先培养厨师，再更新技术，才会有新的菜品推出。

（4）控制成本。西餐原料及配料成本一般较高，如果不控制成本，设计菜单时价格就缺乏市场竞争力，企业利润率就不能得到保证。

（5）讲究菜品文化性。菜品既要体现传统风味，又要不断推陈出新，突出文化性、季节性等。

3. 西餐宴会菜单设计

西餐宴会菜单十分灵活，没有固定的模式。以下就早餐、正餐和自助餐的菜单设计做一简单介绍。

（1）早餐菜单设计。西方人的早餐比较讲究搭配，要求有荤、有素、有果、有茶，口味有咸有甜，质地有脆有软，色彩丰富，营养合理。

（2）正餐菜单。西餐根据不同国家和地区，可分为法式、意式、美式、俄式、英式等。正餐菜单使用可灵活搭配，但程序一定不能乱。

（3）自助餐菜单。自助餐是目前世界各国酒店常用的一种餐饮方式。自助餐中冷菜的比例较大，其次是热菜、主食、汤品、甜品和水果。菜品的选择可根据宴会的主题、宴会举办的季节来搭配。国内酒店的自助餐基本上由西餐厅来承办，菜品通常是中西合璧，以丰盛、营养、便捷的特点赢得消费者的青睐。

第三节　菜单定价与制作

一、影响菜单定价的因素

（一）内部因素

从价格构成看，餐饮产品价格等于原材料成本、工资费用、租金、折旧费、水电费、管理费、其他费用的分摊、税金和利润的总和，销售价格的制定是以营利为目标的，销售价格抵消各项费用后才能获得利润。

1. 成本和费用

成本和费用是影响定价的最基本因素。成本和费用包括餐饮企业总的成本和费用中占较大比例的固定成本和变动成本。不同的成本结构对企业的营业收入和利润的影响很大。通常，在营业收入一定的情况下，固定成本所占的比例较大，则利润的增幅也较大；反之，如变动成本所占的比例较大，则利润的增幅就较小。

2. 定价目标

餐饮企业的经营目标不同，定价目标亦不同，一般来说，定价目标有以下几种：

（1）成本导向目标。

这类菜单是以薄利多销为定价策略，以低价及家常普通菜品为中心，强调低成本，薄利多销。在市场不景气或竞争异常激烈的情况下，为了生存，许多餐饮企业在定价时只求保本。当营业收入与固定成本、变动成本和营业税之和相等时，企业即可保本，公式表示如下：

$$保本点营业收入 = \frac{固定成本}{1-变动成本率-营业税率} \times 100\%$$

注：固定成本包括房租、水电费用、人力资源成本、餐酒茶具消耗、管理费用、财务费用等。变动成本指餐饮原料的成本，有些也包括燃料费用。餐饮企业的营业税率属于固定税率，一般为5%。

（2）利润导向目标。

这是一种品牌效应定价策略，餐饮企业提供高质量、高价位的菜品和服务，以追求利润为中心。根据目标收益率来确定定价目标是最常见的利润导向定价策略，这种策略可以是获取占营业额百分比的利润率，也可以是获得一定的投资收益率，还可以是获得一定数额的利润，这种定价比较适用于大型餐饮企业，要实现一定的目标利润，其营业收入可用公式表示如下：

$$营业收入 = \frac{固定成本+目标利润}{1-变动成本率-营业税率}$$

（3）市场份额导向目标。

以进入和占领市场、增加市场份额为目标，是一种市场渗透定价策略。采用这种定价目标的餐饮企业通常强调要实现某一营业额目标，一般不明确规定本企业应实现的利润数额，通常成本较高而利润较低，适合于规模化经营的餐饮企业。

（4）竞争导向目标。

这是一种随行就市的定价策略，当餐饮企业面对竞争时，通常会采取竞争导向的定价目标，积极参加餐饮市场竞争。这种策略定价灵活，经常以优惠价及促销方式吸引消费者，以应对竞争。

（5）垄断导向目标。

在机场、车站、码头、商业区等地段的餐饮企业，由于其地理位置的优越性，经营具有一定的垄断性，且人群的流动性大，因此，经常会采取一般质量的菜品高价出售的定价策略。

3. 餐饮企业档次

餐饮企业的档次直接决定了餐饮产品的定价。不同级别的饭店或餐饮企业收费不同，因此，同样的菜品在不同档次的饭店或餐饮企业价格相差也特别大，高级饭店或餐饮企业定价可以是普通饭店或餐饮企业定价的数倍。

4. 经营状况

（1）管理成本。

从采购角度来看，连锁饭店由于实行统一招标采购，其进货成本大大低于当地同类餐饮企业的进价，其菜品的定价也因此低于同档次餐厅，竞争力也就更强。

人力资源涉及经营费用，其数量和质量势必会影响菜品定价水平。如果雇员数量多，为保证盈利，定价水平必然较高；如果聘用的名厨和名师多，其定价水平也一定较高。

餐饮产品的制作工艺对定价水平的影响也非常大。工艺复杂的菜品，对厨师的要求高，耗费的工时长，一般来说定价较高；工艺相对简单的定价则较低。

地理位置的好坏直接影响餐饮企业管理成本的高低。好地段的租金高，经营费用高，其菜品的定价一般来说也比较高，处在黄金地段的餐饮企业的菜品价格则更高。

原料对价格的影响亦是显而易见的。进货价格高的菜品要比进价低的菜品定价高，如海珍品售价要远高于普通家常菜的售价。

（2）饭店或餐饮企业的形象。

饭店或餐饮企业的形象首先体现在服务人员的服务水平和形象上。服务员的服务表现应当是外部仪表美与内在心灵美的和谐统一，不但要做到服务标准到位，语言得当，而且还要注意整洁美，以完美的形象感染顾客，吸引客人进行消费。

此外，服务接待工作还要讲究策略性。引导客人入座要热情、迅速，即使在客人多的情况下，也不要顾此失彼，要做到有条不紊，切忌无目的地带着客人乱转找位置。服务工作者每天与顾客打交道，不同年龄、性别、民族的顾客需求也不同，应让每一个顾客高兴而来，满意而归。

饭店或餐饮企业的形象还体现在餐厅和产品的视觉、听觉和嗅觉上。餐厅的外观建筑、内部装饰、名称要讲究艺术，餐饮产品应该做到原料鲜、口味新、造型美、色泽佳、富有特色、常变常新，所配器皿也要有艺术感，与菜式相得益彰的餐具给客人以美的享受，增强进餐欲望。

（二）外部环境

企业经营离不开外部大环境，餐饮企业尤其如此。

1. 市场需求

市场需求是餐饮业生存的土壤，了解市场需求信息是餐饮企业的首要任务。20世纪80年代至90年代初，集团消费造就了众多的靠餐饮业起家的富翁，洋快餐、品牌连锁经营方式的引进成就了一批勇于吃螃蟹者。市场需求有多种方式、多种层次，影响这种需求的有社会因素，也有自然因素，一个国家和地区经济发展会有增长、腾飞、稳定、下降等不同的阶段，每个阶段都会有不同的市场需求，即使不同的季节、不同的气候条件亦有不同的市场需求，这些都会影响到菜品定价。

2. 竞争因素

餐饮业竞争的激烈程度是有目共睹的，特别是档次相近的餐饮企业间的竞争更是如此，激烈的竞争对菜品价格的制定具有很大的影响。如果本企业的价格高于竞争对手，则对消费者没有吸引力，若价格低于竞争对手，则会引发一场价格大战，两种情况对企业的长远发展都有不利的一面，因此在制定价格时必须要考虑到竞争因素。在竞争的市场环境下，餐饮企业一定要找准自己的市场定位，处理好价格与品牌的关系：当自己在目标市场中占有较大市场份额、品牌影响较大时，对于竞争对手的降价行为，特别是弱小的竞争者的销价竞争，可以不必理睬；自己如果实力不强，则要小心应付，充分发挥自己企业的优势灵活应变；竞争对手的产品与本企业有较大差异，且目标市场不同时，对于竞争对手的降价挑战就不需要太在意。另外，降价对不同档次的餐饮产品的影响也是不同的。不同的餐饮产品的价格灵敏度是不同的。一般来说，低档次的餐饮产品价格下降时对消费需求的变化影响较大，应认真对待；对于高档次的餐饮产品，消费者对价格的波动不会太敏感，因为他们对产品和企业的品牌形象更为关注。如果产品的可替代性强，或是消费者的挑选余地大，则价格的变化对消费者的刺激较为明显；反之，如果消费者对某一餐饮企业或产品产生品牌忠诚，即使涨价也不会使消费者放弃。

3. 宏观环境

制定价格策略时，必须考虑到本企业所处的外部环境，如餐饮业发展气候与趋势，国家有关该行业的价格、竞争、结构等方面的政策法规，当地人民生活水准等方方面面的因素。

二、定价原则

菜单的定价很大程度上关系到餐饮企业经营的成败，在对影响菜单定价的因素进行分析的基础上，具体落实时还应遵循以下几方面原则：

（一）符合市场定位

在制定菜单价格时，必须全面考虑餐饮企业的档次标准、所处的地理位置、品牌效应、客源市场的消费能力、当地的生活水平、餐饮消费的季节差异性等。一个地方的餐饮企业应该是高、中、低档并举。企业要根据自己的市场定位制定合理的菜单价格标准。星级及档次较高的，或地理位置好的餐饮企业定价可以高一些。餐饮企业追求利润没有错，但一厢情愿地追求高价格则不可取，要知道大众化消费永远是餐饮消费市场的主体。有些黄金地段的饭店或餐饮企业名不副实，高价低质服务的宰客现象则更不可取。企业是社会的一部分，任何一个企业除了本身赢得利润外，还需扮演社会角色，要讲究社会公德，传播良好的社会道德风尚。

（二）稳定与灵活相结合

价格变动太频繁会使菜单失去权威性，使该企业失去消费者的信任。因此，各企业在制定菜单的价格时，最重要的是考虑其稳定性，这种稳定不是绝对的一成不变，而是要在稳定中追求发展，在稳定的基础上灵活应对，根据市场需求的变化，使价格适当地上涨或下调，将稳定性与灵活性较好地结合起来。应注意的是每次价格的调整，必须先进行市场调查论证，每次调整的幅度不宜过大（一般应控制在 10％ 以内），菜单价格的调整应找好恰当的时机，不能无端调价，这样会给消费者不良的感觉。利用好一切有利的机会，如可与餐饮促销活动结合起来，也可利用节日及所在地区的诸如服装、汽车、电影、饮食等各种展销活动调整价格。

（三）合法性

应严格执行国家物价部门对各级饭店、餐饮企业的综合毛利率制定的标准，坚持按质论价、分级论价、时菜时价，自觉接受物价部门的检查和监督，坚决杜绝价格欺诈行为，对于国家政策限制的诸如野生动物等不能违法经营。

三、定价方法的选择

菜单的定价方法有很多种，主要有两类：一是以成本为基础的定价；二是以需求为基础的定价。具体又可细分为多种定价方法，各有其优点和缺点，应根据具体情况及不同产品类别灵活选用。下面对一些方法作简单介绍：

（一）成本定价法

（1）原料成本系数定价法。在以成本为中心的定价方法中，系数定价法最为简单易行，用公式表示如下：

$$菜肴销售价格＝原料成本×定价系数$$

定价系数是计划菜肴成本率的倒数，定价系数＝1/菜肴成本率

菜肴的成本为主料成本、辅料成本、调料成本及损耗的总和。首先要算出餐厅经营的综合成本率，然后根据不同的餐饮类型和菜品种类确定具体的菜肴成本率。不同的菜肴按照不同的成本率计算：原材料成本额高的菜肴及做工精细的菜肴，成本率可以高些；原材料成本额低的及做工简单的菜肴，成本率可以低些。如鱼类海鲜为 70％、肉类为 60％、家禽为 60％、蔬菜为 30％、汤类为 25％、冷盆为 50％、主食类为 25％。

（2）主要成本定价法。考虑到较高的人工成本率，将原料成本和直接人工成本作为定价依据，用公式表示如下：

$$菜肴销售价格＝\frac{菜肴原材料成本＋直接人工成本}{主要成本率}$$

主要成本率＝1－（利润率＋非原材料成本和直接成本率）

（二）毛利率法

（1）销售毛利率法（内扣率法、折扣率法）。根据餐饮产品的标准成本和销售毛利率

来计算销售价格的一种定价方法，用公式表示如下：

$$销售毛利率（内扣毛利率）=\frac{销售价格-原材料成本}{销售价格}\times100\%$$

$$销售价格=\frac{配料成本\times（1+成本燃料率）}{1-销售毛利率}$$

【例 5.1】清炒虾仁一盘，用虾仁 200 克，每千克 30 元，黄瓜 50 克，每千克 6 元，调料 0.69 元，成本燃料率 3%，销售毛利率为 40%，求销售价格。

解：

$$销售价格=\frac{[30\times（200\div1000）+6\times（50\div1000）+0.69]\times（1+3\%）}{1-40\%}=12（元）$$

答：清炒虾仁销售价格为 12 元。

（2）成本毛利率法（外加率法、加成率法）。成本毛利率法是指以产品配料成本和燃料成本为基础，按照事先确定的成本毛利率加成计算出产品销售价格的方法，其计算公式如下：

产品销售价格=产品配料成本×（1+成本燃料率）×（1+成本毛利率）

【例 5.2】芫爆里脊一盘，主料 4 元，配料 0.60 元，调料 0.64 元，成本燃料率为 3%，成本毛利率为 66.67%，求销售价格。

解：销售价格=（4+0.60+0.64）×（1+3%）×（1+66.67%）=9（元）

答：芫爆里脊销售价格为 9 元。

（3）贡献毛利率法。每位就餐顾客除需支付所购餐饮产品的成本外，还需平均分摊其他费用以作为餐饮企业产品销售的毛利，并据此对餐饮产品进行定价，用公式表示如下：

$$贡献毛利=\frac{预期获得的毛利总额}{餐饮产品销售总数}$$

销售价格=原材料成本+贡献毛利

（三）参照定价法

以同类型、档次、规模的餐饮企业的价格水平为依据，对餐饮产品进行定价的方法。这是一种比较方便、简单的定价方法，但须注意的是这种定价必须以成功的餐饮企业和菜系为依据，因势利导，综合分析，知己知彼地确定具体菜式品种的价格和套餐、宴会的标准。

四、菜单工程——ME 分析法

ME 分析法，也成为菜单工程，是英文 Menu Engineering 的缩写。它是指通过对餐厅菜品的畅销程度和毛利额高低的分析，确定出哪些菜品畅销且毛利又高，哪些菜品既不畅销且毛利又低，哪些菜品虽然畅销但毛利很低，哪些菜品虽不畅销但毛利较高。这种分析方法称为菜单工程或 ME 分析法。

为做好 ME 分析，首先应了解菜品的构成。任何一家饭店或餐厅的餐饮产品，不外乎以下四种情况，如图 5-1 所示。

图 5-1 ME 分析中的菜品分析

很明显，第一类菜品是餐厅最希望出售的，因为这类菜既受顾客欢迎，又能给餐厅带来较高的利润，所以，在设计新菜单或修订原有菜单时，这类菜品应绝对保留。第四类菜品既不畅销，又不能带来较高的利润，在新菜单中，应去掉这些菜。

值得说明的是，在进行 ME 分析时，不应将餐厅提供的所有菜品、饮料放在一起进行分析、比较，而应按类或按菜单程式分别进行。中餐的 ME 分析可分为四类：冷盘、热菜、汤类、面点。西餐的 ME 分析可分为六类：开胃品（Appetizers）、汤类（Soup）、沙拉（Salads）、主菜（Main Course Entree）、甜食（Desserts）、饮料（Beverages）。

只有在同一类菜品中进行比较，才能看出上下高低，分析才有意义。

下面以某西餐厅菜单上的汤类为例，进行 ME 分析。

【例 5.3】某西餐厅汤类有 5 种，各种汤的销售份数、顾客欢迎指数（反映畅销程度的指数）、价格以及销售额指数（见表 5-1）。

表 5-1 菜单 ME 分析表（一）

菜名	销售份数	销售数/%	顾客欢迎指数	价格/元	销售额/元	销售额/%	销售额指数	评论
江东式洋葱汤	60	20	1.3	5	300	16.1	0.8	畅销、低利润
新鲜蔬菜汤	30	13	0.65	4	120	6.5	0.3	不畅销、低利润
牛尾清汤	20	9	0.45	8	160	8.6	0.4	不畅销、低利润
奶油鸡汤	80	35	1.75	10	800	43	3.2	畅销、高利润
酸辣牛肉汤	40	17	0.85	12	480	25.8	1.3	不畅销、高利润
总计/平均值	230	20	1	—	1860	20	1	—

$$顾客欢迎指数 = \frac{某类菜销售数百分比}{各菜应售百分比}$$

$$各菜应售百分比 = \frac{100\%}{被分析项目数}$$

在上例中，被分析的汤类有 5 个，即被分析项目数为 5，那么 100% 除以 5，所以各菜应售百分比为 20%。

在上表中，法式洋葱汤的销售数百分比为 26%，汤类共有 5 个品种，法式洋葱汤的顾客欢迎指数的计算如下：

$$\frac{26\%}{100\% \div 5} = 1.3$$

不管分析的菜品项目有多少，任何一类菜的平均欢迎指数为1，超过1的欢迎指数说明是顾客喜欢的菜，超过得越多，越受欢迎。因而用顾客欢迎指数去衡量菜品的受欢迎程度比用菜品销售数百分比更加明显。菜品销售数百分比只能比较同类菜的受欢迎度，但是与其他类的菜品比较时或当菜品分析项目数发生变化时就难以比较，而顾客欢迎指数却不受其影响。

仅分析菜品的顾客欢迎指数还不够，还要进行菜品的盈利分析。销售额指数的计算法如同顾客欢迎指数。这样，可以把分析的菜品分为四类，并对各类菜品分别制定不同的产品策略（见表5-2）。

表5-2　菜品分析（一）

销售特点	上表的例子	产品政策
畅销、高利润	奶油鸡汤	保留
畅销、低利润	法式洋葱汤	吸引中、低档次客人或取消
不畅销、高利润	酸辣牛肉汤	吸引高档次客人或取消
不畅销、低利润	新鲜蔬菜汤、牛尾清汤	取消

1. 畅销、高利润菜品

畅销、高利润菜既受顾客欢迎又有盈利，是餐厅的盈利项目，在计划菜品时应该保留。

2. 畅销、低利润的菜品

畅销、低利润菜一般可用于薄利多销的低档餐厅，如果价格不是太低而又较受欢迎，可以保留，使之起到吸引顾客到餐厅来就餐的作用。顾客进了餐厅还会点别的菜，所以这样的畅销菜有时甚至赔一点也值得。但有时盈利很低而又十分畅销的菜，也可能转移顾客的注意力，挤掉那些盈利大的菜品。如果这些菜明显影响盈利高的菜品的销售，就应果断地取消这些菜。

3. 不畅销、高利润的菜品

不畅销、高利润的菜可用来迎合一些愿意支付高价的客人。高价菜毛利润额大，如果不是太不畅销的话可以保留。但如果销售量太小，会使菜单失去吸引力，所以连续在较长时间内销售量一直很小的菜品应该取消。

4. 不畅销、低利润菜品

不畅销、低利润菜一般应取消。但有的菜品如果顾客欢迎度和销售额指数都不算太低，接近0.8左右，又在营养平衡、原料平衡和价格平衡上有需要的仍可保留。

前面已对菜单分析法进行了初步介绍，但上面的方法（见表5-1，表5-2）仍有许多不足之处：

第一，餐饮企业关心的主要是利润，而不是菜品单价。表中评价菜品利润高低的假设前提条件是价格越高，利润也越高，这通常是正确的，但价格高并不真正意味着毛利就高，如果用毛利来衡量就更准确、真实。

第二，畅销程度分界线的划分标准应重新确定。表5-2中假设的畅销与不畅销的分界线是顾客欢迎指数为1，而餐饮企业中肯定会有很多菜品的欢迎指数是0.8以上或0.9以上，接近于1，这些菜品不能说不畅销，如果其利润或销售额再低一些，也是接近高与低的分界线，使用上述方法则很容易把这些菜品打入"冷宫"。

因而，在进行ME分析时，可以做一些改进：

首先，考虑每道菜的成本和毛利；

其次，根据国外一些餐饮企业的做法，可以将畅销程度即顾客欢迎指数的分界线定为0.7。这样，就可能出现不同的结果。

【例5.4】仍以上例餐厅的5个汤来进行ME分析（见表5-3）。

表5-3 菜单ME分析表（二）

菜名	销售份数	销售数/%	顾客欢迎指数	价格/元	标准成本/元	毛利额/元	评论
法式洋葱汤	60	26%	1.3	5	2	3	畅销、低利润
新鲜蔬菜汤	30	13%	0.65	4	1.5	2.5	不畅销、低利润
牛尾清汤	20	9%	0.45	8	3	5	不畅销，高利润
奶油鸡汤	80	35%	1.75	10	4	6	畅销、高利润
酸辣牛肉汤	40	17%	0.85	12	5	7	畅销、高利润
总计/平均值	230	20%	0.7	8.1	3.2	4.9	—

注意，在计算平均价格、平均成本和平均毛利润额时，切不可用简单算术平均法，因为每个菜品的销量不一样，所以应用加权平均法。

$$平均价格=\frac{\Sigma\ 每菜销售份数\times每菜价格}{\Sigma\ 菜品销售份数}$$

$$平均成本=\frac{\Sigma\ 每菜销售份数\times每菜标准成本}{\Sigma\ 菜品销售份数}$$

$$平均毛利额=平均价格-平均成本$$

上例中：

$$平均价格=\frac{60\times5+30\times4+20\times8+80\times10+40\times12}{230}=8.1（元）$$

$$平均成本=\frac{60\times2+30\times1.5+20\times3+80\times4+40\times5}{230}=3.2（元）$$

$$平均毛利额=8.1-3.2=4.9（元）$$

当该汤的毛利额超过4.9元时为高毛利，低于4.9元时为低毛利，当该汤的顾客欢迎指数超过0.7时为畅销，低于0.7时为不畅销。这样，就得到另一个结果（见表5-4）。

表 5-4 菜品分析（二）

销售特点	上表的例子	产品政策
畅销、高利润	奶油鸡汤	保留
畅销、低利润	法式洋葱汤	作吸引菜品、提价或取消
畅销、低利润	酸辣牛肉汤	保留
不畅销、高利润	牛尾清汤	促销、吸引高档次客人或取消
不畅销、低利润	新鲜蔬菜汤	取消

此表同表 5-2 比较，结果就不一样，酸辣牛肉汤被保留了下来，其畅销程度虽未达到 1，但有 0.85 也属不错，且每销售一份可得 7 元的毛利额，远高于平均毛利水平，应绝对保留。牛尾清汤虽不畅销，但毛利额还可以，故可以保留，但应加大促销力度。

五、菜单制作

菜单制作即指在经过前期全面、完整、系统的菜单内容和价格等设计与决策的基础上，进行的版面设计和印制。现代餐饮菜单制作虽可由专业化的公司印制完成，但作为餐饮管理人员仍须切实明确以下菜单制作的相关问题并有效进行菜单设计评价。

制作菜单须充分考虑菜单的版式、封面与封底、颜色与画面、字体与字号以及菜单制作纸张等因素。

（一）菜单版式

菜单版式是指菜单的形状、规格、大小、款式和结构。最常见的不同档次的菜单版式有：

1. 杂志式

杂志式菜单也称书本式菜单，是餐饮企业使用最普遍的一种菜单形式。此菜单主要适合于各类中、西式正餐零点菜单。杂志式菜单朴实、素雅、印制精美，有挺括、硬朗、精美的封面、封底和排列有序、分门别类的多项内页，消费者通过翻阅可选择合适的菜点与酒水。

2. 折叠式

折叠式菜单主要指常用的中、西餐各类宴会菜单形式，也指特别促销菜单形式，常见的规格有两折、三折及四折。此菜单设计简洁、明快，菜单内容一目了然，多为一次性菜单，一般平放或立放于桌面上，不重复使用。

3. 单页式

单页式菜单主要用于快餐、咖啡厅、茶吧、酒馆及火锅餐饮等销售形式中；同时，也可作为零点菜单的补充形式，如"每日特菜""总厨推荐""最新菜点"等菜单促销形式。此菜单制作工艺简单，使用周期短。

4. 活页式

活页式菜单是一种灵活机动的菜单形式，即在不重新设计菜单封面、封底的基础上，以活页形式随时添加需补充的菜目，或撤换拟淘汰的菜目。活页式菜单是现代餐饮企业在激烈的市场竞争中产生的一种菜单形式。

现代餐饮企业除选用上述常见固定的菜单版式外，还可根据自身经营主题、特色、经营氛围和目标客源，并结合餐饮促销，设计使用多彩多姿的异形菜单，如用于圣诞节特别推销的松树状菜单，用于中秋节推销的圆月形菜单，用于儿童节促销的卡通式菜单，用于情人节使用的心字形菜单等。

此外，布标式、悬挂式、张贴式、立体式及金字塔式等菜单形式也是餐饮企业可供选择的菜单形式。

（二）菜单封面与封底

1. 菜单封面

菜单封面是体现餐饮企业形象的要素和文化精髓。极具特色并设计和谐、完美、惬意的封面，能昭示企业经营的风味、风格、档次、规模与气势。它是企业经营形象的差异化表现形式之一，有助于营造一种经营氛围、创造一种对消费者进餐经历的重要"关键时刻"（顾客与企业接触，并由此而产生的对企业的印象和评判）。制作菜单封面须注意：

（1）套印在菜单封面上的色彩与色调可与餐厅主题相对一致，也可与餐厅整体装饰和情调形成适当的对比度。尤其色调的选择须慎重，因为它能让消费者产生有意识或潜意识的消费效果。菜单封面套色，既可套印一色封面，也可套印两色、三色或四色封面。

（2）制作封面的用料最好与餐厅整体装饰和氛围相一致。材质选择应厚实，具有一定的耐久性和防油污性。

（3）封面的艺术装饰既可采用古典的油画、木刻画、工艺画，也可采用风景画或静物照，还可以采用抽象艺术与流行艺术。

2. 菜单封底

菜单封底作为企业附加性促销内容的信息栏，其总体风格需与主题相一致。附加信息内容的编排应根据企业的不同促销方法与策略，灵活把握。

（三）菜单颜色与画面

菜单颜色与画面是现代餐饮企业在菜单设计制作时要考虑的重要因素。

1. 菜单颜色

运用色彩设计制作菜单的基本方法是：可用单色，通常为黑色；也可将使用多种色彩，体现不同的层次性。色彩、色调的选择、匹配要与餐厅的总体艺术效果与进餐氛围相协调。颜色差别越多，印刷成本越高。如套印一色，成本最低，但视觉效果较差；套印上四色，制作成本最昂贵，但视觉层次感较强。菜单色彩与色调在菜单内页中使用时，尤其要慎重，要恰到好处地进行同色组合、安排，以不同的色彩层次和色调差异来创造一种气氛，或者吸引消费者的视线到特别的菜点上；还可将色彩灵活运用于菜单的边饰、画面等背景上。菜单的不同颜色组合，体现了企业的不同经营风格与类型。一般而言，艳丽的大色块、五彩标题、多色配图等较适用于快餐、休闲餐、娱乐餐等餐饮菜单；而以淡雅、柔和、稳重的色彩，如浅褐、米黄、淡蓝、浅灰、象牙色等为基调而设计的菜单，主要用于中、高端餐饮企业的销售菜单上。此外，菜单文字要避免套印太多的彩色。

2. 菜单的画面

菜单的画面包括了图画、照片、装饰画和边饰画等。菜单画面应与餐厅的装饰设计和主题装修风格相协调。菜单画面选择不应过多或者太复杂。在菜单画面中，菜肴、点心的摄影照片尤为重要。若要选择使用，最好高成本投入，以最佳的艺术效果与其他内容相配合。图文并茂式菜单要切实避免所附彩照与消费者所消费菜点的实际制作有较大的差异性，否则，极易引起消费者投诉。

（四）菜单字体与字号

由于现代餐饮企业的菜单绝大部分是不同风格与不同类型的印刷式菜单，因此消费者对菜单的评价一定程度上与菜单所选择的字体与字号有较大关系。菜单的字体主要指印刷时所选用的汉字样式，菜单的字号主要指所选用汉字的大小。在制作菜单时，究竟选择哪种字体，主要根据菜单设计的整体风格而定，并应与企业的经营主题、业态与特色相协调。古朴凝重的菜单与清雅明快的菜单、民俗中餐菜单与现代扒房菜单、快餐菜单与慢餐菜单、休闲餐菜单与正餐菜单等在选择字体上都有一定的差异性。菜单字号的选择，一般不应小于四号字。此外，菜单的行间距不应太小；中英文对照或附有汉语拼音的菜单，字母一般多为大小写结合。只有标题、菜名和需要特别强调的描述性内容，才应全部使用大写字母。

（五）菜单纸张

菜单纸张的类型和质量是反映菜单规格、档次的标志，它决定了菜单制作的成本。一般而言，高档餐饮菜单，多选用光泽度较好且平滑、柔和的铜版纸；大众化餐饮菜单，一般选用普通的打印纸。菜单纸张的选择要充分考虑菜单的不同类型与使用频率的高低，充分考虑纸张的防污性、防水性、耐磨性、手感性与感光度，并避免使用塑料、绸绢等材料。另外，菜单内页是否压膜、是否烫制锡箔等，都应与菜单总体设计相协调。

（六）菜单制作常见问题

不同类型的餐饮企业在进行不同规格、标准、档次的菜单设计与制作时，常出现以下一些问题。

1. 认识不足，制作材料选择不当

由于餐饮企业的经营管理者对菜单设计制作的认识存在差异，重视程度普遍不够，包括一些大型、较高档次的餐饮企业也存在此现状。因此，很多餐饮企业在进行菜单材料选择时，出现材料质量的优劣与经营档次的高低不匹配等现象，直接影响了企业的经营效益。特别是一些中、小型大排档餐饮企业，在进行菜单选材时直接使用讲义夹、文件夹、集邮册、影集本等材料形式，将菜单内页装订成册，造成与用餐环境、气氛的格格不入，直接影响了餐饮消费者的消费感受。

2. 制作过于简单，内容出现疏漏

菜单设计与制作是一项系统工程。很多餐饮企业在实施菜单具体制作时，缺乏全面、系统的安排，出现设计制作的标题、正文、附加信息说明等过于简单化现象，甚至有些菜单没有对主要菜点、特色菜点作描述性说明或者说明不恰当，没有将全部经营品种列入菜单，没有企业最基本的经营信息介绍等。

3. 版面艺术性差，使用不方便

菜单版面艺术性差，使用不方便，首先表现在其规格太小、装帧简陋、色彩单调、内容拥挤、排列紧密、字体太小等方面；其次表现在对列在菜单上的各类菜点平均对待，没有有效使用定位、加框、套色、边饰、字号变化等来吸引消费者注意到最盈利和最热销的菜品上。

在菜单制作时，除出现以上所列问题外，随意涂改菜单价格、个别菜点不标明价格、菜点上有菜名而厨房未准备原料，以及菜单高、中、低价格分布缺乏布局技巧等，也是菜单制作时经常出现的问题。

课后练习

一、多项选择

1. 依据就餐时间划分，菜单分为（　　）。
   A. 早餐菜单　　　B. 午餐菜单　　　C. 晚餐菜单　　　D. 宵夜菜单
2. 根据市场特点划分，菜单分为（　　）。
   A. 固定菜单　　　B. 循环菜单　　　C. 即时性菜单　　　D. 套餐菜单
3. 根据菜单价格形式划分，菜单分为（　　）。
   A. 即时性菜单　　B. 套餐菜单　　　C. 零点菜单　　　D. 混合性菜单
4. 中餐宴会菜单设计原则是（　　）。
   A. 因人配菜　　　B. 应时配菜　　　C. 因事配菜　　　D. 随价配菜
5. 影响菜单定价的内部因素有（　　）。
   A. 成本和费用　　B. 定价目标　　　C. 餐饮企业档次　　D. 经营状况

二、简答题

1. 菜单的作用是什么？
2. 菜单设计的依据是什么？
3. 菜单的内容包括哪些？
4. 菜单定价的原则是什么？

三、技能实训

实地考察一家酒店，分析其现有菜单设计的不合适之处，并为其设计一份合适的菜单。

第六章

原料采购及库存管理

第一节　原料采购管理

一、采购职能的归属

根据实际情况，采购职能主要归属于采购部与餐饮部，主要有以下三种组织形式。

(一)饭店采购部负责采购

采购部负责采购是由餐饮部提出采购申请和要求，由饭店采购部统一采购的组织形式，该种形式的优点是利于专业化管理，便于资金和采购成本的控制。不足之处在于采购的及时性和灵活性会受到影响。这种组织形式必须以严格的计划性和制度化为前提，否则就会出现相互推诿、造成工序脱节的现象。

(二)餐饮部负责采购

餐饮部负责采购即是餐饮部负责所有餐饮原料的订货和购货业务的组织形式。该种形式的优点是能根据餐饮的业务情况，灵活及时地采购，便于控制数量和质量。不足之处是缺乏制约，容易出现财务漏洞。

(三)餐饮部和采购部分工采购

分工采购即是由餐饮部负责鲜活原料的采购，采购部负责干货类原料和物品的采购。该形式比较灵活并能及时满足餐饮业务活动的需要，也有利于餐饮成本的控制。不足之处是多头采购，给管理和协调带来了一定难度。

二、餐饮原料的采购及采购数量控制方法

(一)常见的采购方式

1. 询价采购，也即公开市场采购

询价采购是最常见、最原始的一种采购方法。通过采购员深入市场、了解行情、逐个询价，根据原料价格和质量优劣情况，购买性价比高又适用的原料。但需自行解决运输工

具并承担运输中出现的风险。对大多数中小餐饮企业而言，采购员往往会拿着现金直接在食品市场或农贸市场进行交易。此种方法虽然未必能得到最优惠的价格，但是库存可以降至最低，原材料的新鲜程度可以得到保证。

2. 比价采购

比价采购是采购人员将需要采购的某种食品原料通过询问多个供货商的报价，或提取样品，从中选取质优价廉的货源作为采购对象的一种采购方法。因市场货源充足，供货商较多，所以大多数食品原料的采购均可采用这种方法。这种方法最适于一次性采购量大的食品原料。

3. 招标采购

招标采购是现行采购中常见的一种方法，是指采购方作为招标方，事先提出采购的条件和要求，邀请众多企业参加投标，然后由采购方按照规定的程序和标准从中择优选择交易对象，并与提出最有利条件的投标方签订协议的过程。整个过程要求公开、公正和择优。此类型的采购具有自由公平竞争的优点，可以使买者以合理的价格购得理想物料，并可杜绝徇私、防止弊端，不过手续较繁琐费时，不适用紧急采购与特殊规格货品的采购。

4. 定点采购

定点采购是指相对固定在一个或几个价格低、信誉好、品种多、供货足的供货商中采购的方法。这种方法多适用于购买烟酒、调料等，应防止假货，杜绝三无产品。

5. 约定采购

约定采购是指采购人员根据厨房对某种原料的需要情况，按一定的时间间隔，要求供货商把原料送货上门。每次送的数量一般临时通知，而结算周期通常为一个月或一个季度。

6. 托运采购

托运采购是将需要采购的食品原料与供货商以书面合同或口头形式订货的采购方法，又称为期货订购。这种采购方法适于采购的批量大、异地供货和规格复杂的食品原料，要求供货商一次或分批次供货。可货到付款或先付款后交货。

7. 联合采购

联合采购是指两个或两个以上类型相似的餐饮企业为了降低进货的成本，对某些共同需要的原料凑成一大批数量，向供货单位进货，因为联合采购数量大，可以享受批发价格或优惠价，从而降低成本。

8. 无选择采购

无选择采购是在餐饮经营过程中，厨房有时急需某些品种的食品原料，在当地仅此一家有货供应。在这种情况下，不论供货商如何索价，只能采取无选择采购。采取这种采购方法，由于其采购成本会失去控制，有时原料的品质或规格难以保证，因此，只会在不得已的情况下才使用。如果采购人员频频使用无选择采购法，说明原料采购管理存在很大问题。

9. 特殊性采购

特殊性采购是指采购员、管理员在市场调查、订货展览和采购过程中，发现在申购要求以外的时鲜货、奇缺货、紧俏货及新品种而酌情采购的一种方法。这种方法能使厨师长及时了解市场信息，加快新菜品的开发。

10. "一次停靠"采购

餐饮原材料的品种繁多，供货渠道各异，各个供应商对同一种原材料的报价有高有低，如果饭店仅仅以最低报价为依据决定向谁采购，势必花大量的人力、时间处理票据和验收进货。为了减少采购、验收和财务处理的成本费用，饭店将原材料进行归类，同类原材料向一个综合报价较低的供应商购买。

11. 集中采购

某些饭店集团或联号，为了降低分散采购的选择风险和时间成本，建有区域性的采购办公室，为旗下同属该地区的饭店集中采购。

（二）采购数量的控制方法——实行定额采购

食品原料采购数量的多少直接影响着餐厅的供应情况和成本费用的高低。采购数量过多，会占用过多的资金，影响资金周转。由于食品原料的有效保质期较短，如果储存时间较长，也会引起质量的下降，增加储备成本。采购数量太少，容易导致库存的中断，无法保证向顾客提供菜单中所有的食品。因此，要做到采购数量适中，需要对餐饮的原料采用限额控制。

1. 鲜活类食品原料采购的数量控制

新鲜类食品原料，如蔬菜类、海鲜类、禽蛋类等，一般容易变质，不可长期保存，购入后只能在较短的时间内使用。对于此类原料，由厨房根据业务需要每天提出订货，其订货数量则来自第二天的接待任务和销售预测。实际操作中，可以选用以下的方法。

（1）日常即时采购法。

日常采购法适用于采购消耗量变化大、有效保存期较短因而必须经常采购的鲜货原材料。每次应采购的数量为：

$$应采购数量＝需使用数量－现有数量$$

需使用数量是指在进货间隔期内（如3天）对某种原材料的需要量，根据客情预测，由行政总厨或餐饮部经理决定。在确定该数字时，还要综合考虑特殊餐饮活动、节假日客源变化等加以适当的调整。现有数量是指某种原材料的库存数量，它通过实施盘存加以确定。应采购数量是指需使用量和现存量之差。因为鲜活原料采购次数频繁，有的几乎每天进行，而且往往在当地采购，所以一般不必考虑保险储存量。8 1 3 6 A 3 3 9

（2）长期订货法。

在鲜活类食品原材料中，某些品种的原材料每日的消耗量变化不大，而且本身的单位价值不是很高。对这些原材料饭店往往采取长期订货法。

一般可采用两种形式：其一是饭店与某一供应商签订合约，由供应商以固定的价格每天或每隔数天向饭店供应规定数量的某种或某几种原材料，直到饭店或供应商感到有必要改变已有供应合约时再重新协商；其二是要求供应商每天或每隔数天把饭店的某种或某几种原材料补充到一定数量，饭店对有关原材料逐一确定最高储备量，由饭店或供应商盘点进货日的现存量，以最高储备量减去现存量得出当日需购数量。

长期订货法也可用于某些消耗量大而需要经常补充的饭店物资（如餐巾纸）的采购。因为这些物品如果大量储存，会占用很大的库存面积，不如由供应商定期送货来得更有效率。

2. 干货类食品原料采购的数量控制

干货类食品原料，如大米、面粉等，虽然不像鲜货类食品原料那样容易腐败变质，但也不意味着可以过大批量地采购。对于此类食品原料，通常采用"定期订货法"和"永续盘存卡订货法"对采购数量进行控制。

（1）定期订货法。

定期订货法，是一种订货周期固定不变，如每周一次或每两周一次，甚至每月一次，但订货数量可以根据库储存和需要改变的一种订货方法，它可以确保下一期对原料的供应。每到订货日期，仓库管理员对库房进行盘点，然后决定订货数量。公式如下：

$$订货数量＝下期需用量－实际库存量＋期末需存量$$

现有数量通过盘点后容易得出，下期需用量可以根据以往记录或预测提出。期末需存量是指从发出订单到达货物验收这一段时间（订购期）能够保证生产需要的数量。因此，确定期末存货量，应考虑这种原料的日平均消耗速度和订购期天数。但是，需要说明的是，考虑到交通运输、天气或供应情况等方面的意外原因，很多餐厅都在期末需存量中加上一个保险储存量，以防不测。这个保险储存量一般为理论期末需存量的150％，这样期末需存量实际成为：

$$期末需存量＝（日平均消耗量×订货期天数）×150％$$

（2）永续盘存卡订货法。

永续盘存卡订货法也称订货点采购法或定量订货法，它是通过查阅永续盘存卡上原料的结存量，对达到或接近订货点储量的原料进行采购的方法，一般为大型饭店所采用。使用永续盘存卡订货法的前提是对每种原料都建立一份永续盘存卡（见表6－1），每种原料还必须确定最高储备量和订货点量。

表6－1　永续盘存卡

食品原料永续盘存卡		编号 3112		
品名：西红柿罐头 规格：　　　　单价：		最高储存量：250听 订货点量：120听		
日期	订单号	进货量/听	发货量/听	结存量/听
4—26				135（承前）
4—27	345678		15	120
4—28			17	103
4—29			16	87
4—30			17	70
5—01			15	55
5—02		210	16	249
…				

原料的最高储备量指某种原料在最近一次进货后可以达到但一般不应超过的储备量。它主要根据原料日均消耗量以及计划采购间隔天数，再考虑仓库面积、库存金额、供应商最低送货定量规定等因素来确定。

订货点量也就是该原料的最低储存量（定期订货法中的期末需存量）。当原料从库房中陆续发出，使库存减少到订货点量时，该原料就必须采购补充。这时，订货数量为：

订货数量＝最高储备量订货点量＋日均消耗量×订货期天数

永续盘存卡订货法的优点是，原料不足时能及时反映并采购。由于每项原料都规定最高储备量，所以数量上不会多购，有效地防止了原料的过量储存或储存不足；此外，永续盘存卡上登记了各种原料进货和发货的详细信息，仓库保管员不必每天库存盘点，只要翻阅永续盘存卡即可，这样能节省人力；同时，以该方法采购，可使采购数量比较稳定，不需每次决策，管理上比较方便。但是，永续盘存卡采购一般是不定期进行，采购运输的工作量较大，卡片的登记比较费时。因此，许多饭店把定期订货法和永续盘存卡订货法结合使用。

第二节　原料验收管理

原料采购到货后，其验收工作也随之开始。所有原料采购必须经过验收才能确认采购的各项指标，才能作为直拨原料或贮存原料，送到使用部门或仓库保管部门。原料的验收管理必须建立科学的验收体系，运用切实可行的验收方法与步骤，并务必加强验收控制。

一、原料验收的体系

（一）验收部门

验收部门的设立及验收部门与其他部门之间的关系，因饭店规模的大小而异。大型饭店有专门的验收部门，而中型饭店及社会餐饮一般不设验收部，只设验收员。饭店应根据自身的特点，设计和建立自己的验收体系，旨在充分发挥验收的作用，有效控制成本和原料质量，减少舞弊行为，切实履行验收职责。

（二）验收人员

验收人员作为原料管理的重要人员，必须具备良好的职业道德，应受过专门的验收培训，熟悉酒店餐饮原料采购的规格和标准，对原料的质量能做出准确的判断。另外，验收人员要熟悉酒店餐饮的财务制度，懂得各种账单的处理方法和处理程序，并能加以正确的处理。

验收人员应把握验收原则，始终坚持按制度办理验收手续，具有熟练的业务素质并切实做到所验收的项目与送货发票和订购单相符合；验收原料重量和数量与发票所开列的重量和数量相符合；验收原料的质量与订购规格书相符合等。同时，注意各项验收签名和签章，这是有效明确验收责任的关键。

（三）验收设备与工具

健全的验收机制包括称职的验收员、实用的器材、合理的验收标准、验收程序及良好的验收习惯和有效的检查监督。

验收部门应备足够的验收工具。既要有处理大宗原料的磅秤，也要有处理小件原料的天平秤。各种称量工具应定期校准，以确保精确度。此外，验收办公室还应有温度计、暗箱、起钉器、纸板箱切割工具、尖刀等工具以及验收单、验收标签、送货发票、收货单、验收工作手册和采购食品原料的质量标准等单据及材料。

二、原料验收的方法与程序

验收工作必须建立有效的方法和程序，保证对原料的采购实行最大限度的验收控制。

（一）根据订购单和送货票及发票检查进货

验收人员要负责核实送验货原料品种是否符合采购订单上所规定的品种及规格质量要求，符合相关要求的原料要及时进行检验，不符合要求的则应拒收。供货单位的送货单是随同一起交付的，供货单位的结账是根据送货单所显示的信息为依据的。因此，送货单及结账的发票是付款的主要凭证。验收是应根据送货单及发票来核实各种原料的数量、价格和规格。

（二）对不合格原料予以退回

对质量不符合规格要求或分量不足的原料，应给予退货。退货时，在退货单上填写所退货物的名称、退货的原因等内容，并要求送货员签名。退货单一式四联，一联留验收部，一联交送货员带回送货单位，其余两联分别交采购部和财务部。退货后，应向采购部有关人员报告并处理相关事宜，并尽快找到可替代的原料。

（三）受理原料

前几项核对完成后，验收人员应在送货票及发票上签字并接收原料。有些要求在送货发票或发货单上加盖验收章。验收单包括收货日期、单价、总金额和验收人员等，验收人员正确填写上述项目，并签字。检验认可后的原料，就应由餐饮部负责，而不是再由采购人员或供货单位负责。原料验收合格后，干货及时入库，鲜货直拨使用部门。

（四）填写验收单

无论是以什么形式送货，原料验收都要填写验收单。在验收时验收员按购回的原料分别称重、点数、核价，然后填写验收单。验收单共三联：一联交成本控制，二联交仓库，三联交接收部门。验收单的验收记录要真实反映相关数据，即：采购订单编号、采购申请单编号、品名、供货商、数量、单价、验收日期、验收原料的发票号、发货单号及该类原料存放的库房或直拨的部门。同时，要有验收人员的签章。

（五）库房接收原料

库房收货后，把采购订单、采购申请单的财务联连同送货单及送货发票传至采购部，采购部据此注销该项采购，将有关单据交至财务通知财务部门采购完成。

（六）填制"重点原料标签"

根据所编制的重点原料目录，填制此类标签，并随同原料转交库房管理员，由库管员悬挂或粘贴在原料存放地点，便于盘点。

（七）编制"验收日报单"

大型饭店一般还要编制"原料验收日报单"，以显示原料项目、供应商、发票号、数量、单价、金额、厨房订购原料、库房采购原料等信息。

原料验收时，要特别注意有三个基本标准必须加强核实：

第一，到货数量与进货数量相同；

第二，到货的原料质量与订货的原料质量相同；

第三，送货发票的价格与订货的价格相同。

三、原料验收控制

有效实施原料验收工作，还须切实做好以下相关控制：

（一）财务部门负责验收的控制工作

为防止验收员验收舞弊，验收工作应在财务部门监督下进行。

（二）采购员应检查验收员的验收工作

由于采购人员更了解食品原料的相关情况，所以采购人员应对验收工作给予一定的协助和帮助。此外，厨师长也应经常检查食品原料的质量，了解食品原料的进价成本。

（三）在验收工作中，还应做好防止原料损失工作

要指定专人负责验收工作，而不是谁有空谁验收，验收工作和采购工作分别由专人负责，采购人员不能兼任验收工作。原料验收合格之后，尽快将干货原料送入贮存库，鲜货原料直拨使用部门，以防止变质和损失。

第三节　原料贮存与发放管理

贮存是指对各类食品原料的分类妥善保管，旨在确保生产和销售服务活动能均衡、不间断地正常进行。饭店餐饮部要实现最低的成本、最快的资金周转、最佳的经济效益并使顾客需求得到充分满足，必须制定合理的库存量，并对库存进行有效的管理控制。餐饮食品原料贮存与原料采购和生产服务联系紧密，贮存管理是保证餐饮产品质量和成本控制的重要管理环节。

一、原料贮存的作用与条件

（一）原料贮存的作用

原料贮存是原料采购与餐饮出品生产之间的重要环节，贮存环节的原料质量对生产质

量有着直接的影响，贮存中所形成的食品原料的变化，会以餐饮产品的形式直接转嫁给顾客，并产生经营连锁反应。良好的贮存控制能有效控制原料的数量和质量，有助于降低餐饮成本，确保生产的顺利实施。同时，有效的贮存还可以弥补原料生产季节和餐饮消费的时间差，保证在采购淡季中有关原料供应。此外，正确的储藏方法可以有效防止细菌在食品原料之间的传播。

（二）原料贮存的条件

原料贮存的条件或基础主要包括仓库的温度、湿度、光线和通风，仓库卫生要求，贮存设备和相关用品用具等。

1. 仓库及其类型

仓库是餐饮食品原料贮存的必需条件。不同类型和规模的餐饮企业其原料库构建不尽相同。餐饮企业应设置适宜于自身采购特点和经营特征的仓库。仓库一般分为中心仓库、各经营点的分仓库、干藏仓库、冷藏仓库、冻藏仓库、食品库、酒水库等不同类型。

2. 温度、湿度、光线和通风

几乎所有食品原料对温度、湿度、光线和通风的变化都十分敏感。不同的原料贮存时对温度和湿度的敏感程度不一样。因此，不同的原料应存放于不同的贮存仓库中，并给予不同的温度、湿度，并保证良好的光线和通风，才能提高最佳的贮存质量。

3. 卫生要求

仓库的地板和墙壁表面应可承受重压，易于保持清洁，并能防油污、防潮湿。同时，全面的清洁卫生更是贮存的基本要求。此外，仓库在任何时候都应保持良好的清洁卫生状态。实施对食品原料的卫生管理应制定严格的卫生制度和管理规范。

4. 贮存设备要求

（1）货架。对容易变质的原料来说，货架应有一定的高度，以便于空气循环。

（2）容器。相应的原料需放在合适的容器中，以利于有效贮存。

仓库其他设施如搬运工具、称量工具和工作台等，都应符合贮存的不同要求。

二、干货原料的贮存

干货原料的贮存即指干货原料干藏贮存，此类仓库为干藏仓库。所谓干货，从狭义上来讲，是指不含水分的或含水分很少的食品原料，如木耳、干香菇、鱿鱼干、香料等动植物性原料；广义上的干货，则泛指不易腐败，不需低温贮存的食品原料。

通常植物性干货、罐头、调味品、食用油（液态油）和米、面等食品原料都属于干货库贮存。干货原料贮存的有效条件如下：

（1）干货库的温度应保持在 10℃～21℃之间。对大部分原料来说，若能保持在 10℃，其贮存效果更好。

（2）干货库的相对湿度应保持在 50%～60% 之间。如谷物类原料则可再低些，以防霉变。

（3）通风的好坏对干货库温、湿度有很大影响。按照标准，干货库的空气每小时应交换 4 次。

（4）仓库内照明，一般以每平方米 2～3 瓦为宜。如有玻璃门窗，应尽量使用毛玻璃，以防止阳光的直接照射而影响原料质量。

（5）干货仓库应安装性能良好的测量工具，通过安装温度计和湿度计，以便定时检查原料库的温度、湿度，可有效防止库内温度和湿度超过许可范围。

（6）原料应整理分类，依次存放，保证每一种原料都有其固定位置，便于管理和使用。原料应放在货架上，保证原料至少离地面 25 厘米，离墙壁 10 厘米，以便于空气流通和清扫，并随时保持货架和地面的干净，防止污染。

（7）原料存放应远离自来水管道、热水管道和蒸汽管道，以防受潮和湿热霉变。

（8）入库原料须注明进货日期，以利于按照先进先出的原则进行发放并有效控制原料保质期，保证原料使用质量。

（9）干货仓库应定期进行清扫、消毒，预防和杜绝虫害、鼠害。

（10）塑料桶或罐装原料应带盖密封，箱装、袋装原料应放在带轮垫板上，以利于挪动和搬运。

（11）玻璃器皿盛装的原料应避免阳光直接照射。所有有毒及易污染的物品，包括杀虫剂、去污剂、洗涤剂以及清扫用具等，应避免放在食品原料干货库内。

（12）控制有权进入仓库的人员数量，外单位及职工私人物品一律不应存放在干货库内。

三、原料冷藏与冷冻贮存

（一）原料的冷藏贮存

冷藏是在一定温度下保存食品原料的一种有效方法，但此法不会杀死微生物，仅是有效抑制其繁殖。冷藏温度越低，食品原料保藏越久。冷藏室温度一般控制在 0℃～10℃ 之间，在短时间内可阻止食品腐败。冷藏新鲜食品只是抑制食品腐败，并不能最终阻止食品原料腐败。冷藏的目的是减缓腐败速度。在 −1℃～8℃ 温度范围内，冷藏温度越低，微生物生长越慢。食品在冷藏前不能受到污染，这一点非常重要。

冷藏的原料既可是蔬菜等农副产品原料，也可以是各类肉、禽、鱼、虾、蛋、乳、油脂类（固态油）以及已经加工的成品或半成品，如各种甜点、汤料、卤制品、馅心、面臊料等。原料冷藏贮存的要领如下：

（1）冷藏库的温度必须定时检查，温度计应安装在冷藏库明显的地方，如冷藏库门口。

（2）如果库内温度过低或过高都应调整，在制冷管外结冰达 0.5 厘米时，应考虑进行解冻，保证制冷系统发挥正常功能。

（3）厨房要制订妥善的原料领用计划，尽量减少开启冷藏库的次数，既节省能源又防止冷藏设备内温度变化过大。

（4）冷藏库内贮藏的原料必须堆放有序，原料与原料之间应有足够的空隙。

（5）原料不能直接堆放在地面或紧靠墙壁，以使空气良好循环。

（6）易腐败的果蔬要每天检查，发现腐烂要及时处理，并清洁原存放处。

（7）需冷藏的原料应尽快入库，尽量减少耽搁时间。

（8）对经过初加工的原料进行冷藏，应用保鲜纸包裹并装入合适的清洁盛器内，以防止污染和干缩。

（9）热食品冷藏应待其凉冷后进行，盛放容器需经过消毒，并加盖存放，以防止干缩和沾染其他异味，加盖后要注意便于识别。

（10）冷藏设备的底部及靠近冷却管道的地方一般温度最低，这些地方尽可能存放奶制品、肉类、禽类和水产类原料。

（11）冷藏时应拆除鱼、肉、禽类等原料的原包装，以防止污染与病菌的进入。

（12）经过加工的食品如奶油、奶酪等，应连同原包装一起冷藏，以防发生干缩、变色等现象。

（二）原料的冷冻贮存

冷冻贮存是指在极低温度下贮存食品原料的贮存方法。冷冻库的温度一般控制在 $-23℃\sim-18℃$ 之间，在这种温度下，能有效抑制微生物的繁殖，以利于原料长时间贮存。原料冷冻的速度越快越好，因为速冻之下，原料内部的冰结晶颗粒细小，不易损坏结构组织。原料冷冻贮存的要领如下：

（1）坚持冷冻原料在验收时处在冷冻状态的原则，避免将已解冻原料送入冷库。

（2）新鲜原料冻藏应先速冻，并应连同外包装放入，以防止干缩和表面受到污染。

（3）冷冻贮存的原料，特别是肉类，应该用抗挥发性的材料包装，以免原料过多地丧失水分而造成冻伤，引起变质或变色。

（4）冷冻原料温度应保持在 $-18℃$ 以下。温度越低，温差越小，原料贮藏期及原料质量越能得到保证。

（5）冷冻原料一经解冻，一般不得再次冷冻贮藏。

（6）冷冻原料不能直接放在地面或靠墙摆放，以免妨碍库内空气循环，影响贮存质量。

（7）坚持先进先出的原则，所有原料必须注明入库日期及价格，并经常检查贮存的原料，防止某些原料贮存过久甚至过期，造成浪费。

（8）检查整理并保持冷冻库货架及各类原料存放整齐和清洁。

四、原料发放管理

原料发放管理作为食品原料管理的最后一个环节，必须有效把握原料发放管理的目的、原料发放的原则、原料发放的方法。

（一）原料发放管理的目的

食品原料发放管理的目的为：保证使用部门能及时、充分和合理地领用原料；有效控制原料使用部门的用料数量，正确记录原料使用部门的用料成本。

（二）原料发放的原则

食品原料发放的原则为：任何食品原料的发放必须履行完善的手续，并规定发放的时间，定时发放；发放应做到及时、准确，始终坚持先进先出的准则，按需发放；根据领用手续做好原料的发放记录和存货记录，正确计价。

（三）原料发放的方法

原料发放的方法主要有直拨原料发放和库存原料发放。

1. 直拨原料发放

直拨原料的发放主要是鲜活原料。此类原料经验收合格后，直接发放至使用部门，其价值按当日进货价格记入当天原料成本账内。验收员在计算当日原料成本时只需从进货日报表的直接进货栏内抄录数据。

2. 库存原料发放

仓库发货包括干货、冻品、调味品与粮油等。这些原料经验收合格后入库贮存，在使用部门需要时从仓库领出，在领出当日转入当日原料成本账本。因此，对每次仓库原料发放都应有正确的记录，然后才能正确计算每一天的原料成本。

在库存原料发放控制时尤其需要注意凭单发货，并切实加强领料单的管理。领料单是发货的原始凭证，领料单应正确记录仓库向各使用部门发放的原料数量和金额。领料单的作用首先是可以控制仓库的贮存量；其次是核算各原料使用部门的原料成本；再次是控制领料量。同时，在发放控制因素中，还需准确计价，即原料从库房发出后，库管员有责任在领料单列出各项原料的单价，计算出各项原料金额，并汇总领取原料的总价值。

五、原料的存货控制

（一）库存盘点

餐饮企业原料的流动性大，为了及时掌握原料库存流动变化的情况，避免物品短缺丢失和超储积压给企业带来损失，就必须对物品流动变化的情况进行控制和检查。通过库存盘点，可以使管理人员掌握原料的使用情况，分析原料管理过程中各环节的现状。

1. 盘点的时间

（1）财务核算周期末（每年、季、月末）。

（2）新开饭店营业前。

（3）关、停、并、转企业的清算时期。

（4）仓库管理人员更换交接之际。

（5）定期检查。

（6）不定期检查。

2. 盘点的内容与程序

（1）内容。盘点工作主要由仓库管理人员和财务部人员联合进行。通过实地清点库房内的物品，检查原料的实物数与账面结存数是否相符，不相符的找出原因；计算和核实每月末的库存额和餐饮成本消耗，为编制每月的资金平衡表和经营情况表提供依据。

（2）程序。

①盘点和制作清单。即按不同类别的仓库，依原料的编号大小，在清单上填好货号、品名、单位、单价等基本数据。

②库存卡结算。在库存卡的结存栏内，根据历次进货和发货数量，计算出应有的结存量和库存金额。

③库存实物盘点。即实地点数，并将实物数量填入盘点清单。

④库存卡结算结果与库存实物盘点结果进行核对。

⑤计算盘点清单上的库存品价值。改价值为实际库存金额，它如与账面库存额有出入，要复查。

⑥实际库存金额在月末作为月末库存额记入成本账，并自然结转为下月的月初库存额。

（二）库存原料计价方法

在盘点结束后，要计算出原料的价值。理论上讲，某种原料的库存总值应该等于实物数量乘以原料的单价。但是由于原料在不同时间购入的价格存在差异，所以确定原料的单价就不那么简单了。

在财务处理中，往往选择以下方法之一来确定原料的库存价值。

1. 实际进价法

大型饭店一般在库存的原料上挂有货物标牌，标牌上有进货价格，这样采用实际进价法计算库存原料的价值就较为容易，也最为客观。

例如，某饭店 6 月底库存番茄酱 50 听，根据货物标牌，它们的进价分别如下。

6 月 1 日进货剩余　　　　$10 \times 2.50 = 25$（元）

6 月 10 日进货剩余　　　$20 \times 2.60 = 52$（元）

6 月 20 日进货剩余　　　$20 \times 2.80 = 56$（元）

合计　　　　　　　　　133（元）

2. 先进先出法

如果仓库内没有用货物标牌注明原料的单价，可按照进料日期的先后，采用先进先出法计价。这种方法的思路是，原料发放是以先进先出为原则，即先购进的价格，在发料时先计价发出，而剩余的原料都是最近进货，以最近的价格计算。

例如，某饭店在 6 月的番茄酱进货信息如下。

6 月 1 日月初结存　　　$30 \times 2.50 = 75$（元）

6 月 10 日购进　　　　$40 \times 2.60 = 104$（元）

6 月 20 日购进　　　　$30 \times 2.80 = 84$（元）

合计　　　　　　　　　263（元）

如 6 月底番茄酱的结存量为 50 听，按照先进先出法计算的库存额为

30×2.80＝84（元）

20×2.60＝52（元）

合计　136（元）

3. 后进先出法

一般而言，市场上价格呈上升趋势，采用后进先出法可使计入成本的原料价格较高，而计入库存的价值较低，企业可以在未来的经营中减少压力。按照后进先出法，上例中50听番茄酱的月末库存额为

30×2.50＝75（元）

20×2.60＝52（元）

合计　127（元）

需要说明的是，后进先出法只是原料价值计算的一种财务处理方案，在实际发料过程中还是应该坚持原料食物的先进先出原则，即先购进的原料先发出，以避免原料的积压。

4. 最后进价法

对进货记录不全的饭店，可采用最后进价法来估计期末原料的库存价值。当然，该方法计算的月末库存额不太精确。上例的库存额以最后进价法计算，番茄酱的库存额为

库存金额＝50×2.80＝140（元）

5. 平均价格法

平均价格法的单价是以全月可动用原料的总价值除以总数量得出的。上例中用平均价格法计算番茄酱的库存额为

单价＝263÷100＝2.63（元）

库存金额＝50×2.63＝131.50（元）

（三）厨房库存价值的计算

饭店的厨房内，仍有相当多的原料、半成品和成品的储存。如果对这些物品不加清点，会使它们处于失控状态，同时会使财务报表上的数据失真。

由于厨房一般没有建立库存记录统计制度，没有库存卡，原料的单价难以掌握，而且这些原料品种多、数量少、耗用频繁，客观上盘点计算比较困难，因此对这些原料价值的计算方法有别于库房原料。

厨房盘点计算原料价值的原则是，对主要原料进行盘点核算；对辅料、调味品等单位价值较低的原料做出估算。

具体方法是，首先根据原料单位价值的高低把原料分为主要原料和价值较小的原料两大类，逐步积累需精确盘点的主要原料占总储存额百分比数据，再在每个月的月末盘点出主要原料价值，最后通过主要原料的价值推算出全部原料库存的大约金额。这里的关键是找出主要原料占总储存额的百分比，这往往需要经过较长时间的观察统计。

厨房总储存金额＝主要原料价值×主要原料占总储存额百分比

（四）库存管理效率指标控制

1. 库存短缺率的控制

按照原料实际盘点数量和一定计价方法得出库房月末实际库存额后，为控制实际库存额有无短缺及短缺的程度，需将实际库存额与账面库存额作一比较，分析短缺额和短缺率。

$$库存短缺额＝账面库存额－实际库存额$$

$$账面库存额＝月初库房库存额＋本月库房采购额－本月库房发料额$$

上述公式中各项目的数据来源是：

（1）月初库房库存额来自于上月末的实际库存额结转。

（2）本月库房采购额来自于本月验收日报表中库房采购原料金额的汇总。

（3）本月库房发料总额来自于本月领料单上的领料金额的汇总。

例如，某餐厅 8 月底经月末库存实物盘点，实际库存额为 15700 元，该月库存相关数据如下：月初库房库存额为 15000 元，本月库房采购额为 46000 元，本月库房发料额为 45000 元。则

月末账面库存额＝15000＋46000－45000＝16000（元）

库房库存短缺额＝16000－15700＝300（元）

库房库存短缺率＝300÷45000×100％＝0.67％

根据国际惯例，库存短缺率不应超过 1％，否则为不正常短缺，应查明原因。

2. 库存周转率

库存周转率反映原料在库存中的周转情况，即消耗量与平均库存量的比例。用公式表示为

库存周转率＝月原料消耗额÷平均库存额

月原料消耗额＝月初库存额＋本月采购额－月末库存额

平均库存额＝（月初库存额＋月末库存额）÷2

上例中，该餐厅 8 月份库存周转率为 45000÷〔（15000＋15700）÷2〕＝2.9。

库存周转率大，说明每月库存周转次数多，相对库存的消耗量来说库存量较少。库存周转率应为多大，取决于多种因素，如饭店所处的地理位置、采购的方便程度、企业需储备的原料量等。对管理者来说，重要的是库存周转率的变化。如果饭店正常周转率为每月两次，但某月周转率增加或降低很多，就要查明原因。库存周转率太高，有时储备的原料就会供不应求；周转率太低，又会积压过多资金，因此，管理人员应经常分析周转率的变化，保证适度的库存规模。

课后练习

一、填空题

1. 采购新鲜类食品原料，如蔬菜类、海鲜类、禽蛋类等，一般容易变质，不可长期保存，购入后只能在较短的时间内使用。对于此类原料，可以选用_____、_____。

2. 干货类食品原料，如大米、面粉等，虽然不像鲜货类食品原料那样容易腐败变质，但也不意味着可以过大批量地采购。对于此类食品原料，通常采用_____和_____对采购数量进行控制。

3. 原料贮存的条件或基础主要包括仓库的温度、湿度、光线和通风，_____、贮存设备和相关用品用具等。

4. 不同的食品原料应存放于不同温度的库房内，干货库的温度应保持在_____之间。

5. 原料验收的体系包括_____、_____、_____。

6. 干货库的相对湿度应保持在_____之间，如谷物类原料则可再低些，以防霉变。

7. 原料发放的方法主要有_____和_____。

二、简答题

1. 原料验收时，有哪三个基本标准必须加强核实？
2. 食品原料发放的原则有哪些？

第七章

厨房生产与管理

第一节 厨房设计

一、厨房设计的基本要求

（一）生产线畅通、连续，无回流现象

不论中餐还是西餐，生产都要从领料开始，经过加工、切配与烹调等多个生产程序才能完成。因此，厨房的每个加工部门及部门内的加工点都要按照菜肴的生产程序进行设计与布局，以减少菜肴在生产中的受阻现象，减少菜肴流动的距离和单位菜肴的加工时间。同时，应降低厨师的体力消耗，充分利用厨房的空间和设备，提高工作效率。因此，必须保证厨房的工作流程通畅、连续，无回流现象。

（二）厨房的各个部门应在同一楼层

为了方便菜肴生产和厨房管理，提高菜肴生产速度和保证菜肴质量，厨房的各部门应尽量安排在同一楼层。如果厨房确实受到了地点的限制，其所有的加工部门和生产部门无法都在同一楼层内，可将初加工厨房、面点厨房和热菜厨房分开。但是，应尽量使它们在各楼层的同一方向，由此节省管道和安装费用，也便于用电梯把它们联系起来，方便生产和管理。

（三）厨房应尽量靠近餐厅

厨房与餐厅的关系非常密切。首先，菜肴的质量中规定，热菜上菜时一定要保持较高的温度，而冷菜上菜时则要保持凉爽，否则，会影响菜肴的味道和脆嫩度。这样，菜肴的温度会受到厨房通往餐厅距离的影响。其次，厨房与餐厅之间每天进出大量的菜肴和餐具，厨房靠近餐厅可缩小两地之间的距离，减少传菜这一工作环节的人力配备，提高工作效率。

（四）厨房各部门及部门内的工作点应紧凑

厨房各部门和各个部门内的工作点应紧凑。同时，每个工作点内的设备和设施也应当以菜肴的加工流程为基础，进行合理的安装和布局，以方便厨师工作，减少厨师的体力消

耗，提高厨房的工作效率。

（五）设有分开的人行道和货物通道

厨师在工作中常常接触炉灶、滚烫的菜肴、加工设备和刀具，如果发生碰撞，后果不堪设想。因此，为了厨房的安全，避免干扰厨师的生产工作，厨房必须设有分开的人行道和货物通道。同时，传菜通道也应分为出入两条，以免在营业高峰期发生人员碰撞。

（六）创造安全和卫生的工作环境

创造良好的工作环境是厨房设计与布局的基础。厨房工作的高效率来自于良好的通风、温度和照明。同时，低噪声措施和适当颜色的墙壁、地面和天花板都是创造良好的厨房工作环境的重要因素。此外，厨房应当购买带有防护装置的生产设备，保证充足的冷热水和方便的卫生设施，同时还应配备充足的灭火装置。

（七）留有调整发展空间

厨房在设计布局时要留有发展空间，应考虑到中长期的发展规划和厨房设计出现的新形式，以便在以后的厨房调整中留有余地。

二、厨房的布局

厨房的布局具有很强的专业技术性，其设计水平直接影响餐饮生产和服务的质量及效率。随着餐饮市场竞争的日益激烈，厨房设计布局和厨具设备的现代化程度也越来越高。

具体来说，厨房布局主要包括厨房的位置、厨房的面积、厨房各部门的布局、厨房设备布局四个方面。

（一）厨房的位置

在厨房设计与布局中，必须首先确定厨房的位置。大型饭店或餐饮企业，餐厅种类繁多，餐饮经营风格迥异，因而厨房数量也比较多，功能上各司其职，厨房位置呈现集中和分散相配合的状态。中小型饭店厨房数量少，具有兼顾多种功能的特点，厨房布局呈现紧凑集中为主的特征。所以，厨房位置的确定应在遵循饭店设施总体规划的前提下，考虑进货、验收、库存、发货、加工、切配、烹制、销售等各个环节的沟通协调与整体管理。

1. 厨房设在低层

绝大多数饭店的厨房设在建筑物低层，并以底层（通常是地面层）为主。厨房应相对集中在一定的区域，便于卸货验收和垃圾清理，便于现场加工生产的控制管理，同时有利于节省费用，使水、电、气等基础设施相对集中。厨房多与各餐厅紧密联系，便于前后台的协调管理。同时，厨房设在底层，必须处理好厨房排油烟问题，以免造成对所在区域的环境污染和扰民问题。

2. 厨房设在地下室

大型饭店的肉类加工厨房、果蔬类加工厨房、初加工间、艺术厨房及食品仓库、冷库等设于地下室一层，并通过工作电梯或员工传递与地面及其他楼层的厨房进行原材料和半成品的运输发送。当然，将地下室作为专门烹调出品的厨房是非常少的，一方面是很少有餐厅位于地下室，另一方面是从安全的角度考虑，许多地区规定不得在地下室使用管道煤气和液化气，若将烹调类厨房设计在地下室，会使厨房生产流程变得复杂，管理难度加大。

3. 厨房设在高层

当饭店拥有观光餐厅、旋转餐厅，或在行政楼层设置会所餐厅时（饭店的行政楼层通常位于比较高的楼层），为了保证菜品的质量，就会在饭店高层或顶楼配备相应的厨房。这类厨房通常只作烹调出品之用，而原材料的初加工、细加工等往往在底层或地下室的各类加工厨房完成，并通过专设的垂直运输电梯与其他厨房进行工作上的协作。高层厨房的设计应尽可能减少油烟对环境的污染，因此最好用电系统作为热源。

（二）厨房的面积

厨房面积对生产是至关重要的，它可以影响到工作效率和工作质量。面积过小，会使厨房拥挤和闷热，不仅影响工作速度，而且还会影响员工的工作情绪；面积过大，员工工作时行走的路程就会增加，既浪费时间又耗费体力，同时还会增加清扫、照明、维护等费用。因此，应按照一定的规则来确定厨房的面积。

1. 按照餐厅类型确定厨房面积，见表 7-1

表 7-1　餐厅类型与厨房面积的关系

餐厅类型	参考厨房面积/每餐位
正餐厅	$0.6\sim0.8m^2$
风味餐厅	$0.6\sim0.8m^2$
咖啡厅	$0.4\sim0.6m^2$
自助餐厅	$0.5\sim0.7m^2$

2. 按照餐厅面积确定厨房面积

按照餐厅营业面积来确定厨房面积是采用比较多的一种方法，但是国内与国外有比较大的差别，这主要是由菜肴烹调方法不同的原因造成的。在国内，中式烹调及面点制作由于烹调工艺比较复杂、流程长，厨房设备的机械化程度不高，手工制作成分多，所以厨房面积的比例比较大，一般要占餐厅面积的40％～50％。而西餐由于菜肴加工烹制的工艺简单快捷，厨房机械化程度较高，所以厨房面积一般占餐厅面积的30％～40％。如果有一家面积为2000m²、以经营粤菜为主的餐厅，那么其各厨房面积总和应为800～1000m²为宜。而同样面积的一家西式餐厅，其厨房面积为600～800m²则比较合适。

3. 按照餐饮总体面积确定厨房面积，见表 7-2

表 7-2　餐饮总体面积与厨房面积的关系

部门名称	参考百分比
餐饮总面积	100％
餐厅	50％
客用设施	7.5％

续表

部门名称	参考百分比
生产厨房	21%
清洗	7.5%
仓库	8%
员工专用设施	4%
办公室	2%

4. 厨房面积的内部比例分割

在厨房面积确定后，还应根据各厨房业务区块和业务点的流程、工作性质、工作量与设备配备进行内部比例分割。厨房内部的比例关系见表7－3。

表7－3 厨房内部的比例关系

业务区块	参考百分比
厨房总面积	100%
加工区	23%
切配、烹调区	42%
冷菜、烧烤区	10%
出品区	8%
厨师长办公室	2%
其他	15%

（三）厨房各部门的布局

厨房各部门应当根据菜肴生产中的运动方向进行布局。菜肴从原料到制成产品的全过程通常要经过五个部门，即食品原料验收区、食品储藏区、初加工厨房、烹调厨房和备餐间等。当然，不同的菜肴经过的部门不完全相同。例如，有些蔬菜可能无须进行储藏而直接进入初加工厨房，有些冷菜可能不会经过烹调厨房而需要在冷菜间完成。总之，厨房部门的多少和位置的确定必须根据其实际需要进行设计。

1. 食品原料验收区

食品原料的验收是提高产品质量的第一关。在大中型饭店中，食品原料验收工作由财务部门或采购部门管理，设有专门的验收办公室和区域进行食品原料的验收。通常，这一区域都设计在靠近食品储藏区的地方，以确保原料验收合格后能及时入库保存，防止发生食品污染变质和失窃。而在小型饭店，食品原料的验收工作常由餐饮部或厨房负责，为了节省空间，验货区常常设在厨房入口处。

2. 食品储藏区

食品储藏区的设置与饭店的采购策略、菜单内容密切相关。根据食品原料的不同特性，饭店的食品储藏区一般可分为干货原料库、冷冻库和冷藏库等三个部分。干货原料库用于存放那些不易变质的食品原料，如大米、面粉、淀粉、糖与香料等。干货原料库内应凉爽、干燥且无虫害，最理想的干货仓库里没有错综复杂的上下水和蒸汽管道，库房内根据需要，应设有数个透气的不锈钢橱架。储存易腐烂变质的食品原料常用冷藏或冷冻的方法。各种禽肉、牛羊肉、海鲜、鸡蛋、奶制品及新鲜的蔬菜和水果等食品原料都属于易腐烂变质食品。为了保证菜肴的质量，新鲜的蔬菜、水果、奶制品和蛋类食品需要冷藏储存，而海鲜、禽肉、牛羊肉则需要冷冻储存。冷藏库和冷冻库应靠近菜肴加工区域，方便领取。冷藏库和冷冻库都应当配有温度计，以方便管理人员记录和控制温度，同时还应当配有安全防盗装置。

3. 加工间与烹调间

加工间与烹调间是厨房的菜肴和点心等的生产区域，也是厨房的工作中心。该区域是食品加工设备的主要布局区。根据菜肴的加工程序，加工间应靠近烹调间。食品原料从加工间流向烹调间，然后，将烹制好的菜肴送到餐厅。这样既符合卫生要求，又不会出现回流现象。各部门内的作业点或加工点是厨房布局的最基本单位，所谓加工点就是一个厨师的全部作业区域。每个作业点的工作也各不相同。根据需要，一个工作点可负责一项菜肴加工工作或几项工作。作业点内的设备和用具的安排既要考虑工作人员身体伸展的局限性，又要考虑工作流程的科学性。

4. 备餐间与洗碗间

备餐间一般安排在餐厅与厨房之间，是连接餐厅与厨房的通道。通常，备餐间设有餐具柜及客房送餐设备、工具等。有些西式厨房的备餐间还兼有制作各种沙拉、三明治等菜肴的功能。因此，这种备餐间的布局中，常设有三明治冷柜、工作台、小型搅拌机等。

备餐间常被称为出菜间，一些厨房将烹调好而又暂时无法上桌的热菜也存放在这里。因此，在这类备餐间里需要配备存放热菜的保温设备。许多大型的备餐间中还包括洗碗间，洗碗间常设有洗碗机、洗涤槽和餐具柜。餐厅服务人员把宾客用过的餐具送至洗碗间。洗碗工根据洗碗程序把餐具洗涤、消毒后，再摆放在餐具柜中备用。

5. 厨房员工更衣室

通常，饭店需要为全体员工设立男、女分用的员工更衣室。更衣室内部分为两部分，一部分为更衣间，另一部分为卫生间，更衣间内每个员工都配有带锁的更衣箱。卫生间内配有卫生用具。根据厨房员工人数，通常每12～15人配备一套淋浴、洗手和卫生用具。

此外，许多饭店在厨房前设立员工入口，并在入口处设立打卡机和员工上下班时间的记录卡。在厨房入口处的墙壁上设有厨房告示牌，用于张贴厨房近期的工作安排和员工一周的值班表等信息通告。

6. 人行道与工作通道

科学的厨房布局应设有合理的厨房通道。厨房通道包括人行道与工作通道。为了避免互相干扰，提高工作效率，人行道应尽量避开工作通道。同时，人行道和工作通道的宽度既要方便工作，又要注意空间的利用率。人行道和工作通道的具体标准：主通道的宽度不小于1.5米；人行道两个人能相互穿过，宽度不小于0.75米；工作台与加工设备之间的最小宽度是0.9米；烹调设备与工作台之间的宽度为1～1.2米。

（四）厨房设备布局

厨房作业区的布局必须有利于菜肴制作的质量和效率，减少厨师在制作菜肴中的流动距离。除此之外，还要考虑各种设备的使用效率，同时依据厨房结构、面积、高度以及设备的具体规格进行设计。有以下五种类型可供参考：

1. 直线形布局

这种方法是将生产菜肴的各种设备，即所有的炉灶、炸锅、烤箱等加热设备，均做直线形布局。按照菜肴的加工程序，从左至右，以直线布局。这种布局通常是依墙排列，置于一个长方形的通风排气罩下，集中布局加热设备，集中吸排油烟，每位厨师按分工相对固定地负责某些菜肴的烹调制作，所需设备工具均分布在附近。直线形布局适用于高度分工合作、场地面积较大、用餐时间相对集中的大型餐企的厨房。

2. 相背型布局

把主要烹调设备，如烹炒设备和蒸煮设备，分别以两组的方式背靠背地组合在厨房内，中间以一矮墙相隔，置于同一抽排油烟罩下，厨师相对而站进行操作。工作台安装在厨师背后，其他公用设备可分布在其附近地方。相背型布局适用于建筑格局呈方形的厨房，厨房分工不一定很细。这种布局由于设备比较集中，只使用一个通风排气罩而比较经济，但另一方面却存在着厨师操作时必须多次转身取工具、原料及必须多走路才能使用其他设备的缺点。

3. L 形布局

L 形布局是将厨房设备按英语字母"L"的形状布局，这种布局方法主要用于面积有限、不适于按照直线布局的西式厨房。通常将设备沿墙设置成一个犄角形，把煤气灶、烤炉、扒炉、烤板、炸锅、炒锅等常用设备组合在一边，把一些较大的设备组合在另一边，两边相连成一犄角，集中加热排烟。这种布局方式在一般酒楼厨房或饼房、面点房得到广泛应用。它的特点是方便菜肴的加工和烹调，最适用于服务到桌的餐厅厨房。此外，L 形布局方法还有利于提高厨师的工作效率。

4. 相对型布局

将两组设备相对排列，即面对面地排列，中间以工作台隔开但留有通道，便是相对型布局。相对型布局实际上是两组直线型布局，这类布局主要适用于不要求菜肴的制作和供应紧密衔接的厨房，如医院厨房、员工餐厅厨房等。

5. U 形布局

将工作台、冰柜以及加热设备沿四周摆放，留一出口供人员、原料进出，出品可开窗从窗口接递。当厨房面积较小时，可采用此布局，如面点房、冷菜房、火锅原料准备间。U 形厨房布局可以充分利用现有的工作空间，提高工作效率。这种布局多用于设备较多、人员较少、产品较集中的厨房部门。

第二节　厨房的组织结构及各部门的职能

一、厨房的组织结构

（一）大型厨房的组织结构

大型厨房的管理系统，是由若干个不同职能的厨房组织所构成，通常设加工主厨房和分厨房。加工主厨房负责所有食品原料的加工，并按规格配份，供应各分厨房进行烹调。分厨房分为中餐厨房和西餐厨房两种类型：中餐厨房由若干不同风味或功能的分厨房组成；西餐厨房可设咖啡厅厨房、西餐厅厨房、包饼房和其他风味的厨房。为便于系统管理，餐饮企业一般会成立厨房中心办公室，它是厨房最高层管理机构，负责指挥整个厨房系统的生产运行，隶属于餐饮部。

厨房中心办公室通常由一名总厨师长、一名成本控制员、一名总厨助理和若干名副总厨师长组成。总厨师长全面负责主持工作，副总厨师长具体分管一个或数个厨房，并分别指挥和监督各分厨房厨师长的工作。各厨房的厨师长负责所在厨房的具体生产和日常运转。而各厨房由厨师、各炉的打荷、助手与杂工组成一个厨房整体。大型厨房的组织形式，如图 7-1 所示。

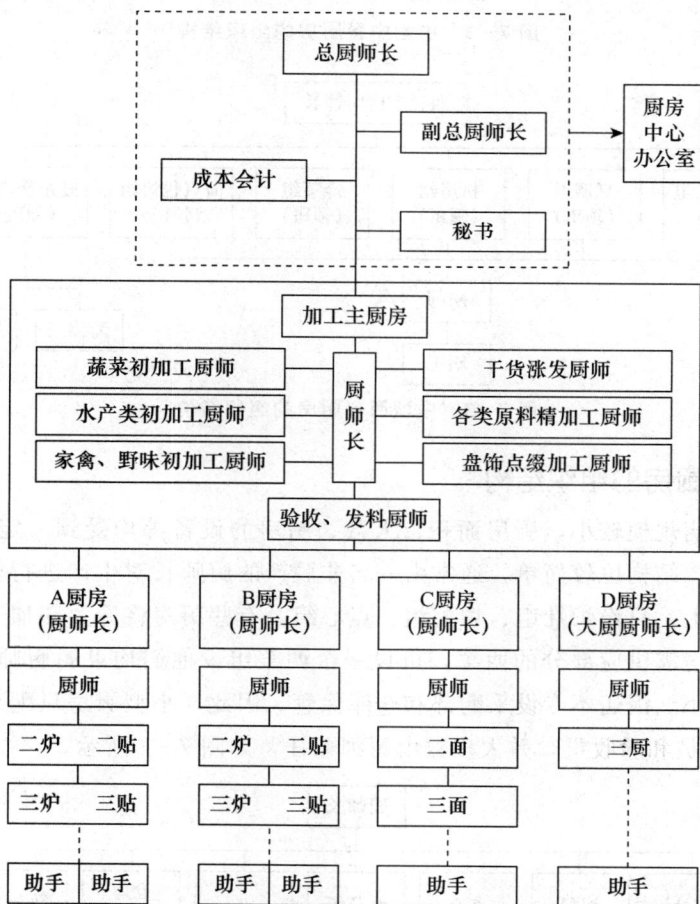

图 7-1 大型厨房的组织结构

（二）中型厨房的组织结构

中型厨房与大型厨房相比，其规模、面积、人数、经营的项目等相对小些。中型厨房通常设中餐厨房和西餐厨房两部分，都兼有多种功能：中餐厨房一般设六个区，与大型厨房中的中餐厨房结构相同，如图7-2所示；西餐厨房设原料加工、烹调、扒房、凉菜、面点包饼和勤杂组等，如图7-3所示。

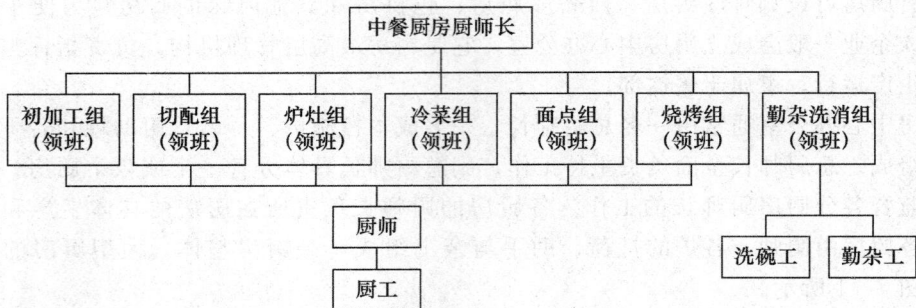

图7-2　中型中餐厨房的组织结构

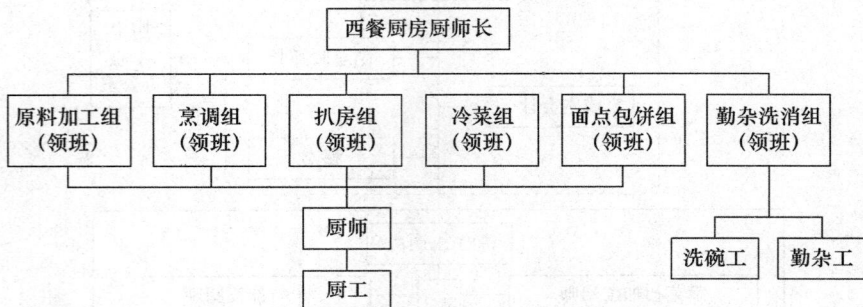

图7-3　中型西餐厨房的组织结构

（三）小型厨房的组织结构

由于有些饭店规模较小，厨房面积、人数、厨房的设备等均受到一定的限制，因此，厨房的规模较小，结构也较简单，通常由一名非脱产的厨师长对生产进行监督和指导。在具体的岗位设置上，只设炉灶组、切配组、点心组。有些厨房将冷菜和加工归入切配组负责；有些小型厨房需供应部分的西菜，可设一个西菜组，他们均隶属厨师长领导。另外，由于厨房规模较小，饭店不专设采购部和仓库保管。因此，小型厨房只配1~2名采购员，1~2名仓库保管员和验收员，并大多数由厨师兼任，如图7-4所示。

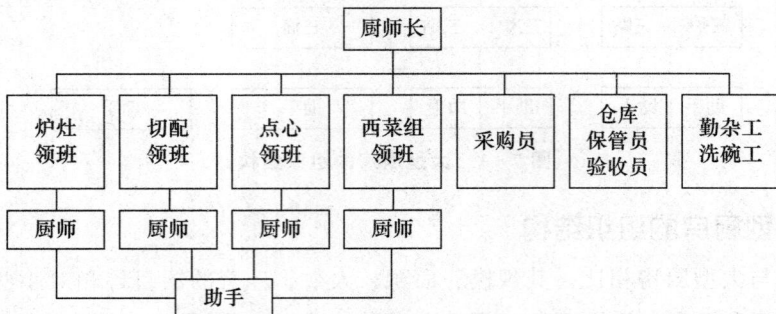

图7-4　小型厨房的组织结构

二、厨房各部门的职能

厨房的生产运作是厨房各岗位、各工种通力协作的过程。原料进入厨房，要经过加工、配份、烹调，以及冷菜、点心等工种、岗位的相应处理，至成品阶段才能送至备餐间，用以传菜销售，因此，厨房各工种、岗位都承担着不可或缺的重要职能。

（一）加工部门

加工部门是原料进入厨房的第一生产岗位，主要负责将蔬菜、水果、禽畜、肉类等各种原料进行拣摘、洗涤、宰杀、整理，即所谓的初加工；干货原料的涨发、洗涤、处理也在初加工范畴。现代厨房明显强化加工厨房的职能，在对原料进行初加工的基础上，它还根据规格要求负责对原料进行刀工切割处理，并做预制浆腌，这又叫深加工或精加工。在连锁、集团餐饮企业，加工部门的职能还要扩大一些，比如将一些原料在加工、调味的基础上，按规格要求真空包装，以送达各连锁销售点后直接用于烹调、销售。因此，有些连锁、集团餐饮企业须在加工厨房的基础上，建立（加工）配送中心，或叫切配中心。

（二）配菜部门

配菜部门又称案板切配，负责将已加工的原料按照菜肴制作要求进行主料、配料、料头（又叫小料，主要是配到菜肴里起增香作用的葱、姜、蒜等）的组合配伍。由于这里使用的原料都是净料，而且直接决定每道菜、每种原料的投放数量，因此，对原料成本控制起着举足轻重的作用。

（三）炉灶部门

需要经过烹调才可食用的热菜，都需炉灶部门处理。炉灶部门负责将配置完成的组合原料，经过加热、杀菌、消毒和调味，使之成为符合风味、质地、营养、卫生要求的成品。该部门决定成菜的色、香、味、质地、温度等，是厨房开餐期间最繁忙，也是对出品质量、秩序影响最大的部门。

（四）冷菜部门

冷菜部门负责冷菜（亦称凉菜）的刀工处理，腌制、烹调及改刀装盘工作。冷菜与热菜的制作、切配程序不完全一致，冷菜大多先烹调后配份、装盘。因此，它的生产、制作与切配、装盘是分开进行的。冷菜的切配、装盘场所特别要求低温、无菌，员工及其操作的卫生要求也相当高。根据地域、饮食习惯和文化差异，有些地方冷菜品种很少，而消费者更喜欢食用烧烤、卤水菜肴或色拉等品种，这些菜品通常也多作为类似冷菜功能的前菜或开胃菜出品。

（五）点心部门

点心部门主要负责各类点心的制作和供应。中餐广东风味厨房的点心部门还负责茶市小吃的制作和供应。有的点心部门还兼管甜品、炒面类食品的制作。西餐点心部又称包饼房，主要负责各类面包、蛋糕、甜品等的制作与供应。

第三节　厨房生产管理

一、厨房生产的特点

（一）品种多、数量小，个别订制生产

厨房产品花色品种很多，不管经营哪种风味，一般都有几十种、上百种产品。这些产品的品种和规格各不相同，主料、配料和调料配置比例的要求也不一样。比如同是鱼菜，不同的鱼类可以烹制不同的产品，同一种鱼采用不同的加工方法，又可以烹制出众多的口味。厨房主要根据客人的点菜单进行烹制。客人点菜的数量小，随机性强，点菜内容变化大，每个菜品均须单独烹制，不能进行批量生产。

（二）生产时间短

厨房接到餐厅送来的点菜单后，才能开始烹制，要求在尽可能短的时间内将客人的菜点上齐，而厨房生产要先后经过原材料的选择、加工、切配、烹制、装盘出菜等不同的工序，每道工序都有不同的要求，加工方法也不一样。另外，从生产过程看，各种食品原材料的选择、拣洗、涨发、拆卸、初加工、深加工和烹调制作都以手工操作为主，机械设备大多只起配合作用。所以厨房生产过程非常复杂，这就要求餐厅与厨房及厨房各道工序间协调配合，建立合理的厨房生产管理流程，保证及时顺利地出菜。

（三）菜点质量不稳定

（1）菜点质量因人、因地点、因季节等因素的变化而变化。

（2）菜点生产具有一定的协作性，一道菜或一道点心往往不是一个人所能完成的，需要由多个人来完成。如果上一道工序有问题就会影响到下一道工序，以至于影响菜点的质量。

（3）由于菜点生产是手工操作，每一位厨师的技艺都有差异，即使是同一位厨师，在生产制作中往往因体力、情绪、环境等因素，也会造成菜点质量的差异。

（四）食品原料易变质

食品原料品种多，规格复杂，具有季节性、地域性的特点，多数是鲜活原料，贮存和加工中易发生质量变化，甚至腐败丧失食用价值。

（五）菜点质量要求高

菜点的质量除了要求具有良好的卫生性和营养价值外，还要求具有良好的色、香、味、形、质和器。客人对菜点的感官质量要求高，众口难调。菜点加工烹制后一般不能存放，否则就会使感官品质变差，热食品变凉，冷食品升温。

二、厨房生产的标准化管理

（一）厨房生产的标准

1. 标准菜谱

标准菜谱是对厨房生产的菜品在菜品的份额、烹制份数、配份、烹调方法和原料标准

成本等方面的规定，是配料厨师和烹调厨师技术操作的依据和准则。标准菜谱主要包括以下四个方面的内容：

（1）标准份额和烹制份数。厨房烹制菜肴有的是单独进行的，有的是多份一起烹制，因此，菜谱对菜品的烹制份数必须明确规定，这样才能正确计算菜肴食品的标准配料量、标准份额和每份菜的标准成本。

标准份额是每份菜品以一定价格销售给顾客的规定的数量。每份菜品每次出售给顾客的数量必须一致。规定和保持标准份额的作用：一是减少顾客不满，使顾客产生公平感，增加回头客；二是防止成本超额。如果菜品饮料的份额不标准，则产品所涉及的原料消耗的成本难以控制，往往导致成本超额，引起餐厅利润的波动。

（2）标准配料量。标准配料量即规定生产某菜肴所需的各种主料、配料和调味品的数量，它是生产标准化控制的另一个重要环节。在确定标准生产规程以前，首先要确定生产一份标准份额的菜品需要哪些配料，每种配料需要多大用量，每种配料的成本单价和金额是多少。

（3）标准烹调程序。在标准菜谱上还应规定菜品的标准烹调方法和操作步骤。标准烹调程序要详细具体地规定食品烹调需要什么炊具和工具、原料加工切配的方法、加料的数量和次序、烹调的方法、烹调的温度和时间，同时还要规定盛菜的餐具、菜品的布摆方法等。

（4）每份菜的标准成本。标准菜谱上应规定每份菜的标准成本。可通过试验，将各种菜肴的每份份额、菜肴的配料及其用量以及烹调方法固定下来，制定出标准，然后执行。

2. 厨房食品生产质量标准控制

食品生产质量控制就是根据食品生产流程，以原料采购、操作规程、烹调技术和质量规格为基础，以产品的色、香、味、形为最终表现形式，对食品生产过程中的质量所进行的控制管理工作。

（1）原料质量控制。原料选择要求精细、新鲜，部位要准确，以符合产品的风味和质量要求。如"滑熘肉片"必须用上好的里脊，"水煮牛肉"需用牛腿肉或牛胸肉，"北京烤鸭"必须用饲养56天左右的"北京填鸭"等。如果原料质量不符合标准，即使烹调技术再高明，菜品的质量也难以保证。

（2）原料初加工控制。大多数原料必须经过初加工切配才能用于烹调。所谓初加工就是指对原料进行初步加工处理，如鲜活原料的宰杀、冲洗、切割、整理，干货原料的涨发、漂洗，蔬菜的分拣、洗涤等。对食品原材料的初加工应采取生产损耗控制。

3. 生产损耗控制

菜品配料的成本往往以净料的用量标准为基础而确定。如果炒肉丝需要200克瘦肉，那么这200克是指加工后的净瘦肉。而厨房进货的原料大多是毛料，一般要经过拣洗、涨发、宰杀、拆卸等加工处理才能得到净料，然后投入使用。一些熟菜在烧煮和烧烤过程中还会发生损耗，原料的净成本和价格要根据熟食成本而定。因此，为了便于成本控制，合理利用原料，必须对食品生产过程中的加工切配和烧煮损耗进行控制。

（二）厨房各生产环节的质量控制

菜点的生产过程由若干生产环节组成，主要包括食品原料加工、配份、烹调等环节。

1. 食品原料加工的质量控制

食品原料加工是菜点质量控制的关键环节，对菜肴、面点的色、香、味、形起着决定性的作用。因此，厨房生产抓好食品原料采购质量管理的同时，必须对食品原料的加工质量进行控制。绝大多数食品原料必须经过初加工和精加工以后，才能用于食品的烹制过程。

2. 食品原料配份的质量控制

食品原料配份也叫菜肴配份、配菜，是指按照标准菜谱的规定要求，将制作某菜肴需要的原料种类、数量、规格选配成标准的分量，使之成为一份完整菜肴的过程，为烹饪制作做好准备。配份阶段是决定每份菜肴的用料及其相应成本的关键，因此，配份阶段的控制，是保证菜肴出品质量的关键一环。

菜肴配份，首先要保证同样菜名的原料的配份必须相同。例如，在一家当地很有声誉的酒店就发生过这样的事：一位客人两天前在该店就餐，点用的"三鲜汤"的配料为鸡片、火腿片、冬笋片，用料讲究，口味鲜美，而两天后再次点"三鲜汤"时，其配料则换成了青菜、豆腐、鸡蛋皮，色彩悦目，口味也不错。但前后两个同样名字的菜肴的价格是有很大差别的。从烹调技术而言，都是不错的菜肴，客人对此却不理解，究竟该酒店的"三鲜汤"有几种配法、几种价格，这种情况令客人不满意。从厨房生产而言，同名同法制作，而用料殊异，质量难以保证始终如一的高水平。可见，配份不定，不仅影响菜肴的质量稳定，而且还影响到餐饮企业的社会效益和经济效益。因此，配菜必须严格按标准菜谱进行，统一用料规格标准，并且管理人员应加强岗位监督和检查，使菜肴的配份质量得到有效控制。

3. 食品烹调过程的质量控制

烹调是菜点生产的最后一个阶段，是确定菜肴色泽、口味、形态、质地的关键环节。它直接关系着餐饮产品实物质量的最后形成、生产节奏的快慢程度、出菜过程的井然有序等，因此，烹调是菜点质量控制不可忽视的阶段。菜点烹调阶段质量控制的主要内容包括厨师的操作规范、烹制数量、成品效果、出品速度、成菜温度以及对不合格菜点的处理等方面。

（三）厨房生产标准化的意义

1. 能够确保生产过程的规范统一

中餐菜品的生产过程历来就是一个缺少操作规范的手工技术形式，而手工操作本来就误差较大，加之缺少规范工艺流程，因此造成同一种菜肴烹调后会有较大的特点差异，也就是菜肴质量的差异。这对于在现代餐饮市场树立稳定、优质的产品质量形象是非常不利的。所以，确定中餐厨房的生产标准对于规范厨房生产的规范统一，确保菜品质量的始终如一，具有特别重要的意义。

2. 是菜点质量能够稳定提高的保证

目前，我国餐饮市场的竞争非常激烈，要想不断提高菜点的质量，赢得顾客的欢迎，并始终保持较高的顾客满意度，厨房的生产就需要在确保现有菜点质量稳定的前提下，不断进行菜点创新，不断提高菜品的质量，用现在的话说就是质量创新。

3. 使厨房生产更加科学合理

在中餐厨房中建立或实施厨房生产的标准化，可以使厨房的生产更加科学合理。多年来，传统的中餐厨房生产一直处于定岗定员的模糊性、工作量的无法确定性，生产管理过程中的随意性的状态之中，导致产品质量不稳定。

4. 有利于树立餐饮企业的良好形象

标准化的厨房生产和稳定的菜品质量，有利于树立一个信誉度高、顾客满意度高的餐饮企业形象，这对于创造一个富有影响力的品牌企业是不可缺少的基础工程。

三、厨房的信息沟通

（一）厨师与顾客、厨师与服务人员之间的沟通

为保证厨师烹制出的菜肴符合质量标准，在严格按标准菜谱及顾客要求烹制菜肴的同时，还必须加强与顾客的沟通。比如，对厨师实行编号上岗制度，每位厨师对自己加工烹制好的菜品必须附上自己的号码标签，以示对菜品质量的担保和对顾客的负责。顾客也可根据对某位厨师的信任和喜好指定厨师为其制作，顾客对菜肴不满意时，也可按编号投诉厨师，加强厨师与顾客间的沟通。

部分餐厅服务人员特别是点菜服务人员因为对本餐厅菜肴的烹制方法不熟悉，常常在营业高峰时向顾客推荐一些制作复杂、耗时长的菜点，从而加重了营业高峰期厨房生产的压力。为此，餐厅服务人员应加强与厨师的沟通，增加菜肴烹饪知识。有的餐饮企业组织厨房、餐厅开展"前后台人员交流会"，让厨师向服务人员讲解菜单上各种菜肴的制作方法、成菜时间，说明不同营业时间段应向顾客推荐的适宜菜点，这是加强厨师与服务人员沟通的有效途径。

（二）生产与服务之间的信息沟通

厨房生产所完成的只是有形物质产品的生产，无形服务的完成必须依靠厨房与餐厅的共同协作。只有顾客满意地享用了餐饮产品，餐饮产品的价值才得以最终实现。可见，餐饮产品的提供需要餐饮企业前后台即餐厅和厨房的协调运作，而协调运作的关键在于前后台顺畅的信息沟通。

信息是餐饮生产管理的重要内容。目前，我国拥有大批超大规模的提供点菜服务的餐饮企业，点菜服务是一种定制化或个性化的服务类型，如果厨房不了解顾客信息或餐厅错误传递了顾客信息，会使厨房生产的菜品不符合顾客要求，使顾客对服务的满意度大打折扣，这就意味着餐厅个性化服务的失败。要解决这些问题，就必须加强餐厅与厨房之间的信息沟通。其主要措施如下：

1. 建立餐厅与厨房信息沟通例行制度

（1）在进行食品品种选择时，餐厅应将季、月、周营业情况报告给厨房，而厨房则根据餐厅营业性质、档次高低、接待对象的消费需求，选择产品风味和花色品种。在这一过程中，双方的沟通内容包括：高、中、低档产品及特时菜的搭配与适应消费程度；冷菜、热菜、面点、汤类比例协调程度；零点餐厅、自助餐厅的花色、品种、数量适度情况。

（2）设计菜单时，餐厅应向厨房提供以前用过的特殊菜单以及零点、宴会等菜单的使用情况。厨房应选择专业技术人员负责统筹安排，精心设计好各种菜单，并与餐厅在菜单种类、菜品供应程度及质量标准、主配料的选择等方面进行沟通。

（3）开餐前，餐厅应了解当日厨房所能提供的各类食品，厨房应把不能提供的食品主动向餐厅经理说明。双方在餐前例会时可就当日主要客源情况、工作程序、特殊服务要求、准备提供的各类食品进行沟通。

（4）开餐中，对客人提出的特殊要求，餐厅应立即通知厨房，如果发生质量事故，如点错单、上错菜、食品变质、数量不足、温度不对及厨房设备影响营业等情况，餐厅要及时与厨房和有关部门联系，尽快解决。而厨房推销的特殊食品应有正式的菜单通知餐厅，有质量事故应先满足客人要求，再论是非。

（5）餐后总结时，餐厅应将当日三餐的经营情况提供给厨房，厨房根据当日经营情况预测并制订出次日经营食品规划并通知餐厅。双方可以对当日三餐上座率、高中低档食品营销比例、全日营业额、饮料和食品比例、各类菜肴营销数、人员情况、内消耗数、客人反映、特殊情况、投诉情况、好人好事、以后注意事项等问题进行沟通。

2. 建立完善合理的生产服务信息流程

从餐厅服务人员写点菜单到客人所需的菜品端上桌，这是一条完整的生产服务信息流程。如果这一流程不通畅，将会出现一系列的服务问题。这些问题主要体现在以下几点：

（1）上菜速度慢。出现这一问题的原因主要有两方面：一是厨房烹制菜肴耗时太长导致的速度较慢；二是厨房烹调速度并不慢，但由于烹制菜肴的次序不合理，导致一部分客人的菜肴上得过快而另一部分客人的菜被迟滞，使他们感到上菜慢。

（2）不能满足顾客对菜肴的特殊要求，如加辣、少放盐或增加某种配料等。

（3）上错菜。如 A 桌的菜上到了 B 桌，包厢的菜肴上到了大厅的餐台上。

3. 完善餐厨服务管理制度，按程序提供就餐服务

厨房应设备齐全，布局合理，提高出菜速度，尽量避免因上菜速度慢而导致客人与餐厅服务人员发生冲突。

第四节　厨房卫生与安全管理

一、厨房卫生管理

（一）厨房环境卫生管理

厨房环境卫生是指菜品加工过程中的空间环境，一般包括室内建筑环境卫生、废弃物处理情况、员工洗手间和厨房室外的环境卫生等。如果厨房环境清洁处理达不到卫生标准的要求，不仅会造成菜品加工过程的污染，也会影响加工人员的身体健康。

1. 室内建筑环境卫生

室内建筑环境包括地面、天花、墙壁、门窗等与建筑紧密结合的设施。这些设施如果不能保持良好的卫生状况，则会对厨房的整体卫生产生严重的影响，甚至对食品的加工卫生构成威胁。因此，厨房室内的环境卫生必须要经常进行清洁、清洗和消毒处理。

2. 废弃物处理情况

厨房因每天都要进行菜品的制作，每天都会产生大量的垃圾及废弃的各种余料，如果不能及时得到妥善处理，特别是在高温的天气，不仅会产生腐败的臭味，也极易招来蚊、蝇、蟑螂、老鼠等，它们都是病菌的传播者，会造成菜品等食品的污染。

3. 厨房环境卫生指标

这里所说的厨房环境指标是指对厨房卫生直接产生影响的一些因素，如设备的摆放与卫生，通风照明、温度湿度以及对空气、细菌含量等方面的规定。而厨房卫生指标则是指国家有关部门对厨房内食品加工的一些具体的卫生要求。

（二）厨房食品卫生管理

菜品原料由于在生产、收购、运输、加工、包装、储藏时受到微生物污染而常常带有各种微生物。当放置一段时间后，受食品中微生物和环境条件的影响和作用，食品会出现长霉、变色变味、腐烂等现象。

1. 食品腐败变质的原因

食品变质的原因是多方面的，一般可从食品本身、微生物污染和环境因素等三个方面来考虑。

（1）食品本身的成分和性质。食品的营养成分构成、水分含量、pH 值及渗透压等对食品中微生物的繁殖、菌相构成及优势菌种均有重要影响，从而决定食品腐败变质的进程及特征。食品的状态及所含的不稳定物质也对食品的腐败变质起作用。

（2）微生物污染。在食品腐败变质过程中起主要作用的是细菌、酵母和真菌，尤其是细菌更占优势。

（3）环境因素。无论是食品自身的性质变化，还是微生物引起的变化而导致的食品腐败变质，都与环境条件如温度、湿度、氧气、光照等密切相关。

2. 食品腐败变质的危害

食品腐败变质时，因组织的改变与崩溃产生黏液，出现异常色调，或强烈的刺激气味与特殊的味道等，这些都会使人产生厌恶的感觉。如蛋白质腐败形成的有机胺类、硫化氢、粪臭素等。腐败变质的食品中含有大量的污染严重的微生物，污染了的微生物中就有可能存在大量的病源菌，包括致病菌或致病性大肠杆菌或产毒霉菌等，食用后会引起食物中毒或消化道传染病等。

此外，食品腐败变质过程中，其他一些分解产物，如有一些鱼类的组织胺也可引起食物中毒。因此，应该重视食品腐败变质对人体健康的危害性。

3. 防止食品腐败变质的措施

防止食品腐败变质的预防措施主要是消除和减少微生物的污染，控制微生物的繁殖。为此，在食品生产、加工、运输、储存和销售的各个环节中，要保证食品所接触的环境保持清洁卫生，尽可能减少微生物对食品污染的机会，对食品采取抑菌或灭菌的措施、抑制酶活动等，以防止或延缓食品质量的变化。

（三）厨房用具卫生管理

厨房内有各种各样的用具，这些小的用具如果管理或使用不当，而厨师使用这些不干净的烹饪用具来加工、烹制菜品，同样会使本来干净的菜品原料被有害物质污染。因此，烹饪用具的卫生安全也是不可忽视的一个环节。

厨房里的烹饪用具种类繁多、用途不一，主要有灶台用具、砧板用具以及调理台和其他用具。灶台用具如调料盆罐、手勺、炊帚、锅铲、漏网、漏勺等，砧板用具如木墩、案板、各种刀具、配菜盘等，在每次使用结束后都要进行洗净与消毒处理。

1. 灶台用具卫生

炉灶，特别是炒菜灶上的烹饪用具，品种繁多，常用就有炒锅（或勺）、锅铲、铁筷子、漏勺（漏网）、锅垫、油缸等，一般都是金属制品，比较容易清洗。

2. 调理台用具卫生

调理台的用具也有很多，包括盛装生料的料盘及盛装各种调料的料罐。这些用具是非常容易形成交叉污染的，因此，每餐用后一定要进行严格的清洗消毒处理。特别是盛装调料的盆罐，收台时，必须将剩余的调料倒出，对料罐进行认真的清洗，消毒后放置在专门的柜内存放。

3. 砧板卫生

用于切割食品原料的砧板，也称菜墩、菜板。若使用不当，或者未清洗干净，则很容易导致食品原料与饭菜成品污染，尤其会导致交叉污染，因此必须加强对砧板的卫生清洁管理。

4. 餐具卫生

所有的餐具不仅要经过清洗冲刷，还必须经过严格的消毒处理，尤其是尚未使用洗碗机的厨房更要严格消毒管理。常用的餐具消毒方法有物理消毒法（包括煮沸消毒法、蒸汽消毒法、远红外线消毒法和紫外线消毒法）和化学消毒法两种。

5. 抹布卫生

在厨房所有的工具中，厨师手中的抹布是使用频率最高也是卫生状况最差的用具，是厨师手中最容易造成微生物的传播与污染的用具。厨房有些菜品形成的有害物质的交叉污染，往往是由厨师手中的抹布引起的，因此，必须对抹布的清洁卫生和消毒处理进行严格的管理，每次使用结束后进行严格的洗净与消毒处理。

6. 卫生用具卫生

卫生用具是指厨房在整理打扫卫生时所使用的各种工具，这些卫生工具，如毛刷、拖把、笤帚、铁簸箕、洗涤剂等不能妥善处理的话，也会造成污染。因此，厨房所使用的各种卫生工具必须由专人负责管理，每次用完后一定要清洗干净、消毒后晾干，存放于厨房以外的专门位置，不得放在厨房内。

（四）厨房人员卫生管理

由于厨房工作人员的作业对象是菜品等食品的加工或者菜品消费过程的服务，其中心点是围绕以菜品等食品为内容而从事的活动。因此，当厨房工作人员自身的卫生标准不达标或者从事菜品加工过程中不能按规定的卫生安全标准执行时，就会首先使菜品的卫生受到影响，甚至造成菜品被直接或间接的污染，给宾客的身体健康或安全带来危害。所以，对厨房工作人员的卫生安全标准必须做出严格而明确的规定，并使厨房工作人员在从事厨房工作时能得到落实与执行。

1. 厨房工作人员的卫生要求

一般来说，对厨房工作人员的卫生要求是最为严格的，因为厨房工作人员，也就是厨师，在工作中每时每刻都在与菜品等食品打交道，对菜品的卫生影响最为直接。为确保宾客的就餐卫生安全，必须对厨房工作人员的卫生要求做出严格的规定。

（1）厨房工作人员必须持有国家卫生防疫部门颁发的健康证书。

（2）熟悉《食品安全法》的相关内容，并能在工作中严格执行。

（3）养成良好的个人卫生习惯，加强个人卫生管理。

（4）严格操作规程中的卫生管理，确保菜品符合卫生要求。

2. 加强个人卫生健康管理

厨房工作人员的个人卫生健康管理是厨房卫生安全的基础内容，也是厨房卫生健全发展的基本点。《食品安全法》第 34 条对此有明确的规定："食品生产经营人员每年应当进行健康检查，取得健康证明后方可参加工作。"本条款中还明确规定："患有痢疾、伤寒、病毒性肝炎等消化道传染病的人员，以及患有活动性肺结核、化脓性或者渗出性皮肤病等有碍食品安全的疾病的人员，不得从事接触直接入口食品的工作。"

这就非常明确地规定了所有食品和厨房工作人员必须接受国家卫生防疫管理监督机构的健康查体，而且工作人员的健康查体还分为新进人员的查体和对原从事食品行业人员的定期健康查体。只有这样才能使工作人员随时了解自己的健康状况，保证厨房工作人员自身的身体健康，确保厨房消费者的卫生安全。

3. 培养良好的工作卫生习惯

从严格的卫生安全意义上看，从事厨房菜品加工的工作人员，必须要养成良好的工作卫生习惯。企业应该加强对工作人员工作习惯卫生的管理，这样可以防止工作人员因不良的工作习惯与意外疏忽而导致菜品、餐具、器具等遭受有害物质的污染，确保菜品的卫生安全。

（五）菜品加工过程卫生管理

1. 厨房初加工间的卫生控制

（1）各种刀具、砧板、工作台面、抹布、拖把应保持清洁，及时清除解冻水池、洗涤水池的物料及垃圾，以防堵塞。

（2）购进各类食品原料时，应按不同要求分类加工。对易腐败变质的原料，应缩短加工时间。不同原料应该分别解冻、分别盛装，再用保鲜膜封存，放入相应冷库待用。食品原料入冷库后，分类摆放在食品架上以便取用。要及时消除冷库地面污物、积水，定时整理食品架，食物不得超期存放。

（3）各类食品机械使用完毕以后，应去除食物残渣，及时清洁，使其处于最佳使用状态。

2. 厨房配菜间的卫生控制

（1）每日开餐前，彻底清理冰箱，检查原料是否变质；清洁刀具、砧板、抹布、配菜盘等用具，做到无污迹、无异味。

（2）注意配料、小料要分别盛装，摆放整齐，配料的水盆要定时换水。需冷藏保鲜的原料应放置在相应的冰箱内。在开启罐头食品时，首先要把罐头表面清洁一下，再用专用开启刀打开，避免金属或玻璃碎片掉入。破碎的玻璃罐头食品不能食用。在配菜过程中，随时注意食品原料的新鲜度及卫生状况，认真配菜，严格把关。营业结束以后，要及时清洁各种用具，归位放置，剩余的食品原料按不同的储存要求分别存放。

3. 厨房炉灶区的卫生控制

（1）每日开餐前彻底清洗各类用品，检查调味瓶内的调料是否变质；淀粉要经常换水；油钵要每日过滤；新油、老油要分开存放；检查酱油、醋、料酒，以防变质及挥发；精盐、食糖、味精等要注意防潮、防污染；开餐结束后，调味容器均需加盖。

（2）在符合菜肴烹调要求的前提下，食品原料要充分烧透煮透，达到杀灭细菌的目的，防止外熟里生。

（3）切配和烹调要实行双盘制。配菜应使用专用配菜盘、碗，当原料下锅后应当立即撤掉，换用消毒后的盘、碗盛装烹调后的菜肴。

（4）在烹调操作时，试尝口味应使用小碗和汤匙，尝后余汁切忌倒入锅内。用手勺尝味时，手勺需清洁后再用，用后要清洗消毒。

（5）营业结束后，清洁用具归位摆放，清洗汤锅，清理调料。每日用洗涤剂擦拭吸烟罩及灶面的油腻及污垢，做到卫生、光洁。清理烤箱、蒸笼内的剩余食品，去除烤箱内的油污，放掉蒸笼内的水。

4. 厨房冷菜间的卫生控制

（1）冷菜间要做到"五专"，即专室、专人、专用具、专消毒、专冷藏。室内要有紫外线消毒设备。防蝇、防尘设备要健全、良好。

（2）定期对冰箱进行清洗、消毒。冰箱把手要用消过毒的小方巾捆好。每天对案板清洗消毒，对刀具定时煮沸消毒，对储存柜定期消毒。

（3）要坚持双刀、双板、双抹布制度。严格操作规程，做到生、熟食品的刀、砧板、盛器、抹布严格分开，不能混用。尤其在制作凉拌菜、冷荤菜时，一定要用经过消毒处理的专用工具制作，防止交叉污染。各种食品、半成品生熟分开、荤素分开，专柜存放，盖好保鲜膜。每天对出售的冷荤食品进行化验，保证卫生，化验率不低于95%。

（4）冷菜间的员工应穿工作服上岗，进入操作间前要洗手消毒，并戴口罩。

（5）营业结束后，要将各种调味汁和食品原料放置在相应的冰箱内储藏，彻底清洗用具，归位摆放，工作台保持清洁、光亮、无油污。一些机械设备，如切片机要拆卸清洗，彻底清除食物残渣，以防机械损坏和设备污染。

5. 厨房点心间的卫生控制

（1）保证各种原料和馅料的新鲜卫生，定时检查所属冰箱；要保持刀、砧板、面案的清洁，抹布白净；各种花式模具、面杖随用随清洁，以防面粉、油脂等残留物腐败而污染食品。

（2）营业结束后，清洗各类用具，归类摆放。蒸笼锅放尽水，取出剩余食物，用洁布擦尽油污和水分；切断烤箱电源，取出剩余食物，清洗烤盘，擦干水；清理台面的调料和用具，清洁灶面、吸烟罩；各类馅料、原料按不同储存要求分别放入冰箱储藏。

二、厨房安全管理

（一）厨房防火管理

1. 厨房起火的原因

通常情况下，厨房起火有以下五种原因：

（1）厨房员工在使用煤气或液化石油气时，因设备破损、管道铺设不当、忘记关闭阀门等而造成可燃气体泄漏，遇到明火或高温发生燃烧。

（2）厨师在制作油炸食品时，因油炸食品锅内食用油放得太满，以致食用油溢出，遇明火后发生燃烧，或厨师操作时，因油锅加温过高，或厨师离开炉灶时间过长而发生燃烧。

（3）因厨房内油渣等处置不妥，聚热后发生燃烧。

（4）因各种烤箱使用不当或开关失灵而发生燃烧。

（5）排烟管道油污垢太多、太厚，遇明火发生燃烧。

2. 火灾预防措施

（1）对厨房内的易燃气体管道、接头、仪表、阀门必须定期检查。发现有易燃气体跑漏现象，要立刻关闭阀门，及时通风，并严禁使用明火。

（2）使用瓶装液化石油气时，冬天不得使用明火烘烤气罐，以防发生爆炸。在房内的煤气通道及各种灶具附近不准堆放可燃、易燃、易爆物品。应指定专人负责各种灶具及煤气罐的维修与保养。液化石油气罐即使气用完，也不能乱倒罐内的液体。

（3）必须制订厨房各种电器设备的使用和操作规程，并严格执行。各种电动设备的安装和使用必须符合防火安全要求，严禁野蛮操作。各种电器绝缘要好，接头要牢，要有严格的保险装置。

（4）要保持炉灶清洁，定期擦洗、保养排油烟罩，保证设备正常运转。油炸、烘烤食物时，油锅及烤箱温度应控制得法，油锅内的油量不得超过最大限度。

（5）正常使用火源的工作人员不得随意离开自己的岗位，不得粗心大意，以防发生意外。下班前，各岗位要有专人负责关闭能源阀门及开关，负责检查火种是否已全部熄灭。厨房必须备有足够的灭火设备，每个厨房员工都应知道灭火器材的摆放位置和使用方法。

（二）厨房食品安全

菜品食品从生产加工到销售的整个过程，有很多情况和因素可以使菜品成为具有"毒性"的食品，而且使食品产生"毒性"的有害物质是多种多样的，菜品食品被污染的方式和程度也是非常复杂的。虽然这些具有"毒性"的菜品食品对人体健康所造成的危害程度和性质各不相同，但是对人类的身体健康和人身安全却构成了很大的威胁，因而必须引起人们的足够重视，并能加强其预防措施。

1. 食物中毒的含义

人们在日常生活中由于吃了被细菌、细菌毒素、化学物质污染的食物或含有毒性物质的食物，而引起的急性疾病，就是食物中毒。

因此，摄取不可食状态的食品（如未熟水果）、摄取非正常数量食品（如暴饮暴食而引起的急性胃肠炎）、非经口摄取而由其他方式引入体内、食用者是特异体质而对某种食品（如鱼虾、牛奶等）发生变态反应性疾病、经食物而感染的肠道传染病（如伤寒、痢疾等）和寄生虫病（如旋毛虫病、囊虫病等），这些都不属于食物中毒的范围，也不能把这些引起发病的食品认为是有毒食品。所以，正确理解有毒食品和食物中毒的概念，对于病人是否按食物中毒患者急救治疗，对于引起发病的食物是否按有毒的食物进行处理及是否按《食品安全法》追究责任，在实际工作中有重要意义。

2. 食物中毒的特点

（1）有共同的致病食物。所有的病人都在相近的时间内吃过某种共同的致病食物，与食物关系比较明显；没有进食这种食物的人，即使同桌进餐或同屋居住也不发病。发病范围局限在食用该种有毒食物的人群中，停止食用这种有毒食物后，发病就很快停止。

（2）潜伏期短。发病呈急性暴发过程，集体爆发食物中毒时，很多人在短时间内同时或先后相继发病，在短时间内达到高峰。一般潜伏期在 24～48 小时以内。

（3）患者的临床表现和治疗方法大致相同。大部分病人的症状相似，多为急性胃肠炎症状。

（4）没有传染性。停止食用有毒食物或污染源被清除后不再出现新的患者，人与人之间没有直接传染。

3. 引发食物中毒的主要原因

（1）冷藏不当。

（2）烹调处理后放置过久。

（3）被已感染病毒的人接触过。

（4）加热处理不当。

（5）含有毒素的食物再加热不当。

（6）保温储存不当。

（7）交叉感染。

（8）容器、器具清洗不干净。

（9）不良发酵。

（10）添加物的误用或不当使用。

夏季高温多湿，利于细菌的繁殖，很容易发生食物中毒。因此，在夏季应更加注意食品卫生，有针对性地采取相应措施，及时做好预防食物中毒的工作。

4. 食物中毒的预防措施

减少或完全杜绝餐饮业在经营中引发的食物中毒，关键是在菜肴食品的加工、保存、销售过程中做好预防工作，尤其是厨房工作人员，更应把食物中毒的预防工作放在首要位置。预防食物中毒的三个主要方面如下：

（1）清洁。厨房加工人员在开始烹饪前，一定要把手部彻底洗干净。餐具、砧板、抹布等厨房用品应该以水或消毒药水洗涤，砧板在洗干净后晒太阳也很有效。抹布必须经常用清洁剂、餐洗净充分洗净后保持干燥，否则消毒过的餐具再用脏的抹布来擦拭，便会功亏一篑。手指如果有伤口或脓疮的话，应该套上手套或指套后再从事烹饪的工作，否则伤口或脓疮里面的细菌会污染到食品而引起食品中毒。食品应该注意保存，以免受到老鼠、蟑螂、苍蝇等病媒的接触而被污染。

（2）迅速。食品买回来以后，不要放得太久，应该尽快烹饪供食，尤其是生食的食品原料越快处理越好，做好的食品也要赶快吃掉。由于细菌需要一段时间才能够繁殖到引起食品中毒的程度，所以时间越短越可以避免食品中毒。烹饪后的食品很容易繁殖细菌，所以最好不要做得太多，以每次能够吃完的量为限。

（3）加热与冷藏。细菌通常不耐热，加热到70℃以上，大部分的细菌都会被杀死，因此把食品加热以后再食用比较安全。细菌比较耐冷，但是冷却以后不容易繁殖，能够防止细菌繁殖的温度是在5℃以下，因此原料可以冷藏储存。

（三）安全事故预防

厨房是食品的生产车间，生产所使用的各种刀具、锐器、热源、电动设备等，在操作时如不采取安全防范措施，随时可能造成事故。厨房常见事故有割伤、跌伤、砸伤、扭伤、烧烫伤、触电、盗窃等。

1. 用具割伤

割伤主要是由于使用刀具和电动设备不当而造成的，其预防措施如下：

（1）对厨房中所有电器设备实行包机制，操作人员必须严守操作规程和安全制度，切实做到"谁用、谁管、谁养"，坚持设备"用、管、养合一"的制度。

（2）厨师操作时注意力要集中，方法要正确，不得用刀指手画脚，不得将刀随意乱放，更不能拿着刀边走路边甩膀子。刀具等所有切割用具应当保持锋利。在实际工作中，钝刀更易伤手；不要把刀放在工作台或砧板的边缘，以免震动时滑落砸到脚上。清洗刀具时，要一件一件进行，切不可将刀具浸没在放满水的水池中。为加强刀具管理，厨房中要设置刀具柜和刀具架，上班时专人定点使用，下班后集中存放保管。厨房内如有破碎的玻璃器皿和陶瓷残片，要及时处理，应用扫帚等工具清扫，不要用手去捡。

(3) 安全使用机动设备。使用绞肉机时必须用专用的填料器推压食品，清洗设备前应先切断电源，清洁锐利的刀片时要格外小心，洗擦时要将抹布折叠到一定的厚度，从刀的中间部位向刀口擦拭。

(4) 发现工作区域有暴露的金属丝头、铁钉之类的东西，要及时敲掉或取下，以免划伤人。

2. 跌伤和砸伤

由于厨房内地面潮湿、油腻，行走通道狭窄，搬运货物较重等因素，非常容易造成跌伤和砸伤。其预防措施如下：

(1) 工作区域及周围地面要保持清洁、干燥；油、汤、水撒在地上，要立即擦掉，尤其是在炉灶操作区。

(2) 合理安排生产流程，活动线路分明，生产作业线、垃圾清除线、餐具洗涤消毒线和出品传送线互不交叉、互不干扰，以防人员碰撞。清除所有活动线路上的障碍物，在通道、阶梯拐弯处设置明显标志。

(3) 厨房地面应略呈龟背状倾斜，以便冲洗。在靠墙处设排水明沟，地面用防滑材料铺设。如发现地砖移动，要立即修理。排水沟格栅铸铁栅要将水沟全部覆盖。

(4) 厨师的工作鞋要具有防滑性能，不得穿薄底鞋、已磨损的鞋、高跟鞋、拖鞋、凉鞋上班，要系紧鞋带，脚不外露。严禁在厨房内跑跳。

(5) 不要把较重的箱子、盒子置于高处，存取高处物品时，应使用专门的梯子。

3. 扭伤

扭伤多数是因为搬运重物的方法不正确而引起的，其预防措施如下：

(1) 搬物前脚跟要站稳，保持腰背挺直，不要向前倾斜或向侧面弯曲。

(2) 举重物时缓缓举起，使所举物件紧靠身体，不要骤然一下猛举。

(3) 从地面取物时，注意要膝盖弯曲，全身重心放在腿部而不在腰背部。

(4) 搬运物品切忌超负荷，超重物品要用手推车运送或请同事帮助。

4. 烧烫伤

烧烫伤主要发生在炉灶部门，其预防措施如下：

(1) 在烤、烧、蒸、煮等设备的周围应留出足够的空间，以免因空间拥挤、不及避让而烫伤。在拿取温度较高的烤盘、铁锅或其他物品时，手上应垫上一层厚抹布。撤下的热烫烤盘、铁锅等工具应及时做降温处理，不得随意放置。

在使用油锅或油炸炉时，特别是当油温较高时，不能有水滴进入油锅，否则热油飞溅，极易烫伤人。热油冷却时应单独放置并设有一定的标志。使用烤箱、蒸笼等加热设备时，应避免人体过分靠近炉体或灶体。从蒸笼内拿取食物时，首先应关闭气阀，打开笼盖，让蒸汽散发后再使用抹布拿取，以防被热蒸汽灼伤。

(2) 在炉灶上操作时，应注意用具的摆放。炒锅、手勺、漏勺、铁筷等用具如果摆放不当，极易被炉灶上的火焰烤烫，造成烫伤。在烹制菜肴时，要正确掌握油温和操作程序，要防止油温过高和原料投入过多，否则油溢出锅流入炉膛会使火焰加大，极易造成烧烫伤事故。

（3）在端离热油锅或热火锅菜时，要提醒其他员工注意避开，切勿碰撞。清洗设备必须待冷却后再进行。严禁在炉灶间和热源处嬉戏打闹。

5. 触电事故

厨房中电器设备多，极易造成触电事故，其预防措施如下：

（1）电源装置必须在 1.5 米以上靠墙壁安装，电器机械和设备必须装有安全的接地线。

（2）使用机电设备前，首先检查设备的安全状况，如闸盒、线路接头、绝缘状况是否良好，有无损伤、脱落或老化现象，使用中如发现异常应立即切断电源，请专职电工检修。

（3）严禁湿手接触电源插座和电源设备。清洁设备时要先切断电源后操作。禁止厨房人员对电路和设备擅自进行拆卸维修，已有隐患的设备要立即取走送修。

6. 盗窃事故

厨房盗窃的主要目标：一是食品仓库；二是高档餐用具。要防止盗窃，就要加强安全保卫措施。

（1）对食品仓库要挂警示牌，仓库的门钩、锁扣都必须牢固，墙壁坚实，门窗上要有防护设备、报警器等。仓库的周围禁止堆放易燃、易爆、易污染的物品。

（2）厨房内的防卫措施要落实到人。各作业区的工作人员下班前要清点、整理本作业区炊事用具，有些较贵重的用具一定要放入橱柜中上锁保管。剩余的食品、饮料，尤其是贵重食品原料在供应结束后，必须妥善放置。需冷藏的放进冰箱，无须冷藏的放入小仓库内。仓库、冰箱钥匙归专人保管。加强内部的互相监督，发现问题及时汇报，及时查处，切不可隐瞒事故，以防后患。

课后练习

1. 厨房设计的基本要求有哪些？
2. 厨房生产的特点有哪些？
3. 标准菜谱主要包括哪几个方面的内容？
4. 厨房卫生管理包括哪些内容？
5. 厨房安全管理包括哪些内容？

第八章

餐饮市场营销

第一节　餐饮市场营销概述

一、餐饮营销的概念与理念

（一）餐饮营销的概念

餐饮营销主要研究餐饮企业在激烈竞争和不断变化的市场环境中如何识别、分析、评价、选择和利用市场机会，如何开发适销对路的产品，探求餐饮企业生产和销售的最佳形式和最合理途径。它包括餐饮市场营销的理念、营销的方法与途径等方面的内容，其核心是理念和方法。餐饮企业营销也可以说就是研究市场需求的经营理念。有什么样的营销理念就有与之相适应的营销方法与途径。

（二）餐饮营销的理念

随着生产的发展和社会的进步，传统餐饮营销中等客上门的"营销观念"时代已经过去，代之而起的是"社会营销观念"时代。随着经济的发展以及餐饮市场规模的扩大和竞争的加剧，消费者在餐饮上具有更多的选择，这更促成了餐饮企业营销观念的成熟。

餐厅营销是指餐厅经营者为了使顾客满意，并实现餐厅经营目标而展开的一系列有计划、有组织的活动，它是一个完整的过程，而不是一些零碎的推销活动。考察餐饮营销，首先必须对餐饮营销有一个全过程的理解。具体而言，在餐饮发展过程中，由于供需关系的变化，餐饮营销基本上经历了以下五种营销观念的转变。

1. 生产导向的营销理念

餐厅能提供什么，就营销什么。其理念植根于供需严重失衡，餐饮产品的供给和市场需求不对等，产品供不应求。所以以生产导向的餐饮营销理念只注重于满足市场需求的量，而无暇顾及餐饮产品的质，更无法考虑市场需求的差异化。

2. 产品导向的营销理念

客人喜欢良好的设施和优质的服务，餐饮企业的核心就是提供良好的设施和优质的服务。该理念比生产导向理念有较大进步，因为其注重餐饮产品的质量，但是其出发点仍然是站在卖方立场，餐饮产品较少考虑到顾客的真实需求，忽略了餐饮产品市场需求消费群体的差别。

3. 营销导向的营销理念

顾客对购买餐饮产品存在抗衡心理，企业必须采取有效的推销技巧和强有力的推销手段刺激消费，所以餐厅既要增加设施、改进服务，同时要外出推销，使顾客了解产品。虽然企业开始重视与消费者沟通，通过诱导方式推销，以增加餐饮产品的营销量，但其注重的是将现有产品推销出去，而不是生产消费者所需要的潜在产品。

4. 绿色营销的营销理念

要实现餐饮企业的目标，关键在于真正了解顾客的需求和欲望，满足顾客的需要是餐厅应优先考虑的。企业要以市场需求为出发点，以满足市场需求作为餐饮企业经营的中心，企业生产和营销取决于市场顾客需要什么。该营销理念包含了以下三个方面的根本变化：

（1）餐饮产品市场的交换性。餐饮市场营销是一种餐饮产品和服务的交换活动，因此也是一种社会性的管理活动。营销最根本的目的是实现企业与顾客之间产品或者服务的交换。

（2）餐饮产品市场的需要性。餐饮市场营销是以满足顾客需要为出发点和归宿点的交换活动。因此，如何满足顾客需要成为餐饮市场营销的核心。营销活动是一个双方共赢的活动，必须随时着眼于顾客需要。

（3）餐饮产品市场的完整性。餐饮市场营销是一个完整的产销与服务活动过程，而不是一些支离破碎的零星活动，更不是零碎的推销活动。因此，这种完整性促进了餐饮营销向市场化推进。

5. 社会营销导向

置身于社会这个整体中的餐饮企业，不能孤立地追求自身的利益，而必须使自身的行为符合整个社会与经济发展的需要，力求在创造餐饮企业经济效益的同时，能为整个社会的发展做出贡献，创造社会效益。社会营销理念的基本原则是：

（1）社会营销的基本目的是帮助生产者更好地营销产品，帮助消费者更好地购买产品，帮助政府部门更好地履行管理职能，从而使市场机制日益健全，保证市场运行畅通。

（2）外部各类经济和非经济的团体（诸如政府部门、保护消费者权益团体等）都应参与购买方的决策过程。

（3）生产者不仅要满足消费者的需求，更应指导其正确的消费行为，为消费者的长期利益服务。

（4）生产者不宜过多地细分市场去生产无本质差别的产品，而应根据消费者的基本需求类型进行产品生产。

社会营销观念以市场需求和社会利益为核心，要求餐饮企业在制定营销策略时，不仅要考虑通过对顾客需求的满足来追求自身利益最大化，而且要兼顾社会的长远利益，把顾客、餐饮企业和社会利益有机结合起来。

二、餐饮营销的特征

（一）服务的无形性

服务具有无形性。服务是一种行为或活动，是非实体的、无形的、抽象的。餐饮行业属于服务行业，向顾客提供的是烹饪菜品、点心制作和助餐服务，在向顾客销售的产品中含有较多的无形成分。

餐饮产品的内涵除包括菜品、装修和设施外，还包括助餐服务、环境、形象等诸多要素，在整个餐饮产品中，满足顾客的基本要求同时来自于有形和无形两个部分。

（二）服务的不可分离性

服务具有不可分离性。服务的生产、交易和消费是同时发生的。在服务过程中，生产者（或营销者）与消费者之间是不可分离的，消费者参与服务产品的生产，服务的价值在生产者与消费者的接触中产生。例如，顾客进入餐厅的同时，餐厅的服务也就开始了，当顾客用餐完毕离开餐厅时，餐厅的服务也同时结束。在顾客进入和离开餐厅这段时间内，菜肴的生产（烹饪）、顾客的消费及结账（交易）都是在同一时段进行的。顾客参与菜肴的生产：如顾客点菜和对菜肴的烹饪提出一些要求，甚至像有的餐厅那样点名要某位厨师掌勺，有的菜肴（像火锅）的生产必须让顾客动手参与。另外，顾客的口味特殊，还可能让厨师再加工等。餐饮服务的价值在顾客与餐厅接触中产生，即价值不仅体现在餐饮菜品上，也体现在顾客接触的餐厅环境、餐厅人员上。

（三）服务的易变性

服务具有易变性，又称波动性。服务是人的一种活动，既有服务人员参与，又有顾客的参与，人的因素常常干扰服务活动，使得服务活动容易"走样"。一是因人而异，即不同的服务人员在同一服务岗位所提供的服务产品有差异，如厨师手工制作菜品的差异，服务人员因知识、技能、经验、体力所造成的差异等；二是因时而异，即同一个服务人员在不同时间所提供的服务产品有差异，如服务人员因心情的好坏所造成的差异等；三是因地而异，即同一家餐饮服务机构在不同网点所提供的服务产品有差异，如不同地区或种族的消费者对同一餐饮产品和服务的评价可能不同等。

（四）服务的不可储存性

服务具有不可储存性。一方面，服务的生产和消费是同时发生的，生产的起始和结束就是消费的起始和结束，不存在生产结束与消费起始之间的储存期；另一方面，餐饮产品不能通过仓储方式储存或在销售现场保值留置，餐饮产品的构成除了包括菜品外，还包括服务、设施、环境、形象等多项要素，由于餐饮产品实物部分的菜品不能储存，因此餐饮企业就不可能大量事先生产，只能是以销定产，现产现销。这就容易导致客源不足时每天的固定成本得不到及时、充分的回收，又无法通过储存进行调控。

三、餐饮营销的环境

（一）餐饮市场营销环境的概念、构成及其分析的意义

1. 餐饮市场营销环境的概念

餐饮市场营销环境是指与餐饮企业市场营销活动有关的一切内外部因素和力量的总和。一个企业的营销环境是由企业营销管理机能外部的行动者和力量所组成，这些行动者和力量冲击着企业管理者发展和维持同目标顾客进行成功交易的能力。正确理解餐饮市场营销环境的概念，应明确它的两个基本内涵：

（1）市场营销环境是一个开放性、多变性、多因素的复杂系统。

（2）市场营销环境对餐饮营销的影响，包括企业内部和外部环境形式的影响。

2. 餐饮市场营销环境的构成

一个企业的营销环境是由一整套相互影响、相互作用的重要参与者、市场和其他相关力量构成的，通常可分成宏观环境和微观环境两个部分：微观环境包括企业自身的经营条件、自身所处的市场的外部营销渠道、目标顾客与顾客群、同行业的竞争者和社会公众的影响；宏观环境包括社会的政治因素、经济因素、文化因素、自然因素、科技因素、人口等方面综合因素的影响。

3. 餐饮市场营销环境分析的意义

（1）餐饮市场营销环境分析是餐饮企业市场营销活动的立足点。餐饮企业是社会生产经济活动的一类基本单位，企业的生产经营活动离不开社会的政治经济技术环境。

（2）餐饮企业市场经营受到诸多环境因素的制约，是一个复杂的系统。餐饮企业市场营销环境的变化和发展，集中反映在企业产品的市场需求与供给的关系上。市场营销环境分析是发现经营机会、确定目标企业目标细分、实现和扩大营销的切入点。

（3）通过餐饮市场营销环境分析，使企业经营决策具有科学依据，为科学预测产品市场的发展趋势提供强有力的支撑。

（二）餐饮市场营销环境的分类

1. 餐饮市场营销微观环境

餐饮市场营销的微观环境是指与餐饮企业直接紧密相连、直接影响餐饮企业市场营销能力的各种因素和力量的综合，主要包括餐饮企业本身、供应商、中介机构、顾客、竞争者以及社会公众等因素。

（1）餐饮企业。餐饮企业的经营理念、管理体制和方法、所规定的宗旨与使命、组织机构、营销部门与其他部门的协调、资源等，都将对其市场营销活动的成效产生直接影响。

（2）供应商。餐饮企业的供应商是向餐饮企业及其竞争对手供应为生产特定的餐饮实物产品和无形服务产品所需的各种资源的工商企业或其他组织与个人。

（3）市场营销中介机构。市场营销中介机构主要包括中间商（批发商、零售商）、中

转商、物流公司、市场营销服务机构和金融服务机构等。

（4）顾客。顾客就是企业的目标市场，是企业服务的对象，也是市场营销活动的出发点和归宿点。企业的一切市场营销活动都应以满足顾客的需要为中心。因此，顾客是企业最重要的环境因素。

（5）竞争者。竞争者主要包括以下四类：差异愿望竞争者，是指提供不同产品以满足不同需要的竞争者，这个市场可以根据潜在的目标市场进行细化；愿望竞争者，是指提供不同类产品以满足同一种需要的竞争者；产品形式竞争者，是指满足同一需要的产品的各种形式间的竞争；产品品牌竞争者，是指满足同一需要的同种形式的产品不同品牌之间的竞争，品牌效应是激发市场消费最明显的方式。

（6）社会公众。社会公众是指对一个组织实现其目标的能力具有实际或潜在利害关系和影响力的一切团体和个人。企业面临七类公众：金融界、媒体、政府、群众团体、地方（社团）公众、一般公众和内部公众。从餐饮企业的角度来看，公众是指对餐饮企业实现市场营销目标的能力有实际或潜在利害关系和影响力的团体或个人。

2. 餐饮市场营销宏观环境

餐饮市场营销宏观环境是指餐饮企业运行的外部大环境。市场营销人员必须根据外部环境中的各种因素及其变化趋势制定自己的营销策略，以达到市场经营的目的。在餐饮营销中，宏观环境主要包括以下几个方面。

（1）政治法律环境。政治法律环境是强制和约束企业市场营销活动的各种社会力量的总和，包括一个国家的政治形势、经济政策、贸易立法和消费者利益保护组织等。政治环境是企业市场营销的外部政治形势；法律环境是指国家或地方政府颁布的各项法规、法令和条例，其直接规范和制约人们的社会生活。

（2）社会文化环境。社会文化环境是指一个国家、地区的民族特征、价值观念、生活方式、风俗习惯、宗教信仰、伦理道德、教育水平、语言文字等的总和。文化对企业营销的影响是多层次、全方位、渗透性的，支配着人们的生活方式、消费结构、主导需求以及消费方式。

就文化而言，餐饮营销人员应当具备两类知识：一类是关于某种文化的具体知识；另一类是抽象知识，抽象知识要求具有一定深度的洞察力，要站在餐饮业角度上考虑到底什么样的餐厅才是受欢迎的。

（3）人口环境。从市场营销的角度来看，市场是由具有购买兴趣和购买力的人所组成的，人口的数量直接决定市场的规模，而有关人口的一系列因素，如人口数量和增长速度、人口的地区分布和流动、人口的年龄结构、人口的性别结构、人口的家庭规模、人口的预期寿命等都将对市场需求的变化产生深刻的影响。

（4）经济环境。经济环境是影响和制约社会购买力形成的主要环境力量。其中，最重要的是社会购买力。

社会购买力是一系列经济因素的函数，取决于国民经济的发展水平以及由此决定的国民平均收入的水平，并直接或间接地受消费者收入、价格水平、消费者支出状况、储蓄和消费者信贷等经济因素的影响。

（5）自然环境。自然环境是指自然资源、地形地貌和气候条件等因素，餐饮业的原料、燃料来源都与自然资源有密不可分的关系。餐饮业是高能耗和高污染的行业，在环境保护日益受到重视的今天，要求餐饮营销者必须顺应保护环境、节约能源的世界潮流，大力推行"绿色营销"，使经济效益和环境效益相结合，保持人与自然环境的和谐。

（三）餐饮市场营销环境因素分析

餐饮市场营销环境因素综合分析的内容包括：明确产业和企业的关键因素，识别企业未来的机会和威胁，识别企业自身的优势和劣势，将关键因素、机会威胁、优势劣势紧密结合起来，进行综合形势分析，为目标和战略的制定提供依据。餐饮市场营销环境因素综合分析通常采用优势劣势分析方法。

1. 优势劣势分析

（1）优势劣势的评价标准。历史的标准就是将餐饮企业过去积累的历史资料同其现实情况相比较，并预测其发展变化，即进行时间序列分析或趋势分析。规范的标准是被认为合理的、理论的或理想的标准，它来自书刊、顾问报告、产业实践或个人的认定。竞争的标准就是利用成功的竞争者或潜在的竞争者的行动作为评定依据，其假定是企业最低限度要同那些竞争者的行动相适应。关键领域的标准就是以前述关键因素作为评定依据。

（2）优势劣势的表述方法。定性的表述方法即用文字来表述企业具有的特征。有效性的表述法是要表明企业完成特定工作任务或目标的能力如何。效率则是反映企业将投入转换成产出的能力，主要表述产量的增长、质量的提高、消耗和成本的下降、利润的上升、能力的利用程度等。

（3）创造和保持竞争优势。所谓竞争优势就是企业优势的高度概括或集中体现。餐饮企业的优势代表它相对于竞争对手的强项。竞争优势可概括为以下四种：低成本、差异化、既低成本又差异化和快速回应。

2. 餐饮企业对环境威胁的策略和对策

（1）企业对环境威胁的策略。餐饮企业需要在对旅游市场环境分析的基础上，找出环境机会或环境威胁，并做出正确的经营决策。餐饮企业遇到风险是常态，经营者对环境威胁要予以足够重视，同时要创造机会，运用概率发生的可能性，采取经营适当的优化策略。

①环境机会的运筹。餐饮企业与旅游经营者要善于发现机会、把握机会、运筹机会。市场机会对企业来说是难得的宝贵资源，应好好地加以利用。

②创造机会对行动的要求。一是抢先。企业在利用市场机会的过程中必须抢先一步、争取主动，做到"人无我有"；二是创新。企业在利用市场机会时要大胆创新、突出特色，做到"人有我优"。三是应变。市场机会具有均等性和可变性，企业应有预见性的应变对策，做到"人优我变"。只有这样，企业才能充满发展的生机和活力。

（2）应对环境威胁的策略。当遇到重大环境威胁时，餐饮企业可根据实际情况，采取如下措施：

①反抗。企业设法限制或扭转不利因素的发展。

②减轻。对客观存在的威胁设法减轻其危害性。

③转移。躲开环境威胁，进攻竞争对手的薄弱环节和空当。

④改良。改进自身产品，增强对环境威胁的防御能力。

⑤利用。因势利导，利用环境变化将威胁因素转化为市场机会。

⑥防备。防患于未然，杜绝威胁的产生。

第二节　餐饮市场营销策略

餐饮市场营销分为两大类，即内部营销和外部营销。内部营销是指采取措施使来到餐厅的宾客最大限度地消费，不断光顾，为饭店做宣传；外部营销是指为招揽宾客所做的一切工作。

一、餐饮主要内部营销策略

（一）菜单推销

菜单不仅是餐饮实体生产的目录，同时也是餐饮实体重要的营销工具。一份好的菜单应该令人读后增加食欲，起到促销的作用。

1. 通过各种形式的菜单进行推销

餐厅可通过各种形式的菜单向前来餐厅就餐消费的宾客进行餐饮推销。如通过各种形式各异、风格独特的固定式菜单、循环式菜单、特选菜单、今日特选、厨师特选、每周特选、本月新菜、儿童菜单、中老年人菜单、情侣菜单、双休日菜单、美食节菜单等来进行宣传和营销。

2. 通过不同设计风格的菜单进行推销

各种菜单也可以根据情况来选择不同材料，设计出意境不同、情趣各异的封面，格式、大小灵活变化，并可以分别制作成纸垫式、台卡式、招贴式、悬挂式、帐篷式等；色彩或艳丽，或淡雅，式样或豪华气派，或玲珑秀气，都可让宾客在欣赏中爱不释手，无形中产生了购买欲，并付诸行动。这些菜单实际上起到了无言的广告作用。

小资料

美国万丽湾景酒店

美国巴尔的摩市五星级的万丽湾景酒店（Renaissance Harborplace Hotel）餐厅备有精美的儿童菜单（Kids Menu），列在菜单上的食品和饮料品种并不是很多，都集中印在一张色彩鲜艳的纸上，字体活泼，而且字号较大，便于儿童阅读。菜单的封面是请曾在餐厅用过餐的小客人设计的，活泼可爱。儿童菜单里还有一本当月的《儿童体育书报》（Sports illustrated for Kids）。每次有儿童客人在父母的带领下来餐厅用餐时，服务人员都会先为小客人送上干净整洁的儿童菜单，令小朋友们喜出望外。

3. 通过菜单上菜品的特殊处理进行重点菜肴的推销

从餐厅经营的角度出发，菜单上的所有食品中有两类菜品应得到特殊对待：一类是能使餐厅扬名的菜品，这些菜有独到的特色且价格不是最贵；另一类是餐厅愿意多销售的菜品，它们价格高、毛利大、容易烹调。对这些菜应对字体、色彩、位置以及文字、图片等作特殊处理。

（二）餐厅员工推销

餐厅的每一个员工都是推销员，他们的外表、服务质量和工作态度都是对餐饮产品的无形推销。

（1）制服。餐厅员工穿着制服，会给人以清洁、整齐的感觉。制服还有广告的作用，经特别设计又有创意的制服对宾客可产生促销的效果。

（2）个人卫生。宾客对为其服务的员工的个人卫生要求很高，良好的个人习惯和清新精神的外表，能感染宾客使其乐意接受服务并经常光临餐厅。

（3）举止和言谈。这主要体现员工的内在素质和精神面貌，是体现餐厅管理水平的重要方面，也是人员推销的重要前提和手段。

（4）服务质量。餐厅服务质量高，使宾客的心情舒畅，乐于消费；餐厅服务质量低，会使宾客不满，甚至投诉或不再光顾。因此，要注重服务质量的提高和员工素质的培养，以优质服务吸引更多的客源。

（三）环境推销

餐厅的环境要求设法制造适应经营范围和经营方式的气氛和情调，餐厅要针对不同的装潢、布局、家具与陈列品、照明与色彩、餐厅的客户和音乐选择不同的环境。经营特色菜肴还要有与特色相协调的环境。

1. 环境能体现理念

在激烈的餐饮市场竞争中，餐饮企业越来越讲究经营理念和服务理念，而抽象的理念通过有形的环境可以得到具体的体现，从而有利于顾客的识别。例如，国外一些绿色饭店的环境设计也是"绿色"的。在餐厅内种植树木、竹子；餐厅内始终保持沁人心脾的味道；餐厅的铺地材料采用可再利用的花岗岩；餐厅墙面采用无污染的材料或天然材料；餐桌、餐椅的材料部分为回收的材料；厨房设备采用绿色家电等。

2. 环境能体现特色

餐饮企业的特色，不仅要体现在菜肴、点心和自配饮料上，还要体现在环境上，餐饮环境的各种要素都可以体现餐饮企业的特色。例如，传统中餐厅，根据顾客进餐心理，要求灯火辉煌，喜气洋洋，在环境上就可以通过中国宫灯和富有民族装饰风味的灯饰和中式家具，以及富有民族特色的竹器、瓷器、盆景陈设，结合室外中国式庭园景色，来让顾客感受到浓郁的中国风味。

3. 环境能烘托质量

由于服务的无形性，餐饮质量较难被顾客识别，而餐饮环境作为一种包装，可以体现餐饮质量，增大其识别度。例如，高质量的餐饮设施和工具，如餐椅、餐桌、餐具、洗手间等，都可以向顾客展现高质量的服务。

4. 环境有利于拓展网点

发展餐饮网点，关键之一就是餐饮环境的选择和设计。例如，肯德基快餐网点在全球的发展，与它对快餐网点的包装或对环境的精心设计和管理有关，如建筑环境，所有网点的内装修都按统一的七套图进行，都有统一的装修形象；又如人员环境，对分布在世界各地的肯德基快餐店员工都按统一的规范进行服务培训等。

5. 环境能起到沟通的作用

服务的无形性使得餐饮广告比较难做，而如果尽量发挥餐饮环境的广告作用，就可以弥补以上不足。例如：麦当劳就十分重视利用餐饮环境来做广告。麦当劳的餐具或食品包装上就有广告，像麦当劳的热饮料杯子上印有"热饮烫口"的字样，既是一种安全提示，也是一种包装广告，热饮就是要热一点，且热到"烫口"的程度，其"热"的质量自然就有保证，从而对喜欢热饮的顾客就有吸引力。

6. 环境有利于满足顾客的需要

满足顾客需要是营销的核心，也是餐饮环境设计和管理的一个原则。例如，海边酒店为满足客人观赏海景的需要，精心推出临海餐厅，面向广阔无垠湛蓝的大海，椰风海韵，繁华锦绣，结合以烧烤为特色的餐饮、特色自助餐或大型特色冷餐会，别有一番情调，令人回味无穷。

（四）特殊活动推销

"特殊活动"在餐饮推销学上被称为"EVENT"，餐厅出于销售上的需要，根据目标顾客的特点和爱好，在不同的场合举办多种类型的推销活动。

1. 特殊活动推销的时机

（1）节假日推销。节假日时间充裕，人们喜欢与亲朋好友聚会或出外度假，是餐饮经营举办特殊活动推销的大好时机。如春节、元宵节、圣诞节、国庆节、情人节、中秋节等，都可以举办各种主题的促销活动，以吸引新老宾客群体。

①春节。这是中华民族的传统节日，也是让在中国过年的外宾领略中国民族文化的节日。利用这个节日可推销中国传统的饺子宴，特别推广年糕、饺子等，同时，举办守岁、喝春酒、谢神、戏曲表演等活动，丰富春节的生活，用生肖象征动物拜年来渲染气氛。

②元宵节。农历正月十五，可在店内店外组织客人看花灯、猜灯谜、舞狮子、踩高跷、划旱船、扭秧歌等，参加民族传统庆祝活动，可特别推销各式元宵。

③圣诞节。12月25日，是西方第一大节日，人们穿着盛装，互赠礼品，尽情享受节日美餐。在餐厅里，一般都布置圣诞树和小鹿，有圣诞老人赠送礼品。这个节日是餐饮部门进行推销的大好时机，一般都以圣诞自助餐、套餐的形式招揽客人，推出圣诞特选菜肴，如火鸡、圣诞蛋糕、李子布丁、碎肉饼等，组织各种庆祝活动，唱圣诞歌，举办化装舞会，进行抽奖活动等。圣诞活动可持续几天，餐饮部门还可用外卖的形式推销圣诞餐，以扩大销量。

④情人节。2月14日，这是西方一个较浪漫的节日。餐厅可推出情人节套餐。推销"心"形高级巧克力，展销各式情人节糕点，酒吧也特制情人鸡尾酒，一根双头心形吸管可增添许多乐趣。餐厅还可增加一个卖花女，卖鲜花也可以得到一笔可观的收入。同时，举办情人节舞会或化装舞会，举行各种文艺活动、抒情音乐会及舞蹈等。

（2）清淡时段推销。为增加清淡时段的客源，有些餐厅将推销活动称为"快乐时光"（Happy Hour）活动，在这段时间对饮料进行"买一送一"的销售活动，并有各种演出活动。

（3）季节性推销。根据宾客在不同季节中的就餐习惯和应时的新鲜原料来策划。比如，在酷热的夏天推出清凉菜、清淡菜；在严寒的冬天推出砂锅系列菜、火锅系列菜以及味浓的辛辣菜等。

2. 特殊活动推销的类别

推销活动的类别要多样化，常见的有以下四种：

（1）演出型。为给用餐宾客助兴，餐厅聘请专业文艺团体来演出。演出的内容有多种，例如卡拉 OK、爵士音乐、轻音乐、钢琴演奏、民族歌舞等。

（2）艺术型。餐厅可举办书法表演、国画展览、古董陈列等，能吸引很多感兴趣的宾客。

（3）娱乐型。为活跃餐厅气氛，可举办一些娱乐活动，例如猜谜、抽奖、游戏等。

（4）实惠型。利用宾客追求实惠的心理，进行折价推销、免费送礼等活动。例如，在某餐厅订一份乳猪，下次就餐时可免费赠送一份乳猪；某餐厅在情人节的当周，对光顾餐厅的情侣免费赠送巧克力或鲜花。让宾客得到实惠的推销措施通常是很有吸引力的。

3. 特殊活动推销的要点

所举办的活动必须具备下列特性：

（1）话题性。举办的活动具有新闻性，易产生话题，能引起大众传播的兴趣，间接带动宾客消费。

（2）新潮性。即要具有现代感，避免陈词滥调。比如以"环境保护"为主题的活动，在环境污染日趋严重的情况下，能够唤起宾客的心理共鸣。

（3）新奇性。以奇取胜、与众不同的活动，能充分引起大家的注意。

（4）单纯性。餐饮推销活动不宜承载复杂化和重大性主题。

（5）参与性。有歌星演唱、钢琴演奏的餐厅，不如有卡拉 OK 的餐厅参与性高。同样，画廊餐厅也比不上涂鸦餐厅参与性高。

（五）展示推销

展示食品是一种有效的推销形式。这种方法是利用视觉效应，激发宾客的购买欲望，吸引宾客就餐，并且刺激宾客追加消费。

1. 原料展示推销

强调陈列原料的"鲜""活""贵"，一些餐厅在门口用水族箱养殖鲜鱼活虾，由宾客自由挑选，厨师按宾客的要求加工烹调。由于顾客亲自选择原料，容易对质量产生满意感。有的餐厅陈列鲍鱼等八珍，显示餐厅档次以吸引消费者。

2. 成品陈列推销

将烹调装点后十分美观的菜点展示在陈列柜里，胜于很多文字的描绘。宾客对厨房产品直接观察，消费决策和点菜速度会加快。餐厅中陈列一些名酒，也会增加酒水的销售机会。

3. 餐车推销

由服务人员推着菜点车、点心车，巡回于座位之间向宾客推销。餐车推销的菜点多半是价格不太贵且放置后质量不易下降的冷菜、糕点类。有时，宾客点的菜不够充足，但又怕再点菜等待时间过久，这时推车服务就方便了宾客。餐车推销是增加餐厅额外收入的有效措施。

4. 现场烹调推销

在宾客面前展示烹炒等技艺绝活，会使宾客产生兴趣，诱导宾客消费。这种形式能减少菜点加工后的放置时间，使宾客当场品尝，味道更加鲜美，还能利用食品烹调过程中散发出的香味和声音来刺激宾客的食欲。一些餐厅让宾客选择配料，按宾客的意愿进行现场烹调，更能够满足宾客不同口味的需要。

（六）其他推销

1. 针对儿童的推销

家庭饮宴活动中，儿童可成为决策者。因此，不失时机地针对儿童进行推销，往往效果较佳。

（1）提供儿童菜单和儿童份额的餐饮品，多给儿童一些特别关照。

（2）提供为儿童服务的设施，如儿童座椅、儿童餐具、围兜，一视同仁地接待小客人。

（3）赠送儿童小礼物，尤其要注意送一些他们喜欢的与餐厅宣传密切联系的礼品。

（4）娱乐活动。儿童对新奇好玩的东西较感兴趣，餐厅常在一角设有儿童游戏场，放置一些木马、积木、跷跷板之类的玩具，还有专门为儿童开设专场木偶戏表演、魔术和小丑表演，或放映卡通片、讲故事等。尤其在周末和儿童节日，这是吸引全家用餐的好方法。

（5）儿童生日推销。餐厅可以印制生日菜单进行宣传，给予一定的优惠。例如，日本麦当劳记载了约 60 万名小朋友的出生日期，在每个小朋友生日前几天，会收到麦当劳汉堡店寄来的电脑生日卡，到了生日那天，小朋友便持卡到麦当劳来。这时，店里的工作人员除了对小寿星说一声"生日快乐"以外，还鼓掌欢迎他们的光临。餐厅还推销生日宴如"宝宝满月""周岁宴会"等，从长远分析，这些小朋友是餐厅的潜在顾客。

（6）颁奖与赠品。常见的做法是发给每位儿童一张动物画，让儿童用蜡笔涂上颜色，进行比赛，给获奖者颁发奖品，增加儿童的不少乐趣。

（7）赞助儿童事业，树立餐厅形象。餐厅可以给孤儿院等儿童慈善机构进行募捐，设立奖学金，赞助儿童体育比赛、绘画比赛、音乐比赛等，可以吸引新闻焦点，树立企业在公众中的形象。

2. 试吃

在特别推销某道菜前，采用让顾客试吃的方法促销。用菜点车将菜点推到宾客的桌边，让宾客先品尝，如喜欢可现点，不合口味再点其他菜点。这既是一种特别的推销，也体现了良好的服务。

3. 宾客参与推销

让宾客亲自参与食品原料的种植、养殖、采摘、捕捞、加工、烹调等，能起到良好的促销效果。

4. 酒瓶挂牌推销

光顾酒吧的宾客，对在其用过的名酒酒瓶上挂上其"尊姓大名"的牌子，然后将余酒瓶陈列在酒柜里。高贵名酒与宾客身份相映生辉。当宾客再次光顾时，必定与亲朋结伴，"故地重游"。各类名酒摆设越多越有名气。这是充分利用宾客的炫耀心理进行推销的方式之一。

5. 知识性服务

在餐厅里备一些报纸、杂志、书籍等，以方便宾客阅读。或者播放新闻、外语会话等节目，或者将餐厅布置成有图书馆意味的吧厅等，这些方式往往可以吸引文艺界、新闻界、学术界的宾客。

6. 餐饮特色促销

许多餐厅因为菜点有特色、用餐形式有特色、服务方式超前、餐厅建筑装饰新奇，而成为促销的方式。

（1）菜品特色鲜明。凡是经营成功的餐厅都有自己的当家菜或独特菜。随着时代的变化，人们的口味也在变化。特别是年轻消费者，求新求变的心理非常强烈。因此，要求餐饮产品不断创新，变化出新口味或新品种来吸引宾客。

（2）餐厅新奇。针对宾客的猎奇心理，在餐厅装饰、用餐形式上标新立异，以吸引宾客。日本松本市有一家倒立餐厅。外墙倾斜呈50°，屋内的装饰摆设都是倒置的。桌上的电视，其图像和字幕是反字反像；墙上的时钟朝逆时针方向旋转；茶杯和茶壶一律口在下底朝上。大门口放着一面哈哈镜，一进门就看见自己脚上头下的模样，仿佛进入了一个奇妙的倒立世界。

（3）餐厅建筑新颖。新颖的建筑本身就是吸引宾客的资源之一。有很多宾客就是因为想亲眼看见某餐厅新颖的建筑而光顾的。

（4）特色服务。在既定的餐饮服务规范和标准的基础上通过展示一个地域的饮食风俗或一个地域的文化、宗教信仰等，来开展特色服务。

二、餐饮主要外部营销策略

（一）餐饮广告推销

1. 电视广告

电视广告的特点是传播速度快，覆盖面广，已深入到人们的日常生活之中。电视广告表现手段丰富多彩，声像、文字、色彩、动感并用，可谓是感染力很强的一种广告形式。

但此种方法成本昂贵，制作起来费工、费时，同时还受时间、播放频道、储存等因素的限制和影响，信息只能被动地单向传播，稍纵即逝，不便储存查找。一般晚上六点半至十点半，被认为是播出广告的最佳时间，但是费用也相当高，一般餐饮企业难以承受。当商家们正不亦乐乎地为争夺"黄金档""黄金时间"而进行广告大战之时，观众们却由于过多过频地被动接受视觉上的广告刺激，对产品的期望过高，一旦在现实消费中"按图索骥"之后，深受某些虚假广告之苦，反而对那些大做广告的餐饮产品产生不信任感；也有的因为不合时宜的或者粗制滥造的广告的插播，引起人们的厌倦和逆反心理，而与广告的初衷背道而驰。

2. 电台广告

电台广告是适于本地或者周边地区的消费群体的一种餐饮广告形式。其优点有：成本较低、效率较高、大众性强，而且现在广播有很大的参与性，一般可以通过热线点播、邀请嘉宾对话、点歌台等形式，来刺激听众参与，从而增强广告效果。但是这种方式同样也存在着不少缺陷，如：传播手段受技术的限制；信息稍纵即逝，不具备资料性、可视性；单一口语化的信息不易对听众形成深刻印象。另外，听众完全按照广播电台所事先安排的播音时间、播音速度收听，被动性较强，同时广播形象性差，不能造成直观印象。在策划电台广告时，应注意不同的节目拥有不同的听众，不同的时间其广告吸引的对象也不同。如：针对年轻人的广告可穿插在轻音乐等节目中，为吸引老年人和家庭主妇的广告应在白天播出。

3. 报纸、杂志广告

报纸、杂志具有资料性，便于保存、剪贴、编辑，成本也较低。但它们形象性较差，传播速度慢于电视、电台，范围也小于电视、电台，且受文化程度的限制。这类广告适于做食品节、特别活动等餐饮广告，也可以登载一些优惠券，让读者剪下来凭券享受餐饮优惠服务。

4. 其他印刷品、出版物上的广告

例如，可在电话号码本、旅游指南、市区地图、旅游景点门票等处登载餐饮广告。

5. 户外广告

通过户外的道路指示牌、建筑物、交通工具、灯箱等所做的餐饮广告。如在商业中心区、主要交通路线两旁、车站、码头、机场、广场等行人聚集较多的地带所做的各种霓虹灯牌、灯箱广告、屋顶标牌、墙体广告、布告栏等；高速公路等道路两旁的广告标牌；汽车、火车等交通工具内外车身上的广告；设置在餐饮设施现场的广告等；甚至包括广告衫、打火机等都可以成为广告的载体。户外广告的优点是显露的时间长、费用低，适合于做宣传餐饮设施、树立形象的广告。例如，某饭店在一些交通枢纽处的路牌上写上其名称，目的是让游客记住该饭店的名称。要使户外广告有效果，营销人员必须使它具有清晰、新奇独特、体现产品、反映餐厅地理位置等特点。

（二）人员推销

人员推销是指推销人员通过面对面的洽谈，向宾客提供信息，引导宾客光顾本餐饮实体。人员推销是最传统的一种促销，也是现代酒店常用的促销方式。在我国，虽然许多饭店设有销售部或市场营销部，但由于种种原因，人员推销往往被置于无足轻重的地位，推销人员的作用也得不到充分发挥。其实，人员推销是强有力的可靠的促销手段。特别是对于向餐厅的客户提供信息，劝说客户购买不熟悉、价格昂贵的饭店产品和服务，如会议设施、多功能厅、宴会厅等时，人员推销更不失为一种行之有效的推销方式。人员推销有着一般宣传和广告无法替代的优点。首先，人员推销可以直接接触顾客，有助于双向沟通信息，给客人留下较好的印象，饭店推销人员可以把饭店的设施、服务、价格等信息传递给潜在的顾客，并针对消费者的要求和建议，纠正他们对饭店产品服务的偏见，同时改进饭店工作。其次，人员推销可以加深宾客对餐饮产品和服务的了解，有助于获取反馈信息，调整饭店营销策略。人员推销使消费者与饭店之间联系直接化，有助于直接了解产品在消费者心目中的定位，了解市场有关方面的信息。再次，人员推销有助于开拓饭店市场的回头客。人员推销是面对面的推销，能够沟通思想与情感，建立友谊，取得客人对产品的信任，增强饭店的吸引力，同时，人员推销能做到因人而异和因地制宜，对不同消费者能采取不同的推销方法以争取长期主顾。但人员推销也是成本费用较高、覆盖面较小的一种推销方法。它需要投入大量的人力、物力和财力，对销售人员的业务技能要求也较高。在人员推销中，推销人员起着决定性作用，这就要求对推销人员加强培训和锻炼，使其熟悉餐饮产品和服务，了解市场顾客的需求，树立良好的自我形象，使他们掌握推销技巧，善于推销。这是人员推销成功的关键。

（三）电话推销

电话推销是餐饮营销常采用的手法。即营销人员利用电话与客人进行交流，推销餐饮产品和服务。这种推销方式只是通过声音进行沟通，交流双方只闻其声，不见其人，而不像人员推销那样与客人面对面进行交流。因此，就需要特别注意运用自己的听觉，要在很短的时间内对宾客的要求、意图、情绪等方面有大致的了解和判断，推销自己的餐饮产品和服务时力求精确，突出重点，同时准确做好电话记录，对话时要注意礼貌，迅速接听电话，中途不要让客人久等，语音语调应委婉、悦耳，同时不要忘记商定面谈，以及进一步确认时间、地点等细节，最后向宾客致谢。

（四）邮寄推销

所谓直接邮寄就是指营销人员通过邮寄品与餐厅潜在使用者和购买者之间进行交流，以便创造一定的销售成绩。邮寄内容通常有商业性信件、宣传小册子、餐厅新闻信、明信片、生日卡或节日卡、优惠券、免费小礼物、客人调查表等。它比较适合于一些特殊餐饮活动、新产品的推出，对象为本地的一些大公司、企事业单位、常驻机构等。这种方式较为灵活，竞争较少，带有私人交往性质，容易引起客人的兴趣，但是费用较高，且费时费工。

小资料

春节期间餐厅的营销策划

1. 分时段就餐。为了接待更多的客人，酒店在除夕那天，纷纷采用分批进店、定时就餐的办法：第一批客人于晚上 5：00 到 6：30 之间入席就餐，第二批顾客于晚上 7：00 到 9：00 之间就餐。在我国一些南方城市，酒店还可以在晚上 10：00 到 12：00 之间接待第三批客人，客人在酒店迎接新年的到来。

但这种分批就餐的办法，也带来了不少麻烦，一是前后两批客人，在时间上不能衔接得很好，往往第一批客人还未吃完，第二批客人已在一边焦急等候，甚至为此还发生了口角。二是卫生问题，第一批客人离席后，尽管桌面马上有服务人员收拾干净，但掉在地上的食物残渣或酒水残液，仍使下一批客人感到不快。三是顾客数量加大，厨师应接不暇，容易造成出菜滞迟、送错菜的现象。有的消费者高兴而来，却带着一肚子气而去。所以，实行分时段分批就餐，应该提前做好准备，尽量避免这些问题的发生。

2. 外卖半成品。上海一些老字号酒店，除堂食外，纷纷推出了外卖年夜饭家宴套餐。就是把年夜饭做成半成品，客人带回家稍微加工即可，可以单点、自由搭配，也可以购买套餐。

外卖年夜饭的卖点应该推出技术含量较高的菜品，突出一般家庭不易做的品种，如用大锅油炸的半成品；增加冷盘菜肴的品种，打破过去套餐品种变化不多的框架；进一步在包装方面下功夫，随套餐赠送吉祥小礼物。某饭店针对冷菜年夜饭家庭比较难做的特点，专做冷菜年夜饭，将冷菜根据图形拼摆，深浅色交错，用礼盒包装，开盖即可食，颇受欢迎。

3. "出租"厨师。某市的一些酒店，推出春节包厨师回家做年夜饭的服务，可以按酒店标准将整桌宴席预订回家，价格和酒店相同，另外付给厨师"上门加工费"。

某些家宴服务公司也推出了"租个厨师回家过年"的消费方式，顾客只需要打个电话或上网预订，酒店就会派厨师上门做年夜饭。厨师有中级以上的厨师证书，其中不乏高级厨师，兼职和专职的都有。

4. 展示性销售。在销售方面，酒店可在春节前一两个月做宣传攻势，比如在报纸上刊登年夜饭菜单及菜品展示；还可在酒店举办"年夜饭套餐与特色菜展示会"，采用展示、销售、预订相结合的方法，让客人提前了解年夜饭，促使客人提前预订。

5. 套餐礼盒。套餐礼盒年夜饭，客人既可带回家自己用，还可作为春节礼物赠送给亲朋好友。南京一家酒店做新春外带套餐礼盒，有 598 元、998 元、1298 元三种，都是按照 10 人/桌的标准配菜。其中，598 元礼盒包括 8 个冷菜、5 个热菜，还有甜点、点心等；1298 元套餐里包含了鲍鱼等高档菜。另一家店推出的"聚贤堂"礼盒，价格为 518 元一盒，包括 8 个冷菜、一种点心，还有金陵名厨独家秘制的金陵盐水鸭、田园酱、鲤鱼跳龙门、新年喜庆年糕、烟熏鳜鱼等，可任意选择搭配。

6. 联动消费。大部分星级酒店的年夜饭只有 50% 预约率。业内人士分析，尽管星级酒店服务水准一流，但价格相对较高，一般人均消费要达到 150 元以上，与社会餐饮店每人平均 100 元相比，确实贵了些。但对于一些收入较高的家庭来说，在星级酒店享用年夜饭，既气派又高雅，绝无社会餐饮店那种人声鼎沸的嘈杂，可以避免发生高兴而来，扫兴而去的尴尬情况。

因此，一些社会餐饮可以考虑与星级酒店联合，利用星级酒店的环境和客房优势，联合做年夜饭市场。比如某餐饮店与星级酒店一起推出"一家三口除夕夜，入住豪华特价房、吃年夜饭"，享受房价八折、无限畅饮鲜啤的优惠。

7. 娱乐就餐。春节聚餐往往是全家出动，有老有少。酒店可以开发出一些适合家庭的娱乐项目，比如家庭和睦小游戏，让服务人员帮助一起做；或者家庭之间进行比赛，由酒店出面组织，开展娱乐比赛，并赠送小型礼品等，既活跃了气氛，还让顾客感受到"年味"。把顾客从单纯的吃饭转变为娱乐就餐，这样会收到意想不到的效果。

8. 销售年味。在店里做出"年味"，并把这种"年味"销售出去，会实现二次盈利。

某酒店在春节期间贴出这样的宣传单：除夕守岁是中国"年文化"的传统习俗，守岁从年夜饭开始。守岁既有对逝去岁月的惜别留恋之情，又有对即将来临的新年寄以美好希望之意。守岁时，所备瓜果小吃也有讲究，如：吃枣（春来早），吃柿饼（事事如意），吃杏仁（幸福人），吃长生果（长生不老），吃年糕（一年比一年高）。我们店将在春节期间给大家奉上这些美食。结果，不仅年夜饭全部销售完毕，此店准备的这些小食品也销售一空。

9. 燃放鞭炮。过年放爆竹是我国"年文化"的一个重要传统习俗，但在我国很多城市中，出于安全、环保等方面的考虑，城区内禁放烟花爆竹。这让很多顾客感叹年味越来越淡。如果在年夜饭结束后，附带组织大家去郊区燃放烟花、爆竹，相信又会增加一些吸引力。

第三节　餐饮市场营销的新发展

一、绿色营销

在生态环境逐渐恶化、绿色资源日渐衰竭的 21 世纪，更多的人已经意识到保护地球环境的重要性。营造绿色空间、赢得可持续发展已成为人类的迫切需求。餐饮绿色营销的核心是建立在绿色技术、绿色市场和绿色经济的基础上，按照环保与生态原则来选择和确定营销组合的策略，其最终目的是在化解环境危机的过程中为餐厅获得商业机会，在实现餐厅利润和消费者满意的同时，达成餐厅与自然、社会的和谐相处、共存共荣。

（一）开发绿色产品，扩大产品宣传

餐厅绿色产品的开发是餐厅绿色营销的关键，真正意义上的绿色产品要求质量合格，而且从生产、使用到处理、处置均符合特定的环境保护要求，其应对生态环境无害或危害极小，具有节约资源等环境优势，并有利于资源再生。餐厅开发绿色产品，要做好以下几

点：在产品设计时，考虑到产品、资源与能源的保护和利用；在生产与服务过程中，要采用无废、少废技术和清洁生产工艺，以有益于公众健康；在产品使用后，应考虑产品的易于回收和处理。

餐厅可以利用新闻媒体做好绿色产品的宣传工作，扩大环境保护的宣传力度，提高全民的环保意识。餐厅还可以开展各项专题活动，例如，让顾客在庭院里种蔬菜花果，成熟后通知顾客来收；鼓励顾客美化环境，向顾客颁发绿色消费证书；制作绿色食品菜单，举办绿色食品节活动；等等。

（二）利用绿色资源，绿化餐饮设施

利用绿色资源，对餐饮设施进行绿化，即要高效利用水、电等能源，节约用水、积极引入新型节水设备，采取多种节水措施，加强水资源的回收利用；积极采用节能新技术，有条件的餐饮企业可以使用可再利用的能源（太阳能供热装置、地热等）系统；餐厅污水排污、锅炉烟尘排放、废热气排放、厨房大气污染物排放、噪声控制达到国家有关标准；洗浴与洗涤用品不能含磷，使用正确和用量适中，把对环境的影响降到最低；冰箱、空调、冷水机组等积极采用环保型设备用品；饭店采用垃圾分类收集设备以便回收利用，员工能将垃圾按照细化的标准分类；无装饰装修污染，空气质量符合国家标准。

小资料

英国的 Penrhos

在英国，建于 1280 年爱德华一世时期的 Penrhos，700 多年来一直作为一家农场屹立于赫里福郡与威尔士的交界线上。现今这家农场旅店以提供全方位的有机食物而闻名于世，这里产肉的牛、羊、猪和产蛋的鸡、鸭等都是用天然饲料喂养的，而蔬菜也绝对不用化学肥料来施肥，就连每天供应的面包也是面包师按照传统工艺，使用有机面粉和天然酵母经过慢速发酵过程烘焙出来的有机面包，比起一般超市中以普遍面粉和人工酵母为原料，通过快速发酵和快速烘焙烤制出来的品种，多含了 50％的镁和 46％的锌。Penrhos 于 2002 年获得了英国首届一指的有机食物推广及认证机构 Soil Association 的认可，这并非偶然。旅店的主厨 Daphne Lambert 是一位有机食物拥护者和经验丰富的营养师，她在旅店开设了"绿色烹饪"的课程，在倡导有机食物理念的同时，还教授如何用有机食物烹饪出美味可口的菜肴，颠覆了人们一般所认为的有机食物营养却不好吃的观念。

（三）采用绿色标志，树立绿色形象

采用绿色标志是绿色营销的重要特点。我国现行的绿色标志，是由国家指定的机构或民间组织依据环境标志产品的技术要求及有关规定，对产品或服务的环境性能及生产过程进行确认，并以标志图形的形式告知消费者哪些产品和服务符合环境保护的要求，对生态环境更为有利，如绿色酒店标志、绿色食品标志等。绿色标志可以引导消费者参与环境保护活动，帮助他们选购产品，是酒店市场重要的竞争因素，是衡量酒店环保生产的标准，是酒店通向市场的通行证。

酒店形象是酒店重要的无形资产，树立酒店绿色形象，能为酒店赢得经济效益、社会效益和环境效益的统一。酒店可以把环保理念纳入产品和服务的广告活动中，通过强调酒店在环保方面的行动来改善和加强企业的绿色形象，更有效地推销绿色产品。比如：餐饮部针对客人的不同需求生产不同的绿色食品套餐；在客人活动区域以告示、宣传牌等形式鼓励并引导顾客进行绿色消费，使顾客关心绿色行动；不出售国家禁止销售的野生保护动物；制定绿色服务规范，倡导绿色消费，提供剩余食品打包、存酒等服务；不使用一次性发泡塑料餐具、一次性木制筷子，积极减少一次性毛巾的使用等。

（四）培育绿色文化，营造绿色环境

绿色营销以绿色文化观念作为价值导向，绿色文化是绿色营销的支撑。随着绿色营销的开展，在绿色文化的建设中，酒店目标开始了与环境目标的融合；酒店管理理念、营销理念开始了与绿色生态理念的融合。培育绿色文化，营造绿色环境，需要全体员工的共同努力，餐饮企业最高管理者应任命专人（绿色代表）负责本企业的创绿任务，餐厅有绿色工作计划，明确环境目标和行动措施，健全有关公共安全、食品安全、节能降耗、环保的规章制度，并且不断更新和发展，餐饮企业管理者要定期检查目标的实现情况及规章制度的执行情况；餐厅有关公共安全、食品安全、环境保护的培训计划要全员参与，以提高员工的安全和环保意识；分管创建绿色饭店工作的负责人必须参加有关安全、环境问题的培训和教育。活动只有企业全体员工齐心协力，才能培育发展餐饮企业绿色文化，打造名副其实的绿色环境。

（五）采用绿色营销组合，实施组合战略

酒店绿色营销组合包括四大策略。一是绿色产品策略：包括产品的绿色设计、绿色包装、绿色标志。二是绿色定价策略：酒店进行定价时要考虑到环境成本和社会责任定价。三是绿色分销策略：改进分销环境，确保产品和营销的绿色化；减少分销过程中的浪费，增加营销的绿色程度；改进运输工具，减少营销过程中的资源消耗；缩短供应渠道，减少资源使用量；开辟新的销售渠道。四是绿色传播策略：确定绿色营销传播目标；确定绿色营销传播资金；识别和确认目标受众；收集和整理营销信息；选择营销信息传播方法；选择营销信息传播渠道；等等。

🐾 小资料

南京金陵饭店的绿色食品

南京金陵饭店自1983年开业以来，就一直大力推广绿色食品。推出的绿色食品均选用国家专门等级评定机构认证的无公害农产品、绿色农产品和有机农产品，这些产品均出自良好的生态环境。如深受宾客喜爱的"葱爆牛柳"采用的牛肉就来自山东郓城，"宫保鸡丁"所采用的鸡肉来自山东沂南，而广为称道的"东坡肉""金陵排骨"等所采用的猪肉来自苏州著名品牌产品"苏太猪"。连最常见的大米使用的都是来自淮北地区的有机大米，这种大米完全采用自然农耕法栽培，种植的土壤三年都没有碰到一点化学农药，用这

种大米煮出的饭晶莹剔透，香润软糯，一直得到客人的赞赏。"金陵盐水鸭"则严格选用2千克左右、生长在无污染环境中的麻鸭的鸭胚精制而成。这款"招牌菜"招待过无数政要名流，广受好评。除此之外，芋头来自江苏靖江、玉米来自江苏宜兴、鱼虾选自洪泽湖、羊肉则来自无污染的内蒙古大草原。金陵饭店还根据不同的节气、节日适时推出不同的"厨师长特选"，要求餐饮服务人员和厨师学会做客人的"营养师"，前台的服务人员在为客人点餐的时候都会根据客人的需求，为客人建议菜肴合理、健康的搭配，减少浪费。

二、体验营销

21世纪，人类走过产品经济时代和服务经济时代之后，进入了体验经济时代，体验营销应运而生。美国哥伦比亚大学商学院教授施密特率先提出了体验营销（experiential marketing）的观念。施密特博士在《体验式营销》一书中指出，体验式营销是从顾客的情感、感官、思考、行动、关联五个方面的角度，重新定义、设计营销的方式。而这种方式则是在顾客消费时理性与感性结合的前提下建立的。在这种前提下，顾客在进行消费时往往带有许多感性的成分，很容易受环境氛围的影响。甚至很多人在饮食上不太注重饮食的味道，而非常注重进餐时的环境与氛围。他们要求进食的环境"场景化""情绪化"，从而能更好地满足他们的感性需求。

🏆 小资料

星巴克体验式营销

星巴克咖啡确实非常美味，美味到要我们毫不犹豫地付出高出一杯同样的咖啡5倍甚至10倍的价格走进星巴克。实际上星巴克的咖啡也许没有雀巢的更美味，甚至可能没有自己亲手泡的更合口味，那为什么还要排队花这么高的价格去喝一杯并非十分美味的咖啡呢？因为去星巴克的人并不是去购买咖啡，而是去购买一种心情，一种愉悦的体验，这种愉悦的体验不要说10美元，就是20美元、50美元，甚至100美元，人们也可能愿意付出，因为一份好心情是无法用金钱来衡量的，尤其在经济高度发达的地区。"星巴克"的成功就在于把自己定位为一间顾客至上的咖啡店，把满足顾客情感上的体验放在了第一位，于是"星巴克"咖啡的香气弥漫了全球。

体验营销主要有以下三种形式。

（一）感官体验

感官体验是通过视觉、听觉、触觉与嗅觉建立感官上的体验。感官体验可区分为公司和产品的识别、引发消费者购买动机和增加产品的附加价值等。以星巴克为例，它通过准确的选址定位，辅以高级设计团队的精心打造，将星巴克咖啡店与周围环境恰当地融合在一起，既凸显了自己独有的咖啡文化，又和谐地融入了周边环境。在触觉体验上，星巴克选择符合品牌特征的装饰，比如在桌椅及柜子，甚至还包括地板的选择上都倾向使用木质材料，让消费者体验到高雅、稳重及温馨的感觉。

（二）情感体验

情感体验，是要触动消费者的内心情感，创造一种情感上的体验，其范围可以是一个温和、柔情的正面心情，如欢乐、自豪，甚至是强烈的激动情绪。它需要真正了解什么刺激可以引起某种情绪，以及能使消费者自然地受到感染，并融入这种情景中来。如星巴克致力推动所谓的第三好去处，让忙于工作的现代人有个可以喘息的场所；而萧兹在杂志专访中也曾经提到："星巴克就是现在生活中的绿洲，你可以一个人也可以跟朋友或家人一起去星巴克，喝一杯咖啡、听听店里的音乐、沉浸在店里优美的环境中，重新整理自己的思绪，星巴克就是家庭与办公室之外的'第三好去处'。"

（三）思维体验

思维体验即以创意的方式引起消费者的惊奇、兴趣以及对问题进行集中或分散的思考，为消费者创造认知和解决问题的体验。如星巴克为了引导中国的消费者饮用咖啡，采取的引导方式相当新颖和轻松，它常通过自己的店面以及到一些公司去开"咖啡教室"。

三、网络营销

随着社会的不断进步，信息化的应用已在各个领域大行其道。餐饮业也正在由传统的营销方式逐渐转向网络营销。餐饮网络营销，是指餐厅以互联网为传播手段，通过市场的循环营销传播，达到满足消费者需求和商家需求的过程。它可以使从生产者到消费者之间的价值交换更便利、更充分、更有效率。网络营销可使餐厅不受地理因素和时间因素的限制而扩大市场，更大地便利顾客，使顾客随时随地都能获得服务；还能满足顾客个性化的需求。通过网络，餐厅可以大大增加原料和半成品供应的来源，并由此扩大原料挑选的余地和提高原料的质量，降低了交易成本。同时采用网络以后，餐厅还可以通过共享信息资源，协同行动，最终实现与顾客更好的交流。

目前我国餐饮业的网络营销形式主要有如下四种。

（一）个别餐饮企业建立自己的网站，进行产品菜肴的介绍

这种各自为政的小而全的网站在企业宣传等方面能起到一定作用，但由于只是停留在以介绍为主上，不存在网上交易，对原材料成本的降低和市场的拓展起的作用不大。

（二）由第三方建立的餐饮综合性网站

这一类网站主要是介绍饮食文化、营养保健、各家菜系、有名的餐馆等。如中国饮食文化网，是中国烹饪协会主办的饮食类权威网站，主要介绍中国菜系、名菜及名厨等，为全社会餐饮业提供多方位的服务。

（三）大型连锁餐饮企业的电子商务网站

这种形式发展得较成熟，从原料采购到网络营销。如必胜客餐厅的网站，有网上订餐、下载优惠券等服务。但这样的网站局限于大型的连锁企业。

（四）餐饮电子商务

这种电子商务网站主要由第三方建立操作，实现网上订餐。如杭州饭邦德企业订餐平

台成立于 2007 年 10 月，专门向企业及其员工提供工作餐（业务已拓展至鲜花、礼品等商品）的网上预订服务，整套服务通过流程化结算、加强支出管理、削减管理费用来帮助企业明显提升管理质量。饭邦德还向那些自建食堂的企业提供一种全新的选择，帮助中小型企业增加其内部供餐设施的收益，还能够显著提高大型企业的自助餐厅的效益。从开业到现在，杭州市已经有百余家企业在饭邦德的服务中受益。

课后练习

1. 餐饮营销的特征有哪些？
2. 餐饮市场营销宏观环境包括哪几个方面？
3. 餐饮主要内部营销策略有哪些？
4. 体验式营销主要有哪几种形式？
5. 目前我国餐饮业的网络营销形式主要有哪几种？

第九章

餐饮服务质量管理

第一节　餐饮服务质量概述

一、餐饮服务质量的特点

餐饮服务质量是指餐饮企业以其所拥有的设施、设备为依托，为宾客所提供的服务在使用价值上适合和满足宾客物质及心理需要的程度。狭义的服务质量是指餐饮劳务服务的质量，它纯粹指由服务人员的服务劳动所提供的，不包括以事务形态提供的使用价值。餐饮服务质量主要表现为以下特点。

（一）餐饮服务质量构成的综合性

餐饮服务的实现有赖于餐饮的计划、业务控制、设备、物资、劳动组合、服务人员的综合素质、财务控制与其他部门的协同配合，以及餐饮环境、餐饮营销策略、餐饮价格策略等多方面的保证与顺利运转。

餐饮产品现生产、现销售，生产与消费几乎同步进行。餐饮服务质量是由一次又一次的内容不同的具体服务组成的，而每一次具体服务的使用价值均只有短暂的显现时间，即使用价值的一次性，如微笑问好、介绍菜点等。这类具体服务不能储存，一结束就失去了其使用价值，留下的也只有客人的感受。因此，餐饮服务质量的显现是短暂的，不像实物产品那样可以返工、返修或退换。这就要求餐厅员工做好每一次服务工作，争取使每一次服务都能让客人感到非常满意，从而提高餐饮的整体服务质量。

（二）餐饮服务质量内容的关联性

从饮食产品生产的后台服务到为宾客提供餐饮产品的前台服务有众多环节，而每个环节的好坏都关系到服务质量的优劣。在餐饮服务质量管理中有一流行公式：$100-1=0$，即 100 次服务中只要有 1 次服务不能令客人满意，客人就会全盘否定以前的 99 次优质服务，还会影响餐饮部的声誉。这就要求餐饮各部门、各服务过程、各服务环节之间协作配合，并做好充分的服务准备，确保每项服务的优质、高效，确保餐饮服务全过程和全方位的"零缺点"。

（三）餐饮服务质量对员工素质的依赖性

餐饮产品生产、销售、消费同时性的特点决定了餐饮服务质量与餐饮服务人员表现的直接关联性。餐饮服务质量是在有形产品的基础上通过员工的劳务服务创造并表现出来的，这种创造和表现能满足客人需要的程度，取决于服务人员素质的高低和管理人员水平的高低。因此，餐饮服务质量对员工素质有较强的依赖性。

（四）餐饮服务质量评价的主观性

由于餐饮服务质量的评价是顾客享受了服务后，根据其物质和心理满足程度做出的评价，因而带有很强的个人主观性。这就要求餐饮管理者在服务过程中通过细心观察，了解并掌握顾客的物质和心理需要，不断改善对顾客的服务，为顾客提供有针对性的个性化服务，用符合顾客需要的服务来提高顾客的满意程度，从而提高并保持良好的餐饮服务质量。

二、餐饮服务质量的内容

餐饮服务是有形产品和无形劳务的有机结合，餐饮服务质量则是有形产品质量和无形劳务质量的完美统一，有形产品质量是无形劳务质量的凭借和依托，无形劳务质量是有形产品质量的完善和体现，两者相辅相成，即构成完整的餐饮服务质量内容。

（一）有形产品质量

有形产品质量是指餐饮企业提供的设施、设备和食物产品以及服务环境的质量，主要满足宾客物质上的需要。

1. 餐饮设施、设备的质量

餐饮企业是凭借其设施、设备来为客人提供服务的，所以，餐饮设施、设备是餐饮企业赖以存在的基础，是餐饮劳务服务的依托，其可以反映出一家餐厅的接待能力。同时，餐饮设施、设备质量也是服务质量的基础和重要组成部分，是餐饮服务质量高低的决定性因素之一。餐饮设施设备包括客用设施、设备和供应用设施、设备。

（1）客用设施、设备又称前台设备，是指直接提供宾客使用的那些设施、设备，如餐厅、吧台的各种设施、设备等，它要求做到设置科学、结构合理、配套齐全、舒适美观、操作简单、使用安全、完好无损、性能良好。

（2）供应用设施、设备，是指餐饮经营管理所需要的生产性设施、设备，如厨房设备等，供应用设施、设备又称后台设施、设备，要求做到安全运行、保证供应，否则也会影响服务质量。

2. 餐饮实物产品的质量

实物产品可直接满足餐饮宾客的物质消费需要，其质量高低也是影响宾客满意程度的一个重要因素。因此，实物产品质量也是餐饮服务质量的重要组成部分之一，包括菜点酒水的质量、客用品质量、服务用品质量。

3. 服务环境质量

服务环境质量是指餐饮设施的服务气氛给宾客带来的感觉上的享受感和心理上的满足感。独具特色的餐厅建筑和装潢，布局合理且便于到达的餐饮服务设施和服务场所，充满情趣并富于特色的装饰风格以及洁净无尘、温度适宜的餐饮环境和仪表仪容端庄大方的餐饮服务人员，所有这些均构成了餐饮所特有的环境氛围，它在满足宾客物质方面需求的同时又可以满足其精神享受的需要。服务环境质量的要求是整洁、美观、有秩序和安全。由于第一印象的好坏很大程度上是受餐饮环境气氛影响的，为了使餐厅能够产生先声夺人的效果，管理者应格外重视餐饮服务环境的管理。

（二）无形劳务质量

无形劳务质量是指餐饮提供的劳务服务的使用价值的质量，即劳务服务质量，主要满足宾客心理上、精神上的需求。

1. 礼节礼貌

礼节礼貌是以一定的形式通过信息传输向对方表示尊重、谦虚、欢迎、友好等态度的一种方式。礼节偏重于仪式，礼貌偏重于语言行动。礼节礼貌表明了餐饮的基本态度和意愿。餐饮礼节礼貌主要要求服务人员具有端庄的仪表仪容、文雅的语言谈吐、得体的行为举止等。

2. 职业道德

餐饮服务过程中，许多服务质量是否到位主要取决于员工的良心和责任感，因此，遵守职业道德也是餐饮服务质量的最基本构成之一，它不可避免地影响着餐饮的服务质量。作为餐饮员工，应该遵循"热情友好、真诚公道、信誉第一、文明礼貌、不卑不亢、一视同仁、团结协作、顾全大局、遵纪守法、廉洁奉公、钻研业务、提高技能"的职业道德规范，真正做到敬业、乐业和勤业。

3. 服务态度

服务态度是指餐饮服务人员在对客服务中所体现出来的主观意向和心理状态，其好坏是由员工的主动性、创造性、积极性、责任感和素质高低决定的，因而餐饮要求服务人员应具有"宾客至上"的服务意识并能够主动、热情、耐心、周到地为宾客提供服务。餐饮员工服务态度的好坏是很多宾客关注的焦点，尤其当问题出现时，服务态度常常成为解决问题的关键。宾客可以原谅许多过错，但往往不能忍受餐饮服务人员恶劣的服务态度。因此，服务态度是无形劳务质量的关键所在，直接影响着餐饮的服务质量。

4. 服务技能

服务技能是餐饮部门提高服务质量的技术保证，是指在不同场合、不同时间，对不同宾客提供服务时，餐饮服务人员在视具体情况而灵活、恰当地运用其操作方法和作业技能以取得最佳的服务效果过程中，所显现出的技巧和能力。

5. 服务效率

服务效率是指在服务过程中的时间概念和工作节奏。餐饮服务效率有三类：一是用工时定额来表示的固定服务效率；二是用时限来表示的服务效率；三是指有时间概念，但没有明确的时限规定，是用宾客的感觉来衡量的服务效率，如点菜后多长时间上菜等，这类服务效率在餐饮中大量存在，若使客人等候时间过长，很容易让客人产生烦躁心理，并会引起不安定感，进而直接影响着客人对餐饮企业的印象和对服务的评价。但服务效率并非仅指快速，而是强调适时服务，它根据宾客的实际需要灵活掌握，要求在宾客最需要某项服务的时候及时提供。

6. 安全卫生

餐饮安全现状一般是宾客考虑的首要问题，因此，餐饮部在环境气氛上要制造出一种安全的气氛，给宾客心理上的安全感。餐饮清洁卫生主要包括餐饮部各区域的清洁卫生、食品饮料卫生、用品卫生、个人卫生等。

上述有形产品质量和无形劳务质量的最终结果是宾客的满意程度。宾客满意程度是指宾客享受餐饮服务后得到的感受、印象和评价。它是餐饮服务质量的最终体现，也是餐饮服务管理努力的目标。宾客满意程度主要取决于餐饮服务的内容是否适合和满足宾客的需要，能否为宾客带来享受感，餐饮管理重视宾客满意度自然也就必须重视餐饮服务质量构成的所有内容。

小资料

顾客满意度的衡量标准

顾客满意度是衡量餐厅服务质量的根本，通常客人的满意度可以用以下标准来衡量。

（1）及时——在为客人提供服务的过程中的时间概念。如：顾客点菜后等待第一道菜上菜的时间、客人等待服务人员办理结账的时间等。

（2）准确——无论在什么程度上，服务都要达到客人的要求和期望。如：客人要求的菜品口味。

（3）一贯性——在与客人接触中，始终保持同一水准，即使面临困难。如：始终保持微笑、对客人一视同仁。

（4）可见性——客人能见到的设备状况、个人面貌等。如：餐厅大门、就餐环境、员工制服。

（5）负责——愿意帮助客人，回应客人的特殊要求。如：客人要求改变菜品口味、配料，客人要求改变上菜顺序等。

（6）同理心——在服务过程中做到周到、尊重客人、认同客人感受。如：客人对食物有特殊要求等。

（7）有能力——按照客人的要求掌握相关的知识与技能。如：能灵活地处理客人问题、能否预计客人需求等。

（8）保证——对客人提出的服务要求给予承诺，对客人输送理解与信任的信息。如："请您放心，我们一定会按您的要求准时准备好美味的菜肴。"

三、餐饮服务质量的意义

提高酒店的餐饮服务质量，把精湛的烹饪技术与完美的服务艺术有机地结合起来，是规范酒店企业经营和管理、赢得酒店企业餐饮消费的市场信誉和知名度、扩大企业经营、取得企业经济效益和社会效益的根本所在。在餐饮管理工作中确保食品制作和相关服务的质量，主要表现在如下方面：

（一）服务质量是酒店企业餐饮经营的生命线

著名旅游经济学家罗斯德对服务质量在酒店餐饮经营的重要作用有非常精辟的论述，他建立的"恶性循环分析理论"，即"餐饮服务质量下降→服务标准降低→顾客投诉增加→餐饮营业下降→销售收入减少→经营利润降低→资金周转不足→餐饮服务质量恶化"，充分说明恶性循环的关键点是"服务标准和服务质量降低"。要想突破恶性循环链，关键在于提高服务质量。

（二）提高服务质量是酒店企业参与市场竞争的需要

餐饮企业之间的竞争包含着不同的方面和不同的内容，它可以在地理位置、外观装饰、宣传广告方面进行，也可以在服务项目、商品推销、价格优惠等方面进行。但无论如何，餐饮企业的竞争以质量竞争为首。谁能够为顾客提供全面的最佳服务，谁就能取得优势地位，谁就能招揽更多的顾客。

（三）服务质量是促进企业提高管理水平的重要标志

餐饮管理的目标是利用企业的人力资源、物资资源和信息资源为顾客提供第一流的服务，以获得利润，并训练和培养一批高水准的从业人员和管理人员。因此，餐饮管理以提高服务质量为中心。要提高服务质量，就必须使管理的职能充分发挥作用并相互配合协调。

第二节　餐饮服务质量分析及控制

一、餐饮服务质量的分析

（一）服务质量曲线图分析法

服务质量分析图是用百分数来表示影响质量的各种因素，按频数的高低从左到右依次画出长柱排列图，然后按比率逐项相加并用曲线表示服务质量的分析方法。具体分析步骤如下：

（1）确定分析对象。如原始记录内容中的服务人员工作记录、顾客意见记录、质量检查记录、顾客投诉记录等如实反映质量问题的数据，并根据质量问题分类画出排列图。

（2）通过各类问题所占比例画出排列图，并计算各类问题所占比例，找出主要问题。

（3）对总结出的问题分别采取措施进行处理。

小资料

向顾客进行服务质量问题的意见征询

某餐饮企业利用调查表向顾客进行服务质量问题的意见征询，共发出 150 份，收回 120 份，其中反映服务态度较差的有 55 份，服务人员外语水平差的有 36 份，餐饮菜肴质量差的有 24 份，餐饮设备差的有 4 份，发生失窃问题的有 1 份。

针对以上情况进行分析，作服务质量分析图，如图 9-1 所示。此图是个直角坐标图，左纵坐标为频数，即某质量问题出现次数用绝对数表示；右纵坐标为频率，常用百分数来表示影响质量的各种因素，按频数的高低从左到右依次画出长柱排列图，然后按比率逐项相加并用曲线表示。累计频率在 75.8% 以内的为 A 类因素，即是亟待解决的质量问题；累计频率分别在 55%、36%、24% 以内的是需要逐步处理的服务质量问题。

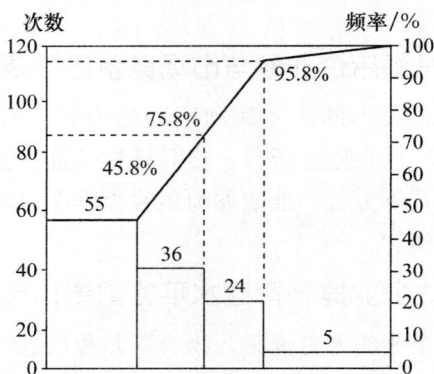

图 9-1 服务质量分析图

（二）扇形百分比分析图

某餐饮企业在一个星期内随机调查了 100 位顾客的餐饮服务意见，根据数据统计出扇形百分比图，如图 9-2 所示。

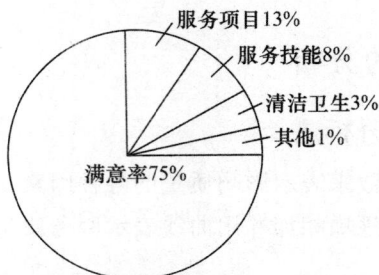

图 9-2 扇形百分比分析图

由图 9-2 所示可知，该餐饮企业当前需要重点解决的服务质量问题是增加餐饮服务项目、提高餐饮服务技能，然后逐步处理其他的服务质量问题。

（三）因果分析图法

这是利用因果分析图对质量问题产生的原因进行分析的一种方法。由于该图类似鱼骨，因此又称为鱼骨图。在餐饮经营管理过程中，影响服务质量的因素是错综复杂且多方面的。因果是整理分析影响服务质量各因素之间关系的一种方法，它通过带箭头线，将各个质量问题和原因之间的关系表示出来，如图 9-3 所示。

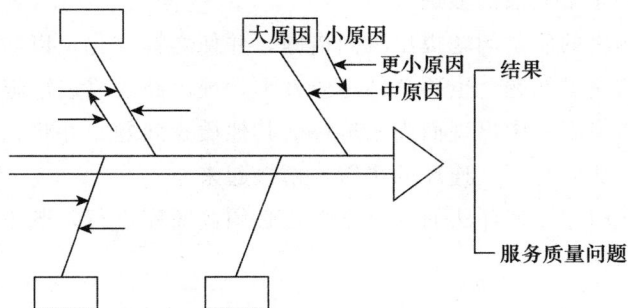

图 9-3　因果分析图

分析问题的程序如下：

（1）找出存在的餐饮服务质量问题，并进行对比分析研究。

（2）对存在的餐饮服务质量问题深入研究，找出问题产生的原因。

（3）将找出问题产生的原因，根据其程度列在因果分析图上。

（4）针对因果分析图上问题的大小，寻找处理服务质量问题的措施。

在进行分析时，要深入调查，请各方面人员参加分析，听取不同意见。对原因的分析应细到能采取具体解决措施为止。对影响服务质量的大原因可以从人力、设备、原料、方法、环境等角度加以分析，其中人力是最关键的因素，因为人员涉及心理、卫生健康等问题，可变性大，因此人力状况对改善服务质量起着非常重要的作用。

（四）PDCA 连环法

任何时候处理问题都有一个相互配合的过程，处理服务质量问题更是如此，在餐饮服务质量的处理过程中是分别按照计划（Plan）、实施（Do）、检查（Check）、处理（Act）四个阶段连环进行的，其活动过程有如下内容。

（1）计划过程。这一过程的工作是制定质量管理目标，包含以下四个步骤。

步骤一：分析质量现状，找出存在的问题。

步骤二：运用因果分析法，分析产生质量问题的原因。

步骤三：从分析出的原因中找出关键的原因。

步骤四：对所提出的主要质量问题，制定解决质量问题要达到的目标和计划，提出解决质量问题的具体措施和方法。

（2）实施过程。这一过程的工作是严格按照既定的目标和计划，认真付诸实施。包含以下步骤。

步骤五：按既定的质量目标、计划方案和措施实施执行。

（3）检查过程。这一过程的工作是对质量计划实施后产生的效果进行检查。通过检查发现质量计划方案和措施实施执行中的问题。具体包含以下三个步骤。

步骤六：运用 ABC 分析法，将分析结果与步骤一起发现的质量问题进行对比，以检查在步骤四中提出的提高和改进质量的各种措施和方法的效果。在这一过程中，要把成功的经验形成标准，并总结失败的教训。

步骤七：对已解决的质量问题提出巩固措施，并使之标准化，以防止类似问题再次出现。对未取得成效的质量问题，也要总结经验教训，提出新的改进措施。

步骤八：提出在步骤一中出现而尚未解决的其他质量问题，并将这些问题转入下一个连环中去求得解决，从而与下一连环的步骤一衔接起来。

需要说明的是，PDCA 连环法的八个步骤，必须按顺序进行，既不能缺少，也不能颠倒，要按其规律性实施。

二、餐饮服务质量的控制

（一）建立餐厅服务质量控制的保证体系

餐厅服务质量控制的保证体系是餐厅系统的一个子系统，这一子系统是一个以提高餐厅服务质量为目标，具有明确的任务、职责、权限的有机整体。建立服务质量保证体系有如下三个层次。

第一层次：应设立以餐厅总经理为首的服务质量管理领导机构，建立服务质量监督网，负责确立餐厅服务质量管理目标，研究制订服务质量管理计划，并负责组织、协调、督促、检查各部门服务质量管理动态。

第二层次：各部门根据业务范围设立服务质量管理小组，主要负责本部门服务质量管理计划的制订和落实。

第三层次：班组开展服务质量小组活动，重点是根据服务质量管理工作的要求，抓好标准化、程序化、制度化、原始记录等各项工作的具体落实，及时收集和解决服务质量管理工作中的问题。

（二）餐饮服务质量控制的基础

要进行有效的餐饮服务质量控制，就必须具备以下三个基本条件。

1. 建立餐饮服务的标准规程

制定服务规程时，首先确定服务的环节程序，再确定每个环节统一的动作、语言、时间、用具，包括对意外事件、临时要求的化解方式、方法等。管理人员的任务是执行和控制规程，特别要抓好各套规程之间的薄弱环节，用服务规程来统一各项服务工作，从而使之达到服务质量标准化、服务岗位规范化和服务工作程序化、系列化。

2. 抓好员工培训

企业之间服务质量的竞争主要是员工素质的竞争，很难想象，没有经过严格训练的员工能有多高的服务质量。因此，新员工上岗前，必须进行严格的基本功训练和业务知识培训，不允许未经职业技术培训、没有取得一定资格的人上岗。在职职工也必须利用淡季和空闲时间进行培训，以提高业务技术，丰富业务知识。

3. 收集质量信息

餐厅管理人员应该根据餐饮服务的目标和服务规程，通过巡视、定量抽查、统计报表、听取宾客意见等方式来收集服务质量信息。通过收集服务质量信息，餐厅管理人员可以了解服务的效果如何，即宾客的满意程度，从而采取改进服务、提高质量的措施。

（三）餐饮服务质量控制的类型

根据餐饮服务的三个阶段（准备阶段、执行阶段和结果阶段），餐饮服务质量可相应地分为预先控制、现场控制和反馈控制。

1. 餐饮服务质量的预先控制

所谓预先控制，就是为使服务质量达到预订的目标，在开餐前所做的一切管理上的努力和准备，其目的是防止开餐服务中各种资源在质和量上产生偏差。预先控制的主要内容如下：

（1）人力资源的预先控制。餐厅应根据自己的特点，灵活安排人员班次，以保证有足够的人力资源。在开餐前，必须对员工进行仪容仪表的检查，开餐前所有员工必须进入各自岗位，面对餐厅入口迎候客人，给客人一个良好的印象。

（2）物资资源的预先控制。开餐前，必须按规格摆好餐台，准备好餐车、托盘、菜单、点菜单、酒水、开瓶工具及工作台小物件等。另外，还必须备足相当数量的"翻台"用品，包括桌布、餐纸、刀叉、调料、火柴、牙签、烟灰缸等物品。

（3）卫生质量的预先控制。开餐前半小时，对餐厅卫生从墙、天花板、灯具、通风口、地毯到餐具、转台、台布、餐椅等都要进行最后一遍检查。一旦发现不符合要求的，要迅速安排返工。

（4）事故的预先控制。开餐前，餐厅主管必须与厨师长联系，核对前后台所接到的客情预报或宴会通知单是否一致，以避免因信息的传递失误而造成事故。另外，还要了解当天的菜肴供应情况，如个别菜肴的原料缺货，应让全体服务人员知道。这样，一旦宾客点到该菜，服务人员就可以及时向宾客说明情况并道歉，避免引起宾客不满。

2. 餐饮服务质量的现场控制

现场控制是指现场监督正在进行的餐饮服务，使其规范化、程序化，并迅速妥善处理意外事件。现场控制的内容主要如下：

（1）服务程序的控制。开餐期间，餐厅管理人员应通过观察、判断、监督、指挥服务人员按标准服务程序服务，发现偏差，及时纠正。

（2）上菜时机的控制。根据宾客用餐的速度、菜肴的烹制时间掌握好上菜节奏。

（3）意外事件的控制。餐饮服务是面对面的直接服务，容易引起宾客的投诉。一旦引起投诉，主管一定要迅速采取弥补措施，以防止事态扩大，影响其他宾客的用餐情绪。

小资料

从顾客心理谈处理投诉的艺术

当顾客期望和餐厅实际提供的产品、服务出现偏差时，如果顾客不能理解并接受这种偏差，就会不满意而进行投诉。投诉的种类很多，涉及面也很广。从顾客心理来看投诉，可以将投诉分为三类：一是挑剔型顾客的意见投诉；二是谈判型顾客的索赔投诉；三是宣泄型顾客的抱怨投诉。如果我们能够了解顾客的心理，能够关注顾客的心理需求，投诉的处理就会变得容易一些，轻松一些。

挑剔型的顾客经常到餐厅消费，他们会比较各个餐厅，也会比较同一家餐厅的现状和过去，所以他们很容易以挑剔的眼光看待餐厅的现状。这类顾客事实上非常关心餐厅，希望餐厅能够认识到存在的问题并予以改进。这类顾客在投诉后还会再来餐厅，来看看餐厅是否有了改进。如果餐厅能够重视挑剔型投诉并积极改进存在的问题，这类顾客将会成为餐厅的忠实顾客和朋友，会为餐厅带来稳定的客源和收入。

谈判型的顾客非常理智，会列举种种事实和理由证明自己的合法权益受到了损害，要求餐厅进行赔偿。处理这类投诉，合理的赔偿制度就非常重要了。例如，当班主管有多大权限，值班经理有多大权限，索赔金额超过多少的投诉由总经理处理，处理索赔的时限是以分钟、小时还是天数来计等。餐厅不要试图对这类投诉采用拖延战略，不要假想可以大事化小、小事化无。如果效率低下，拖延时间长，餐厅即使最终按照顾客的要求进行了赔偿，也无法让顾客满意，因为时间是有价值的，效率代表了重视程度。

宣泄型的顾客在餐厅遇到不公正待遇时，会进行抱怨式的投诉。这时顾客需要的是有人能够耐心地倾听他们的抱怨和不满，希望可以获得同情和理解。解决这类抱怨式的投诉需要有耐心、爱心、细心，能够给予顾客关心，有时仅仅是一两句安慰就可以化解顾客所有的不满。

处理顾客投诉是一种非正常状态的信息沟通，是餐厅营销的一个重要部分。和吸引新顾客相比来说，留住老顾客成本要低一些，难度更小一些。在当前竞争对手不断增加、客源却没有明显扩大趋势的情况下，有效地处理好顾客投诉，留住老顾客的意义不言自明。

（4）人力控制。开餐期间，服务人员虽然实行分区看台责任制，在固定区域服务（一般是按每个服务人员每小时能接待 20 名散客的工作量来安排服务区域）。但是主管应根据客人情况的变化进行第二次、第三次分工，做到人员的合理使用。

3. 餐饮服务质量的反馈控制

反馈控制就是通过质量信息的反馈，找出服务工作的不足之处，采取措施加强预先控制和现场控制，提高服务质量。信息反馈系统由内部系统和外部系统构成。内部系统是指信息来自服务人员和经理等有关人员。因此，每餐结束后，应召开简短的总结会，以不断改进服务质量。信息反馈的外部系统是指信息来自于宾客。为了及时得到宾客的意见，餐桌上可放置"宾客意见表"，在宾客用餐后，也可主动征求客人意见。宾客通过大堂、旅行社等反馈回来的投诉，属于强反馈，应予以高度重视，保证以后不再发生类似的质量偏差。

三、提高餐饮服务质量的措施

餐饮服务是餐饮工作人员为就餐客人提供餐饮产品的一系列行为的总和。优质的餐饮服务是以一流的餐饮管理为基础的，而餐饮服务质量是餐饮管理体系的重要组成部分，它是搞好酒店餐饮管理的重要内容，对其控制和监督的目的是为顾客提供满意的服务。因此，为创造酒店良好的社会效益和经济效益，可以采取以下措施。

（一）重视菜单的作用

对任何餐饮企业来讲，菜单也是一个关键因素。它不仅能使餐饮服务产品"有形化"，满足现代消费者越来越渴求在饮食消费中得到更多信息的需要，还能反映企业经营的形象，传递企业对质量管理的综合思想和态度。

菜单可以加强与顾客的沟通，减少服务差错。在大多数餐馆没有模型食物展示、服务人员又不可能逐一进行介绍的情况下，一份制作精致、印刷精美、叙述翔实的菜单，便成为各式菜肴最佳的代言人、餐厅与顾客间沟通的桥梁。现代菜单最基本的功能是，向顾客提供菜名、叙述和价格。菜名要清晰易懂，突出菜肴特色，能让顾客一目了然，在头脑中迅速想象出成品菜肴的外观。除了菜名外，最好能进一步说明主要原料、分量、烹调方法及味感类型，增加菜肴的"透明度"。用文字叙述来说明菜肴的制作程序，可以帮助顾客更好地了解菜肴的口味。价格是顾客购买的重要依据，在做出购买决定以前，顾客往往会对餐饮产品和价值进行对照。要进一步增加顾客的感觉，还可配以精美的图片。总之，提供的有形证据越多，顾客获得的信息越丰富，顾客感觉到的服务可靠性就越高。

（二）提高服务人员的素质

服务人员的素质对餐饮服务质量可靠性的影响值得高度重视。餐饮业应通过不断培训，激励服务人员不断自觉地学习，掌握专业技能，包括操作程序、服务细节、沟通技巧、对抱怨的处理等，还要懂得礼仪知识，提高敬业精神，发掘工作潜能，增强自信心，消除工作压力，增加工作的安全感，降低意外的发生，高效顺利地完成服务工作。餐饮企业还可以通过内部营销全面解决服务第一线员工的各种困难，为他们提供愉快的工作环境，保证服务程序的稳定性；通过内部沟通，使服务人员理解企业的经营理念，懂得服务质量对企业实现目标的重要性以及劣质服务给企业带来的严重后果，并把自我价值实现的理想同企业目标结合起来，积极主动提供高质量的服务。管理人员还要帮助服务人员深刻理解顾客导向的经营哲学。除保证服务程序的稳定顺畅外，还要尽力提供超过顾客期望的服务。

（三）正确处理客人的投诉

1. 正确认识客人投诉

（1）投诉是企业发现差错的难得机会。顾客投诉虽然给企业带来一定的经济损失，但企业可以通过投诉发现差错，进而改进服务。

（2）新探索过程往往会有差错。餐饮企业要跳出恶性竞争的圈子，创造广阔的市场空间，只有进行一系列的创新活动以区别于竞争对手，其中服务创新是重要内容之一。新的服务有一个成熟的过程，这一过程往往是反复改进的过程，没有失败是不可能的。

（3）对产生差错的服务人员要有正确的态度。不能单纯追究服务人员的责任，采取重惩重罚的方式，而应使他们认识差错，帮助他们找出差错的原因，引导他们正确服务，鼓励他们通过学习不断提高服务质量。

2. 正确处理顾客投诉

处理顾客投诉就是对不满的顾客实施补救性服务。有效的补救性服务往往会提高顾客感觉中的服务可靠性。

（1）道歉。这是补救性服务的首要步骤。服务人员对抱怨的顾客要首先道歉，并表示同情，才能安抚顾客的情绪。

（2）主动性。在出现服务差错后，很多顾客都会表示不满，但因种种原因而不愿投诉。服务人员一旦发现差错，就应主动采取补救性服务措施，让顾客感觉到服务人员的真诚服务，这不但能极大地提高顾客感觉中的服务可靠性，同时也为企业塑造了提供优质服务的市场形象，更能留住常客。

（3）反应速度。服务人员处理顾客投诉的时间，会影响顾客对投诉处理质量的看法。顾客等待的时间越长，补救性服务的效果就越差，即使最后顾客得到了补偿，但他们未必会重新相信企业服务的可靠性。服务人员只有尽快为顾客解决问题，才有可能留住顾客。

（4）补偿。餐饮业应为服务差错给顾客造成的损失负责，并进行公平的补偿。补偿的方式有价格折扣、免费产品和服务、退款、优惠券等。

第三节　餐饮员工培训

一、培训的作用

一个餐饮企业能不能在激烈的餐饮市场竞争中持续、稳定地发展，能否成为品牌企业，菜品、服务、环境三大支柱缺一不可。菜品和环境的提升需要花费人力、财力及较长时间的投入。随着就餐观念的变化，如今人们越来越重视餐馆的服务水平，甚至把服务水平的高低作为选择餐馆的重要依据。因此，提升服务水平是投入少、见效快的主要手段。培训的主要作用表现在以下七个方面：

（1）增强员工对企业的了解。培训可使员工更快地走上工作正轨，更好地胜任工作，增加企业的认同感。

（2）改变员工的精神面貌。培训可使员工很好地了解仪容仪表、言行举止、职业道德的要求，从而敬业乐业，养成良好的职业习惯。

（3）降低损耗。一个未经培训的员工，可能会因不能正确使用和维护餐饮设备、设施、用具、用品，而出现失误或操作事故，从而使企业蒙受损失。

（4）减少事故的发生。有研究表明，未受过培训的员工所造成的事故数量是受过培训员工的3倍。例如，从未受过培训的员工在使用和维护冰箱或吸尘器时，就很容易造成事故。一个未受过培训的员工，不但容易做错事，而且不善于处理突发事件。通过培训，就可以减少事故的发生。

（5）增强员工的纪律性。通过培训，员工能了解自己的工作与其他工作的联系，增强遵守纪律的自觉性，如按时上下班、主动配合工作等。

（6）提高团体协作能力。培训能增强员工的统一和服从意识，增进沟通和了解，增强协作意识并获得相关方法，这一切将使团体更加优化，团队合作精神更强。

（7）提高劳动效率。培训可使员工在同等劳动条件和劳动时间内完成更多的工作，提高工作效率。对员工来说，培训亦是一种福利和激励，通过培训能够更好地胜任自己的工作，增强就业能力，工作也更为安全和愉快，有利于其未来的发展。

二、培训的内容

（1）职业道德、仪容仪表、礼节礼貌、从业素质、团体精神。

（2）餐厅的基本概念、专业知识，本餐厅须知。

（3）服务技能、行业规范的训练。

（4）员工守则、岗位职责、操作规则。

（5）餐饮工作所需的各种知识，包括卫生知识、安全知识、推销知识、酒品知识、政策法规知识、菜肴知识以及有关的经济、地理、历史和民族风俗习惯知识等。

（6）宾客投诉的处理、各种工作情况的应对、人际沟通、案例分析。

（7）设备、器具、工具的使用与保养。

（8）对管理人员还应着重运用知识、领导艺术、协调与督导知识等的培训。

三、培训的形式

（一）入职培训

入职培训是指新入职员工在上岗前必须进行的培训，这是员工受聘后的第一课，也是非常重要的一课。通常由饭店人力资源部负责培训，根据具体情况，时间可长可短，以一天到一周不等。培训的内容主要包括：

（1）餐厅（或酒店，下同）概况。

（2）工作状况。上班时间、就餐时间、假期安排、考勤制度、薪酬管理办法、退休金制度以及保险制度等。

（3）生活设施。洗手间、宿舍、食堂、休息室、更衣室等生活设施。

（4）工作同事、管理人员与同事的姓名和人员安排情况，部门联系、工作内容和岗位职责及其重要性等。

（5）规章制度、店纪、店规。如上下班打卡、走员工通道、有关饮酒抽烟的禁令、仪表仪容的要求、安全卫生事项、违反规章制度的处罚等内容。

（6）思想方面。职业道德、礼貌礼节等。

新员工通过有效的入职培训，可以很快适应新的工作环境，也能很快被老员工所接受，从而成为集体中的一分子，在短时间内胜任工作并充满信心。因此，新员工入职教育必须引起餐饮管理者的足够重视。

（二）在岗培训

在岗培训是指在职员工以提高本岗位工作能力为主的不脱产的培训活动。餐饮员工经过岗位培训并经考核合格上岗后，虽已具备了单独工作的能力，但并不意味着能一劳永逸，还应不断地进行持续培训。这种有针对性的反复培训，可使受训者的业务素质提到更高的层次。当然，随着时间的推移和环境、条件的变化以及顾客需求的变化，饭店餐饮服务规范和操作方法等有了新的内容时，还需要对服务人员进行再培训。

在岗培训的特点：一是培训对象是已具有一定理论知识和岗位实践经验的在职员工，参加培训一般不离岗；二是培训内容以解决岗位工作所需的知识、技能为主，有针对性，培训内容比岗前培训更深一个层次，是岗前培训的继续和发展；三是在岗培训贯穿员工工作的全过程，饭店开展在岗培训是一项长期性、经常性的任务。

（三）转岗培训

转岗培训是指因工作需要或其他原因将餐饮员从一个岗位转向另一个岗位，为使转岗人员尽快适应新的工作环境，取得新岗位资格所进行的训练活动。转岗培训的对象都有一定的工作经历，或因知识老化、工作能力下降、服务方法无法满足客人需要；或因年龄偏大，身体素质下降；或因人员调动升迁以及其他各种原因需要转岗。对转岗人员的培训，要根据转岗人员的具体情况而定。有的要进行全方位的系统培训，有的则需要对某一方面进行培训。

（四）晋级培训

晋级培训是指餐饮员工提拔到更高职位前，使晋升人员的能力达到晋升职位的规范要求而进行的训练活动。一般来说，新晋升的职位与原岗位应有内在的联系，因而对其培训是在原有水平基础上的提高。如果所晋升的职位和原岗位不属于同一系列，那么应该对其进行转岗的晋升培训。

（五）脱产培训

脱产培训是指让部分员工暂时离开工作岗位，就某个专题有计划、有系统地进行培训，多用于在职管理人员和员工中潜质较好、各方面表现都比较优秀的人员。其方式是送到国内外院校进行专业知识的进修学习，或送到国内外著名的餐厅或酒店实习研修。

（六）其他培训形式

其他培训形式有自学、开业前培训、补救性培训等。

小资料

肯德基的员工培训

肯德基在中国建有适用于当地餐厅管理的专业训练系统及教育基地——教育发展中心。该基地专为餐厅管理人员设立，每年为来自全国各地的肯德基餐厅管理人员提供上千次的培训课程，中心大约每两年会对原有教材进行重新审定和编写。培训课程包括品质管理、产品品质评估、服务沟通、有效管理时间、领导风格、人力成本管理和团队精神等。总结起来，肯德基的员工培训体系具备系统性、长期性、多样性、独立性、岗位性的特点。

1. 职能部门专业培训

肯德基隶属于百胜全球餐饮集团，中国百胜餐饮集团设有专业职能部门，分别管理着肯德基的市场开发、营建、企划、技术品控、采购、配送物流系统等专业工作。为配合公司整个系统的运作与发展，中国百胜餐饮集团建立了专门的培训与发展策略。每位职员进入公司之后要去肯德基餐厅实习7天，以了解餐厅营运和公司企业精神的内涵。职员一旦接受相应的管理工作，就能很快地胜任新工作。公司还开设了传递公司企业文化的培训课程，一方面提高了员工的工作能力，为企业及国家培养了合适的管理人才；另一方面使员工对公司的企业文化也有了深刻的了解，从而实现公司和员工的共同成长。

2. 餐厅员工岗位基础培训

作为直接面对顾客的餐厅服务人员，从进店的第一天开始，每个人就都要严格学习工作基本的操作技能。从不会到能够胜任每一项操作，新进员工会接受公司安排的平均近200个工作小时的培训。通过考试取得结业证书。从见习助理、二级助理、餐厅经理到区域经理，随后每一段的晋升，都要进入肯德基教育发展中心修习5天的课程。根据粗略估计，光是培训一名经理，肯德基就要花上好几万元。如此耗资，可见肯德基对员工培训的重视程度。

3. 餐厅管理技能培训

针对不同的管理职位，肯德基都配有不同的学习课程，学习与成长的相辅相成是肯德基管理技能培训的一个特点。当一名普通的餐厅服务人员经过多年的努力成长为管理数家肯德基餐厅的区域经理时，不但要学习领导入门的分区管理手册，同时还要接受公司的高级知识技能培训，并具备获得被送往其他国家接受新观念以开拓思路的资格的机会。除此之外，这些餐厅管理人员还要不定期地观摩录像资料，进行管理技能考核竞赛等。

四、培训的计划及实施

要想获得良好的培训效果，就必须进行培训需求分析，制订周密的培训计划。制订培训计划，要综合考虑员工的个人素质、心理状态、营业情况、服务质量等方面的因素，选择合适的培训方式，确定培训项目以及考核培训效果的标准等。

（一）培训需求分析

新餐厅在开业前，从经理到各级管理人员，必须有一个明确的经营管理目标。为了达到这个目标，必须制定相应的标准，这就需要对所有人员进行培训。

开业后的餐饮企业管理者。在管理过程中必须依据这些标准进行检查和督导，若发现有违反和降低这些标准的现象或与实现这些标准有距离的行为，就需要组织员工进行有针对性的培训。

经营中的餐饮企业是否需要培训可从以下三个方面分析：

（1）回首过去。从人员素质、精神面貌、工作规程、工作效率、营业状况、完成工作的指标、餐具损耗等方面进行分析和比较，从而决定是否需要进行再次培训。

（2）观察现在。从员工的工作状况、工作效率、服务态度、客人意见、基层管理人员管理督导的情况、人际关系的变化来考察培训是否必要。

（3）展望将来。社会的进步、科学的发展、人们生活水平的提高，必然要采用新技术、新方法，使餐饮的管理、接待服务不断达到一个新的高度。餐饮管理者必须有远见，提前抓好培训工作，紧跟社会潮流。

（二）选择培训者

一位优秀的餐饮培训教师，除了要熟知所传授的知识和技能之外，还应具备培训员工的良好素质和才能。一般来说，一位合格的培训教师应具备如下条件：

（1）具有同情心，乐于助人。

（2）精通本行。

（3）善于了解受训者的需求和问题所在。

（4）懂得教学方法和技巧。

（5）行为方式、语言表达和思维方式能被受训者所接受。

（6）具有自我解剖、自我批评的精神。

大多数餐饮培训教师一般都是餐饮部素质较高的管理人员和服务骨干。这些人员往往非常重视培训他人的机会，并且能通过培训达到"教学相长"的目的，以利于其自身的发展，餐饮部或饭店有重点地培养自己的培训教师或必要时外请专家培训都是可取的。无论哪类培训教师，要想获得良好的培训效果，则需注意下列事项：

（1）明确培训的目的和要求。

（2）洞察受训者的心态。

（3）善于把握日常工作中的培训机会并及时施教。

（4）善于把握工作任务中的关键环节。

（5）善于观察和发现受训者工作中的薄弱环节。

（6）按计划实施培训。

（7）有准备地进行指导。

（8）善于利用教具。

（9）严格掌握培训标准。

（10）做好培训记录，检查培训效果。

（三）确定培训项目

实施员工培训的目的在于缩小员工实际工作能力与企业期望之间的差距。对于餐厅每一岗位的具体工作来说，确定培训项目的主要依据是员工的表现、客人的反应、设备的更新以及营业情况的变化等。

针对餐厅的经营情况确定培训项目，餐厅应综合采用员工问卷调查、宾客投诉统计分析以及管理者评议等方法，切实找出影响餐厅经营的薄弱环节，使培训工作有的放矢。

（四）确定培训方式

根据培训项目和培训对象选择灵活的培训方式，以保证培训的效果。培训项目往往决定着培训方式的选择，对于知识类培训，如餐饮服务常识、管理知识、职业道德知识等，可以选用教学讲授式；对于技能性培训，则应考虑采用现场指导或情景分析等方式培训。总之，以提高素质为目的才能获得理想的培训效果。

（五）培训工作的实施

1. 指导性培训

作为员工培训的主要形式，指导性培训实施的程序与步骤为：

（1）确定培训目标。培训主管人员首先要明确培训要达到的目的是什么。培训目标是培训工作的"导航灯"，决定了培训工作的实施步骤，并贯穿于培训的全过程。

（2）分解培训项目。根据培训工作目标，将培训项目分解为若干环节，区分重点、难点和一般内容，并按培训工作的连贯性、系统性及节奏性安排各个环节。合理分解培训项目是确保培训顺利进行的关键。

（3）落实具体的培训工作。上述工作完成后，还要对每项培训内容进行具体落实，其中包括时间分配、培训考核要点、培训方法、培训地点和培训用具等。

指导性培训所采用的方法是四步培训法，是将培训过程划分为四个步骤，每项内容都依据此程序进行训练。这四个步骤分为：

①讲解。讲解工作情况。说明餐厅服务工作的目的及重要性，以增强学员对餐厅服务工作的兴趣与认识，达到安心学习的良好学习状态。

②示范。表演、示范餐厅服务各岗位工作流程、各环节动作。强调规范服务标准的要

点，动作力求缓慢，对重点、难点要反复示范，注意示范的动作不要超过学员一次性接受能力。

③尝试。让学员试着进行餐厅实际工作操作练习。教员在旁观察和指正，让学员反复操作，理解重点，直到正确掌握该项服务工作标准为止。

④跟踪辅导。让学员独立上岗进行实际餐厅服务操作，教员和管理人员经常在餐厅进行检查督导，并及时解答疑难问题，直至学员熟练掌握餐厅各项服务工作。

（4）进行培训考核。考核不仅有利于激励员工积极参与培训，努力掌握新知识，而且还有利于主管人员考查员工对所培训知识与技能的掌握程度，完善培训方法。对于考核结果良好的员工，可以安排上岗工作；对于考核不合格者，则应安排重新培训或改换工作甚至终止工作。

2. 知识性培训

知识性培训在培训内容中占有很大比例，主要包括思想品德、服务意识培训和业务知识讲授。由于知识性培训主要以讲座形式进行，因此具有独特的规律、方法和要求。

培训老师要善于运用考试手段，强化培训效果和检查学员的掌握程度。考试的形式可以灵活多样，如口试、笔试、阶段测验、期末总评等。无论采用哪种形式，考试给学员造成的心理压力和紧张程度都将会促进其对所学知识的掌握。

3. 专题性培训

（1）角色扮演法。这是一种趣味性很强的培训方法。培训老师将员工服务中存在的有代表性的问题加以总结提炼并编排成剧目。如让一些服务人员分别扮演顾客和当值服务人员，并演示正确与错误的服务方式，在情景再现中让学员深刻认识和牢固掌握正确的工作方法。

（2）情景培训法。情景培训法是指培训老师提出一些工作中有代表性的问题，并假设几种解决问题的方法，这些方法的正误有一定的代表性，让学员讨论和选择正确答案，并申述理由。最后培训老师做出综合分析。

（3）对话训练法。对话训练法就是把员工在工作中与顾客的对话录下来，在培训课上放映或模拟训练，进行讨论分析，以增强员工的语言能力和处理典型事例的能力。对话的内容主要针对员工缺乏礼貌、态度粗暴、不懂业务、不懂推销常识等表现。这些对话来自顾客与服务人员、管理人员与服务人员的实际接触，是实际生活中发生的问题。通过放录音和幻灯片，可提高员工的学习兴趣、增强学习效果、加深印象、增强员工工作信心、提高工作能力。

（六）培训效果的评估

培训工作结束后，应对培训的效果进行客观评估，以总结经验、改进不足并进一步推进培训工作。对每一项培训工作的评估应该综合考虑以下六个方面：

（1）培训内容是否按原计划顺利完成。

（2）受训者对培训内容掌握的程度如何。

（3）受训者实际接受的程度如何。

（4）受训者在培训后有哪些变化。

（5）受训者在岗位和部门的工作有何改观。

（6）培训中的成功与不足之处有哪些。

餐饮经营人员在员工培训中负有重要的责任，应该经常亲临培训现场督促、检查培训工作。

（七）培训注意事项

1. 注意技能培训与思想教育相结合

餐饮员工培训不仅要解决员工如何在技术上进步的问题，同时还要密切结合员工的思想状况，穿插职业道德思想教育的内容，并采取有效的激励手段，增强员工努力工作的内动力。

2. 注意培训内容的针对性和实用性

无论采取什么样的培训方式，培训内容都要紧密结合实际，针对餐饮经营服务中的某一环节而定，使员工学以致用，要避免那些目标不明确、漫无边际的学习与培训。

3. 注意员工整体差异

应针对由员工不同的知识结构、文化程度、性格特征、品质修养、智商以及直接环境所导致的能力差异做出正确的认识并因材施教。要放弃使所有员工经过培训都达到同等优良水平的幻想。当员工没有达到理想的目标时，认真分析原因，以采取进一步的措施，使培训达到良好效果。

4. 注意分散性培训优于集中培训的规律

在员工培训过程中，特别是在职培训过程中，必须注意培训的时间及节奏。应将某项内容分几个阶段，短时间学习，其效果远优于集中一天甚至几天的学习。因为时间的延长将导致兴趣的降低和精力的分散。

5. 注意考核结果的应用

考核是对一段时期内培训效果的总结和评估。在员工培训中，经常考核员工的学习效果是激励员工学习和提高学习兴趣的有效方法和措施。

6. 注意培训中激励手段的运用

培训中要对员工进行激励，增进其对培训内容的兴趣。员工之所以接受培训，原因有很多，归纳起来主要有受人尊重和自我实现两点。每一位主管培训的人员都应了解和掌握员工接受培训的原因，使之与培训紧密联系在一起，以激励员工加倍努力学习。

课后练习

1. 餐饮服务质量的特点是什么？

2. 餐饮服务质量的内容包括哪些？

3. 要进行有效的餐饮服务质量控制，应具备哪几个基本条件？

4. 提高餐饮服务质量的措施有哪些？

5. 餐饮员工培训的作用有哪些？

6. 餐饮员工培训的形式有哪些？

7. 餐饮员工培训应注意哪些问题？

第十章

餐厅服务中常见的问题

第一节 处理餐厅服务问题的指导思想

在餐厅服务中处理各种矛盾和问题，必须坚持"宾客第一"的原则，树立"想宾客之所想，急宾客之所急"的服务观念，掌握处理问题所必须具备的技能和素质。

一、树立主人翁意识和宾客至上的思想

服务人员要正确认识自己在餐厅服务工作中的地位，树立主人翁的意识。服务人员无论是在大厅，还是在雅座做服务工作，无论是担任引座，还是上菜工作，都是代表餐厅向宾客提供服务。从这个意义上讲，每个服务人员都是餐厅的主人。因为宾客对于餐厅工作和就餐的意见总是向服务人员直接提出，一般不会直接去找餐厅经理，服务人员就应当以主人翁的身份认真听取宾客意见，有义务满足宾客提出的合理要求，而不能不理不睬或敷衍推诿。如宾客反映菜肴口味咸淡、上菜速度快慢等问题是常见之事，服务人员在遇到这类问题时，首先应该表示虚心接受意见，并耐心做出解释，及时向厨师转达意见。有的服务人员对宾客说："这不关我的事，菜是厨师烧的。"这样势必引起宾客更大的不满，有可能激化矛盾，这就是缺乏主人翁意识的行为。

树立主人翁的意识，还表现在坚持把宾客置于首要位置，处处为宾客着想，千方百计为宾客做好服务工作。不少优秀服务人员之所以能够做出优异的工作成绩，就在于他们经常设想"假如我是一个宾客"，这样就必然会设身处地从宾客的角度和宾客心理来考虑问题，从而妥善地处理好服务者与被服务者之间的关系和各种矛盾。

二、具备良好的职业道德和公关意识

所谓职业道德，主要表现为诚实经营、礼貌待人。俗话说："诚招天下客。"作为社会主义餐饮服务业，更要做到以"诚"待客，服务人员在服务工作中要坚持实事求是，决不可弄虚作假欺诈宾客，切实维护消费者的合法权益，这样就可避免很多矛盾的出现。在经营中以次充好、以少充多的"宰客"现象绝不能出现在餐厅服务中，因为这是引发矛盾的

根源。在餐厅工作中难免出现一些失误，如某种菜肴口味不符合宾客习惯，宾客提出退换，经服务人员热情、耐心协商，拿回厨房按宾客口味重新加工制作，结果使宾客满意，也减少了餐厅损失。

三、注重语言表达艺术

服务语言是餐厅服务人员为宾客服务的工具。礼貌服务用语伴随着主动、热情、耐心、周到的服务，显示了服务人员良好的素质和餐厅的服务水平。注意服务用语的艺术性，一要注意言辞的礼貌性，做到彬彬有礼、热情庄重，如经常使用"对不起"等敬语，创造服务人员与宾客之间的和谐关系，可以避免矛盾的发生；二是注意措辞的修饰性，如对宾客提出的不尽合理的要求一时难以满足，可以说"您提出的要求是可以理解的，我一定尽力而为"，这样可使宾客接受"可以理解"这一表达方式；三是注意语言的生动性，在可能发生矛盾的时候，一句幽默生动的语言可以迅速化解服务人员与宾客彼此之间的对立情绪；四是注意语言表达的灵活性，要针对不同的宾客和不同的场合灵活运用不同的表达用语，从而避免矛盾的产生或使矛盾得到缓解。

四、掌握丰富的社会知识及业务知识

餐厅服务人员面对各种各样的宾客，在服务过程中也会遇到各式各样的问题，要解决好这些问题并处理好服务人员与宾客之间的关系需要服务人员掌握丰富的社会知识和业务知识。对不同的服务对象介绍不同的菜肴品种、了解不同宾客的就餐需求、尊重特殊宾客的特殊习惯等是社会知识的内容；鉴别菜肴原料质量、了解本餐厅的风味特色菜肴品种及其特点、有条不紊地做好营业高峰的工作等则是业务知识的内容。具备丰富的社会知识和业务知识，就可以积极预防和正确处理服务工作中可能发生或已经发生的各种矛盾。

小资料

酒店餐厅服务的创新

（一）服务语言创新

现代酒店均已形成了一套规范化、标准化的服务语言体系。但这种千篇一律的单调语言正受到挑战，不少客人已明确表示对这种毫无新意的服务语言表示反感或厌烦。餐饮服务主要借助于语言进行，因此，进行服务语言创新应是服务创新的重要内容。

（二）服务内容创新

服务内容创新的关键在于餐饮经营者应突破纯粹餐饮消费的观念，追求餐饮内涵的延伸，尤其是餐饮文化内涵的拓展和延伸，只有这样，服务创新的天地才会变得无限宽广。

（三）服务人员创新

餐厅服务中服务人员是服务的主体，其素质的高低直接影响着服务质量的高低，因此，酒店应以新知识、新技术武装员工，用高素质员工创新的头脑全方位服务于客人。如一些星级酒店中的主题餐厅，其服务人员不仅通晓基本的服务之道，而且还是这一主题的专家，不仅能很好地为客人提供周到的服务，而且还担当了主题知识传播者的角色，使消费者在用餐的同时还能增长见识。

（四）服务过程创新

实施服务过程创新，首先要认识客人的消费过程，即对组成餐饮消费过程的各项消费活动（如订座、引位、点菜、桌边服务、结账等）进行区别；其次是要对消费过程进行系统分析，即不仅要对每项消费活动发生的地点、时间、人员构成和活动现状进行分析，而且还要深入理解客人是否具有改变活动现状的需求和改变活动现状的趋势方向；最后要通过积极调整餐厅内部的价值活动帮助客人改善消费活动，使其在时间、地点、价格和方式等方面更能满足客人的需要。服务过程的创新将给酒店服务模式的创新带来极大的发展空间。

（五）服务组织创新

在一家酒店里，并不一定只选择一种组织结构，工作性质、工作内容不同的部门可以选择不同的组织结构，甚至在同一部门的不同工作层次中也可以有组织结构的差别。以餐饮部为例，完全可以根据经营任务的轻重、从业人员的多少、服务范围的大小，根据命令统一原则、分工协作原则、精简高效原则确定合理的组织结构，对内部岗位人员进行优化配置。

第二节　客人投诉的原因及处理原则

每一位餐饮业的工作人员都希望向客人提供完美的服务，但是也难免因某些工作上的差错或误解而引起客人投诉。在处理过程中，餐厅员工既要以诚恳热情、实事求是的态度为客人排忧解难，又要正确维护酒店的形象。

一、客人投诉心理

（1）求尊重的心理：客人在投诉时，一般都会希望别人认为自己是对的，除了同情，还希望有关部门重视自己的意见，向自己表示歉意，并立即采取补救行动。

（2）求发泄的心理：客人在碰到令人恼火的事情后，心中充满了怨气，要利用投诉的机会发泄出来，以维持心理的平衡。

（3）求补偿的心理：客人在受了一定的损失后，向酒店投诉时，是希望得到一定程度的经济补偿，这是很普遍的心理。

二、客人的预期需求

顾客每进入一家餐厅，内心都有一种潜在的期望，这个期望来源于市场的宣传、餐厅的形象、顾客的需求和餐厅的高质量服务等。高质量服务是指在服务中寻找一种最佳的结合点，服务过程中除了规范、效率、态度令客人满意外，最重要的就是通过餐厅工作人员的服务，使客人的问题得到妥善的解决，因此要注意以下一些问题：

（1）餐厅员工应重视与顾客的每一次接触。

（2）加强与客人的沟通，了解客人的潜在需求。

（3）注意在每一次为客人服务时都要留下好印象。

（4）了解客人投诉的原因。客人投诉的原因是处理客人投诉的基础，一般来说，客人投诉主要有以下六个原因：

①订餐环节错误；

②上菜、上饮料的速度不及时；

③菜品的质量、饮料的质量有偏差；

④服务过程出错；

⑤结账不及时；

⑥离开时发现随身物品缺少。

小资料

关键的五分钟

在餐厅酒楼的整个服务过程中，顾客入座的三分钟和离开前的两分钟十分重要，如果这时服务不到位，很容易让顾客产生被怠慢的感觉。那么，如何做好这五分钟的服务呢？

进门三分钟

一是顾客等候不要超过 60 秒。如果顾客走进餐厅却无人理睬，顾客会很愤怒。所以，服务人员即使很忙，也要迅速走到顾客桌旁招呼。

二是开口之前要过脑。招待顾客时一定要专心。对顾客说话时，要知道自己在说什么，并面带微笑。

三是讲话时要直视顾客。和顾客讲话时，只有接触他们的目光，才能让他们感觉到被关注。

四是为单个顾客提供读物。为了消除单个顾客的孤独感，在事先确定顾客有充裕时间的情况下，最好为他们提供书报等读物来消磨时光。

五是让结伙就餐的人感觉愉快。为结伙就餐的顾客服务时，要安排好上菜次序，使顾客轻松自在。

六是要培养观察力。服务人员要善于察言观色，及时了解顾客需求。最好的服务是在顾客开口之前就主动提供服务。

临别两分钟

一是为顾客结账时要手脚麻利。在顾客示意要结账时，服务人员应快速算好总价并双手递上账单，然后手脚麻利地收款和找零。

二是友好地为顾客打包剩菜。如果顾客要求打包剩菜，服务人员应认真对待，勤谨有礼。最好能为顾客添加一点菜叶、调料之类的小花样，给顾客一些惊喜。

三、处理顾客投诉的原则及程序

(一)处理顾客投诉的原则

(1) 心态平和,就事论事。保持主动、关心、友善与乐于助人的态度。

(2) 认真听取顾客的投诉,确认事情发生的真正原因。

(3) 站在顾客的立场上,设身处地地为顾客着想。

(4) 细致地记录,感谢顾客所反映的问题。

(5) 掌握问题的关键点,提出解决方案。

(6) 执行解决方案。

(7) 总结顾客的投诉,总结处理得失。

(二)处理顾客投诉的程序

1. 接受投诉

接受投诉时应做到以下五点:

(1) 礼貌接待、耐心地倾听、不急于做任何辩解与反驳,站在客人的立场上理解对方。

(2) 表示出对客人投诉的关心,使客人逐渐平静下来。

(3) 弄清真相,查明投诉的真正原因(处理顾客投诉的基本原则就是查证)。

(4) 向客人真诚地道歉,同情客人,正面回答客人的问题,不和客人争辩。

(5) 不对客人作推卸式的解释。

2. 处理投诉

处理投诉时应注意以下四点:

(1) 了解客人最初的需要和问题的所在。

(2) 找出当事人进行查证。

(3) 积极寻求办法,尽量满足客人要求。

(4) 与客人协商解决办法,不能强迫客人接受。

3. 记录投诉

记录投诉后要做好以下四方面的工作:

(1) 问题解决后,再次向客人道歉。

(2) 将投诉的事实、时间、地点、处理投诉的结果进行记录。

(3) 上报上级,以避免再次发生类似的问题。

(4) 下次班前会议进行通报。

对于一般的顾客投诉在每周的例会上集中进行通报,重大的顾客投诉由总经理进行处理,均要求建立完整的档案。

4. 其他注意事项

(1) 不能直接指出客人的错误。

(2) 应委婉地向客人说明实际情况。

（3）要给客人适当的退步余地。

（4）切勿认为客人"多事"或有意"找茬"。无论客人投诉的动机如何，我们都应该认识到，从客观上讲，投诉是有利于改进工作的。从这种意义上说，投诉是酒店的最大财富。

（5）对于一些复杂的问题先不急于表态，弄清真相后，有礼、有理地在客人同意的基础上做出处理，一时不能处理的，也要让客人知道事情的进展情况。

5. 内部惩前毖后

因为工作失误造成客人投诉的应追究当事人的责任，并让全体员工引以为戒，还可以把它作为案例供员工们学习。

第三节　餐厅服务中各种常见问题的处理方法

一、处理订餐服务中的问题

"订餐服务"是宾客事先向饭店提出要求，需要饭店在某时某地（即某个餐厅）给予提供食品、饮料及服务，而饭店在力所能及的情况下对宾客的要求予以承诺的一个服务项目。一旦饭店对宾客的要求予以承诺，宾客与饭店之间的这张订餐单便是宾客与饭店之间的一份合同，双方都有义务去履行这份合同，即饭店有权要求宾客预付定金，饭店有义务为宾客提供宾客所要求的就餐场所、食品、饮料和服务。当宾客没有履行合同，没有按合同所定的时间去就餐，饭店有权扣留宾客预付的定金作为对饭店餐位使用率损失的补偿。当饭店没有履行合同为宾客提供相应的就餐场所、食品、饮料和服务时，宾客有权向饭店提出赔偿。因此，"订餐服务"是一项既复杂又细心的工作，每个细小环节都不能出现差错。做好这项工作要求服务人员要有高度的责任心、较强的业务能力和较好的综合应变能力。另外，还要有较好的语言表达能力和推销技巧。

宾客订餐通常有面谈和电话预订两种。面谈是一种较为有效的方法，服务人员与宾客当面洽谈讨论所有的细节安排。在为宾客订餐时一定要问清客户名称；如果是宴请，要弄清宴请人与被宴请人的单位名称及他们的身份，一定要问清用餐的时间、标准和人数，若是多桌宴请，要问清人数桌数、主桌特别要求；宴会工作人员用餐标准及要求，要了解宾客的就餐目的、风俗习惯、生活忌讳、口味特点、具体要求和特殊需要。根据以上情况为宾客提供建议性菜单，还要知道宾客的付款方式及与宾客的联络方式。

电话预订更要求服务人员认真仔细地听清宾客的每一项要求并认真地做好记录。在电话预订时，服务人员要以礼貌的措辞、柔和的声音、优美的语调来取信于宾客，让宾客乐意在这家饭店订餐。

订餐服务中常出现的问题是所订的菜单与当天能供应的菜有出入。这是由餐饮产品的不可储存性所决定的。餐饮产品必须当场生产、当场销售、当场消费，因此，产品的许多原料尤其是水产海鲜原料必须当天采购，但订餐与就餐又是先后两个不同时间，原料又受季节与市场货源因素的限制，因此常常会出现宾客要求供给的产品而当天采购不到原料的情况。遇到这种情况，饭店绝不能擅自做主，给宾客换一道别的菜肴，而应及时与宾客联系，征求宾客意见协商解决，这就是要求在订餐服务中一定要知道与宾客的联络方式的原因。

订餐服务中还容易出现的问题是预订单位另有宾客来重复预订。一旦发生这种情况，饭店就会遭受损失：一是座位使用率的损失；二是产品原材料的损失。这就要求服务人员在接受预订时一定要问清客人名称，如是宴请，要弄清宴请人与被宴请人的单位名称及身份，预订员或餐厅经理应及时汇总预订单。一旦发现有重复预订，应及时与宾客取得联系，避免给饭店造成损失和双方的不愉快。

最使宾客不满甚至投诉的是服务人员遗忘了宾客的预订。这类事件通常发生于电话预订。服务人员接完电话又去忙别的事情，别的事情忙完了就忘了宾客的预订，因而严重地影响了饭店的声誉，同时也使饭店损失经济利益。因此，服务人员在订餐服务中要求具有强烈的责任心。

二、处理就餐服务中的问题

在就餐服务过程中，最容易出现的问题是宾客对菜肴口味不满而提出退菜。因为菜肴的质量有好有坏，从某种角度上说，很难有个标准，同样一道菜肴，有的人说好吃，有的人说不好吃，这完全以适口为准。因此，服务人员必须学点民俗风情方面的知识，掌握不同宾客的不同饮食习惯和口味要求，还要掌握就餐宾客的心理。不同的就餐目的有着不同的就餐需求。如以宴请为目的，应突出菜肴丰盛的特点；以品尝为目的，应突出风味菜点的特点；以改善生活为目的，应突出菜肴鲜香的特点；以团聚为目的，应突出菜肴整齐的特点；以约会为目的，应突出菜点香甜的特点；以便餐为目的，应突出菜肴实惠的特点。当宾客在进餐过程中提出退减菜点时，服务人员应马上与厨房联系，如厨房还未下料制作，可予以退菜。如已出菜上桌，就要弄清事由，具体对待：属质量问题，如原料变质、不卫生、质量低劣，应无条件给予退菜，并向宾客表示歉意；客人对价格不满，应耐心向宾客解释，若是服务人员多算金额应予以退款；宾客吃不了或来不及吃，服务人员应提供食品盒让其打包回家。

在就餐服务中宾客对上菜速度的快慢也会提出意见。这要求服务人员在上菜服务时要细心观察，了解就餐对象和就餐目的，掌握进餐情况，及时与厨房取得联系，较好地把握上菜速度，避免引起宾客的不满。

服务人员语言技巧的巧妙运用，也是避免或缓解矛盾的有效方法。餐厅即使为宾客提供美味佳肴，但因服务人员的措辞不当和语调生硬，也会引起宾客的不满甚至投诉。比如餐厅生意较忙，而有些宾客吃完了仍坐在那儿休息，使得后来的宾客无座位而离去，给餐厅的经济带来损失。如果服务人员上前直截了当地对宾客说："你们吃好了就可以走了，别的宾客还要就餐呢。"这样就会使宾客极为不满，认为你在赶客，不但会使你所做的一切前功尽弃，可能还会因宾客的投诉受到处罚。如果服务人员换一种方式，通过婉言解释和周到的服务，会使宾客体谅餐厅和其他宾客的情况。对已吃完仍在休息的宾客，可先递上热毛巾,主动询问"吃得如何""多提意见"等;若宾客表示满意,服务人员可顺话提醒"请问哪位结账?"对酒、菜、饭快吃完,正在漫谈闲聊的宾客,则应主动送杯热茶,然后询问需不需要加菜、饭、酒等,若不需要,可提醒一句"是现在结账还是等一会儿?"总之,要根据具体情况、具体对象礼貌服务,让顾客理解,并主动餐毕,迅速离座。

三、处理餐厅安全方面的问题

餐厅安全问题主要表现为以下三个方面。

(1)餐厅电器的安全问题。餐厅的每一位服务人员都要懂得餐厅电器安全使用方面的知识,如正确使用空调、吸尘器、电火锅、电饭煲、电水壶等。

(2)餐具、餐桌椅的安全问题。服务人员在摆台时要严格检查餐桌椅的安全问题,如餐桌席面是否有尖硬物暴露、餐椅榫头有无松动。在检查餐具卫生的同时,还应仔细检查餐具是否有裂缝和缺口,以免宾客使用破损餐具而割破嘴唇或手。

(3)宾客的拎包、钱包及其他物品的安全问题。餐厅是公共场所,进出来往的人多而杂,难免有不良分子出入,餐厅里偶尔会发生宾客的拎包和钱包及其他物品被人顺手牵羊的事情。发生这类事件,对宾客来说是损失,对餐厅来说,也确实尴尬,因为宾客多少会对餐厅抱怨,总认为是餐厅服务不到位才造成的损失。为避免这类事件的发生,服务人员从宾客一进入餐厅就要细心观察,如有的女士手上拿着漂亮的钱包,或肩上挂着漂亮的包,当她们入座后就应提醒她们放好这些物品;如有的宾客在就餐过程中热了,就脱下西装、外套、大衣挂在餐椅背上,服务人员应马上拿椅套帮客人套上,并拉上拉链。如饭店餐厅有更衣室,应提醒他们把衣服送到更衣室寄存。在整个就餐过程中,应经常提醒宾客保管好自己的物品。如有宾客遗忘物品,服务人员应马上收检并妥善保管,以防被不良分子顺手牵羊。如有认领者,要认真仔细地核对证件特征、数量,然后办理认领手续。无人认领时,要及时上交。

四、处理结账服务中的问题

在各种宾客投诉中,投诉服务人员结账服务拖拉的比例较高。这说明餐厅服务工作中对结账迅速这一环节还不够重视,同时也说明宾客对结账速度的要求很高。宾客在就餐过程中舍得花时间细嚼慢咽、边吃边聊,但一旦他们要求结账准备离席时,就不愿多等一分钟。服务人员应掌握宾客的这种心理,结账不但要准确,还要迅速。如为筵席宾客结账,当服务人员为宾客上完最后一道菜时,即应开始做结账准备工作,清点所用酒水、香烟、茶叶、做餐调品等,列出清单,待宾客就餐完毕即可马上结账,这就可以缩短结账时间,令宾客满意。

餐厅里客人跑账的情况也时有发生,尤其是散客,这就要求服务人员特别留意以下四种情况,以避免跑账、漏账:

(1)对单个就餐客人应多留意。

(2)对陌生就餐客人应多留意。

（3）对餐厅门口附近就餐客人应多留意。

（4）对快要餐毕的客人应多留意。

一旦发生客人未付账企图离开餐厅，服务人员应妥善处理，既使餐厅不蒙受经济损失，又能保住客人面子而不得罪客人。如服务人员赶紧上前拦住客人，对客人说："对不起，刚才我忘了给您结账了。"把客人想跑账的错承担下来，是"我忘记"而导致的；当客人付了账后还要说声"对不起，耽搁您时间了"。如果上前当众指责客人，使客人难堪，这样尽管客人补了钱，餐厅却失去了一个回头客，而且也许他还会因为难堪心生怨气而对餐厅进行反面的宣传。

五、餐厅服务中常见问题示例及处理方法

（一）遇到衣冠不整欠缺礼貌的客人到餐厅用餐时怎么办？

（1）以友好的态度对客人表示歉意。

（2）以婉转的语言劝导提醒客人。

（3）切忌与客人争论。

（二）遇到心情不佳的客人到餐厅用餐时怎么办？

（1）服务人员更要态度温柔、热情和蔼、耐心周到。

（2）注意语言精练，尽量满足客人，操作敏捷。

（三）伤残人士进餐厅吃饭，服务人员应怎么办？

（1）尽量为他们提供方便。

（2）不要感到奇怪和投以好奇的目光。

（3）灵活、适当地帮助他们，使其感到是帮助而不是同情。

（四）餐厅里已满座，只有留给旅行团的座位空着，客人硬要坐下，怎么办？

（1）礼貌地告诉客人此台是留给旅行团的。

（2）要尽力为客人找座位或请客人稍候。

（五）遇到有小孩的客人用餐怎么办？

（1）马上为小孩取一张干净的小孩椅。

（2）尽快把食物给他们。

（3）注意放好餐桌上的餐具及热水等。

（4）在可能的情况下，可搞一些小项目以满足小孩的新奇感，使他们快乐地进餐。

（六）客人要向服务人员敬酒怎么办？

（1）应婉言谢绝。

（2）主动为其服务避开客人注意力，不致使其难堪。

（3）借故为其他客人服务。

（七）餐厅即将休息，但客人要到餐厅用餐怎么办？

（1）更要热情接待，不能有任何不满情绪。

（2）主动带客人到距厨房较近的餐位，介绍简单、快速的菜式。

（3）客人未吃完，绝不能关灯、打扫或催促客人。

（八）发现客人损坏餐厅物品时怎么办？

（1）马上上前清理碎片。

（2）询问客人有无碰伤（如碰伤马上采取措施）。

（3）待客人用餐完毕后婉言向客人收取赔偿费。

（九）开餐时，两台客人同时需要服务怎么办？

（1）做到一招呼、二示意、三服务。

（2）经过他们桌子时说一声"马上就到这里来"或"请稍等一会儿"。

（十）发现未付账的客人已离开餐厅怎么办？

（1）马上追上前有礼貌地、小声地把情况说明，请客人付费。

（2）如遇到客人和朋友在一起，应请客人站到一边，再将情况说明。

（十一）客人擅自拿取餐厅的器皿餐具，经指出又不承认时怎么办？

（1）马上向领班汇报，由领班礼貌地做出解释。

（2）设法使客人自觉交还，或者可以介绍他们到商店购买。

（3）如还不承认，应请示领导解决或按规定价格酌情收费。

（十二）用餐过程中米饭供应不上时怎么办？

（1）向客人道歉，说明原因，请客人稍等。

（2）可征求客人意见是否可以其他主食代替。

（十三）服务过程中，宾客要求与服务人员合影时应怎么办？

（1）婉言谢绝，因为随便与宾客合影会引起误会或不良影响。

（2）如确实推辞不过，应多请一个服务人员陪照。

（十四）上菜时，台面上已摆满了菜，位置不够放怎么办？

（1）把台面上现有的碟移好位置，留出空位。

（2）如台面不能再有空位，应拿去剩下最少菜的碟，但要征求客人意见，切忌重叠放置。

（3）将最少菜的碟在征求客人意见后分给客人。

（十五）上拔丝类甜菜时怎么办？

（1）把台面上的餐具收去（除茶杯、水杯外）。

（2）上冷开水、木筷子。

（3）动作要特别迅速，以防糖变硬。

（十六）错上有猪肉类的菜式给穆斯林客人时怎么办？

（1）马上向领导汇报。

（2）由主管或领班上前向客人道歉。

（3）尽快给客人更换菜式，以取得谅解。

（十七）开餐期间突然停电怎么办？

（1）保持镇静，设法稳定客人情绪，请客人不必惊慌。

（2）说服客人尽量不要离座。

（3）点燃蜡烛，及时电话通知工程部。

（4）密切注视客人动态，暂不让外人进入餐厅。

（十八）开餐过程中客人之间发生争吵怎么办？

（1）服务人员应立刻上前制止。

（2）在可能的情况下给其中一方客人调换到距离较远的另一张台用餐，但要征得其本人同意。

（3）给他们热情周到的服务，主动送上香巾和茶水。

（十九）客人自带酒水来用餐时怎么办？

（1）给客人摆好相应的酒杯。

（2）如是威士忌一类的酒应送上冰块。

（3）向客人讲清，要收取一定的服务费。

（二十）在服务过程中，服务人员不小心弄脏客人衣服时怎么办？

（1）诚恳地向客人道歉。

（2）设法替客人清洁。

（3）可能的情况下，免费为客人把衣服洗干净。

（二十一）客人把吃剩的食品、酒水等留下要求服务人员代为保管时怎么办？

（1）向客人解释食品不能代存的原因。

（2）尽量说服客人把东西带走。

（二十二）客人之间互相搭台用餐，服务人员为客人点菜上菜时怎么办？

（1）听清客人点什么菜，熟记各位客人的特征。

（2）上菜时要核对菜单，报上菜名。

（3）客人点了同一品种菜式，要按客人点菜顺序上菜。

（二十三）客人点菜后因有急事不要怎么办？

（1）如未开始做，马上取消。

（2）如已做好，可迅速用食品盒盛好给客人。

（3）征得客人同意将食品保留待办事完毕后再用，但要先办好付款手续。

（二十四）客人急于去赶车、赶船怎么办？

（1）介绍客人吃些烹调简单、快捷的菜式。

（2）亲自到厨房安排先做或在菜单上盖上特殊印鉴。

（3）服务快捷、灵敏，尽量满足客人要求。

（二十五）服务人员上菜前应对菜如何把关？

（1）菜不熟不上。

（2）量不够不上。

（3）颜色不对不上。

（4）不符合卫生要求不上。

（5）温度不够不上。

课后练习

1. 处理餐厅服务问题的指导思想是什么？

2. 客人投诉的心理有哪几种？

3. 了解客人投诉的原因是处理客人投诉的基础，一般来说，客人投诉主要有哪几方面的原因？

4. 处理顾客投诉的原则是什么？

5. 处理投诉有哪些注意事项？

6. 遇到衣冠不整欠缺礼貌的客人到餐厅用餐时怎么办？

参考文献

[1] 巩隽，邢夫敏．餐饮服务与管理［M］．北京：冶金工业出版社，2008．

[2] 邓敏．餐饮服务与管理［M］．广州：中山大学出版社，2010．

[3] 姜文宏，王焕宇．餐厅服务［M］．北京：高等教育出版社，2010．

[4] 李勇平．酒店餐饮业务管理［M］．北京：旅游教育出版社，2011．

[5] 徐文燕．餐饮管理［M］．上海：上海人民出版社，格致出版社 2011．

[6] 张娴．餐饮服务与管理实务［M］．合肥：中国科学技术大学出版社，2011．

[7] 赵庆梅．餐饮服务与管理［M］．上海：复旦大学出版社，2011．

[8] 樊平，李琦．餐饮服务与管理［M］．第 3 版．北京：高等教育出版社，2012．

[9] 黄文刚．餐饮管理［M］．第 2 版．成都：四川大学出版社，2012．

[10] 张水芳．餐饮服务与管理［M］．北京：旅游教育出版社，2012．

[11] 陆朋．餐饮管理［M］．北京：中国财富出版社，2013．

[12] 桂佳，吴升旸．餐饮服务与管理［M］．北京：对外经济贸易大学出版社，2013．

[13] 李贤政．餐饮服务与管理［M］．第 3 版．北京：高等教育出版社，2014．

[14] 汪京强．餐饮服务与管理［M］．第 2 版．北京：科学出版社，2016．

[15] 李雯．餐饮管理［M］．重庆：重庆大学出版社，2016．

[16] 何丽萍．餐饮服务与管理［M］．第 2 版．北京：北京理工大学出版社，2017．